Helmut Kraatz

Zwischen Klinik und Hörsaal

Autobiographie

Verlag der Nation Berlin

Mitarbeit: Eugen Prehm

ISBN 3-373-00220-6

7. Auflage 1988
© Verlag der Nation 1977
Lizenz-Nr. 400/24/88
LSV 7003
Lektor: Hannelore Kramer
Technischer Redakteur: Ingrid Welzer
Einband: Hans-Joachim Schauß
Bilder: Archiv Kraatz
Satz und Druck:
(52) Nationales Druckhaus Berlin, Betrieb der VOB National
Buchbinderische Verarbeitung:
INTERDRUCK Graphischer Großbetrieb Leipzig — III/18/97
Best.-Nr. 696 780 7
01420

Dem Andenken meiner Frau
und all derer,
die mir geholfen haben,
meinen Weg zu gehen:
meiner Eltern,
Freunde, Lehrer und Schüler.

Selbstverständigung

Ist das Leben eines Frauenarztes sensationell?

Gerade als ich zusammengetragen hatte, was in diesem Buch stehen sollte, flatterte mir ein Brief ins Haus:

«Sehr geehrter Herr Professor! Am 1. Oktober 1954 kam ich zu Ihnen als das Mädchen Irene aus T . . . Nachdem ich siebenmal operiert worden war, konnte ich die Klinik als Robert nach K . . . verlassen und umziehen, wohin meine Mutter und meine Schwester, die ich noch betreuen mußte, bereits umgesiedelt waren. Es ist kaum zu glauben, daß es nun zwanzig Jahre sind, seit Sie mir zu einem neuen Leben, dem Leben eines frohen Menschen verholfen haben. Ich bin seit 1958 verheiratet. Mir wurden zwei gesunde Kinder geschenkt, das Mädchen ist jetzt fünfzehn Jahre und der Junge dreizehn Jahre alt. Von beiden sowie von der ganzen Familie lege ich Ihnen ein Foto bei. Mir geht es sehr gut, was ich Ihnen gern persönlich gesagt hätte. Vielleicht finden Sie eine Möglichkeit, daß ich Ihnen meine Familie vorstellen kann . . .»

Ein sicher nicht alltäglicher Brief. Er nahm Bezug auf Operationen, die auch im Leben eines Frauenarztes und Chirurgen nicht allzu häufig sind. Dennoch habe ich eine Reihe von Geschlechtsumstimmungen — nach gründlicher Beratung und entsprechenden gesetzlichen Schritten — vorgenommen. Allerdings meistens nach der anderen Richtung: Manche Frau fand ihr menschliches Glück erst, nachdem sie durch eine Operation wirklich zur Frau geworden war.

Operationen dieser Art, so selten sie auch waren, gehörten zu meinem Handwerk. Jeder, der seinen Beruf liebt, in ihm aufgeht, wird bei einigem Nachdenken auf Dinge kommen und über sie berichten können, die anderen ungewöhnlich, überraschend, einzigartig erscheinen. Doch sensationell? Kisch sagte einmal, es gäbe nichts Sensationelleres als die

Zeit, in der man lebt. In der Tat liegt das Erregendste der Geschichte eines Menschen darin, wie er in der Zeit besteht, mit der Zeit geht, ja das Zeitgeschehen selbst vorantreibt. Es ist falsch zu meinen, nur wenige Berufene hätten daran Anteil. Jeder trägt Verantwortung dafür. Sich ihrer bewußt zu werden ist mitunter ein langer Weg voller Widerstreit der Gedanken und Gefühle. So gesehen, erscheint mir zwar unser Zeitalter, aber nicht mein Leben außergewöhnlich, gemessen an dem, was andere, Gleichaltrige, in gleicher Position erlebt und durchlebt haben.

Man soll im Leben etwas mit anderen teilen, es ihnen also auch mitteilen. Das zwingt zugleich zur Rechenschaft über eigenes Denken und Tun.

Ich überdachte also, was aufzuschreiben wäre, um in einem Dialog mit Menschen unterschiedlichster Lebens- und Berufserfahrung, unterschiedlichen Alters und Geschlechts zu treten, die ihrem eigenen Leben täglich Sinn geben, indem sie das Leben der Gesellschaft sinnvoll mitgestalten.

Als junger Assistent hatte ich mir vorgenommen, besondere Erlebnisse, heitere wie ernste, aufzuschreiben, ohne zu wissen, ob ich sie je auswerten könnte, nur weil in ihnen vielleicht mehr als bloß oberflächlicher Erzählwert steckte. Ich kam nicht dazu. Das ist indes kein großer Verlust. Was über das Augenblickserlebnis hinaus Wert besaß, prägte sich ohnehin in die Erinnerung ein und ist auf diesen Seiten wiederzufinden. Manche beiläufige Episode ebenfalls.

Aber warum soll der Leser nicht auch dem Arzt gleichsam über die Schulter blicken dürfen, Einlaß in seine Werkstatt erhalten? Wahrscheinlich lernt er ihn so besser kennen, nicht nur im Glück des Erfolges, sondern auch im Kummer mancher Mißerfolge, aus denen der Arzt wie jeder lernen muß, wenn er zu innerer Sicherheit zurückfinden will. Die Erfolge sind der Lohn der Mühen, aber sie rechtfertigen keine Selbstbeweihräucherung, wie man ihr zuweilen in Autobiographien begegnet.

Der Arzt ist auch «nur» ein Mensch mit allen Fehlern. Seine vielzitierte Moral und Ethik entsprechen dem, was man von jedem Bürger erwartet, allerdings muß der Arzt sich davon eher noch etwas mehr abverlangen, wenn er den verpflichtenden Maximen des hippokratischen Eides nachleben und ihnen

Tag für Tag gerecht werden will. Das ergibt sich aus einer besonders engen Bindung an die Menschen, denen er zu helfen bestrebt ist. Er ist jedem Vertrauter körperlicher Leiden, oft sehr intimer anderer Sorgen und Nöte, und der Gesellschaft gegenüber verantwortlich als vorsorglicher Berater und Hüter der Gesundheit ihrer Mitglieder.

Wie aber kann der Partner den Arzt verstehen, wenn er nicht auch etwas aus dessen Lebenskreis, Umwelt und Entwicklung erfährt und ihn immer lediglich als Mediziner im Mittelpunkt des Geschehens sieht?

Mein Beruf ließ mich auf viele Höhen und in Tiefen menschlicher Schicksale blicken, in Glück und Unglück. Ich behandelte schlichte, unkomplizierte Frauen und andere, die sich gern im Licht der Öffentlichkeit sonnten. Viele Patientinnen damals waren arm, sehr arm und arbeitslos, andere reich an Geld und Einfluß. Ich ging, wie man sagt, in «Hütten und Paläste». Frauen brauchten mich nicht nur in der Klinik als Geburtshelfer, sondern auch in Berliner Mietskasernen, auf Hinterhöfen, in Kellern, Laubenkolonien, in Zigeunerwagen; kurzum, ich kenne das Milieu von Heinrich Zille, die Not und das Elend, wie er sie in seinen Zeichnungen schilderte, fand aber auch seinen Humor wieder, der unter Tränen lächeln läßt. Ich kenne die verhärmten, anklagenden Gesichter, die Käthe Kollwitz zeichnete, kenne noch die alten Straßen und Häuser, wo Otto Nagel seine Motive fand. Die Erinnerung an sie verbindet sich nicht mit Namen und Nummern, sondern mit meinen Erlebnissen bei Entbindungen — dort eine Zange, da eine Wendung, hier eine schwere Blutung. Und alles tritt mir vor Augen, als sei es gestern geschehen.

Nicht nur in fachlicher und psychologischer, sondern gerade in soziologischer Beziehung lernte ich viel in jener Zeit. Bei allem Wechsel der äußeren Szene begriff ich vor allem eines: Geburt und Tod, Krankheit und Genesung, Schmerz und körperliche Lust gehören zu den Naturgegebenheiten. Sie treffen jeden, ob arm, ob reich, in gleicher Weise, wie er aber darauf reagiert, das zeigt den wahren Menschen. Ich erlebte bei meinen Patientinnen — unabhängig von ihrer Herkunft, ihrem Beruf — tiefe Erschütterung, aber innere Festigkeit, wilde Gefühlsausbrüche bar jeder Selbstbeherrschung, stilles inneres Gück und laute äußerliche Freude. Dabei konnte ich mich überzeugen, welch starken Einfluß Umwelt, Erziehung und soziale Stellung haben.

Ich besuchte Arbeitslose, denen der Stolz verbot zu klagen, die nicht resignierten und die ihre Kinder ebenso wie ihre Wohnungen blitzsauber hielten. Ich begegnete Frauen in wirtschaftlichem Überfluß, die sich innerlich und äußerlich fallen ließen. Oft fragte ich mich, was geschehen könnte, um wirksamer zu helfen, gerechter zu verteilen, besser zu erziehen und zu bilden.

In materieller Hinsicht konnten wir jungen unbegüterten Ärzte wenig dafür tun. Wir verdienten als Volontäre gar nichts, als Assistenten unter der Brüningschen Notverordnung nach Abzug des Wohnungs- und Essengeldes neunzig Mark im Monat. Ich empfand es als Beweis gegenseitigen Vertrauens, wenn man uns dennoch immer wieder rief. So entband ich in mancher Familie drei Generationen und erlebte schließlich den Aufstieg der Familie in eine bessere soziale Ordnung.

Bunt waren oft die Schicksale der Frauen und Mütter, verschlungen ihre und ihrer Kinder Lebenswege. Immer bemühte ich mich, daraus Erkenntnisse zu gewinnen und unter den damaligen Bedingungen mit wachsendem Einfluß dafür zu plädieren, der Stimme des Arztes nicht allein im fachlichen, sondern auch im sozialen, gesellschaftlichen Bereich mehr Geltung einzuräumen.

Das Ergebnis meiner Überlegungen habe ich vor mir selbst wie vor meinen Studenten zu Postulaten ärztlicher Arbeit erhoben:

Entscheide mit dem Verstand, was richtig ist, mit dem Herzen, wie es am besten anzuwenden ist. Suche jeden Menschen aus seiner Umgebung, seinem Beruf und seiner Stellung zu begreifen und ihm gerecht zu werden. Es gibt nur ein Prinzip ärztlicher Sorgfaltspflicht, das jedem Menschen in gleicher Weise zugute kommen muß. Mit «kleinen Gefälligkeiten», falscher Rücksichtnahme, mit den Ausnahmen überhaupt fangen die Fehler an. Vor seinem ärztlichen Gewissen besteht lediglich, wer für jeden, der sich ihm anvertraut, das Beste will, das Beste tut.

Vorbilder

Seit früher Jugend interessierten mich große Persönlichkeiten mit starker Ausstrahlungskraft — ganz gleich, woher sie kamen — als Beispiele, denen nachzueifern lohnte. Aber ebenso nahm mich das Leben einfacher Menschen gefangen. Soviel ich nur aufspüren konnte, versuchte ich von ihnen zu erfahren.

Das war schon in der Schule so. Die großen Denker, Dichter, Historiker der Antike galten als Vorbilder. Wir strebten danach, ihre Sprache und Grammatik zu erlernen, und suchten in ihre geistige Welt einzudringen. Mein Lateinlehrer, kurz vor der Emeritierung, las mit uns Ciceros «Cato major de senectute». Fernab aller Unterrichtsroutine weitete sich zum erstenmal unser Blick für die geistige Welt Ciceros. Unser Lehrer fragte nicht Vokabeln ab, er identifizierte sich mit dem Stoff und brachte uns die Sprache nur in der ihr eigenen klaren und logischen Konzeption nahe. Doch neben den monumentalen Persönlichkeiten geistiger, philosophischer und humanitärer Prägung fesselten mich die Briefe völlig Unbekannter, so wie sie auf den Papyri erhalten und überliefert sind. Sie leuchten den Hintergrund jener Zeitläufe aus, in denen die Großen lebten: den gesellschaftlichen Umgang, die Details des Alltags, des Berufes.

Ich spürte der Antike durch Besuche in Griechenland und Italien nach, durchforschte ihre Randgebiete in der Türkei, im Libanon, in Ägypten, auf Malta und in Marokko, geriet im Krieg als Marinearzt nach Frankreich, Holland und Belgien und konnte nach dem Krieg die Sowjetunion, Polen, die Tschechoslowakische Sozialistische Republik, Ungarn, Bulgarien und schließlich auf einer großen Schiffs- und Flugreise Indonesien, Indien, Thailand, Japan, arabische Länder, Französisch-Somali kennenlernen. Überall war es für mich vor allem interessant, die Menschen und ihren Lebensstil zu beobachten.

Nicht nur die Überlieferungen prominenter Geister besitzen dokumentarischen Wert, es sind gerade Zeugnisse weniger Bekannter oder Unbekannter, die den historischen Fundus liefern, vor dem die Zeitereignisse und Zeitgenossen ihr bleibendes Profil gewinnen.

Ein bunter Regenbogen von Erlebnissen spannt sich über meinen Lebensweg als Arzt und Privatmann, als Kollege und Freund, als Kritiker und Helfer, als Beobachter und Lernender. Immerhin habe ich die Kaiserzeit, die Weimarer Republik, den Faschismus, zwei Weltkriege, zwei Revolutionen und den unaufhaltsamen Aufbruch in die Welt des Sozialismus miterlebt. Schließlich glaube ich, auch als Arzt und Hochschullehrer zu einem kleinen Teil zum gesellschaftlichen Fortschritt beigetragen zu haben.

Natürlich schreibe ich — wie jeder Autobiograph — aus subjektiver Sicht. Daher darf ich vom Leser nicht immer das gleiche Interesse an allen Einzelheiten erwarten. Mancher findet unter Umständen sich oder andere, die es verdient hätten, namentlich genannt zu werden, nicht vermerkt. Ich habe darauf verzichtet, weil es nicht um Namen, sondern um Ereignisse geht.

Viele hätten ein ähnliches Buch schreiben können und vielleicht auch müssen, die unter gleichen Bedingungen antraten und in den Strudel der Ereignisse gerieten wie ich. Niemand kann einem abnehmen, sich darin zu behaupten. In Zukunft werden ebenfalls alle die Entscheidung über ihre Lebensführung selber — wenn auch weniger einsam — treffen müssen. Jeder lebt sein Leben, er hat es vor sich und der Gesellschaft zu verantworten. Im Fluß der gewaltigen wissenschaftlichen und gesellschaftlichen Veränderungen unserer Epoche tritt vor den einzelnen immer wieder die entscheidende Frage: Quo vadis?

Wohin führte also mein Weg?

Aus der Kleinstadt stammend, wurde ich wegen der Hartnäckigkeit, mit der ich mich gegen die weit flexibleren Berliner Spielkameraden durchsetzen wollte, oft gehänselt. «Ach, der mit dem Holzkopp!» hieß es dann.

Sehen wir, ob mir dieser Holzkopp im Leben genützt hat.

Blick heimwärts

Lutherstadt Wittenberg

Mein Elternhaus liegt in der alten Lutherstadt Wittenberg. Hier wurde ich am 6. August 1902 geboren. Die Geschichte des Hauses, besser gesagt des Platzes, auf dem es steht, hat man bis in das Jahr 1459 zurückverfolgen können, bis in jene Zeit also, da Johann Gensfleisch zum Gutenberg mit seiner Erfindung, Bücher mittels beweglicher, aus Metall gegossener Lettern zu drucken, die Verbreitung des geschriebenen Wortes für alle Zeiten revolutionierte.

Wittenberg wuchs aus einer Siedlung niederländischer Bauern. Im Jahre 1180, nur zweihundertachtzig Jahre vor der belegten Geschichte des eigenen Hauses, wird sie erstmals urkundlich erwähnt. Die Blütezeit der Stadt begann mit der Gründung der Universität durch den Kurfürsten Friedrich den Weisen im Jahre 1502, ihre weltgeschichtliche Bedeutung erlangte sie durch Dr. Martin Luther, den ehemaligen Augustinermönch. Durch den Anschlag seiner fünfundneunzig Thesen an die Tür der Schloßkirche am 31. Oktober 1517 eröffnete er nicht nur den Disputationsstreit gegen den Ablaßhandel, sondern — ursprünglich von ihm selbst nicht gewollt — den reformatorischen Kampf gegen die katholische Kirche und ihre Dogmen. Es war eine Tat, die angesichts der Bewegungen und Stimmungen im Lande wie ein «Blitz in ein Pulverfaß» wirkte.

Das Urteil über Luther als geschichtliche Persönlichkeit steht fest. Über seinen Charakter, seine Eigenwilligkeit, sein Auftreten und seinen Umgang, seinen Familiensinn und seine Musikalität füllen — wie könnte es bei einem so bedeutsamen Mann anders sein — unterschiedlichste Berichte und Betrachtungen die Bibliotheken. Irgendwo steht auch etwas über ihn und einen Stifel. Luther protegierte nämlich einen Gelehrten mit besonderen Begabungen namens Michael Stifel. Dieser Stifel galt als ebenso guter Prediger wie Mathematiker. Am Neujahrsabend 1533 verkündete er plötzlich von der Kanzel herab der erschaudernden Wittenberger Gemeinde für den 19. Oktober — genauen Berechnungen zufolge, versteht sich — den Weltuntergang.

In den nächsten Monaten verbreitete sich die Überzeugung von der Wahrhaftigkeit dieser Voraussage weit und breit: Die Leute lebten drauflos, in den Wirtshäusern zahlte keiner die Zeche, manche verübten Selbstmord, andere zündeten ihre Häuser an. Von weit her aus der Lausitz, aus Böhmen und Schlesien strömten Menschen herbei, um ihr Leben gemeinsam mit Stifel zu beenden.

Als die vermeintliche Schreckensstunde heran war, geschah — nichts. Der Prophet, der sich so schmählich geirrt hatte, wurde von kurfürstlichen Reitern aus Wittenberg in Haft genommen, aber nur, um ihn vor der aufgebrachten Menge zu schützen. Luther verwendete sich für ihn und durfte ihn selber wieder — nun in der Gegend von Herzberg — als Pfarrer einführen. Der Kurfürst ließ aus der Regierungskasse den Riesenschaden bezahlen, den die von Stifel ausgelöste Massenhysterie angerichtet hatte.

Nun wäre die ganze Geschichte längst vergessen oder höchstens für Erzähler von Kuriositäten erwähnenswert, wenn es nicht zwei lebendige Erinnerungen an Luthers Schützling gäbe: seine 1544 veröffentlichte «Arithmetica integra», die als Vorläuferin unserer heutigen Logarithmentafel gilt, und das damals von Studenten auf ihn gedichtete Spottlied «Stifel muß sterben, ist noch so jung, jung, jung ...»

Neben Luther stehen in Wittenbergs Annalen viele andere berühmte Namen: Melanchthon, der «Praezeptor germaniae», mit achtzehn Jahren schon Professor, Bugenhagen, der Prediger und Freund Luthers, Lucas Cranach d. Ä. und sein Sohn, die berühmten Maler, Hans Lufft, der im Verlaufe von vierzig Jahren hunderttausend Exemplare der Bibelübersetzung Luthers druckte (eine noch heute als Traumauflage geltende Menge), und weitere originelle Geister und Inspiratoren jener erregenden Epoche.

Der Ruf, den die Stadt im 16. und 17. Jahrhundert wegen ihrer Universität als kulturelles Zentrum genoß, ihre Einflußsphäre und Ausstrahlungskraft haben viele bedeutende Männer angezogen: Georg Agricola, Ulrich von Hutten, Giordano Bruno und auch Thomas Müntzer, Führer des Bauernkrieges von 1525, den wortgewaltigen Gegenspieler Luthers, der sich den Fürsten ergeben hatte. Später stand Wittenberg vorwiegend aus historischen Gründen im Blickpunkt des Interesses. Zar Peter I., Napoleon I., Ferdinand von Schill, der Held der Befreiungskriege gegen Napoleon, der Erfinder des Porzellans, Johann Friedrich Böttger, die Dichter Lessing, Novalis, Maxim Gorki, die Wissenschaftler Chladni, der auf dem Gebiet der Akustik die Klangfiguren, Kunkel, der den Phosphor entdeckte, Sennert, der die Drogen einführte, und A. W. Amo, der als erster Schwarzafrikaner 1730 in Wittenberg den Magistertitel erwarb — sie alle weilten kürzere oder längere Zeit in dieser Stadt. Selbst der Einheimische ist stets aufs neue überrascht, führt er sich vor Augen, wieviel Prominenz der politischen, wissenschaftlichen und gesellschaftlichen Sphären seine Vaterstadt schätzte, ihre Bedeutung anerkannte, an ihr partizipierte.

Der erste Kaiserschnitt

Über die Medizin in der Geschichte der Wittenberger Universität habe ich kein besonderes Quellenstudium betrieben. Einiges fiel mir zufällig mit allgemeinen Chroniken in die Hände.

Einer der populärsten Ärzte, die es je gab, Doktor Eisenbart, dessen Lob man landauf, landab fröhlich sang, suchte auch Wittenberg heim. Ganz «auf seine Art» machte er den Marktplatz zur «Praxis», schlug eine Schaubude auf, ein Zelt diente als Operationssaal. Die umfangreiche Familie und eine große Dienerschar, die ihn stets begleiteten, sorgten zusätzlich für Aufsehen. Hilfsbedürftige strömten herbei, um sich Zähne ziehen, Gallensteine entfernen und Knochenbrüche heilen zu lassen.

Eisenbart war kein studierter Mediziner, dennoch einer der gesuchtesten unter den umherziehenden «Okulisten, Leib- und Wundärzten», der wahre Wunder vollbrachte. Unter anderem hat er eine Star-Nadel konstruiert, die er geschickt bei der Behandlung der gefürchteten Augenkrankheit einsetzte. Während seines Wittenberger Aufenthaltes starb — laut amtlichem Totenregister — sein jüngster Sohn und wurde hier begraben. Der Vater hatte ihm nicht helfen können.

Ein medizinisches Phänomen soll auch in der Wittenberger Schloßvorstadt gelebt haben. Er hieß Jakob Kahle und war der Sohn kleiner Ackerbauern. «Freßkahle», wie man ihn allenthalben nannte, fiel durch seinen abnormen Appetit auf. Aus Spaß ging er in die Häuser und bettelte um eine Kieselsteinsuppe. Tatsächlich aß er dann auch die Steine mit, wenn man es wollte. Tiere wie Vögel oder Mäuse verschluckte Kahle, wenn sie noch lebten. Wegen seiner «Teufeleien» durfte der «Besessene» in einer Rechtssache nicht als Zeuge auftreten. Kahle starb am 10. März 1753 im Alter von sechsundsiebzig Jahren. Als man seinen Magen aufschnitt, fand man ihn inwendig mit langen, rauhen Haaren bewachsen. Dieser präparierte Magen wurde noch lange in der Wittenberger medizinischen Fakultät aufbewahrt. Ein später im Heimatmuseum gezeigter «Magen» Kahles war eine Fälschung. Es handelte sich um Teile der Harn- und Geschlechtsorgane einer Kuh!

Manche Rückschlüsse auf medizinische Eigenheiten ließen sich auch aus dem Apothekenregister Lucas Cranachs ziehen. Im Nachlaß meiner Großmutter fand sich außerdem ein handgeschriebenes «Kunst undt Artzeney Büchlein auss vielen berümbten Autoribs undt Scribenten zusammen gezogen undt verfertigt durch Georginne Witzelinne». Es trägt die Jahreszahl 1642 und enthält mancherlei durchaus aktuelle Themen, wie etwa Kapitel über den Krebs oder die Kriterien des Todes. Am umfangreichsten sind jedoch die praktischen therapeutischen Hinweise.

Einige historische medizinische Begebenheiten aus meiner Heimatstadt fesselten mich geradezu. Zum Beispiel der erste wissenschaftlich beglaubigte Kaiserschnitt in Deutschland. Er wurde am 21. April 1610 in Wittenberg von Jeremias Trautmann ausgeführt. Hier in verkürzter Form die Geschichte, wie sie von dem seinerzeit berühmten Lehrer der Wittenberger Hochschule, Daniel Sennert, aufgezeichnet worden ist:

«Die Ehefrau des Böttchers Martin Opitz, namens Ursula, wollte ihrem Mann beim Krümmen einer Stange, aus der ein

Fassreifen gemacht werden sollte, behülflich sein. Unglücklicherweise aber schnellte die letztere zurück, traf die Frau an die linke Weiche und brachte ihr hier eine Zerreissung, oder vielmehr, wie ich dies allerdings erst bei der Operation selbst genau zu erkennen vermöchte, eine Ausdehnung des Bauchfells zuwege. Bald darauf entstand in der linken Weiche eine Geschwulst, welche in kurzer Zeit so beträchtlich an Groesse zunahm, dass sie durchaus nicht mehr in die Bauchhöhle zurückgebracht werden konnte. Obgleich der Verdacht auf eine stattgefundene Dislocation der Gebärmutter auftauchte, so wollte doch diese Vermutung weder den Betheiligten, noch anderen Frauen einleuchten, bis schliesslich der ganze Stand der Sache, sowie der weitere Verlauf jeden Zweifel benahm.»

Während der Folgezeit zeigte sich, daß die Kindesbewegungen in dem unmittelbar unter der Haut gelegenen Uterus besonders deutlich sichtbar und fühlbar wurden. Bei dieser Sachlage mußten sich die Geburtshelfer entscheiden, welchen Entbindungsweg sie wählen wollten. Das zusammengerufene Kollegium kam zu der Ansicht, daß es trotz der Belastung, die der Kaiserschnitt für die Mutter in der damaligen Zeit bedeutete, nicht ohne diesen Eingriff abgehen könnte. Sie schlugen ihn deshalb der Frau und ihrem Ehemann vor und beschlossen, ihn bei Geburtsbeginn durchzuführen.

«Als daher am 21. April 1610 die Geburt mit dem Eintritt der Wehen bei der Frau ihren Anfang nahm, ward vor Allem Gott um seinen gnädigen Beistand angefleht. Ausser mir waren meine Collegen, die Herren Doctoren Ernst Hettenbach und Tobias Tandler, ferner der Archidiakonus unserer Pfarrkirche, M. Heinrich Silbermann, zwei Hebammen und einige andere, ehrbare Frauen zugegen.»

Ein großer Kreis von Leuten mußte sein Urteil dazu abgeben und beim Eingriff zusehen.

«Die Operation selbst machte früh acht Uhr der Chirurg Trautmann unter Assistenz eines zweiten Wundarztes, Christof Seesth. Zuerst wurden die Bauchdecken und demnächst das Bauchfell durchschnitten. Denn Letzteres lag, insoweit ich mich wenigstens davon durch den Augenschein zu überzeugen im Stande war, nicht unversehrt unter der Haut und konnte von dieser auf der Schnittfläche deutlich unterschieden werden.»

Darauf wurde der Uterus eröffnet und durch den Schnitt das Kind entwickelt, das selber aktiv mithalf, herauszuschlüpfen. Auch die Lösung der Nachgeburt machte keine Schwierigkeiten, die Blutung war gering und was an Blut noch nachsickerte, wurde durch ein Dekokt, also eine Flüssigkeit von abgekochten Kräutern, gestillt. Dann ging man an den Schluß der Wunde, wobei der Uterus unvernäht blieb und nur die Haut mit einigen Nähten geschlossen wurde.

Aus der weiteren Beschreibung läßt sich entnehmen, daß die Haut wieder dehiszent wurde, wieder aufsprang, und der Uterus völlig frei lag. Jedenfalls bedeckte er sich mit eitrigen Belägen. Aber diese Infektion blieb örtlich beschränkt und griff nicht auf das Bauchfell über. In der Folgezeit stießen sich die eitrigen Beläge ab, die Wunde reinigte sich, frisches Gewebe entstand. Nach drei Wochen hatte sich die Wunde so verkleinert, daß keine Gefahr mehr für die Frau zu bestehen schien. Man erlaubte ihr aufzustehen.

«Als jedoch die Wöchnerin am 16. Mai nachmittags vier Uhr eine Weile ausserhalb des Bettes verbracht hatte und im Begriff stand, sich wieder niederzulegen, ward sie von einer Ohnmacht befallen und starb wider alles Verhoffen nach Ablauf einer halben Stunde.»

Wir können heute annehmen, eine Lungenembolie verursachte den schnellen Tod der Mutter. Das Kind schien gesund und blieb jedenfalls bis zum Jahre 1619 am Leben.

Die Operation führten dem damaligen Brauche entsprechend sogenannte Wundärzte, nicht die Professoren der Fakultät selbst, durch. Jene besaßen manuelle Geschicklichkeit und Übung, die diesen mangelte. Die Professoren beschäftigten sich vorwiegend mit der Theorie und hatten — wie der Wittenberger Professor Tandler — zugleich mehrere Fächer an der Universität zu vertreten: Mathematik, Anatomie, Botanik und Chirurgie.

Die zitierte Beschreibung wurde von dem Direktor des Wittenberger Hebammeninstitutes Dr. Ottomar Wachs im Jahre 1868 wieder ausgegraben und kommentiert. Sie sagt mit der Schilderung der äußeren Umstände für mein Empfinden mehr über die Gepflogenheiten und das Verhältnis zwischen Natur- und Geisteswissenschaften aus als manche langatmige historische Analyse.

Naturwissenschaft und Gesellschaft — das war auch in der Medizin immer die Gretchenfrage lebendiger Forschung und Lehre. Sie bis zu Ende zu beantworten ist heute dringender denn je geboten, erleichtert durch die ständige Konfrontation mit den Lehren der marxistischen Klassiker, die unserem Gewissen gebieten, jede naturwissenschaftliche Erkenntnis in Verbindung mit den wachsenden gesellschaftlichen Aufgaben, den materiellen und kulturellen Bedürfnissen von morgen zu durchdenken, sie an ihnen zu messen.

Ich glaube, der beschriebene Eingriff war zu jener Zeit mehr als eine Risikooperation. Sie läßt den Drang zu einer fortschrittlichen Entwicklung auf allen Gebieten des täglichen Lebens ahnen. Überkommene Tabus sollten fallen, neue Erkenntnisse reifen. Während beherzte Ärzte in Wittenberg den Kaiserschnitt wagten, baute in Padua ein Mann sein Fernrohr, mit dessen Hilfe er neues fundamentales Wissen über den Makrokosmos erschloß, und konstruierte kurz darauf das Mikroskop, dem die Medizin bis dahin unvorstellbare Einblicke in den Mikrokosmos der Organe verdankt: Galileo Galilei. Sein legendäres «Und sie bewegt sich doch» wurde zum zukunftsgewissen Leitspruch ganzer Geschlechter. Doch noch lange war der Weg in das menschliche Morgen von unsäglichen Opfern begleitet.

Als das Kind, das auf die geschilderte ungewöhnliche Art und Weise das Licht der Welt erblickt hatte, im Alter von neun Jahren starb, stand ringsum die Welt in Flammen. Seit einem Jahr wütete ein erbarmungsloser Krieg, der bald das ganze Land überzog. Niemand ahnte, daß er als der Dreißigjährige in die Geschichte eingehen würde. Ein Menschenalter lang herrschten landauf, landab Mord und Totschlag, Plünderung und Notzucht, grenzenlose Zerstörung. Am Ende war Deutschland verwüstet und entvölkert.

So wechselten Ebbe und Flut der Ereignisse, Blüte- und Dürrezeiten geistigen Lebens einander ab. Doch die großen Ideen humanistischer Wissenschaft lebten fort. Sie eilten dem Geist der eigenen Zeit voraus, entdeckten im Schoße der Gesellschaft das Herangereifte, halfen es hervorbringen. Die Kraft neuer Ideen aber erschöpft sich leicht, wenn sie nicht fortzeugend immer wieder neue Gedanken gebiert. Man kann sich nicht pausenlos auf dem schmalen Grat geistiger

Höhenwanderung halten. Aber sich anstrengen, nach der größtmöglichen Vollkommenheit streben, das kann man, das ist sogar unser Auftrag.

Gerade heute bieten sich der Wissenschaft, auch der Medizin, durch die Fülle moderner Erkenntnisse, durch die Kooperation verschiedener Disziplinen — einschließlich der Technik — Möglichkeiten für bisher unerprobte Wege. Wer wollte da im Augenblick verweilen oder verlorenes Terrain auf alten Pfaden wiedergewinnen. Wer in falschem Traditionalismus erstarrt, übersieht, daß die Gegenwart ganz andere, in der Vergangenheit nicht gestellte Fragen aufwirft, die eine Antwort verlangen.

Wittenbergs Geschichte gibt also manchen Denkanstoß, auch dem Frauenarzt.

Mordfall Zimmermann

In einer Vitrine des zu einem Museum ausgestalteten Melanchthon-Hauses ist noch heute eine verdorrte Frauenhand zu sehen. Sie wird einer mehrfachen Giftmörderin zugeschrieben, die am 26. Oktober 1728 geschleift und vor dem Rathaus-Portal «mit dem Rade vom Leben zum Tode gestrafet» wurde. Der Scharfrichter zertrümmerte ihr mit einem schweren Rad Nacken, Brust und alle Glieder. Anschließend wurde sie urteilsgemäß aufs Rad geflochten, weil die in diesem Falle vorliegende «große und beharrliche Bosheit so viel nachdrücklicher anzusehen und zu bestrafen» war. Es ist anzunehmen, daß die Hand von dem zerschmetterten Unterarm abfiel, als die Henkersknechte den zierlichen Körper der getöteten Frau in viereinhalb Meter Höhe umständlich auf den Speichen befestigten. Keine andere Frau, von der die Hand stammen könnte, ist — abgesehen von den üblichen Ertränkungen — in Wittenberg «hingerichtet» worden. Neben vielen kulturhistorischen Einzelheiten, die den Akten zu entnehmen sind, hat dieser in der Stadtgeschichte einmalige Kriminalfall auch insofern tragische Aspekte, weil das Unglück wegen einer ärztlichen Fehldiagnose seinen Lauf nehmen konnte.

Der wohlhabende Postkommissarius Zimmermann, zum drittenmal verwitwet, hatte wieder geheiratet und vier Kinder in die Ehe gebracht. Seine Frau Susanne, selbst kinderlos, neigte einerseits zu Ausbrüchen, andererseits verfiel sie häufig in Melancholie und Einzelgängertum. Aus Habgier auf das Zimmermannsche Erbe begann sie schon acht Tage nach der Eheschließung, den Kindern Gift zu geben. Ihr erstes Opfer wurde der jüngste der Familie, ein erst fünf Jahre alter Junge. Trotz der verdächtigen Todesumstände, die sogar dem Personal aufgefallen waren, konnte die Verbrecherin ihre Pläne weiterverfolgen.

Als sich bei der achtzehnjährigen Stieftochter nach Einnahme eines angeblichen Abführmittels blutiges Erbrechen einstellte, wurde der Hausarzt geholt. Das Metallbecken, das zum Auffangen des Erbrochenen benutzt worden war, wies große schwarze Flecken auf. Im Mund und Hals des Mädchens zeigten sich starke Verätzungen. Der Arzt beruhigte sich und die Familie mit allerlei heute sonderbar anmutenden Erklärungen: Die Verätzungen seien dadurch zustande gekommen, daß das Mädchen öfter Zitronen gegessen hätte. Vielleicht hätte sie auch etwas von einem Marktschreier eingenommen, und schließlich könnte auch «der Fluß am Kopf sich heruntergezogen und den Hals inflammiert [entzündet]» haben. Nach siebzehn Tagen Krankenlager, an dem die Stiefmutter die größte Teilnahme heuchelte, starb das Mädchen.

Auch das dritte Kind, den ältesten Sohn, neun Jahre alt, behandelte der Arzt bei den ersten Vergiftungserscheinungen mit verschiedenen Mitteln, ohne auf den wahren Grund der Beschwerden zu kommen. Nach elf Tagen war es tot. Nun riet der Arzt vorsichtig zur Obduktion, die aber nicht erfolgte. Als schließlich der letzte, siebenjährige Sohn unter ähnlichen Umständen erkrankte, zog das Familienoberhaupt außer dem Hausarzt seinen eigenen Schwager, einen später berühmten Anatom und Botaniker, Dr. Abraham Vater, und dessen Vater, einen Professor der Medizin, hinzu. Es fielen Anspielungen auf Gift, und man entdeckte dann auch ein arsenikhaltiges Pulver. Trotzdem griff niemand ein und veranlaßte Weiteres. Nach drei qualvollen Wochen starb auch dieses Kind.

Jetzt erst verschafften sich die Ärzte durch eine Sektion Gewißheit und für das Gericht gegenüber der Mörderin — die schließlich noch weiterer fünf Giftmorde in früheren Jahren verdächtigt wurde — den Schuldbeweis, der am Tage darauf noch einmal in einem förmlichen gerichtsärztlichen Verfahren festgehalten wurde: Der sonst völlig gesunde Knabe war durch Verätzungen der Verdauungsorgane zu Tode gekommen. Ein weiterer Arzt stellte später aufgefundene Pulver durch chemische Versuche als «Sublimate» fest.

Es ist heute kaum faßbar, wie es soweit kommen konnte. Aber die gesellschaftliche Stellung des Postkommissarius Zimmermann, dessen Familie im Hause Markt 21 in gutem Wohlstand lebte und hohes Ansehen genoß, ließ Behutsamkeit vor Gründlichkeit gehen. Zudem übten die Ärzte ihre Kunst damals meist im Alleingang aus und erfragten viel zu selten oder zu spät den Rat eines erfahrenen Kollegen.

Die ungenügende ärztliche Initiative und die mangelhafte Kooperation machte sich der geschickte Verteidiger der Angeklagten zunutze. In seiner vierundsechzig Folio-Seiten umfassenden Schrift stellte er fest: «Der Tod der Kinder hätte durch geeignete Heilmittel abgewandt werden können, wenn die Krankheit rechtzeitig erkannt worden wäre, die Kinder sind also eigentlich infolge Vernachlässigung durch den behandelnden Arzt gestorben. Mindestens kann die Angeklagte nicht für alle Krankheitserscheinungen verantwortlich gemacht werden.» Jedenfalls müsse über alle Umstände noch ein Gutachten der Hallischen oder Leipziger Medizinischen Fakultät eingeholt werden. Er rügte auch das Vorgehen bei der Sektion des letzten Opfers. «Die Art der Sektion des jüngsten Kindes ist zu bemängeln, da sie privatim vorgenommen ist und die vierundzwanzig Stunden später erfolgte gerichtsärztliche zweite Besichtigung zweifellos stark veränderte Verhältnisse vorgefunden hat. Außerdem ist dem Urteil der sezierenden Ärzte, da sie keine ordentlichen Land- oder Kreisphysici sind, kein Glauben beizumessen. Die beiden anderen Kinder, bei denen keine Sektion gemacht ist, scheiden bei der Fällung des Urteils aus, da der Beweis der Vergiftung nicht erbracht ist.»

Die Schrift, die als ein Meisterwerk der Verteidigungskunst in der Ära Augusts des Starken gilt, strotzt von juristischen und medizinischen Zitaten aus dem Altertum bis hin zu zeitgenössischen Autoritäten. Dabei machte die Verteidigung

den Versuch, die Angeklagte als melancholisch und geistes-
krank hinzustellen, um die für solche Verbrechen übliche
Strafe abzuwenden.

Das Gericht befand Susanne Zimmermann für schuldig,
zumindest den Tod des letzten Kindes verursacht zu haben,
und formulierte das Urteil in einem einzigen über vierzig
Kleinfolio-Seiten sich hinziehenden Satz mit mindestens hundert Untersätzen.

Die Untersuchungen begannen noch einmal, wurden aus-
gedehnt. Eine zweite Verteidigungsschrift entstand. Der König erhielt Bittgesuche. Trotz allem lautete das endgültige Urteil nicht anders als das erste.

So wurde die Giftmischerin unter den Fenstern ihrer eige-
nen Wohnung gerichtet. Die Bevölkerung der Stadt und aus
einem Umkreis von zwanzig Meilen erlebte ein makabres
Schaustück. Das Protokoll bescheinigte dem Scharfrichter:
«Und hatte also der hiesige Scharfrichter Johann Gottfried
Boxsberg sein Meisterstück verrichtet, weil er noch keine
Execution, da er jemand vom Leben zum Tod gebracht, ge-
tan.»

Exekutionen mit dem Schwert waren nicht so selten. Sie
fanden vor dem Rathaus statt, und zwar an der Stelle, wo
heute noch vier Lochsteine, die sogenannten Blutsteine, zu sehen sind. In die vier eckigen Löcher kamen die Pfosten des
Schafotts. Wenn alles vorüber war, wurden die Löcher durch
passende Steine wieder verschlossen. Auf dem Schafott, neben seinem Henker stehend, hatte jeder Delinquent die
Worte vor Augen, die über der Rathaustür geschrieben standen: «Fürchte Gott, ehre die Obrigkeit und sei nicht unter den
Aufrührern — 1573.»

Für eine Packung Pralinen

Nur wenige Schritte vom Marktplatz entfernt, drei Häuser
weiter zur historischen Schloßkirche hin, befindet sich das
Grundstück, auf dem meine Vorfahren wohnten und über
Generationen das Bäckerhandwerk ausübten. Das Haus, ein
schmaler Bau, nach der Straßenseite nur ein Zimmer breit, er-
weitert sich erst südwärts zur Elbe keilförmig. Die Anlage der

Stadt als Festung bedingte das. Der Zwang, sich in den durch die Stadtmauern vorgeschriebenen Grenzen anzusiedeln, und wohl auch die Preise, führten hier wie in anderen mittelalterlichen Städten zu einem bunten Gewirr von Häusern unterschiedlicher Höhe und Breite, mit wechselnden Giebelfronten, glatten oder erkergeschmückten Fassaden. Das begeistert zwar den heutigen Beschauer, beglückt den Bewohner aber weniger.

Oft klagte meine Mutter, wie eng alles sei, wie wenig Sonne in das Haus komme. Auch beste Bau- und Kunstschmiedearbeiten konnten das Licht in den Zimmern nicht ersetzen. Mein Großvater hatte sich bemüht, beim Neubau des Hauses die Straßenfront zu verbreitern und südwärts Platz für ein kleines Gärtchen zu schaffen. Seine Bestrebungen waren fehlgeschlagen, ihm gegebene Versprechungen nicht eingehalten worden.

Jenseits des Festungsringes, wo später Grünanlagen Platz fanden, einen Garten zu erwerben schien eine glückliche Lösung. Aber wegen des Alters meiner Großmutter und der Arbeit, die auf meinen Eltern lastete, wurde es schließlich unmöglich, ihn zu pflegen. So ging er in der Inflationszeit für den Gegenwert einer Packung Pralinen in den Besitz einer Schokoladenfirma über. Meine Eltern vermochten daran nichts zu ändern. Ich konnte ihnen damals kaum helfen. Als ich es konnte, waren sie alt. Sie haben wenigstens noch die Liebe ihrer Kinder und Schwiegerkinder, insbesondere auch meiner Frau, erfahren können, die ihnen den Lebensabend erleichterten und verschönten. Die Sonne, die den Zimmern fehlte, leuchtete aus den Herzen.

Unser Grundstück zeichnete sich durch eine Besonderheit aus, die bis auf den heutigen Tag für viele ihren Reiz — und ihren Nutzen — nicht eingebüßt hat: die «Wasserkunst». So nannten wir einen Brunnen, der Jungfernwasser spendete. Das Geheimnis dieser «Kunst» lag in einem verzweigten Röhrennetz, das unterirdisch frisches Quellwasser heranführte und die Hofbrunnen im Luther- und Melanchthonhaus sowie in vielen alten Höfen der Innenstadt mit dem nie versiegenden, wohlschmeckenden Naß versorgte.

1556 hatte der Rat der Stadt Wittenberg das Privileg zum Bau der Wasserleitung erteilt. Drei Jahre später entstand eine zweite, das «neue Jungfernwasser». Es existiert ein alter Plan über den Verlauf der Röhren. Danach erhielt das Grundstück Schloßstraße 3, also unseres, Anschluß an das «neue Jungfernwasser». Welchem Umstand das zu verdanken war, konnte ich nicht mehr ermitteln. In zwei handgeschriebenen Folianten aus dem 16. Jahrhundert ist noch mancherlei Wissenswertes über das «Röhrwasser» enthalten: Man liest, wieviel das Holz für den Leitungsbau kostete, daß es aus dem Fläming kam, und kennt die Quelle für das «neue Jungfernwasser», mitten in der Friedrichstadt, während die andere weiter nördlich liegt. Auch die Statuten blieben erhalten.

Weitere Leitungen, die «Rohdesche Röhrfahrt» am westlichen Ende der Schloßstraße und das Schloßwasser, nahmen im Laufe der Jahrhunderte Schaden und versiegten. Aber sie erfüllten lange ihren Zweck. Herrschte die Pest oder wurde die Stadt belagert, blieb ihr Wasser stets unverseucht, ungefährdet und gefror nie. Das Jungfernwasser sprudelte jedenfalls in der großen Kälte des Winters 1662/63 ebenso wie im klirrenden Nachkriegsfrost 1946/47. In dieses legendäre Wasserkunstwerk steckten, neben anderen, Leute wie Lucas Cranach d. J., der Apotheker Caspar Pfreundt, der Buchdrukker Hans Lufft, die Buchhändler Ruhel und Schramm ihr Geld. Noch heute wissen viele das Röhrwasser zu schätzen. Eine Bekannte aus Wittenberg schrieb mir: «Das neue Wasserwerk ist natürlich längst fertig, aber ich hole mir trotzdem immer mal eine Kanne Röhrwasser aus der Nachbarschaft für Kaffee oder Tee ...»

Der Brief trägt ein Datum vom März 1976. Wenige Wochen vorher war ich der Einladung zu einem Vortrag in Wittenberg gefolgt. Ich hielt ihn in der Aula meines «alten Gymnasiums». Über fünfzig Jahre hatte ich sie nicht mehr betreten. Welch ein Gefühl! Vorher gab der Kulturbund einen Empfang. Da befand ich mich nach einer langen Zeitspanne auf dem Boden unseres alten Gartengrundstückes. Der Kulturbund hat jetzt dort seinen Sitz.

Im Gegensatz zur räumlichen Beengung kannte der innere Reichtum unseres Familienlebens keine Grenzen. Es bot uns Kindern jede Möglichkeit der Entfaltung, der Erfüllung vieler Wünsche. Selbstlosigkeit und Verzicht für das Wohl der Kinder war unseren Eltern selbstverständlich.

An der Wiege gesungen

Mir wurde an der Wiege weder gesungen, daß ich später Arzt sein, noch daß ich einmal im Sozialismus leben würde. Und doch wählte ich meinen Lebensweg folgerichtig aus Einstellungen heraus, für die schon im Elternhaus der Grund gelegt worden war. Im übrigen sang man durchaus an meiner Wiege viel, denn Gesang und Musik spielten in unserer Familie wie in meinem späteren Leben eine große Rolle.

Mein Vater nahm seinen Beruf als Bäckermeister — er war dann Obermeister und Ehrenobermeister der Innung — sehr ernst. Alle seine Gesellen wurden tüchtige Meister. Meine Mutter half ihm in selbstlosester Weise. Die Eltern gaben mir für Pflichtauffassung, Pflichterfüllung und gegenseitige Unterstützung, im Beruf und in der Ehe, ein Vorbild. Das Verhältnis zu meiner Schwester war eng, harmonisch. Ich kann mich an keinen einzigen Streit erinnern. Im Gegenteil. Wir schworen aufeinander, halfen uns, wo wir konnten, liebten die Kunst und das Reisen, lebten glücklich in der Familie wie im Kreise unserer Schulfreunde und -freundinnen.

Das alles hatte maßgeblichen Einfluß auf meine Entwicklung. Anderes kam hinzu. Mein Vater gab sich nie mit dem rein Handwerklichen zufrieden. Er besaß einen starken fachlichen Bildungsdrang, wollte die Materie, mit der er arbeitete, das Mehl, die Zutaten, in ihrer verschiedenen Zusammensetzung und hinsichtlich ihres Nährwertes im Zusammenhang mit dem Backprozeß verstehen, wollte die Einwirkungsmöglichkeiten darauf erkennen und lehren. Er strebte nach allseitiger Bildung, bereiste Italien, trieb Sport, noch mit dem Hochrad, gehörte zu den Gründern des Wittenberger Ruderklubs, fuhr Rennen — und das alles schon um die Jahrhundertwende.

Seine besondere Liebe aber galt neben dem Beruf der Kunst, vorwiegend der Musik. Er hatte beim Kammersänger Milde am damaligen Hoftheater in Dessau eine volle Ausbildung bis zur Bühnenreife als Bariton durchlaufen, versäumte keine der offiziellen Oratorien- und Kantatenaufführungen, war in den kunstbeflissenen bürgerlichen Gesellschaften und Vereinen meiner Heimatstadt ein gern gesehener und oft gerufener Gast, spielte ausgezeichnet Klavier und komponierte.

Während er als Gardejäger in Potsdam diente, sang er vor dem Kaiser. Der wollte ihn für die Königliche Oper in Berlin gewinnen, aber mein Großvater riet ihm, beim Handwerk zu bleiben, das habe goldenen Boden. Andererseits sind aus Handwerkerfamilien ganze Künstlergeschlechter hervorgegangen. Einige Quellen weisen einen Bäcker Veit Bach als Urahnen der deutschen Tonkünstlerfamilie aus, der über fünfzig zum Teil sehr berühmte Musiker entstammen. Kurzum, in meinem Vater lebte etwas von der Natur eines Hans Sachs, den er in der Oper von Richard Wagner, seinem Lieblingskomponisten, mit Vorliebe interpretierte.

Meine Mutter war auf dem Sternschen Konservatorium in Berlin ausgebildet worden. Meine Schwester erhielt in Halle Gesangsunterricht. Ich nahm in Wittenberg bei der Frau des Organisten Straube und später bei einer Schülerin von Philipp Scharwenka, Frau Kolberg, so lange Unterricht, bis ich glaubte, mich als Autodidakt unter der Aufsicht meines Vaters im Gesang, auch im Orgelspiel, Chor- und Orchesterdirigieren beweisen zu können.

Für gewöhnlich kam es sonntags zu einem Kampf um das Klavier, der nur zu schlichten war, wenn wir uns alle vier zum Musizieren zusammenfanden. Mutter und ich spielten vierhändig. Vater und Schwester sangen dazu, und wenn es mir richtig erschien, fügte ich mich zusätzlich singend zum Terzett ein.

Schon in jungen Jahren boten wir vor der Öffentlichkeit musikalische Aufführungen wie «Die Glocke», «Die Ruinen von Athen», «Die Niederländischen Gesänge» oder Schauspiele wie «Alt-Heidelberg» und später — schon zur Studentenzeit in Heidelberg — das mit dem Schillerpreis 1908 ausgezeichnete Stück «Tantris, der Narr» von Ernst Hardt dar. Das verhalf mir und meinen Schulkameraden zu künstlerischer Genuß- und Gestaltungsfähigkeit, regte zu schöpferischer Selbstbetätigung an, verschaffte Lebensfreude.

Dabei kam jugendlichem Gären sprachlicher Überschwang nur zustatten. Hier eine Leseprobe aus «Tantris, der Narr», der Geschichte des verkleideten Tristan, wie er die nackte Schönheit Isoldes beschreibt. Wenn ich sie heute lese, begreife ich selbst nicht mehr, wie wir seinerzeit so etwas schön finden konnten.

«Ein elfenbeinern Gleißen ist ihr weißer Leib
Aus Maienmondlicht aufgebaut zu einem Wunder
Der Herrlichkeit. — Ein wilder Garten ist Dein Leib,
Wo Purpurfrüchte gluten und betäuben.
Dein Leib ist eine Kirche aus Basalt,
Ein Elfenberg, in dem die Harfen klingen,
Ein jungfräuliches Schneegefild. Und Deine Brüste
Sind heiliges Geknosp des Strahlengartens,
Fruchtkapseln, die noch harren auf den süßen Seim
Des Sommermonds! Dein Hals ist wie ein Lilienschaft
Emporgehoben, Deine Arme weisen
Wie Blütenzweige eines jungen Mandelbaumes
Keusch und verheißend in das Paradies,
In dem das Wunder Deiner starken Lenden
Geheimnisvoll und drohend thront wie Gott . . .»

Spätere Kritiker haben nicht zu Unrecht den Schwulst der
«erhitzten, gleichniswilden Sprache» wie das ganze «haltlose,
zerfahrene Werk eines von der Zeitmode genarrten Künstlers» gehörig verrissen. Aber es gab ja nicht nur in jener Zeit
Künstler, die sich narren ließen.

Wie auch immer, wir scheuten uns nicht, die Strenge schuli-
scher Erziehung an einem humanistischen Gymnasium aufzu-
lockern. Wir führten Fastnachtsspiele von Hans Sachs und
Kleists «Prinz von Homburg» auf, wagten uns an verschol-
lene Chorwerke und Uraufführungen neuer Kompositionen.
Hätten sie keinen Erfolg gehabt, wäre das unseren Eltern
ganz schön auf den Geldbeutel gegangen, aber es glückte.
Der vermeintliche Ausbruch aus den Fesseln einer Kleinstadt-
atmosphäre wurde ein dominierendes Element unserer Entwicklung. Dennoch blieb erziehungs- und umweltbedingt ein
wirklicher Durchbruch zu den die Welt im Innersten bewe-
genden Fragen aus. Allenfalls stellte sich hier und da ein emo-
tioneller Reflex ein. Zum Beispiel auf den ersten Weltkrieg.

Wenn ich auch vom direkten Kriegsgeschehen verschont
blieb, beeindruckten mich doch die vielen Nachrichten über
Gefallene. So traf es genau meine Stimmungslage, als wir
nach dem Kriege an «Totentanz»-Aufführungen teilnehmen
durften. Sie standen unter der Schirmherrschaft unseres musisch sehr vielseitigen Pfarrers — er wurde später Bischof in

Hamburg — und erregten ziemliches Aufsehen. Er ließ, durch Musiker in seiner Familie vermittelt, von einer Korrepetitorin in Dessau Gedichte vertonen, die dem «Wanderer zwischen zwei Welten» von Walter Flex entnommen waren.

Dieser Dichter, 1917 gefallen, nahm dann wegen seiner kriegsbegeisterten Werke einen vorderen Platz in der Literatengalerie des Hitlerreiches ein. Damit erfüllte sich die Voraussage eines Literaturkenners aus jenen Jahren, der meinte, «die Zukunft» werde Flex wohl als «*den* Dichter des Krieges preisen». Mit dem «Wanderer» sollten nun alle getröstet werden, «die ihr Liebstes haben hingeben müssen».

Die Haupttendenz, die wir in das Ganze legten — ob man sie als Zuhörer erfaßte, weiß ich nicht—, zielte weniger auf das Heroisch-Vaterländische ab als vielmehr darauf, den Tod als das unausweichliche Ende für arm und reich zu symbolisieren. Dies geschah mit einem Seitenblick auf die Kriegsgewinnler und Neureichen, überhaupt auf die moralisch ins Wanken geratenen Leute nach dem ersten Weltkrieg. Es ist mir allerdings kein einziger Fall bekannt geworden, daß einer von den Reichen sein Vermögen nach unserer Aufführung an die Armen verteilte. Allgemein zeigte man sich durchaus beeindruckt. War es schon ungewöhnlich, ein richtiges Gotteshaus, bislang ein Tabu, für ein szenisches Ereignis dieser Art zu benutzen, so tat die gewaltige Stimme des Priesters, der von der Kanzel, also gleichsam von «oben», in die verdunkelte Kirche hinein die Texte las, ein übriges. Musikalisch untermalt, erschienen dazu im Altarraum die von Laiengruppen getanzten und gestellten Bilder.

Mancher Außenstehende nahm die Leidenschaft, mit der wir uns solchen Vorhaben widmeten, sicherlich nicht so ernst wie wir selbst. Sei's drum. Für uns gewannen diese Aufführungen große Bedeutung, weil sie uns auf verschiedenste Weise anregten. Jetzt fördert unsere Gesellschaft kulturelle Initiativen. In meiner Jugendzeit lagen die Quellen ihrer Entfaltung in der Familie, ihr Erfolg war ein Kind des Zufalls. Die heutige bewußte Pflege der Musik, des Tanzes, des Laienschauspiels durch die Jugend bestätigt meine Erfahrung, wie wertvoll dies für das Reifen der Persönlichkeit ist. —

Nachdem Generation für Generation meiner Vorfahren dem Bäckerhandwerk treu geblieben war, verließ ich als erster die Traditionen und ging andere Wege. Ein Entschluß, den niemand leichtnahm. Meine Kindheit und Jugend verliefen in unruhigen Zeiten. Bis 1914 in kaiserlichem Gehorsam erzogen, standen wir während des ersten Weltkrieges völlig ungewohnten Problemen gegenüber. Es gab Einschränkungen in der Ernährung und in der schulischen Ausbildung. Die meisten der qualifizierten jungen Lehrer standen im Felde. Wir Schüler wurden zum landwirtschaftlichen Hilfsdienst und zur vormilitärischen Ausbildung herangezogen. Die Revolution 1918 sah uns überrascht und hilflos. Es fiel schwer, selbst noch unfertig, Entscheidungen für die Zukunft zu treffen.

Zuviel stürmte auf uns ein. Hin und her gerissen zwischen Traditionen und einer ganz anderen Welt, hörten wir hier Vertrautes, dort Aufrührerisches. Wie lautete doch die Inschrift am Rathaus: «. . . und sei nicht unter den Aufrührern». Die Kommunistische Partei und den Roten Frontkämpferbund hielten uns die Autoritäten, auf die wir hörten, als rotes Tuch vor. Rote Fahnen wirkten dementsprechend durch sich selbst. Die Massenumzüge trieben uns von der Straße. Ältere, aus dem Krieg zurückgekehrte Mitschüler, priesen den Kapp-Putsch als die einzig richtige Lösung. Viele unserer Ideale brachen zusammen. Auf eigentümliche Weise änderten sich Moral und Lebensart mancher bis dahin als Vorbilder geachteter Honoratioren der Stadt. Es galt als schick, zu Militärmärschen Schieber zu tanzen. Der Alkohol floß in Strömen. Zugereiste demonstrierten den Stil «moderner» Ehen. Der Dadaismus etablierte sich zeitweilig als die meist gepriesene Kunstrichtung. Eine Flut neuer Zeitschriften und Illustrierten schwemmte alle überkommenen Regeln von Sitte und Haltung fort. Alles schien auf den Kopf gestellt. Wo war die gerade Lebenslinie, die ohne Bruch der Persönlichkeit zu neuen Auffassungen und Denkweisen führte? Wer und was bewahrten uns vor den Einflüssen falscher und unbeständiger Randerscheinungen der Zeit, die doch die meisten nur als Gegenreaktion auf überholte Etikette oder als Entfesselung lange gebremster Lebenswünsche verstanden?

Ich muß es zuallererst meinen Eltern danken, daß meine viereinhalb Jahre jüngere Schwester und ich auf einen guten Weg fanden. Am Anfang dieses Weges standen zu Hause drei Prinzipien der Erziehung: Leistung, Achtung vor dem Menschen, Freiheit der persönlichen Entscheidung. Diese Erziehung war keineswegs, wie man heute sagen würde, antiautoritär. Im Gegenteil. Aber die Autorität trat uns nicht mit doktrinär erhobenem Zeigefinger gegenüber oder wurde gar mit Prügel eingebleut. Sie beruhte auf der Achtung vor der Arbeit unserer Eltern und ihrer Lebensführung.

Iwan

Die Würde des Menschen zu wahren galt meinen Eltern, glaube ich, als oberstes Gebot. Nie knieten sie bettelnd vor der Obrigkeit. Von uns forderten sie, daß sich jeder durch Leistung behaupte. Sie halfen den Bedürftigen, auch wenn es ihnen selber nicht gut ging, und nahmen Enttäuschungen hin, ohne von ihrer Lebenslinie abzuweichen. Verhaltensweisen, die durchaus in die heutige Zeit passen.

Meine Eltern besaßen und hüteten viele Jahre ein von einem Russen geschnitztes springendes Pferd. Durch seine Bemalung wie durch die kyrillischen Buchstaben verriet es seine Herkunft. Während des zweiten Weltkrieges hatte meine Mutter verschleppten Zwangsarbeitern verschiedenster Nationalität, wenn sie konnte, heimlich ein paar Lebensmittel zugesteckt. Zum Zeichen seiner Dankbarkeit schenkte ein Russe ihr das Pferd. Als dann sowjetische Truppen nach Wittenberg kamen und die Geschichte um das hölzerne «Russenpferd» erfuhren, quittierten sie das mit dem Verzicht auf weitere Hausdurchsuchungen und durch betonte Korrektheit. Niemand weiß den Namen dessen, der das Pferd angefertigt hat. Ich bilde mir ein, er müsse Iwan geheißen haben.

«Iwan» klingt vertraut für mich, ist eine Art Symbolfigur geworden, und zwar, lange bevor die Nazis den Namen zum Schreckwort einer Nation machten. Iwan, ein russischer Kriegsgefangener, war dem Vater während des ersten Weltkrieges für einige Monate als Arbeitskraft zugeteilt. Er konnte mit großem Geschick geradezu kunstvolle Ringe aus Aluminiumgeld und einfachem Messingrohr treiben. Mit diesem Talent bereitete er manchem Wittenberger Freude. Ihm brachte es einige Extras für seine bescheidene Lebensführung. Handwerkliches Geschick und Kunstfertigkeit haben im russischen Volk eine lange Tradition. Ihre Zeugnisse werden heute von internationalen Touristen bestaunt, allerdings in zunehmendem Maße leider nur noch in Museen. Die technische Revolution fordert Einfühlungsgabe und Phantasie in anderer Weise heraus.

Ich weiß nicht einmal, ob Iwan überhaupt Bäcker gelernt hatte. Ich käme auch gewiß nicht drauf, ihn zu erwähnen, denn er war wie jeder andere Bursche seines Alters. Außer der Sprache hob ihn nichts Besonderes von seiner Umgebung ab. Die kräftige Gestalt, der blonde Haarschopf und sein offener Blick wirkten sympathisch. Iwan gab sich völlig unmilitärisch. Er redete oft von seinem Zuhause, offenbarte eine rührende Anhänglichkeit an Vater und Mutter, gegenüber der ganzen Familie. Und lachen konnte er! Doch vielleicht dachte er dabei weniger an das Ende seiner eigenen Gefangenschaft als vielmehr daran, daß sich sein ganzes Leben danach zu ändern im Begriff war. Man schrieb 1917. Er kam mit den anderen Gesellen sehr gut aus, gehörte allmählich einfach dazu.

Ich sah ihn nie traurig. Er zeigte sich gutmütig, wußte wohl um seine Kräfte, die er nicht verzettelte. Ein einziges Mal merkte ich ihm an, daß er mit sich selber uneins war, als ihm fürchterliche Zahnschmerzen zusetzten. Mein Vater, der es mit seiner Obhutspflicht natürlich höchst genau nahm, wollte ihn sofort zum Zahnarzt schicken. Aber konnte er ihn einfach durch die Straßen spazieren lassen? Das hätte gewiß Ärger mit den Behörden gegeben, weil es den Bestimmungen widersprach. So bestimmte Vater mich als Begleitperson. Iwan begrüßte den fünfzehnjährigen Sohn des Meisters als willkommene Ablenkung auf dem peinvollen Weg zum Zahnarzt, und niemand von uns beiden sah sich eigentlich in der Rolle, in die er durch die Umstände geraten war.

Nach der Rückkehr waren beide zufrieden. Iwan, weil er einen Zahn losgeworden war, und ich, weil ich einen gefangenen Russen wiedergebracht hatte. Aber eigentlich hegte ich nicht eine Sekunde den Verdacht, Iwan, der Freundliche, könnte ausreißen. Wohin auch? Und warum auch?

Für ihn nahm die Gefangenschaft mit der Novemberrevolution 1918 ihr Ende. Wir sahen ihn dann noch mit anderen Landsleuten durch die Straßen spazieren. Als er an unserem Haus vorbeikam, winkte er strahlenden Gesichts herauf.

Diese Begegnung mit Iwan erwähne ich, weil sie — wie mir inzwischen klar ist — in einem Punkte etwas in mir bewirkte, dessen ich mir nicht im geringsten bewußt war, was aber später ganz unverkennbar einen Effekt von bestimmender Bedeutung ausübte. «Der Russe Iwan ist ein schlichter, gewinnender, normaler Mensch» — diese Erfahrung lagerte sich in den tieferen Schichten des Bewußtseins ab, würden die zuständigen Fachkollegen registrieren.

Damals waren «die Russen» für uns ein Nachbarvolk wie jedes andere, trotz der aufpeitschenden Parolen auf grell bunten Feldpostkarten «Jeder Tritt ein Brit', jeder Stoß ein Franzos', jeder Schuß ein Russ'!» Für mich verbanden sich — gefördert durch Musik, Lyrik und belletristische russische Literatur — mit dem Namen dieses Volkes im Osten fast anheimelnde Visionen von besinnlichen Gesprächen bei summenden Samowaren in niedrigen, warmen Stuben, von Gemütlichkeit am großen Ofen, während draußen im weiten Land der Frost knackt.

Diese Erlebnisse mit dem Russen Iwan bildeten unbeschadet von der nationalistischen Erziehung Abwehrstoffe, die der barbarischen Verteufelung des Nachbarvolkes durch den Faschismus, der hämmernden Hitlerpropaganda vom «Untermenschentum» entgegenwirkten. Sie schützten mich vor einer ideologischen Verseuchung, die manche andere in meinem Alter und mit ähnlicher Schulerziehung zu ihrem und aller Unglück leider befiel. Die «Iwans» erschienen mir wahrscheinlich immer als Vervielfältigung «meines» Iwan, auch wenn ich ihn fast vergessen hatte.

Bestimmt erhielten humanistische Grundanschauungen, die ich mir angeeignet hatte, auf diese Weise eine psychologische Abstützung, so daß ich im zweiten Weltkrieg — ich begegnete als Marinearzt vielen Gefangenen verschiedener Nationen, unter ihnen natürlich auch einmal Rotarmisten — nicht in den Irrsinn verfiel, sie als Menschen zweiter Klasse anzusehen. Vielleicht verdanke ich also der Begegnung mit Iwan aus Vaters Backstube, seiner gewinnenden Art und menschlichen Wärme gegenüber dem Jungen, der ich doch damals war, etwas für mein Schicksal. Freilich — bis ich ein politischer Freund der «Russen» wurde, sollte es noch lange dauern, gab es noch viel «Auf und Ab».

Gemischter Chor

Trotz der elementaren Lebensregeln, die mir meine Eltern beibrachten, belasteten sie mich nicht mit einem erdrückenden Ballast eiserner Gebote für jeden Einzelfall, einem Kodex von Verhaltensnormen, die Schritt und Tritt reglementieren. Grundsätze und Großzügigkeit in ihrer Lebenssicht widersprachen sich nicht, überzeugten, übertrugen sich auf uns. Als ich den Nationalpreis erhielt, schrieb mir meine Mutter, die sonst mit emotionalen Äußerungen immer sehr zurückhaltend war, einen Gratulationsbrief. Darin stand, sie freue sich über die Anerkennung. Ich solle aber nicht übermütig werden, sondern bescheiden bleiben. In der Stunde meiner Geburt habe sie sich nichts anderes gewünscht, als daß ich gesund sei und einmal ein nützliches Glied der menschlichen Gesellschaft würde. Alle Auszeichnungen, die ich auch danach noch erhielt, empfand ich nicht so sehr als Verdienst, vielmehr als Bestätigung meines Wollens, bei dessen Verwirklichung mir andere halfen. Und so sehe ich sie im Grund zugleich als eine Bestätigung der Erziehungsprinzipien meiner Eltern.

Ich kann das mit gutem Gewissen sagen, denn in der «gutbürgerlichen» Gesellschaft meiner Kindheit waren Grundhaltungen, wie sie uns meine Eltern vorlebten und wie sie meine Lebenseinstellung bestimmten, durchaus nicht verbreitet. Viel häufiger begegneten einem spießbürgerliche Rechthaberei, Nachbarnneid, Scheinheiligkeit, Prüderie. Wer seinen Blick für die Welt, wie sie wirklich war, schärfen und bewahren wollte, hatte es schwer. Das begann bei den einfachsten und natürlichsten Dingen.

Für ein Konzert wollte ich Chöre einstudieren. Ich war zu der Zeit schon Student und nutzte dafür die Semesterferien. Das Programm sah Opernausschnitte und niederländische Lieder mit Orchesterbegleitung vor. Zur Komplettierung brauchte ich die Schülerchöre des Gymnasiums und des Lyzeums. Vorsichtshalber fragte ich den Direktor des Lyzeums, ob er mir die «chorische Koedukation» gestatte. Er wollte die Verantwortung nicht allein tragen und führte einen Beschluß des Lehrerkollegiums herbei. Dieser war ablehnend. Auf meine Frage, ob man mir nicht zutraue, bei der Einstudierung für Ordnung zu sorgen, antwortete er: «Aber ja, durchaus — beim Singen! Aber was ist hinterher auf dem Heimweg?» Meinen Einwand, er oder ein anderer Lehrer könnten ebensowenig wie ich verhindern, daß junge Menschen irgendwann aneinander Gefallen finden, nahm er achselzuckend zur Kenntnis.

Daraufhin bereitete ich zunächst den Gymnasialchor getrennt vom Lyzeumchor vor. Nachdem dann die einen ihr Abitur und die anderen ihr Lyzeumsabschlußexamen bestanden hatten, konnte ich beide Chöre zusammen einstudieren. Das Konzert wurde als Koproduktion ein Erfolg, ob der Nachhauseweg auch, weiß ich nicht.

Solche Erziehungsmethoden kommen heutigen Oberschülern absurd vor. Um so leichter werden sie sich vorstellen können, daß es uns geradezu juckte, die strengen Regeln zu durchbrechen. Die Serie der Schülerstreiche war Legion. Sie hier zu schildern wäre billig. Die «Feuerzangenbowle» hätte Typen und Situationen ebenso bei uns beschreiben können. Wir hielten wie Pech und Schwefel zusammen und suchten durchzusetzen, was wir uns vorgenommen hatten. In Schülervereinen übten wir im Vorgriff studentische Sitten, machten Ausflüge, veranstalteten Tanzabende — natürlich unter der unerbittlichen Aufsicht von Anstandsdamen —, trieben Sport.

Die Gerechtigkeit verlangt, Lehrer zu erwähnen, die nicht im Rohrstock das Erziehungsideal sahen — ja, wir bekamen noch Prügel, wenn die lateinischen Vokabeln nicht saßen! —, sondern mit uns durch dick und dünn gingen, selbst wenn sie mit der Ordnung der Anstalt in Kollision gerieten.

Als wir das Schauspiel «Alt-Heidelberg» von Meyer-Förster spielen wollten, um Geld für neue Aulafenster aufzubringen, versuchte uns unser Deutschlehrer das Vorhaben auszureden. Er empfahl, die Dramen von Sophokles in altgriechischer Originalsprache aufzuführen, wie es dem Ruf eines humanistischen Gymnasiums entspreche. Ich sagte sehr spontan: «Herr Studienrat, damit bekommen wir doch den Saal nicht voll.» Der Schmerz, seine Idealvorstellungen neuen Aulafenstern geopfert zu sehen, wurde noch von der allgemeinen Verblüffung übertroffen, als die Schauspielerin des Dessauer Theaters, die wir für die Rolle der Käthi gewonnen hatten, an die Bühnenrampe trat und fragte: «Was meinen Sie denn, Herr Doktor, warum sich die Leute den Faust ansehen? Sie denken, Goethes wegen? Ich sage Ihnen, einige Idealisten vielleicht, die meisten aber wegen der Gretchen-Affäre.» Wir waren starr, der Studienrat schluckte. Dann lächelte er, entwaffnet durch soviel Bravour und vielleicht auch Charme.

Aus gutem Grund glaubten wir fest an den Erfolg von «Alt-Heidelberg». Meyer-Förster galt zum Jahrhundertbeginn als der meistgespielte Autor. Folgende Fabel zieht sich durch die fünf Akte dieses Stückes:

Der Erbprinz von Sachsen-Karlsburg, Karl-Heinrich, soll, neueren Bräuchen bei Hofe folgend, ein Jahr studieren. Begleitet von seinem Lehrer, einem vom alten Heidelberger Studentenleben schwärmenden, aber schon der Verfettung verfallenen Akademiker, und dem unvermeidlichen Kammerdiener, tritt Karl-Heinrich forsch in die studentische Arena und verliebt sich prompt in die schöne Wirtstochter Käthi. Als Fuchs im Korps der Saxonen fühlt sich der junge Thronfolger, «der im sprühenden Leben aufblüht zum strahlenden Siegesmenschen», bald ganz in seinem Element, wie ein Theaterführer schrieb. Da stirbt der Onkel. Karl-Heinrich wird regierender Fürst, verfällt in Einsamkeit, eine Muß-Heirat steht bevor. Es packt ihn, er will noch einmal Heidelberg wiedersehen. Aber dort wird er als ein anderer empfangen. Nur für eine ist er geblieben, was er war, für Käthi. Sie «stürzt wortlos, aber jubelnd» an seine Brust. Beide versichern sich ewiger Liebe. «Und nun wird sie nach Wien gehen, um ihren Vetter Franz zu heiraten, und er wird nach Karlsburg zurückkehren, um sich mit der standesgemäßen Cousine zu vermählen ... Solange sie ihn sehen kann, verfolgen ihn ihre Augen. Wie er verschwindet, bricht sie kraftlos schluchzend zusammen.»

Die rührende Geschichte netzte im Parkett manches Auge, und auch wir jugendlichen Akteure wußten nicht so recht, ob wir den edlen Prinzen bewundern oder die um ihr Lebensglück als Märchenprinzessin betrogene Wirtstochter bedauern sollten.

Wenn das Ganze auch nicht der Wahrheit des Lebens entsprach, in meinem Leben wurde die Aufführung zum Ereignis, vielleicht gerade weil das Spiel erforderte, fremden, sogar irrealen Gefühlsbahnen nachzugehen. Darum ließen wir uns so engagieren. Freilich, Gerhart Hauptmann hatte seine

«Weber» geschrieben, sich mit dem «Florian Geyer» vorge-
wagt. Aber sozialen Zündstoff von Schülern eines preußischen Gymnasiums in die sorgsam gehütete Bürgerruhe Wittenbergs tragen zu lassen wäre selbst dem kühnsten unserer
Lehrer nicht in den Sinn gekommen. So mußte denn das 1898
entstandene Stück eines gewissen Herrn Meyer herhalten, um
die viertausend Mark Unkosten wieder einzuspielen und um
die Aula mit neuen Fenstern auszustatten.

Wen kümmerte es, daß inzwischen nicht nur die Literaturgeschichte weitergegangen war, sondern auch die Weltgeschichte. Neue Zeitalter waren angebrochen, Throne umge-
stürzt, Revolutionen hatten Millionen in Bewegung gebracht,
aber auf unserer Bühne hatte es weder einen roten Oktober
1917 noch einen November 1918 gegeben. Da stand Karl-
Heinrich als Held des Tages — dargestellt von Helmut
Kraatz.

Immerhin, mit seiner Zusage zur Aufführung von «Alt-
Heidelberg» hatte unser Deutschlehrer das Herz seiner Schüler erobert. Wir entgalten sein Verständnis durch besonderen
Eifer. Oft saßen wir abends in seiner Wohnung, lasen und diskutierten dann auch über Dramen von Ibsen, Björnson oder
Hauptmann, für die der Lehrplan offiziell «nicht genügend
Zeit» ließ, natürlich ohne bis zur Klassenfrage vorzustoßen.
Uns jedenfalls erschienen Umgangsformen solcher Art schon
recht fortschrittlich, gemessen an vorgestrigen. Und da wir
am Oben und Unten der Welt nicht rüttelten, übte man Nach-
sicht.

Selbst wenn ältere Schüler mal ein Glas zuviel getrunken
hatten, drückten einige «Pauker», die sich noch Erinnerungen
an ihre eigene Jugend bewahrt hatten, ein Auge zu. Meistens
passiert doch so etwas nur, wenn sich Jugendliche als mann-
haft ausweisen möchten. Unsere Lehrer wußten überdies, daß
jedwede Demonstration deutscher Mannhaftigkeit im Ernst-
fall bei der Obrigkeit auf wohlwollendes Verständnis stoßen
würde.

Einmal aber gab es für eine nächtliche Zecherei Gründe,
über die niemand die Wahrheit erfuhr.

Ein Schülerchor unseres Gymnasiums sollte bei einer Veranstaltung den Jägerchor aus dem «Freischütz» von Weber
singen. Ich kam ins Schwitzen, weil wir nicht genügend helle

Tenöre hatten, also transponierte ich. Nun fehlten mir bei den jugendlichen Choristen aber die tiefen Bässe. Als ich bei der Aufführung voller Herzklopfen das Podium betrat, um zu dirigieren, raunte mir ein Mitschüler zu: «Du brauchst keine Angst zu haben, wir haben bis heute früh gesoffen. Wir orgeln wie die Donkosaken!» So geschah es. Die öffentliche Kritik lobte am nächsten Tag das Stimmenmaterial.

Trotz aller lautstarken Bekundungen unseres Selbstbehauptungswillens waren uns leise Töne zwischenmenschlicher Beziehungen nicht fremd. Unsere Einstellung zum anderen Geschlecht besaß einen Anflug taktvoller Ritterlichkeit. Bei mir verständlich, weil das mir vorschwebende Idealbild einer Frau primär von meiner Mutter beherrscht war. Darunter mischten sich Züge klassischer Frauengestalten und eine gute Portion romantischer Eigenschaften, wie sie beispielsweise ein damals stark gefragter Roman, «Die Heilige und ihr Narr», ausmalte. Es war das einzige Werk einer 1911 verstorbenen Schriftstellerin, Agnes Günther. Eine Literaturgeschichte aus der Mitte der zwanziger Jahre bescheinigt der Autorin, in das Buch habe ein Mensch «seinen ganzen Besitz an angelesener Erregtheit, köstlicher Phantasie und Küchenromantik, innerer Glücksfähigkeit und äußerem Glanzverlangen hineingefüllt». Etwas unausgereift Mädchenhaftes, etwas Schwindsüchtiges liege über dem Ganzen, doch beruhe gerade darin ein starker Reiz. Wie viele konnte auch ich mich diesen eigentümlichen Reizen nicht verschließen.

Übrigens erlebten «Die Heilige und ihr Narr» 1965 ihre — auszugsweise — Wiederauferstehung in der vom Eulenspiegel-Verlag herausgegebenen «Kitschpostille». Ein Wiedersehen, bei dem man sich wahrlich nicht wiedererkannte.

Unter den platonischen Lieben meiner Jugendzeit ist mir eine wegen einer seltsamen Verstrickung von traumhaften Vorstellungen und späterer Realität gegenwärtig. Um die Zuneigung meines Mädchens zu erringen, erklärte ich ihr, alles für sie tun zu wollen. Wenn es im Augenblick auch nichts als ein Versprechen sei, so werde ich ihr — sollte ich mein Ziel, Arzt zu werden, erreichen — jederzeit helfen, sie sogar operieren, wenn es sein müßte.

Fast scheut man sich, solche Schwärmereien niederzuschreiben, aber sie sind wohl nicht selten. Anton Tschechow vergleicht in seiner Kurzgeschichte «Liebe» die Wirkung der Anwesenheit einer geliebten Frau mit der von Musik und Wein. Beginnt man als Verliebter von der eigenen Zukunft zu sprechen, kennen Selbstbewußtsein und Selbstgefälligkeit kaum Grenzen. Gigantische Projekte und Pläne gewinnen Gestalt, man sieht sich als General, auch wenn es noch nicht einmal zum Fähnrich gereicht hat, produziert solchen schönrednerischen Unsinn, daß die Zuhörerin viel Zuneigung und Lebensunkenntnis aufbringen muß, um nicht davonzulaufen.

Zum Glück für uns Männer sind liebende Frauen meist vor Liebe blind, sie lauschen andächtig und nehmen jedes Wort des Entrückten als Bestätigung ihrer eigenen Unübertrefflichkeit. Ich kam nie dahinter, ob meine Partnerin damals auch vor Liebe blind gewesen war, ob sie mir überhaupt folgte oder mich — ich war zudem jünger als sie — gar nicht ernst genommen hatte. Jedenfalls kreuzten sich nach Jahren unsere Lebenswege abermals. Ich operierte sie an einer Geschwulst — glücklicherweise mit gutem Erfolg. So löste ich mein Versprechen ein, wenn auch die Verliebtheit längst der Vergangenheit angehörte. Sie war in der Zeit geblieben, da wir unbändig vor Sturm und Drang den Himmel erobern wollten.

Dabei gab es vereinzelt nicht zu billigende Entgleisungen überschäumender Jugendfreude. Aber wo gibt es die nicht? Sie stellen sich spontan als Gegengewicht zu ernster Arbeit und erwachender Selbstprüfung ein. Das ständige Ringen um ein ausgewogenes Verhalten gehört nun einmal zur Entfaltung der Persönlichkeit. So etwas ist nicht mit dem Etikett «Schulbubenzeit» abgetan. Heute zeigt sich mehr denn je: In jungen Menschen dieser Altersstufen existieren im allgemeinen schon recht klare Vorstellungen über den Wert eigener Leistung und ihre möglichen Grenzen, über Berufswahl und deren Zielsetzungen, über Vorranginteressen im engeren Lebenskreis, über gesellschaftliche Verantwortung und daraus resultierende Pflichten. Wer als Lehrender oder Leitender das nicht respektiert, kann labile und empfindliche Naturen zerbrechen. Er ist besser beraten, sie behutsam an die Hand zu nehmen, über Klippen hinwegzuführen und solche Saiten in ihnen zum Klingen zu bringen, die nur sie besitzen und die in ihrer unverwechselbaren Eigenart für die Gesellschaft vielleicht außergewöhnliche Bedeutung gewinnen können.

Zeppelin mit Dollen

Eine Zeitlang war ich Mitglied der bürgerlichen Jugendbewegung «Wandervogel». Aber noch bevor sie ihr Dasein beendete, kehrte ich ihr den Rücken, denn nicht nur Naturschwärmerei, auch Intrige gedieh dort. Außerdem flößte sie mir gründliche Abscheu vor Erbsensuppe ein, weil diese, erstens, immer dünn und, zweitens, meistens mit Kienäpfeln gewürzt war, die sich beim Abkochen im Freien in den Kessel verirrten.

Zwar soll sich das Gaumenbedürfnis des Menschen alle sieben Jahre ändern, aber Erbsensuppe mochte ich erst drei Geschmacksperioden danach mit Behagen essen.

Es zog mich in die «Vitebergia». Der Schülerklub meiner Heimatstadt «Vitebergia» verdankte seine Entstehung der Fusion zweier für sich nicht existenzfähiger Einzelklubs: einer Chorvereinigung und einem Ruderverein. Die «Vitebergia» rechnete es sich zur Ehre an, beide Traditionen zu pflegen — sie sang und ruderte und strebte danach, mit entsprechenden Leistungen vor der Öffentlichkeit zu bestehen.

Wir haben natürlich im «Zweier» auch mal verbotene Sonderfahrten mit der Jugendliebe als «Steuermann» gemacht, im großen und ganzen aber auf strenge sportliche Disziplin geachtet, fleißig trainiert und Rennen gegen beachtenswerte, sogar in den besten Mannesjahren stehende, also uns in der Sportklasse überlegene Gegner gefahren.

Die Sportgruppe unseres Rudervereins war einmal vom Bürgermeister eines kleinen Moorbades in der Nähe meines Heimatortes zu einem Wettrudern und einer Korsofahrt aufgefordert worden. Stolz, uns als Schüler so produzieren zu können, fuhren wir hin, errangen zwar keinen Sieg, weil unsere Gegner ausgewachsene Männer waren, wurden aber wie richtige Ruderer aufgenommen. Mancher Bauer der Umgebung hatte damals noch nie einen Vierer oder Achter gesehen und hielt das zum Trocknen umgedrehte, auf Pflöcken abgesetzte Boot mit seinen Auslegern und in der Sonne glänzenden Dollen für einen Zeppelin mit Propellern. Wir bewegten uns als allenthalben gefeierte Gäste durch den kleinen Ort, genossen dazu noch Lob wegen unserer Technik und Schnelligkeit. Dies und mancher mit ebensolchem Behagen genossene Zutrunk stiegen uns zu Kopf. Die Wogen der Begeisterung schlugen hoch. Nach der harten Trainingszeit wurde das viele «Prosit» zur Gefahr. Wir erzwangen sicherheitshalber vom Bürgermeister einen Entschuldigungsbrief für den nächsten Schultag mit amtlichem Stadtsiegel. Dann plagte uns das Gewissen. Unser Beschluß lautete: Wir sind morgen doch zur Stelle. Wie aber in der Nacht nach Hause kommen? Der versprochene Dampfer blieb aus, Züge fuhren nicht. Eine aussichtslose Situation. In letzter Minute fiel uns ein, daß es früh noch einen besonderen Schulzug gab, der die Gymnasiasten der kleinen Stadt täglich rechtzeitig zum Unterrichtsbeginn nach Wittenberg brachte.

Während die Fahrschüler gemächlich vom Bahnhof zur Schule schlenderten, mußten wir nach Hause eilen, die Kleidung wechseln, die Schultasche greifen und pünktlich das Klassenzimmer erreichen. So schnell bin ich noch nie gelaufen, quer durch die Stadt, vorbei an den Eltern, denen keine Zeit blieb, etwas zu fragen, umgezogen, Schultasche in die Hand, eine Tasse Kaffee heruntergestürzt und Endspurt in die Schule, die Treppe hinauf. Mit hochrotem Kopf, völlig außer Atem, fiel ich mit dem ersten Klingelzeichen auf meinen Stuhl. Der Marathonläufer ersparte dem Wettruderer peinliche Fragen des Lehrers.

Ich habe es immer so gehalten: Vergnügen ja, aber höher die Pflicht, selbst mit einem «Entschuldigungszettel» in der Tasche.

Wenn man so will, war die ganze Vorbereitung auf das Abitur ein physisches und moralisches Training, natürlich keinem Wettrennen vergleichbar. Sie war eine langfristige Einstellung auf ein Ereignis, von dem damals unendlich viel für unseren künftigen Lebensweg abhing. Anders ausgedrückt, bei Nichtbestehen wäre eine Menge Geld vertan gewesen, das unsere Eltern in die Ausbildung investiert hatten, und Zeit, die wir sonst für handwerkliche Berufe nutzbringender hätten verwenden können.

Mit dem nahenden Termin verdichtete sich die Spannung. Die Studien arteten dann doch in einen aussichtslosen Wettlauf mit der Uhr aus: Möglichst alles noch einmal durchgehen, wer kann das schon! Im Grunde lief das meiste auf reine Gedächtnisübung hinaus. Was nützten uns im späteren Leben die Daten aller Kriege der Antike, aller Regierungszeiten deutscher Herzöge, Könige und Kaiser mit Beinamen und ihren verwandtschaftlichen Verflechtungen. Wir mußten sie nachplappern, ohne im Unterricht auch nur annähernd bis in die Gegenwart vorgedrungen zu sein, ohne die Kardinalfragen der Geschichte, die Revolutionen, ihre Ursachen, die treibenden gesellschaftlichen Kräfte, ohne die großen sozialen Bezüge, die erst zum eigenen Nachdenken, zum Erwerb persönlicher Standpunkte hätten beitragen können, im entferntesten angesprochen zu sehen. Solch ein Geschichtsunterricht war ein «Zeppelin mit Dollen»: Er war die auf den Kopf gestellte Wirklichkeit.

Freilich, in der Mathematik, im Deutschunterricht und in einigen anderen Fächern erwiesen sich unsere Lehrer als begeisterte und begeisternde Persönlichkeiten, denen die provinzialen Schulaufsichtsvertreter vor unseren Ohren die Reife von Universitätsdozenten und Professoren zubilligten.

Es liegt mir fern, nach über fünfzig Jahren pauschale Urteile über meine Lehrer zu fällen. Sie waren gewiß von dem guten Willen beseelt, uns «etwas beizubringen», die einen als über Jahrzehnte bewährte Methodiker, andere, selbst noch jung an Jahren, mit ungezwungenem Auftreten und engem Kontakt zur Jugend. Einige schließlich mit didaktischem Feuer und einem pädagogischen Talent, das die Grenzen des Gymnasialunterrichts übersprang und uns schon auf kritisches und originäres Denken vorbereitete, wie wir es auf den Hochschulen brauchten. Doch vor dem Abitur sahen wir alle Lehrer als breite Phalanx vor uns, die wir durchbrechen mußten. Deshalb büffelten wir, einzeln und in Gruppen, und wuchsen — uns gegenseitig durch Unterweisung und guten Zuspruch unterstützend — zu einer Schutz- und Trutzgemeinschaft zusammen.

Ich arbeitete hauptsächlich in den Abend- und Nachtstunden. Pünktlich um halb zwölf legte ich eine Pause ein, spielte eine halbe Stunde Klavier, meist meine Lieblingskomponisten, sang dazu, wie es gerade kam, wozu ich in Stimmung war. Dann kehrte ich gelöst an den Schreibtisch zurück und vertiefte mich noch für eine Stunde in Cicero, Thukydides, Molière, in Mathematik, deutsche Literatur oder paukte Geschichtszahlen und Vokabeln.

Diesen Arbeitsrhythmus behielt ich, soweit möglich, auch im Studium und später im Beruf — hier freilich durch die unregelmäßigen Einsätze als Geburtshelfer unterbrochen — bei. Solchem langjährigen Training verdanke ich, daß ich, wenn es sein mußte, über Monate mit vier bis fünf Stunden Schlaf auskam.

Studien

Computer im Hirn

Niemand besaß eine Garantie, das Abitur zu bestehen, jene erbarmungslose Prüfung auf Herz und Nieren. Hoffnungen konnte sich machen, wer stets gute Zeugnisse nach Hause gebracht hatte und als intelligente Natur aufgefallen war.

Es gab Abiturienten, die als lebende Lexika galten und einmal angetippt, ganze Seiten eingepaukten Wissens herunterrasselten. Solchen Typen begegnete ich auch später. Meistens bewährten sie sich nicht besonders in ihren Berufen. Sie glichen einem Computer, der im Hirn speicherte und speicherte, aber versagte, wenn es nicht um Abruf gestapelten Wissens, sondern um seine schöpferische Anwendung ging und mehr als mathematische Verknüpfung verlangt wurde.

Einer jener exzellenten Gedächtniskünstler, der auf Kommando den Wochentag eines Geburtstages über Jahrzehnte angeben und schwierigste Rechenexempel sofort lösen konnte, gestand mir, daß er gar nicht rechne, sondern die optisch eingeprägten Kalendarien oder Rechentabellen mit geschlossenen Augen abläse. Dazu gehören Veranlagung und Fleiß. Deren Wert will ich nicht mindern. Aber diese Phänomene verdienten ihr Geld besser in Schaubuden auf Jahrmärkten und nicht bei wissenschaftlicher Arbeit.

Hatten die Examenskandidaten während der Schulzeit ordentliche Leistungen erbracht, hing von ihrem Temperament, von dem unterschiedlichen methodischen Anpassungsvermögen, das sie für Examensverfahren mitbrachten, und von vielen Zufälligkeiten das Bestehen oder Nichtbestehen der Prüfung ab. Mir kamen schon damals Zweifel, ob so eine, auf wenige Tage — was die mündliche Prüfung anlangt, sogar nur auf einen Tag — konzentrierte Prüfung ein reales Leistungsbild liefert. Wäre es nicht besser, statt dessen langfristigen

Prüfungen und wiederholten Beurteilungen während der letzten Schuljahre und einer summarischen Abrechnung der Leistungen den Vorzug zu geben? Indessen bin ich der Meinung, man sollte — auch bei späteren beruflichen Examina — grundsätzlich nicht von einer Abschlußprüfung abgehen. Sie zwingt den Kandidaten zum Rekapitulieren des gesamten erworbenen Wissens, ermöglicht, die Relationen der einzelnen Wissenszweige und ihre unterschiedlichen Wertigkeiten herauszufinden. Das Examen zeigt auch dem Prüfer, was sein Schüler aus dem Angebot an Lehre gemacht hat, wie er es zu verwerten und für die Anwendung aufzubereiten verstand.

Diese in zunehmendem Maße von Hochschullehrern und Studenten vertretenen Auffassungen setzten sich endgültig erst Mitte der siebziger Jahre durch. Eine neue Prüfungsordnung definierte für jährlich mehr als eine Million Prüflinge an Hoch- und Fachschulen der Deutschen Demokratischen Republik die Prüfung als eine wichtige Form der Rechenschaftslegung über die Erfüllung der Studienpläne und Lehrprogramme. Gleichzeitig anerkannte sie wissenschaftliche Leistungen der Studenten wie zum Beispiel Ergebnisse wissenschaftlicher Studentenzirkel, studentischer Konstruktions- und Rationalisierungsbüros sowie von Jugendobjekten und ähnliches als Prüfungen. Sie verlangte Einschätzungen über die Persönlichkeitsentwicklung nach dem ersten Studienjahr und sicherte dem Absolventen neben den Prüfungsnoten auch eine Gesamteinschätzung seiner Entwicklung zu.

Wenn auch Subjektivismus bei Prüfungen und Beurteilungen nie völlig ausgeschlossen ist, so ist er doch nunmehr weitgehend eingeschränkt. In früheren Jahren entpuppten sich durchgefallene oder schlecht bewertete Prüflinge später nicht selten als Spitzenkönner auf wissenschaftlichem Gebiet, womöglich gar in dem Fach, in dem sie am schlechtesten abgeschnitten hatten. Eine Lektion für alle Prüfungsfetischisten, die immer zugleich schlechte Psychologen waren. Jeder Prüfling steht unter Spannung. Hierbei treten erhebliche, nicht zuletzt geschlechtlich bedingte Unterschiede auf. Der eine befindet sich in einer harmonischen, stabilen Situation, alle Antennen sind ausgefahren, der andere kann sich plötzlich nicht mehr konzentrieren, bekommt die bekannte «Mattscheibe». So versagt manchmal sogar der ominöse Computer im Hirn.

Bei meinen eigenen Examina spürte ich, wie stark auch der Prüfer Stimmungen unterliegt. Er fühlt sich unter Umständen selber als Prüfling, weil er unter den Augen seiner Vorgesetzten — bei meinem Abitur war es ein Provinzialschulrat — nachweisen will, zu welchen Erfolgen er seine Klasse geführt hat.

Ein solches Abitur mit all seinen Fährnissen versetzte damals nicht nur die Schule, sondern die ganze Stadt in Aufruhr. In diesen Tagen herrschte eine geradezu geladene Atmosphäre. Die Eltern machten sich Sorgen, die Verwandten und Bekannten warteten neugierig ab, das Familienprestige stand auf dem Spiel, die Freundin wollte ihren Helden haben.

Am Tage der mündlichen Prüfung glich das Gymnasium einer heimlich belagerten Festung. Die nächsten Angehörigen und sonstigen «Interessenten» hielten sich zwar im Hintergrund, aber zwischen ihnen und dem Prüfungszimmer bestand ein gut funktionierender Informationsmechanismus. Die von der mündlichen Prüfung Befreiten bedienten ihn und hielten so die übrigen über die «Großwetterlage» auf dem laufenden.

Aber wie lautete das Ergebnis im einzelnen Fall? In dieser auf den Gipfel getriebenen Spannung holte uns der jüngste Studienrat des Kollegiums zur «Urteilsverkündung» vom Klassenzimmer ab und flüsterte: «Alle bestanden!» Eigene Erlösung! Aber die Eltern bangten noch. «Hast du es?» Fast ängstlich klang die Frage, mit der sie mich empfingen. «Ja!» Alle Fesseln der Angst fielen ab. Es rauschte in meinen Ohren, als hätte ein Dirigent sein Orchester nach einer langen Fermate mit einem Taktschlag zum Furioso entfacht.

Die Zeitungen teilten das Ergebnis in ihren Lokalspalten mit. Wir waren «Muli» (Mulus — Maulesel — war die scherzhafte Bezeichnung für Abiturienten nach der Reifeprüfung und vor Beginn des Studiums). Der Schule gerade entronnen, waren wir zwar noch halbe Esel, fühlten uns aber schon als ungestüme Pferde.

Schwielen von der Schulbank

Oft machen dem Studenten noch die Schwielen von der Schulbank zu schaffen. Sie können ihn an unterschiedlichen Stellen drücken. Meine schulische Ausbildung beeinträchtigten während des ersten Weltkrieges Lehrermangel und Kohlennot. Wir zogen von einer Schule in die andere, hatten einmal vormittags, einmal nachmittags Unterricht. Diese Unruhe belastete.

Später beim Hochschulstudium empfand ich jedoch den Wechsel der Universitäten als nützlich. Er regte zu Vergleichen an und kam der Breite fachlicher Bildung wie der kulturellen und gesellschaftlichen Bildung zustatten. Jeder Lehrer ist anders, lehrt anders, gibt sich anders. Das Bewußtsein, sich durch zugewanderte Studenten in seinem Auditorium gleichsam der Konkurrenz zu stellen, wirkte der Eintönigkeit, der Routine entgegen, zwang den Dozenten zu ständiger Selbstkontrolle.

Die Studenten lernten außer der neuen Universität andere Menschen und deren Umwelt kennen, entdeckten bisher unbekannte Lebens- und Arbeitsgewohnheiten, Charaktere, Landschaften mit ihren unverkennbaren Einflüssen auf Mentalität und Brauchtum. Heute allerdings ist — angesichts der enorm gestiegenen Forderungen an Wissen und Lerneinstellung — die schulische Erziehung unter einheitlichen Prinzipien möglichst auch in einem mitwachsenden und mitreifenden Kollektiv eine wichtige Aufgabe, deren Bedeutung man nicht verkennen darf. Es geht schließlich um die Jahre, in denen der Mensch besonders formbar ist.

Während des Studiums und danach ließ ich wiederholt meine Schuljahre an mir vorüberziehen und fragte mich, ob sie meiner ferneren Entwicklung das richtige Fundament gaben. Ich kam zu dem Schluß: Was ich an naturwissenschaftlichen Kenntnissen aus dem humanistischen Gymnasium mitbrachte, war herzlich wenig. Mathematik wurde für damalige Verhältnisse ausreichend vermittelt, Physik unvollkommen, Chemie gar nicht. Bei den Sprachen lag das Hauptgewicht auf Latein und Griechisch. Aber um medizinische Termini, die diesen Sprachen entstammen, leichter zu verstehen, sind sechs oder acht Jahre Lehrzeit ein zu hoher, der grundsätzliche

Verzicht wäre ein zu niedriger Preis. Französisch rangierte als einzige moderne Sprache unter den Pflichtfächern. Fakultativ konnten wir uns für Englisch oder Hebräisch entscheiden.

Bei der Fülle des anderen Stoffs hielten wir den Unterricht in der vierten Sprache jedoch nur ein halbes Jahr durch. Deutsch, Geschichte, Erdkunde, Religionslehre genossen Vorrang. Zeichnen, Turnen und Singen gaben das schmückende Beiwerk ab und standen bei den akademisch gebildeten Lehrern nicht besonders hoch im Kurs. Oberrealschulen mit betont naturwissenschaftlichen Fächern existierten nicht überall, und die wirtschaftliche Situation erlaubte vielen Eltern nicht, ihre Kinder an andere als die heimischen Schulen zu schicken.

Dennoch bin ich weit davon entfernt, den Wert der allgemeinen Grundsätze unserer humanistischen Erziehung für die praktische Bewährung im ärztlichen Beruf zu unterschätzen. Ich halte sie sogar für besonders wertvoll, zumal die meisten meiner Lehrer gewissenhaft alles versuchten, uns im Geist humanistischer Pflichterfüllung zu charakterlicher Sauberkeit zu erziehen und mit klassischer Allgemeinbildung auszustatten.

Einige meiner Mitschüler schlugen trotz der spärlichen Starthilfe durch das Gymnasium später erfolgreich die Ingenieurlaufbahn ein und erreichten Spitzenpositionen. Aber jeder, der sein Leben nicht als Lehrer, Philosoph oder Theologe verbringen wollte, mußte das Abc der naturwissenschaftlichen Fächer auf der Universität oder der technischen Hochschule nachholen, sich also noch einmal Schwielen sitzen.

Zu den Vorzügen der heutigen Schule gehört der enge Kontakt zwischen den Eltern und den Lehrern. Ich halte ihn um der lebensverbundenen Erziehung, der gerechten Beurteilung der Jugendlichen willen für ganz ausgezeichnet. In meiner Schulzeit kannten wir so etwas nur in sehr begrenztem Umfang.

Dazu gehört weiter, daß die Jugendlichen zielgerichtet auf ihren künftigen Beruf vorbereitet sowie frühzeitig und gründlich mit den gesellschaftlichen Fragen der Zeit vertraut gemacht werden. Die fachlich intensivere wie qualitativ fundiertere Ausbildung trägt dazu bei, die jungen Menschen möglichst vielseitig zu fördern und in ihrer Gesamtpersönlichkeit zu werten.

Wie wenig oft frühere Lehrmethoden geeignet waren, die Fähigkeiten des Menschen zu fördern und die heranwachsende Persönlichkeit richtig einzuschätzen, dafür spricht eine liebenswürdige Episode bei der Ehrenpromotion des Dichters Leonhard Frank an der Berliner Humboldt-Universität. Während des Zeremoniells und der Verlesung der Laudatio saß er bescheiden auf seinem Stuhl und zerknitterte einen kleinen Zettel, auf dem er sich Notizen gemacht hatte. Als der Festakt vorüber war und er sich zu einer Dankansprache veranlaßt sah, trat er nicht an das Pult, sondern nur an die Rampe des Podestes, auf dem — feierlich in ihren Talaren — der Dekan und die Professoren saßen, und sagte etwa Folgendes: «Meine Damen und Herren! Sie erwarten von einem Dichter eine besonders geschliffene Dankansprache. Ich bin nicht dazu in der Lage. Milieu und Umgebung sind mir fremd wie der ganze akademische Ritus. Ich bin einfach ergriffen. Ich denke an meine Schulzeit. Dort saßen die Aufmerksamen auf den hintersten Bänken, die weniger fleißigen auf den vorderen, unmittelbar unter den Augen des Lehrers, und die etwas ausgefressen hatten, standen in der Ecke mit dem Gesicht zur Wand. Ich habe selten auf den hinteren, viel auf den vorderen Bänken gesessen und meistens in der Ecke gestanden. Das Urteil meines Lehrers gipfelte in der Prophezeiung, daß aus mir nie etwas werden würde.» Dann verhielt er einen Moment, blickte an die Decke des Saales und sagte schließlich mit einem tiefen Seufzer: «Ach, meine Herren, was gäbe ich drum, wenn mein alter Lehrer das hier heute hätte sehen und miterleben können. Ich danke Ihnen.»

Es war die kürzeste, inhaltsreichste, einfachste, aber zugleich wirkungsvollste und daher schönste Dankesansprache, die ich je bei einer Ehrenpromotion hörte, denn sie enthielt auf ihre Weise tiefe Wahrheiten und umriß zugleich die Dimension historischer Wandlungen.

Sorgen und Likör

Im April 1922 schlug für mich die Abschiedsstunde vom sorglosen Leben im Elternhaus. Meine Mutter, meine Schwester und ich waren des öfteren in die Sommerfrische gefahren, an die Ostsee, nach Thüringen, in den Harz, ins Erz- und Riesengebirge. Doch da war ich nie allein und bloß für begrenzte Zeit aus Wittenberg entfernt. Wir Kinder brauchten uns dabei um nichts zu kümmern. Für alles stand der Vater ein, der sich kaum je einen Urlaub gönnte. Mutter übernahm unterwegs für uns die Verantwortung. Ohne Begleitung war ich sonst nur in die Großstadt Berlin, die Heimat meiner Mutter, auf Reisen gegangen. Da lernte ich eine ganz andere Welt mit anderen Menschen kennen. Aber dort lebte meine Großmutter als sichere Zuflucht. Diesmal ging es ins Ungewisse, jetzt mußte ich mich allein zurechtfinden, beruflich wie in der Ökonomie eines Studentenlebens.

Mein Vater und ich hatten vorab die Fahrkarten besorgt. Der Bahnhof lag an der Peripherie der Stadt. Heimwärts spazierten wir an der Wittenberger Universität vorbei ins Zentrum. Zum erstenmal sprach Vater mit mir über meine Verantwortung. Er könne mir nur allgemeine Ratschläge geben, vom Studium verstünde er nichts, da müßte ich meinen Weg selber machen. Immerhin sei ich der erste aus einer Generationskette, der den Handwerkerstand verläßt und sein Glück in einem anderen, sehr verantwortungsvollen Beruf sucht. «Vielleicht begegnen dir dort Menschen, die deine Herkunft nicht für ganz standesgemäß halten. Laß dich dadurch nicht beeinflussen», schärfte er mir ein. «Letztlich kommt es im Leben immer auf die Leistung an! Daraus beziehe deine Selbstachtung. Sie wird dir im Lebenskampf und in allen gesellschaftlichen Auseinandersetzungen genügend Kraft geben.»

Ich war tief beeindruckt. Noch nie hatte er so mit mir geredet. Abgeschirmt durch das Elternhaus, waren mir solche Probleme erspart geblieben. Mit einer Ausnahme vielleicht. In der Tanzstunde erhoben einige Offizierstöchter Einspruch gegen die Aufnahme einer Schülerin in den Zirkel, weil ihre Eltern einen Kaufmannsladen führten. Das veranlaßte mich, gerade diese als meine Tanzstundendame zu wählen und mit dem Scheitern des ganzen Kursus zu drohen, wenn derartige

Ansichten um sich greifen sollten. Da ich damals Vorsitzender des Schülervereins «Vitebergia» war, dem der größte Teil der Tanzstundenteilnehmer angehörte, verfehlte das seine Wirkung nicht. Es gab um diese Fragen künftig keinen Streit mehr, und wir genossen unbekümmert das «Ereignis der Saison», denn es war der erste Kursus nach Beendigung des Weltkrieges.

Als mein Vater auf dem Rückweg vom Bahnhof mit mir über Standesfragen sprach, kam mir der geschilderte Affront gar nicht in den Sinn. Er war längst vergessen, noch dazu, weil die Attacke nicht mir gegolten, nur mein Gerechtigkeitsgefühl beleidigt hatte. Mich beunruhigte vielmehr, was mir diesbezüglich künftig begegnen könnte.

Noch etwas nahm meine ganze Aufmerksamkeit gefangen. Mein Vater erzählte mir, welch hohe Summe er für mein Studium zurückgelegt hatte. Das Ersparte aber war durch den Krieg und die Geldentwertung verloren. Er versprach, mir als Studien- und Taschengeld zu schicken, was möglich ist, aber ich müßte mich nach der Decke strecken.

Er hielt Wort, gab, was er konnte, ich hielt Wort, hütete mich vor Vergeudung. So verleitete mich kein Reichtum zum Bummeln. Der Ernst des Lebens packte zu, und ich bekam zwischen Kindheit und eigener Verantwortlichkeit einen nachhaltigen Ansporn, des eigenen Glückes Schmied zu sein.

Am nächsten Tag fuhr ich ab, beladen mit Geschenken guter Freunde. Noch in letzter Minute bekam ich einen Baumkuchen und eine Flasche Likör in das Coupéfenster gereicht.

«Ade nun, ihr Berge, du väterlich Haus. Es treibt in die Ferne mich mächtig hinaus.» Als der Zug rollte, gingen mir die Verse des romantischen Justinus Kerner durch den Sinn. Doch der Romantik folgte bald die nüchterne Realität.

In Freiburg im Breisgau, wo ich mit dem Studium beginnen wollte, mußte ich ins Hotel ziehen, weil bei einem Bedarf von etwa zweihundert Studentenbuden täglich nicht mehr als ein bis zwei Zimmer angeboten wurden. Also hieß es sparen. Beim Mittagessen fing es an. Das Restaurant war viel zu teuer. Baumkuchen und Likör kamen mir gerade recht. Ich aß ein großes Stück, trank die kleine Flasche Likör halb aus — und verschüttete den Rest auf dem Tisch. Hatte ich vorher Sorgen und wenigstens Likör, blieben mir nun nur die Sorgen.

Draußen regnete es. Wenige Menschen hasteten durch den Park, der vor dem Hotel lag. Ich kannte hier niemand, den ich um Rat hätte fragen können. Zwar hatte ich Empfehlungsschreiben, doch die waren an mir völlig fremde Professoren gerichtet. Ein deprimierender Anfang. Noch nach zwanzig Jahren mußte ich an ihn denken, als mein Weg mich zufällig über Freiburg führte und ich wiederum um ein Haar keine Übernachtungsmöglichkeit fand. Ich tröstete mich abermals mit einem Gläschen Likör.

Frühdiagnose

Ich weiß nicht, wo die letzten Wurzeln für den Entschluß lagen, der mich nun in das triste Hotelzimmer einer mir höchst ungastlich erscheinenden Stadt geführt hatte. Jedenfalls stand schon lange vor dem Abitur fest, daß ich Arzt werde. Natürlich beseelten mich, wie wohl jeden Jungen, in der Kindheit ganz andere Wünsche. Was mir alles imponierte! Einmal der Lokomotivführer, dann der Hauptmann, beileibe nicht aus infantilem Militarismus, nein, einfach, weil ich, hoch zu Roß vor der Truppe herreitend, den gezogenen Säbel vor meiner in der Haustür stehenden Mutter salutierend senken wollte. Später reizten mich Künstlerberufe, am meisten die des Opernsängers oder Dirigenten. Daran waren zum guten Teil Freunde, Bekannte und Kunden des väterlichen Geschäfts schuld, die meine Eltern bestürmten, mich künstlerisch ausbilden zu lassen. Wie einst sein Vater ihn zurückgehalten hatte, bremste nun mein Vater mich mit einem Schalk im Nacken: «Ja, Junge, wenn du Tenor wärst, aber was willst du als Baßbariton?» Von unseren Spitzensängern würden Theo Adam den Kopf schütteln und Peter Schreier schmunzeln.

Wachsende Erfahrung überzeugte mich von der Richtigkeit des väterlichen Rates. Allmählich verdichtete sich der Wunsch, Arzt zu werden. Es ist schwer, rückschauend zu analysieren, welche Motive dafür entscheidend waren. Sicher spielte die von meinen Eltern stets bewiesene Hilfs- und Opferbereitschaft anderen gegenüber, zu der sie auch uns Kinder erzogen, eine bedeutende Rolle. Ferner das Vorbild ausgezeichneter Ärzte, Hausärzte, die mich als Kind behandelten.

Wir hörten von besonderen Leistungen, vor allem von Operationen, über die alle Einzelheiten wie ein Lauffeuer die Stadt durchzogen. Hohe Achtung brachte ich den Ärzten meines heimatlichen Krankenhauses entgegen, die bei schweren Explosionsunglücken in der Munitionsfabrik in Reinsdorf die Folgen der Katastrophen linderten.

Als sehr konkretes Motiv kann ich schließlich die Ausbildung zum Sanitäter in der vormilitärischen Erziehung während des ersten Weltkrieges anführen. Wir mußten unter anderem die Verwundetenzüge entladen und die Verletzten auf Tragen oft über lange Strecken ins Lazarett transportieren, eine für Jungen in der körperlichen Entwicklung eigentlich unzumutbare Belastung. Ich glaube heute, nicht die körperliche Anstrengung läßt mich so oft an diese Ereignisse denken, sondern der damals in mir keimende Entschluß, Arzt zu werden. Ein Schüler von sechzehn Jahren konnte nicht unbeeindruckt bleiben, wenn ihn junge Menschen, beinamputiert, hochfiebrig, mit gerötetem Gesicht angstvoll fragten: «Warum gerade ich? Wo bringt ihr mich hin? Was geschieht mit mir?» Möglicherweise stellte sich angesichts dieser Eindrücke auch ein früher Zweifel ein, ob all dies mit dem zusammenpassen könne, was uns in der Schule an humanistischen Idealen gelehrt wurde.

Aber zum Grübeln ließ ich mir wenig Zeit. Mich faszinierte mehr und mehr die Entschleierung der Natur und ihrer Lebensgeheimnisse, das Entdecken von Krankheitsherden, das unvergleichliche Erlebnis, ihrer Herr zu werden.

Ich bildete mir bald sogar genügend Erfahrung ein, um bei einem Mitschüler, dem während des Unterrichts ernsthaft schlecht wurde und der über Leibschmerzen klagte, eine Blinddarmentzündung zu diagnostizieren und dem Lehrer dringend anzuraten, ihn ins Krankenhaus schaffen zu lassen — natürlich durch einen Kameraden und mich. Tatsächlich behielt man ihn dort.

Als ich ins Klassenzimmer zurückkehrte, fragte mein Lehrer: «Sag mal, der hatte doch Schmerzen auf der linken Seite, ich denke, der Blinddarm sitzt rechts?» Kühn behauptete ich: «Das ist richtig, Herr Studienrat, doch manchmal sitzt er auch links.» Ich ahnungsvoller Engel! Der Lehrer hatte mich zwar bei einer falschen Diagnose erwischt, dennoch traf ich mit meiner selbstherrlichen Verteidigung blind ins Schwarze. Manchmal sucht man nämlich den Blinddarm rechts vergebens, beim sogenannten «Situs inversus», bei dem alle oder einige innere Organe seitenverkehrt liegen.

Offenbar besaß ich zu der Zeit ein ziemliches Selbstbewußtsein, das mir eine Reihe von Jahren später einen peinlicheren Streich spielte: Ich hielt in Hamburg meinen ersten wissenschaftlichen Vortrag. Er erregte Aufmerksamkeit und entfachte entsprechende Diskussionen. Es handelte sich um ein Thema über Haut- und Lungentuberkulose sowie ihre möglichen Kombinationen. Zum Schluß sagte ich: «Sie sehen, meine Damen und Herren, daß das Gebiet der Tuberkulose, auf dem man meint, schon alles genau zu kennen und Routine walten lassen zu können, doch so viele interessante Probleme aufweist, daß es sich lohnt, nicht immer nur die jüngsten Assistenten auf solche Stationen zu setzen.» Am nächsten Tag stellte mich der Oberarzt und sagte, der Vortrag sei exzellent gewesen, aber derartige Anmerkungen gehörten sich einfach nicht. Da ich das nicht einsah, widersprach ich zunächst.

Mit zunehmender Reife begriff ich beschämt, daß Überheblichkeiten dieser Art und wirkliches Können sich nicht miteinander vertragen. Fortan bemühte ich mich, sachlich zu bleiben, nichtsdestoweniger leidenschaftlich Anstöße zu geben, wo ich glaubte, bestimmte Gebiete bedürften einer Belebung, um nicht im Hergebrachten steckenzubleiben.

In meiner Berufswahl beflügelte mich beabsichtigt kaum jemand. Auf dem Personalbogen zum Abitur mußten wir zwar angeben, was wir werden wollten, irgendeine Reaktion darauf spürten wir aber nie. Wer das Abitur bestanden hatte, gleichgültig, mit welcher Note, konnte unternehmen, was er wollte beziehungsweise was der elterliche Geldbeutel zuließ: studieren, einen geisteswissenschaftlichen oder technischen, kaufmännischen oder künstlerischen Beruf ergreifen.

Die soziale, wissenschaftliche und wirtschaftliche Entwicklung der frühen zwanziger Jahre erlaubte eine solche «Lösung». Überfüllungen an den Universitäten oder in bestimmten, von der Zeitströmung bevorzugten Berufsgebieten führten allenfalls zu Diskussionen, ob ein Numerus clausus einzuführen sei. Zu einer durchgreifenden und wirksamen Regelung kam es begreiflicherweise nicht. Man ließ alles treiben und suchte mühsam erst dann nach Ausweichmöglichkeiten, wenn das Kind in den Brunnen gefallen war. Anders gesagt, im Ergebnis dieses Zustandes sahen sich erwachsene Männer und Frauen nicht selten hereingelegt, weil sie auf dem eingeschlagenen Berufsweg eine allgemeine Drängelei mit entsprechender Rempelei statt geöffneter Türen zur erhofften Tätigkeit fanden, die sie und mitunter die Familien ja ernähren sollte. Was dann aus dem Hochschulabsolventen, was aus dem Kaufmann, Techniker oder Künstler wurde, hing oft nur sehr wenig von seinen Fähigkeiten, seinen Leistungen ab, vielmehr von der jeweiligen Konjunktur, von seiner Herkunft, von den Methoden, sich durchzusetzen, von persönlichen und elterlichen Beziehungen — und manchmal vom Zufall.

Mir gefällt die sozialistische Ordnung. Von vornherein straffe Planung und Lenkung aus dem Gebot, jeden Menschen zum Nutzen der Gemeinschaft sinnvoll einzusetzen und ihm nach Leistung und Können den Arbeitsplatz zu sichern, auf den er Anspruch hat. Dennoch stellen sich dabei Probleme ein, deren Lösung kein Schema zuläßt, wie zum Beispiel die Angleichung individueller Wünsche an die Interessen der Gesellschaft, die Adaption nach Begabung, Leistungsvermögen, nach Konstitution und Geschlecht. Eines ist garantiert: Jeder hat gleiche Startbedingungen und gleiche materielle Sicherheiten, wobei die Gesellschaft den vollen Einsatz der Person und hohes Verantwortungsbewußtsein von jedem erwartet.

Ich bin später als Arzt auch in diesen Dingen oft um Rat gefragt worden und suchte aus dem gleichen Pflicht- und Verantwortungsgefühl zu helfen, wenn es Unzufriedenheit zu dämpfen, in einigen Fällen persönliches Unglück zu verhüten galt. Bei gesellschaftlichen Veränderungen und Entwicklungsperioden von derartigen Dimensionen, wie wir sie durchleben, gibt es manche Holprigkeit, die geglättet werden will.

Wenn ich heute rückschauend sagen soll, warum ich Arzt wurde, so ist eines sicher: Der Gedanke, als Arzt helfen zu wollen, soweit es in meinen Kräften lag — und dies nicht nur im engeren medizinischen Bereich —, erfaßte mich und verfestigte sich allmählich zum Entschluß, der dann keine Alternative mehr zuließ.

Entscheidungen

Nach allem, was mich in Freiburg empfangen hatte, haderte ich mit mir und der Welt. Die Situation wurde aussichtslos, das Geld immer knapper, ohne daß ich mich überhaupt erst einmal auf der richtigen Chaussee befand.

Auf der Fahrt nach Freiburg hatte ich in Heidelberg Station gemacht und war von einem Freund meines Vaters liebevoll betreut und für eine Nacht in einem Hotel untergebracht worden. Stadt und Menschen heimelten mich an. Als ich am Morgen zum Neckar hinunterging, die Berge, das Schloß sah, fand ich trotz eines leichten Nieselregens wunderbar bestätigt, was in mir seit der Schulaufführung des Stückes «Alt-Heidelberg» an Vorstellungen über diese Stadt und ihre Menschen lebte. Ich bedauerte, weiterfahren zu müssen.

Was lag nun näher, als dem vermeintlich unwirtlichen Freiburg den Rücken zu kehren und in Heidelberg, der ältesten Universitätsstadt Deutschlands, einen neuen Anlauf zu versuchen. Der Jugendfreund meines Vaters leistete mir Starthilfe. Alles ließ sich anders an. Die sympathischen Menschen nahmen mich mit jedem Tag mehr gefangen. Heute gebe ich zu, in mir brannte von Anfang an die geheime Sehnsucht, in Heidelberg zu studieren. Der aus dem steifen, konservativen Norden kommende Student entdeckte auf Schritt und Tritt neue Schönheiten der Stadt und ihrer Landschaft, schöpfte Mut zum Neubeginn, den der bewegliche, liberale Geist, der hier herrschte, erleichterte. Studenten- und Fremdenverkehr schufen eine eigene, moderne Lebensatmosphäre, offenbarten das Bemühen, sich nicht in falsch verstandener süßlicher Romantik zu verlieren, sondern sie kraftvoll zu genießen. Eine geglückte Synthese zwischen Traditionspflege und Vorwärtsentwicklung. Vieles unterschied sich vom Gewohnten. Die Heidelberger zeigten sich kontaktfreudiger, aufgelockerter, temperamentvoller und in der politischen Meinungsbildung demokratischer. Das ließ mich aus der Enge mancher konservativer Auffassungen herausfinden.

Ich wurde Mitglied einer Burschenschaft. Im burschenschaftlichen Geist pflegten wir das vom Wartburg-Fest 1817 geprägte Traditionsgefühl. Es bildete die gemeinsame Grundlage für ungebundene, freie Diskussionen, deren Inhalt natürlich zeitbestimmt war. Es gab Verbindungen, die mehr Wert auf Äußerlichkeiten als auf die Vertiefung eines zeitgerechten studentischen und gesellschaftlichen Lebens legten. Aber in meiner Burschenschaft wurde jede Verflachung, jedes Abgleiten in den Mißbrauch studentischer Freiheit durch strenge Verhaltensregeln, durch ständigen Einfluß auf die Haltung des einzelnen und gegenseitige Überwachung unserer Leistungen im Studium und in den Examina in Schranken gewiesen. Ich will nicht darüber rechten, inwieweit sich außerhalb meiner eigenen Verbindung hinter proklamierter Traditionspflege auch Manipulation und Egoismus verbargen. Unbestreitbar ist ebenfalls, daß viele Verbindungen reaktionäre Ideen und Praktiken vertraten. Da sich bei uns aber nichts abspielte, was mit meinem Gewissen und meinen humanistischen Vorstellungen unvereinbar gewesen wäre, war mir meine Burschenschaft eine große Hilfe, mein Studium mit Hingabe zu betreiben. Trotz der Inflationszeit und der jedem aufgezwungenen strengsten Sparsamkeit bewahrten wir, uns gegenseitig helfend, die Fröhlichkeit der Herzen und feierten Feste, sobald wir nur konnten. Weltfremdheit und Philistertum sagten wir den Kampf an.

Zu allem schien jetzt die Sonne außen und innen. Die düsteren und trostlosen Tage waren vergessen. Was bedurfte es da langer Überlegungen, was nutzte das Drängen guter Freunde, nach Marburg oder Göttingen zu kommen. Ich blieb in Heidelberg. Meine erste Studentenstadt wurde mir ein zweites Zuhause.

Alle äußeren Probleme hatte ich mit einem Schlage gelöst. Ich selber aber sollte mich noch manchem Hieb und Stich stellen müssen, und das buchstäblich. Im Fechtunterricht nämlich. Er stählte mich körperlich. Das ist nicht zu hoch gegriffen. Aus dem ersten Semester kehrte ich mit ganz anderen Brustmaßen nach Hause zurück. Die Eltern mußten außer der Reihe in die Tasche greifen, um mich neu auszustaffieren. Ich kenne die Meinungen über Mensuren. Auch seinerzeit war ihr Wert gesellschaftlich und juristisch umstritten. Als Mutprobe konnte er jedoch kaum geleugnet werden. Beim Schläger- und Säbelfechten hielt ich damals vor allem die Erziehung zur Fairneß und zur Achtung des sportlichen Gegners für bedeutungsvoll. Allerdings entspricht es sicher nicht unseren sozialistischen Auffassungen, aus den im Gesicht zurückbleibenden Narben die Zugehörigkeit zu einer bestimmten Kaste oder gar einen gewissen Standesdünkel abzuleiten, wie es nicht selten geschah.

Wie auch immer — Studenten brauchen viel Kraft, Selbstkontrolle, Konzentrationsfähigkeit. Und sportliche Betätigung ist ein in körperlicher und charakterlicher Hinsicht ausgezeichnetes Erziehungsmittel. Später bekam ich jedoch Startverbot, viel später. Mein Lehrer, Geheimrat Stoeckel, untersagte seinen Assistenten, Sport zu treiben, weil sie sich dabei Glieder brachen oder Finger verknackten und deshalb nicht operieren konnten. Darum versuchte ich, mich im täglichen Dienst beweglich zu halten. Ich benutzte weniger den Fahrstuhl als die Treppen und verglich so meine kardiale Leistungskurve regelmäßig mit der meiner jüngeren Mitarbeiter. So lassen sich manche Probleme auf undramatische Weise lösen.

Im übrigen habe ich Stoeckel in Verdacht, daß er das gezielte Sportverbot nur erließ, weil sein immer waches Auge längst erspäht hatte, wie oft Dozenten und Oberärzte die festgelegten Sportstunden als unkontrollierte Freizeit betrachteten. Er selber produzierte sich als begeisterter Sportfreund — im Zuschauen und Kritisieren —, besonders bei Pferderennen, setzte sich auch in den Sattel und bewies seiner Umgebung durch das hohe Lebensalter, das er erreichte, und seine bis zuletzt erhaltene geistige Regsamkeit den Nutzen gesunder Lebensweise.

Es war mein Glück, schon in Heidelberg wie dann auch in Halle und Berlin ganz ausgezeichnete, international berühmte wissenschaftliche Lehrer zu haben. Ich nenne nur Kallius, den Nobelpreisträger Kossel, Curtius, Lenhard, von Krehl, Enderlen, von Weizsäcker, Menge, Moro, Ernst, Wieland, Stieve, Abderhalden, His, Kraus, Bier, Bumm, Lubarsch, Pick, ohne daß die Liste vollständig sein kann. Ihr Wissen und Können erlaubte ihnen, den Unterricht souverän und ganz individuell zu gestalten. Ihre Ausstrahlungskraft zog uns in ihren Bann. Das erwies sich als wichtige Brücke für die Vermittlung des Stoffs, denn feste Studienpläne fehlten. Die älteren Studenten berieten zwar die jüngeren, aber in letzter Konsequenz bestimmten doch die Persönlichkeit unserer Lehrer, ihre Vorlesungen und praktischen Übungen Ablauf wie Form unseres Studiums, ja meist ebenfalls die Wahl unseres Spezialfaches. Sie wirkten sich nicht zuletzt auf meine Entscheidung über das Fach und das ganze künftige Leben aus.

Prüfung bestanden

Es gibt Studenten, die sich vom ersten Augenblick an zur rein wissenschaftlichen Arbeit hingezogen fühlen. Es gibt andere, die praxisnah leben und studieren wollen, den Kontakt zum Patienten suchen. Unter diesen wieder zeigen sich zwei Richtungen: solche, die möglichst schnell Diagnosen stellen, zum Kern vordringen, den Ablauf von Augenblick zu Augenblick kontrollieren wollen — wie das die Chirurgie anbietet —, und solche, die sich — wie in der Inneren Medizin — auf lange diagnostische Wege und medikamentöse Behandlungsformen einstellen. Ich gehörte zu denen, die umgehend die Diagnose bestätigt und den Kranken von seinem Übel befreit sehen wollten.

Meine Neigungen gingen also zum operativen Fach. Meine internistischen Kollegen werden mir meine manchmal auch im Kolleg geäußerte Argumentation nachsehen, wenn sie Spaß verstehen. Gebe ich eine Tablette zur Schmerzbekämpfung oder zur Behebung einer körperlichen Regulationsstörung, so ist der Erfolg kein Beweis. Er kann «propter oder post hoc» — das heißt *durch* die Tablette oder unabhängig von ihr auch von selbst *nach* ihrer Einnahme — eingetreten sein.

Habe ich aber einen Tumor getastet, den ich bei der Operation nicht finden kann, oder kommt ein Kind statt in der erwarteten Schädellage zuerst mit dem Steiß zur Welt, dann wäscht mich kein Regen rein, dann habe ich eine Fehldiagnose gestellt.

Das ist eine famose Schule der Selbstkritik, sie schützt vor Überheblichkeit, rät zur Bescheidenheit und fördert Fleiß und Übung im Beruf, um solche Fehler nicht zu wiederholen.

Der Weg zum ersten selbständigen Eingriff führte über viele Etappen. Meine postgraduelle Ausbildung zum Frauenarzt war maßgeblich durch die Erlebnisse und Selbstprüfung während einer dreimonatigen Praktikantenzeit im Sommer

1925 — nach dreijährigem Studium — an der Universitäts-Frauenklinik Berlin beeinflußt. Nach dem Staatsexamen im Januar 1928 in Heidelberg wollte ich mir aber zunächst eine breitbasige Allgemeinbildung auf verschiedenen Gebieten der Medizin erwerben. Ich ging als Medizinalpraktikant in das Tbc-Krankenhaus in Heidelberg-Rohrbach unter Dr. Hack und dem Consiliarius Professor Fraenkel, dem Strophanthinforscher. Diese Tätigkeit hatte ich zwar nicht von vornherein eingeplant, aber durch eine eigene Lungeninfektion ergab sie sich fast zwangsläufig. Sie brachte mir viele fachliche Erkenntnisse, erhöhte außerdem mein psychologisches Einfühlungsvermögen und lehrte mich, bewußter als Patient den Arzt und als Arzt den Patienten zu sehen.

Nach einer kurzfristigen Arztvertretung im Mittelstandssanatorium Speyererhof, in dem mir vorwiegend Herzkrankheiten begegneten, übersiedelte ich nach Hamburg in das Krankenhaus Sankt Georg, Lohmühlenweg. Hier arbeitete ich internistisch unter Professor Hegler auf Infektionsstationen für Kinder, einer allgemeininternen Männer- und Frauenstation, erlebte die Phosgen-Gaskatastrophe im Hamburger Hafen und die ersten Fälle von Agranulocytose, einer mit Fieber verbundenen Erkrankung weißer Blutzellen, und Psittacosis, der Papageienkrankheit. Besondere Förderung verdanke ich dem Internisten Roemer, dem Secundärarzt Bennhold und dem Assistenten Bock, dem späteren Ordinarius in Tübingen, und dem Röntgenologen Holthusen. Mein chirurgischer Chef war Professor Ringel. Er und der Chirurg Dr. Bosse in Wittenberg, der die Narkose mit Pernocton, einem injizierbaren Narkotikum, einführte, vermittelten mir die allgemeinen Prinzipien chirurgischer Krankenbehandlung. Allgemeinpraktische Fertigkeiten erwarb ich mir in der Ambulanz des Krankenhauses.

Im Laufe der Zeit schälten sich Spezialgebiete heraus. Zunächst die Geburtshilfe. Zu ihr fühlte ich mich besonders hingezogen, seit ich in der geburtshilflichen Poliklinik der Berliner Universitäts-Frauenklinik gearbeitet hatte. Dort mußten wir schon als junge Adepten und Assistenten hohe Eigenverantwortlichkeit zeigen. Mich hatte dabei immer tief berührt, wenn am Ende besonders prekärer, komplizierter Geburtssituationen zweifelhaften Ausgangs doch ein gutes Resultat stand: ein gesundes Kind und eine gesunde Mutter. Ich freute mich dann zusammen mit den Eltern, der Verwandtschaft und allen Freunden, als gehörte ich zum Kreis der Familie.

In der Klinik aber brauchten wir drei bis vier Jahre, ehe wir mit einfachen Eingriffen operativer Art beginnen durften. An praktischen Krankenhäusern war das anders. Das erscheint heute wenig plausibel, da der richtige Grundsatz gilt, möglichst praxisbezogen zu studieren. Nur darf dieser nicht nach der anderen Richtung mißverstanden werden, wie es an einer unserer Universitäten geschah. Studenten stellten beim Direktor der Chirurgischen Klinik die Forderung, in ihr Unterrichtsprogramm eine echte Blinddarmentfernung einzubeziehen, die sie selbst durchführen wollten. Der Direktor guckte sie groß an und sagte schließlich mit vollem Ernst: «Meine Herren, kommen Sie mit dem Staatsanwalt wieder, dann reden wir weiter.» Fall erledigt.

Es ist nie zu früh, sich zu vergegenwärtigen, wie schwer neben der fachlichen und moralischen auch die rechtliche Verantwortung des Arztes wiegt. Und man ist nie erfahren genug, um sich nicht immer wieder darauf zu besinnen. Noch mit dreiundsiebzig Jahren vertrat ich in der Berliner Kongreßhalle meine als streng geltenden Auffassungen über die ärztliche Sorgfaltspflicht und fand die Zustimmung meiner Hörer. Ärztliches Können hat Grenzen. Davon braucht hier nicht die Rede zu sein. Aber unverzeihliche Fahrlässigkeit oder bewußt arztwidriges Verhalten stehen außerhalb der internen Diskussion über nie auszuschließende Unwägbarkeiten. Sie gehören vor andere Gremien.

Aus meiner Arglosigkeit gegenüber Außenseitern, die sich auf unserem Gebiet «betätigten», rüttelte mich ein Erlebnis zum Glück recht früh auf. Als junge, sehr schlecht bezahlte Assistenten wollten wir uns zusätzlich durch sogenannte Phantomkurse etwas Geld verdienen. Diese nahmen nicht nur Studenten in Anspruch, sondern auch junge Ärzte, die sich weiterbilden wollten. Außerhalb der Dienstzeit versuchten wir, ihnen an einem Phantom geburtshilfliche Eingriffe beizubringen oder in die Erinnerung zurückzurufen.

Eines Tages kam ein Arzt zu mir, von dem ich nicht ganz begriff, warum er sich in der geburtshilflichen Technik schulen wollte. Ich hatte den Eindruck, daß er eine allgemeine

Sprechstundenpraxis betrieb. Allenfalls mußte er da gynäkologisch untersuchen, brauchte aber nicht umfassend geburtshilflich ausgebildet zu sein. Stutzig machte mich, daß er sich besonders für fachgerechtes Curettieren, Ausschaben des Uterus, interessierte. Einige Zeit danach fand ich meine Verwunderung gerechtfertigt. Ihm wurde als Abtreiber übelster Sorte der Prozeß gemacht. Ich war noch im nachhinein beruhigt, daß ich am Phantom überhaupt keine Curettagen demonstrieren konnte, sondern nur unmittelbare Geburtshilfe.

Meine Arbeit als Arzt lehrte mich sehr bald: Jeder besondere Auftrag, jede überraschende Bitte, die einen überfallen, sind mit Risiko verbunden, zwingen zur Vorsicht. Dennoch ließ ich mich nie ins Lager der Pessimisten drängen, blieb immer bemüht, jedem Menschen offen und aufgeschlossen zu begegnen, nahm lieber Enttäuschungen in Kauf, als mich umgekehrt zu verhalten.

Alles in allem mag also eine Reihe von Gründen im Spiel gewesen sein, uns so lange nach der operativen Praxis in der Gynäkologie anstehen zu lassen. Die ersten Eingriffe bestanden dann gewöhnlich in plastischen Operationen bei Verlagerungen des weiblichen Genitale. Es hatte sich so eingebürgert, obwohl ich dann merkte, daß es nicht richtig war. Eine unkomplizierte Geschwulst aus dem Bauchraum zu entfernen ist oft einfacher, übersichtlicher und risikoloser als eine plastische Operation. Diese will nicht nur erworbene, mitunter auch angeborene schwerwiegende Entwicklungsfehler im Operationsgebiet korrigieren, sondern muß auch die spätere Funktion berücksichtigen. Dazu ist ein starkes Anpassungsgefühl, verbunden mit großer Erfahrung, vonnöten. Nach mehrjähriger operativer Schulung konnte man annehmen, daß wir einiges davon vorzuweisen hatten. Wir mußten oft assistieren und beobachteten in dieser Tätigkeit zweiter, dann erster Hand viel.

Es gab genügend Gelegenheit, die eigenen Neigungen und Fertigkeiten immer wieder zu testen. Das entschied schon in hohem Maße die Spezialisierung auf besondere Operationen, wie ich sie dann ausführte. Ich machte mir einen festen Plan, wonach ich im Januar 1930 an der Universitäts-Frauenklinik Berlin bei Geheimrat Stoeckel meine spezielle Berufsausbildung antreten wollte, um mir von seinen besonderen Interessengebieten möglichst umfangreiche Kenntnisse zu erwerben. Mein Weg nach Berlin war nun vorgezeichnet.

Als mir Jahrzehnte später als Siebzigjährigem von der Humboldt-Universität die Ehrendoktorwürde verliehen wurde, lag in dem Zeitraum dazwischen alles eingeschlossen, was mein eigentliches Leben ausmachte. Ich empfand tiefe Dankbarkeit für die Ehrung, die mir 1972 erwiesen wurde. Das Gefühl des Stolzes paarte sich mit der Ehrfurcht vor den großen Persönlichkeiten, deren Wirken mir stets als Beispiel und Ziel vor Augen schwebte. Die Urkunde für den Dr. h. c. in Händen, war mir, als sei nun mit Brief und Siegel bestätigt: Prüfung der Universität des Lebens — bestanden!

Wittenberg — Halle — Berlin

Lange sah ich mit Bedauern auf das historische Schicksal der Universität meiner Heimatstadt zurück. Nachdem ich zum Direktor der Universitäts-Frauenheilkunde und, 1950, zum Dekan der Medizinischen Fakultät in Halle berufen worden war, gehörte ich dann selber zum Lehrkörper meiner «heimatlichen» Universität, zur Martin-Luther-Universität Halle-Wittenberg, denn die Hochschulen der beiden Städte hatten sich seit langem zu dieser Einrichtung vereint. Das Ausscheiden Stoeckels aus dem Amt in Berlin und meine Berufung als sein Nachfolger brachten es mit sich, daß ich fünf Monate lang beide Kliniken zu versorgen hatte. Montag, Dienstag, Mittwoch jeder Woche hielt ich in Berlin Vorlesungen, operierte und machte Visite. Donnerstag, Freitag und Sonnabend warteten gleiche Pflichten in Halle auf mich. Mancherlei Verknüpfungen verbinden die Namen dieser drei Städte mit meinem Leben als Hochschullehrer auf das innigste.

Genau im 400. Gründungsjahr der Universität Wittenberg erblickte ich das gedämpfte Licht des elterlichen Hauses in meiner Heimatstadt.

Als ich nach Berlin kam, das mir durch vorherige neunzehnjährige Arbeit als Assistent und Oberarzt bei Stoeckel längst vertraut und zur beruflichen Heimat geworden war, folgte ich dem Ruf an eine Universität, die ihren Beginn und glanzvollen Aufstieg zu der Zeit verzeichnete, da die Universität Wittenberg in das Endstadium ihrer selbständigen Entwicklung gelangt war. Ein historischer Kunstgriff rettete die Wittenberger Universität, der am Anfang des 19. Jahrhunderts der totale wissenschaftliche Untergang drohte, damals in die Nachwelt hinüber: Sie überlebte durch Vereinigung mit der Nachbarin in Halle.

Strenggenommen, zehrte die Wittenberger Universität dreihundert Jahre von dem Ruhm, den sie sich in den ersten dreißig Jahren ihrer Existenz erworben hatte, in jener Zeit nämlich, da solche überragenden Persönlichkeiten wie Martin Luther aufhorchen ließen. Die umfassenden Verdienste dieser Persönlichkeit mit ihrer breiten Ausstrahlung hat Friedrich Engels mit den Worten gewürdigt: «Luther fegte nicht nur den Augiasstall der Kirche, sondern auch den der deutschen Sprache aus, schuf die moderne deutsche Prosa und dichtete Text und Melodie jenes siegreichen Chorals, der die Marseillaise des 16. Jahrhunderts wurde.»

Viele bedeutende Geister schrieben sich unauslöschlich in die Annalen der Wittenberger Lehrstätte. Aber der Weg der Universität wurde immer enger, verlor sich schließlich geradezu in Nutzlosigkeit. Das geistige Leben erstarrte. Dazu trugen nicht zuletzt die Auswirkungen des Dreißigjährigen und des Siebenjährigen Krieges bei. Ganz zu Ende ging es mit der Wittenberger Universität, als Napoleons Truppen 1806 bis 1813 in der Stadt hausten. Endlich 1817, nachdem durch die Teilung Sachsens Wittenberg an Preußen gefallen und ein Wust anderer Formalitäten erledigt war, fand die Vereinigung mit Halle statt. In Wittenberg verblieb ein Predigerseminar.

Die Universität Halle hatte von Anfang an die Bestimmung einer Gebrauchsuniversität zur Heranbildung des landesfürstlichen Beamtenapparates. Ihr Name verband sich alsbald mit dem von Christian Thomasius, einem mutigen Gegner der Orthodoxie und Scholastik in der Lehre. Er hielt als erster seine Vorlesungen in deutscher Sprache und gab eine deutschsprachige Zeitschrift heraus. Durch ihn und das Wirken von Christian Wolff verlor die Theologie an den deutschen Universitäten ihren über Jahrhunderte verteidigten Vorrang. Die Wissenschaft, die sich auf Vernunft und Experiment gründet, nahm den ihr gebührenden Platz ein.

Ein anderer Wolff, Caspar Friedrich, formulierte hundert Jahre vor Darwin die Grundsätze der Abstammungslehre. Unter anderen erlangte auch Friedrich Hoffmann Berühmtheit. Er lebte 1660 bis 1742 und setzte sich mit der Erfindung der populären «Hoffmanns-Tropfen» ein Denkmal, das weniger auf den Straßen, dafür in jeder Apotheke zu finden ist.

Die Saat fortschrittlichen Gedankengutes ging in Halle auf. Als Napoleon die Universität Halle schließen ließ, zogen progressive Denker wie Schleiermacher und andere nach Berlin, um dort ein geistiges Zentrum des Widerstandes gegen die Napoleonische Fremdherrschaft zu bilden. Über siebzig Prozent der halleschen Studenten, einschließlich der Theologen, gingen freiwillig zu den Jägern und schlossen sich ihnen im Kampf gegen Napoleon an.

Die Universität Halle kann für sich auch den Ruhm in Anspruch nehmen, 1813 die erste deutsche Burschenschaft gegründet und durch Kartellverbindung mit Leipzig und Jena den Anstoß für die Entwicklung der allgemeinen deutschen Burschenschaft gegeben zu haben. Die «Halleschen Jahrbücher» entwickelten sich im Vormärz zum Kristallisationspunkt der «Links-Hegelianer», der Oppositionellen.

Aber schon im Jahre 1848 waren viele, vordem freiheitlich und demokratisch gesinnte Professoren und Studenten ins konservative Lager abgeglitten. So vollzog sich auch in Halle ein tragischer Wandel. In den Revolutionsjahren 1918 bis 1923 wurde die Universität Halle-Wittenberg zu einer Hochburg der Rechten. Ihre Studenten gingen mit den Freikorps zusammen, und schließlich — von 1933 bis 1945 — sank die Lehrstätte gar zu einer «Rosenberg-Universität» ab. Der Kriegsverbrecher Alfred Rosenberg erhielt mehrfach Gelegenheit, in der Aula seinen «Mythos» vorzutragen. Die Befreiung vom Faschismus machte auch hier dem Spuk ein Ende.

Einige wenige deutsche Akademiker hatten in jenen schweren Jahren nicht nur den humanistischen Geist fortschrittlicher deutscher Wissenschaft in ihren Herzen bewahrt, sondern aktive antifaschistische Arbeit geleistet. Später erfuhr die Welt, daß eine Gruppe der Berliner Universität zu den bedeutendsten antifaschistischen Widerstandsbewegungen an deutschen Hochschulen gehörte. Die Namen der Beteiligten waren uns seinerzeit begreiflicherweise unbekannt, ihre Handlungen unauffällig. Man kann sich vor dem Mut und der inneren Größe dieser Menschen nur verneigen.

Schon vor 1810 hatte es in Berlin Bestrebungen gegeben, eine Universität zu gründen. Zweifellos bestanden dafür beste Voraussetzungen. Es existierten bereits die Akademie der Wissenschaften, die Charité, das Collegium medico-chirurgicum, die Königliche Bibliothek, die Akademie der Künste, die Sternwarte, der Botanische Garten, das Naturalienkabinett der Akademie und des Bergwerks- und Hüttendepartements, die Sammlungen physikalischer, astronomischer und chirurgischer Instrumente, die Münzkabinette, die Gemäldesammlung auf dem Schloß, das Bergeleven-Institut, Militärschulen und zahlreiche Gymnasien. Diese Einrichtungen vereinigten seit langer Zeit eine Reihe hervorragender Gelehrter in der Stadt. Dazu gesellten sich in den letzten Jahren die wissenschaftlichen Kräfte der Taubstummenanstalt, der Bauakademie, des Statistischen Büros, des Blindeninstituts und der in der Nähe gelegenen Landwirtschaftlichen Lehranstalt.

Besondere Bedeutung für die weitere Entwicklung gewann die Akademie der Wissenschaften. Seit Gründung der Universität verknüpften beide Einrichtungen äußerst enge und fruchtbare Bande. Große Gelehrte der Universität finden wir ebenso auf den Ehrentafeln der Akademie.

Wilhelm von Humboldt fiel es zu, alle Bemühungen und Ansätze für die Einrichtung der Universität zu vereinen. Freiherr vom Stein — noch im Amt als leitender Minister — hatte ihn empfohlen. Humboldt war offensichtlich zunächst nicht sehr geneigt, die Aufgabe zu übernehmen. Er hatte sich 1802 mit fünfunddreißig Jahren als preußischer Gesandter in Rom niedergelassen und konnte sich dort in Ruhe seinen geliebten Studien der Antike hingeben. Er schrieb, «wir bringen das größte Opfer, das wir zu bringen vermögen, wenn wir ihn verlassen» — nämlich diesen Ort, der ihm soviel bedeutete. Aber der Blick auf das Höhere, das war für ihn immer ein moralischer Imperativ.

Humboldt, dessen Familie erst im 18. Jahrhundert geadelt worden war, also nicht dem traditionellen Junkertum entstammte, zeigte sich auf der Höhe seiner Zeit. Zu Recht zieren sein Denkmal und das seines Bruders Alexander, des großen Naturforschers und Förderers der Wissenschaften, den Platz vor der Universität, die heute den verpflichtenden Namen der Gebrüder trägt.

Seither erhielten siebenundzwanzig Mitglieder des Lehrkörpers den Nobelpreis. Die Begründer des wissenschaftlichen Sozialismus, Karl Marx und Friedrich Engels, hörten hier Vorlesungen. Die Namen allein der berühmtesten in- und ausländischen Lehrer und Studenten könnten viele Seiten füllen.

Auf großer Fahrt

Tugend der Improvisation

Wann hat man als Arzt seine Universitäten hinter sich? Niemand lernt je im Leben aus. Wenn ich aber einen Zeitpunkt bestimmen müßte, zu dem ich mich zum erstenmal in einsamer ärztlicher Eigenverantwortlichkeit befand, dann war es das Jahr 1929.

Hamburg hatte mir den Blick für die Ferne geöffnet. In dieser Stadt voller Unruhe mit ihren aufgeschlossenen Menschen drängte sich mir die Frage auf, ob ich nicht in die Welt hinaus fahren, als Schiffsarzt auf irgendeinen Dampfer gehen sollte. Meine Freunde rieten mir zu. Als ich von einer Reise nach dem damaligen Niederländisch-Indien hörte, auf der ich einen verhinderten Kollegen vertreten könnte, griff ich sofort zu. Reisen nach Ostasien und dem ehemaligen Niederländisch-Indien galten als sehr gesucht. Dann erst folgten solche nach Südamerika, dem übrigen amerikanischen Kontinent und nach Afrika.

Durch verschiedene Unterhaltungen orientierte ich mich, was man zu beachten, an Tropenkrankheiten zu studieren, chirurgisch zu beherrschen hätte. Dabei traf ich mit einem Kollegen zusammen, der ein ähnliches Unternehmen plante. Er war von einer seltsamen Unruhe erfüllt und fragte mich: «Was würdest du tun, wenn du selber eine Blinddarmentzündung bekommst, und du bist der einzige Arzt an Bord?»

«Ich würde vom Kapitän verlangen, daß er den nächsten Hafen anläuft, damit ich operiert werden kann», lautete die einzig mögliche Antwort.

Obwohl ihn offenbar die unbehagliche Vorstellung einer solchen Situation nicht losließ, ging er an Bord. Zufällig fuhr ein Oberarzt, der eine Stelle als Leiter einer chirurgischen Abteilung in Windhuk im heutigen Namibia bekommen sollte, mit einem anderen Schiff die gleiche Route. Als ich sie verabschiedete, tröstete ich den Blinddarmfürchtigen: «Besser kannst du es gar nicht haben, jetzt brauchst du nicht einmal an Land zu gehen. Du funkst den Kollegen vom nächsten Dampfer heran, und er operiert.»

Sie fuhren beide los — und die Blinddarmentzündung kam. Sie traf aber nicht den Ängstlichen, sondern den Chirurgen. Glücklicherweise erst kurz vor Windhuk. So wurde er in das Hospital, das er übernehmen sollte, eingeliefert. Die letzte Amtshandlung seines Vorgängers bestand darin, seinen Nachfolger um den Wurmfortsatz zu erleichtern. Der geplagte Ankömmling überstand alles gut und versah seinen neuen Posten mit Erfolg.

Im August war es für mich soweit. Ein Schiff der HAPAG nahm mich mit auf große Fahrt. Ich hatte diese Reise zwischen Allgemein- und Facharztausbildung eingeschoben, um andere Länder und andere Leute kennenzulernen, ohne in der postgraduellen Ausbildung eine größere Unterbrechung zu erleiden. Außerdem beschränkte ich die Schiffsarzttätigkeit bewußt auf diese eine Reise, um nicht zuviel Zeit für das eigentlich angestrebte Ziel zu verlieren.

Es ging zunächst von Hamburg über Belgien nach Gibraltar und Malta, weiter durch den Suezkanal auf das Rote Meer, gewissermaßen an Mekka und Mokka vorbei bis nach Colombo auf dem früheren Ceylon, dem heutigen Sri Lanka, dann nach Sumatra, erster Hafen Medan, durch die Sundastraße zur Insel Java, wo wir in Batavia, der heutigen Hauptstadt Indonesiens Djakarta, in Semarang und Surabaja an Land gingen. Schließlich fuhren wir noch hinüber nach Celebes bis Makassar. Auf der Rückreise berührten wir Aden und Französisch-Djibouti, dann fuhren wir über Malta zurück, wobei wir in Holland noch einen unverhofften Aufenthalt hatten. Doch davon später.

Was mir diese Reise an Bildungsmöglichkeiten bot, bewog mich, meine Assistenten zu ermuntern, auch ein bis zwei Seereisen mitzumachen. Es traf mich allerdings hart, als für einen jungen Kollegen so eine Fahrt fast dreißig Jahre nach meiner eigenen zur Katastrophe wurde. Sein Schicksal ließ mir keine Ruhe, und ich besuchte seinen Vater. Der junge Arzt war, sei es aus einer romantischen Regung oder wegen der sich gerade bietenden Gelegenheit, mit einem alten Segelschulschiff, der «Pamir», auf die Reise gegangen. Ich hatte mich sogar noch an Bord von ihm verabschieden können, weil ich mich gerade auf einem Kongreß in Hamburg befand. Unterwegs geriet das Schiff in einen Sturm und sank. Die meisten Jungmatrosen und auch der Schiffsarzt kamen dabei um. Die Angelegenheit erregte großes Aufsehen. Das Schiff hatte, obwohl für diese Fracht nicht geeignet, loses Getreide geladen. Bei dem Orkan verrutschte die Ladung. Es gab keine Rettung.

Der Vater erzählte mir nun etwas, was mich zutiefst erschütterte: Nachdem er durch das Radio erfahren hatte, das Schiff sei in Seenot geraten, habe er gebetet, der Sohn möge nicht zurückkehren, wenn er nicht alle ihm anvertrauten Jungen gesund wiederbrächte. Das sagte ein Mann, dessen übrigen drei Söhne im Krieg gefallen, dessen eine Tochter mit einem Ausländer fortgegangen und dessen zweite Tochter körpergeschädigt war. Ihm lag das Leben so vieler junger Leute mehr am Herzen als das Los der eigenen Familie. Wer will darüber rechten? Jedenfalls wußte ich nun, daß mir niemand mein Zuraten zu solchen Reisen moralisch anlastete.

Ich habe trotz dieses tragischen Zwischenfalls die für meine Zeit gerechtfertigte Auffassung nicht revidiert, Ärzte sollten möglichst auch einmal Schiffsärzte gewesen sein, aber sich nicht für längere Zeit dazu verpflichten. Wenn sie mehrere Reisen machten, würden sie zu leicht Sklaven der äußeren Umstände und kämen dann nicht mehr davon los.

Mein Schiff erwies sich als Schule der Improvisation. Als ich zum Beispiel für mikroskopische Untersuchungen zum Färben der Präparate Farbstoffe besorgen wollte und in die Apotheke ging, bekam ich nur die Grundbestandteile. Die Lösung mußte ich mir herrichten. Außerdem sind die Räumlichkeiten an Bord äußerst beengt, und es gibt keine anderen Hilfskräfte als Menschen, die man selber dafür schult. Das heißt, von Grund auf alles allein zu gestalten. Nichts wird einem in die Hand gereicht. Immer ist abzuwägen, was Vorrang hat. Die Kunst der Improvisation, hier ständig eine Not, wurde später zur Tugend, als in kritischen Augenblicken die nützliche, ja rettende Erfahrung des ehemaligen Schiffsarztes dem Kliniker zu Hilfe kam. Das Schiff hielt auch manche psychologische und soziologische Lektion für mich bereit.

Die kranken Kolonisten

Wir hatten einige schon mehrere Jahre in Java lebende Passagiere an Bord. Ich fragte einen, wie er es denn empfände, wieder Abschied von der Heimat nehmen zu müssen. Er antwortete, das sei zwar eigentümlich, aber im Grunde fühle er sich nicht mehr an die alte Umgebung gebunden. Ich wollte es genauer wissen. Da kam eine für mich zunächst unverständliche, doch für damals charakteristische Antwort: «Wissen Sie, ich bin verwöhnt. Wenn ich am Postschalter einen Beamten nicht mehr anpfeifen darf, weil der mich hochnäsig behandelt, und ich womöglich eine Anzeige wegen Beamtenbeleidigung einstecken muß, dann passe ich nicht mehr in diese Welt. In Java passiert mir so etwas nicht.»

Mentalität der Kolonisten. Sie fanden in Deutschland keinen Platz «hinter dem Schalter» und genossen es darum doppelt, auf fremden Kontinenten ihnen völlig gleichgültige Menschen zu schikanieren. Aber auch dort hingen sie immer irgendwie von Gnade und Ungnade anderer ab. Ich dachte Jahre später während des zweiten Weltkrieges an diese Antwort des Passagiers. Ein Farmer aus Moçambique, der bei Ausbruch des Krieges nicht auf seinen Besitz zurück konnte und als Verwaltungsoffizier diente, versuchte mir auseinanderzusetzen, die Schärfe gegenüber der einheimischen Bevölkerung, die unmenschliche Behandlung der Schwarzen habe ganz andere Gründe, als man behaupte. «Es bleibt mir gar nichts anderes übrig. Als Deutscher bin ich vom Wohlwollen der Portugiesen abhängig, wenn ich Land haben will, um meinen Besitz zu erweitern. Da kommt zum Beispiel der Gouverneur zu Besuch. Wenn er bei Tisch ausruft: ‹Was haben Sie für ein herrliches Besteck, das macht einem das Essen ja zum Vergnügen›, dann muß dieses Besteck schon im Auto sein, bevor er abfährt. Werde ich so behandelt, behandle ich andere doch nicht besser!»

Damals auf dem HAPAG-Dampfer, wo mir zum erstenmal solche Menschen begegneten, schaute ich natürlich nicht hinter die Dinge. Ich fand solche Standpunkte befremdlich, allenfalls widerwärtig und setzte meine Studien fort.

Unseren Kurs kreuzte eine Reihe ehemals deutscher Schiffe, Reparationsleistungen nach dem ersten Weltkrieg.

Das wirkte auf manchen deprimierend. Tröstlich blieb, daß sich diese nun unter englischer oder französischer Flagge fahrenden «Pötte» gegenüber unseren neugebauten, modernen ziemlich veraltet ausnahmen und daß sie nicht so schnell fuhren. Handelskreise rechneten sich solchermaßen unter dem Strich Vorteile für ihre Verbindungen nach Übersee aus.

Allerdings nahm keiner an Bord die Wetterzeichen der hereinbrechenden Weltwirtschaftskrise wahr, zumindest redete niemand von ihr. Alle gaben sich den Freuden oder Kümmernissen des Augenblicks hin.

Unser Fracht-Passagier-Schiff hatte vierundzwanzig Einzelplätze in Kabinen. Der übrige Raum war für Besatzung und Fracht, richtiger wohl für Fracht und Besatzung bestimmt. Alles trug intimen Charakter. Die Kabinen zeichneten sich durch wohnliche Einrichtung aus. Im Salon stand ein Klavier, auf dem ich über einer Meerestiefe von viertausend Metern Beethoven spielte. Neben dem eleganten Speisesaal gab es ein Frühstücks- und ein Gesellschaftszimmer, wo man sich vor dem Essen versammelte.

Trotz dieser zu familiärer Eintracht auffordernden Gemeinschaftsbehausung war die ganze Gesellschaft ständig in sich zerstritten.

Ich erlebte viele Episoden, die meine Behauptung belegen, daß Europäer, wenn sie unnatürlicherweise jahrelang in den Tropen gelebt hatten, durch die Bank krank waren, organisch krank, nervlich krank, psychisch krank. Auf diesem Schiff konnte ich sie wie durch ein Vergrößerungsglas sehen, ihre anders gearteten Reaktionen beobachten. Niemals begegnete mir eine derartige Häufung von Erkrankungen auf so engem Raum wieder: Während dieser einen und einzigen Reise als Schiffsarzt registrierte ich zweihundertneunundsiebzig Krankmeldungen.

«Ah, der Herr von Bismarck!»

Für meine Fahrt hatte ich so ziemlich alle möglichen Überraschungen bedacht. Worauf ich nicht gefaßt war, merkte ich schon beim ersten Landgang in Antwerpen; es gab ein Jahrzehnt nach dem großen Krieg unterschiedlichste Varianten des Deutschenbildes im Ausland. In einem Turm am Hafen befand sich ein Museum, in dem Plakate und andere Zeugnisse aus dem ersten Weltkrieg die Deutschen unterschiedlos diffamierten, sie hätten «den Kindern in Belgien die Hände abgehackt». Auf der Straße am Zeitungskiosk oder beim Einkauf fielen abfällige Äußerungen, sobald man mich als Deutschen erkannte. Die Wurzeln nationalistischer Verhetzung, hier wie zu Hause, und ihren Zweck sah ich nicht. Mich kränkte und ärgerte das alles. Aber was konnte ich dagegen tun, wie sollte ich damals dem Schicksal, als Deutscher beschimpft zu werden, entgehen? In Port Said staunte ich über die Gabe der ägyptischen Händler, die Passagiere nach ihrer Nationalität sicher zu unterscheiden, wenn sie mit allen erdenklichen Waren an Bord kletterten, um sie möglichst teuer loszuwerden. Sie begrüßten jeden anders: Madame, Minher, Signore. Dazu erfanden sie irgendwelche typischen Beinamen. Zu einem Deutschen sagten sie: «Ah, der Herr von Bismarck!», zu einer Französin: «Madame de France» — und boten pornographische Fotos an. Allerdings blieb der Umsatz aus, und sie zogen betrübt ab.

Als wir am Denkmal von Lesseps, dem «Erbauer» des Suezkanals vorüberfuhren, konnte ich nicht ahnen, daß ich über vierzig Jahre später noch einmal nach Ägypten kommen sollte, um dort Spezialuntersuchungen und Operationen durchzuführen. Ich besuchte Kairo, Assuan, Luxor, Theben, lernte die soziale Schichtung der Bevölkerung von der einfachen Fellachenfrau bis zur Offiziersfrau aus der unmittelbaren Umgebung Nassers, ihren unterschiedlichen, schon geographisch bedingten Lebensstil vom Norden bis zur sudanesischen Grenze, in den Städten und der Sahara — mit einem Wort, die Nachfahren der wirklichen Erbauer des Suezkanals besser und tiefgreifender kennen.

Das Denkmal von Lesseps stand nicht mehr, längst war der meist befahrene Kanal der Erde verstaatlicht und den Profi-

teuren der Kapitalgesellschaften entzogen, aber wegen des is-
raelisch-ägyptischen Krieges gesperrt. Wir erlebten israeli-
sche Luftangriffe, ohne jedoch das Leben in Kairo in besonderem Maße in Mitleidenschaft gezogen zu sehen.

Das Opernhaus in Kairo, in dem Verdis «Aida» als Auf-
tragswerk zur Einweihung des Kanals uraufgeführt worden
war und in dem kurz vor unserem Besuch die Berliner Staatsoper mit ihren Darbietungen Triumphe gefeiert hatte, sah ich
auch noch. Bald danach brannte es ab. Viele Zeugnisse der
neueren Geschichte haben das gleiche Schicksal erlitten, während die mehrtausendjährigen Zeugen altägyptischer Kultur
in Gizeh und Theben wie überhaupt im weiten Reich der Pha-
raonen noch heute jeden Besucher in ihren Bann ziehen.

In Colombo versorgte mich der Bruder des Hamburger
Zoodirektors Hagenbeck — nach Schilderung der Schiffs-
mannschaft ein hilfsbereites Unikum, eine lebende Zeitung
für alle deutschen Schiffe in diesem Hafen — mit sachdienli-
chen Hinweisen.

Medan auf Sumatra, der erste Hafen im damaligen Niederländisch-Indien, beeindruckte mich durch die Tropenwelt,
das dichte Gehölz, die exotische Atmosphäre. Auf der Insel
mit ihren sumpfigen Niederungen herrschten immer sechsundzwanzig bis achtundzwanzig Grad Celsius. Ein ideales
Klima für Palmen und Bananenstauden. Zu meiner Verblüffung traf ich nicht nur den wegen seines Holzes geschätzten
Tiekbaum, sondern auch Eichen. Gespannt, welche interes-
santen Erlebnisse mich in dieser fernen Fremde erwarteten,
suchte ich das führende Hotel auf. Davor stand ein Kiosk. Ich
trat heran, um das landestypische Angebot zu betrachten. Als
erstes lächelte mir die «Berliner Illustrirte» entgegen. Ich
fühlte mich sogleich «heimisch».

Das taten offensichtlich auch die deutschen Farmer auf ihre
Weise, wenn sie alle vier Wochen Geld zur Bank brachten
und die Zinsen einstrichen. Um ihre Feste zu feiern, ritten sie
mit Pferden und Kühen in die Halle des Hotels. Nach regel-
rechten Schlachten verließen sie geraume Zeit später das
Haus als einen Trümmerhaufen. Daher präsentierte sich das
Hotel seinen Gästen in kürzesten Abständen immer im reno-
vierten Zustand.

Die Europäer, die nicht im Fünf-Jahr-Turnus von Sumatra

nach Europa reisten, um dort ihren Urlaub zu verleben, fuhren ins Gebirge. In tausendzweihundert Meter Höhe sinken die Temperaturen auf zwanzig Grad ab. Die bevorzugten Plätze lagen an den Hochpaßstraßen. Wir wollten sie kennenlernen und ließen uns hinauffahren. Als wir in einen Gasthof kamen, spürte ich aus mir unerfindlichen Gründen einen gewaltigen Appetit auf Eierkuchen. Nach endlosen Redereien in einem Kauderwelsch aus Holländisch, Englisch, Französisch — wir hatten ja Passagiere aus allen diesen Ländern — bekam ich einen, aber keinen Teller dazu. Nun ging das Palaver wieder los. Es wurde mir zu bunt, ich schlug auf den Tisch und sagte: «Verflucht, weiß denn keiner, was hierzulande Teller heißt?» Plötzlich stand ein Teller da. Das Ehepaar, das dieses Restaurant leitete, stammte aus Deutschland.

Auch später traf ich wiederholt auf Deutsche oder ihre Spuren. In Padang, an der Westküste Sumatras, entdeckte ich neben den Zeitungen Fotografien des im November 1914 vernichteten deutschen Kreuzers «Emden». Das Kriegsschiff hatte einige Monate lang als «Schrecken der indischen Meere» von sich reden gemacht. Warum aber erinnerten sich noch heute, vierzehn Jahre danach, die Leute in dieser Hafenstadt an ihn?

Nach verschiedenen tollkühnen Seekriegsunternehmungen hatte die Besatzung versucht, mit einem Handstreich auf den Keeling- oder Kokosinseln alle Kabel, die Australien mit Singapur und Mauritius verbanden, zu zerstören, sowie die Funkstation unbrauchbar zu machen. Dabei überraschte ein gegnerischer Kreuzer die «Emden». Während fünfzig Besatzungsmitglieder an Land operierten, lieferten sich die Schiffe ein Gefecht, bei dem die «Emden» auf der Strecke blieb. Um nicht auf dem Trockenen zu sitzen, kaperte das Landkommando einen alten Schoner, der abgetakelt im Hafen der Stationsinsel lag, und schlug sich mit diesem verwahrlosten Siebenundneunzig-Tonnen-Schiff nach Padang durch. Dort versorgte sich die Besatzung. Nach zwei Tagen legte die «Ayesha» — so hieß die Nußschale — wieder ab, um ins Ungewisse zu fahren. Tatsächlich konnte die Mannschaft entkommen und erreichte nach einer Odyssee einen deutschen Stab in Konstantinopel.

Wahrscheinlich hielt sich die Geschichte hier so lange, weil die Leute Genugtuung darüber empfanden, daß die Emden-Ayesha-Leute den Engländern und der Kolonialmacht, unter der die Bevölkerung hier weiterleben mußte, ganz schön zugesetzt und mit ihrer abenteuerlichen Flucht am Ende noch ein Schnippchen geschlagen hatten.

An die Südspitze Sumatras, nach Telukbetung, gelangt, bot sich Gelegenheit, endlich auf eigene Faust in die Geheimnisse des Urwaldes einzudringen. Ich hatte verlockende Geschichten von Vögeln mit zauberhaftem Gefieder, von buntgezeichneten Schlangen und anderem seltenen Getier, das dort herumkröche, gehört. Meine Expedition war bald beendet, denn ich merkte, daß ich mit Halbschuhen kaum richtig für den Urwald ausgerüstet war. Ich verzichtete daher aufs Weitergehen und auf den erhofften Anblick wilder Tiere in freier Wildbahn. So rettete ich einen einfältigen Narren der Nachwelt. Eine Spezialität von Sumatra sind schwarze Panther.

Trügerische Stille

Ich lag mit dem Kapitän meines Schiffes in Fehde. Er war ein selbstbewußter Mann, wie wohl die meisten Kapitäne mit ihrer allerdings nicht geringen Verantwortung. Mich hatte gestochen, daß ich nach dem Schiffsstatut neben dem Kapitän und dem Ersten Offizier als Arzt zur Leitung des Schiffes gehörte. Das wollte ich auskosten, obwohl ich noch nie zur See gefahren war und keine maritimen Erfahrungen besaß. Wegen dieser jugendlichen Dreistigkeit war unser Verhältnis zueinander nicht gerade gut.

Mitten auf dem Indischen Ozean änderte sich das. Der Kapitän stellte sogar Whisky auf den Tisch, den ersten und zugleich den besten, den ich je getrunken habe. Das Wunder war am Abend unserer Ankunft in Batavia bewirkt worden: Als wir im Hafen der Metropole des niederländischen Südsee-Kolonialreiches anlegten, hörte ich, im dortigen Ausländerklub sei ein Zimmer mit Wappen heimatlicher studentischer Verbindungen dekoriert. Gelegentlich fänden auch kleine Kommerse statt.

Tatsächlich traf ich dort das Wappen einer mir wohlvertrauten Verbindung. Folglich mußte es hier irgend jemanden aus meinem Bekanntenkreis geben. Wie ich herausfand, handelte es sich dabei um den Oberförster des sehr schönen Botanischen Gartens Buitenzorg im Innern Javas.

Am Abend besuchte uns der Generaldirektor der HAPAG auf dem Schiff. Ich erkundigte mich bei ihm nach dem Oberförster. «Aber ja!» rief er aus, er sei bestens mit ihm befreundet. Schlagartig ergab sich eine geradezu vertraute Atmosphäre zwischen dem Herrn Generaldirektor und mir. Der Kapitän wurde sichtbar kleiner, denn er war auf die Gewogenheit der Spitzen seiner Reederei angewiesen. In dieser Hinsicht bekam der Doktor, dem er bisher nicht grün gewesen war, plötzlich Gewicht. Er begegnete mir künftig mit ausgesuchter Höflichkeit. Ohne Umschweife genehmigte er mir eine Besuchsreise zu meinem Oberförster.

Als ich dort ankam, war es Mittag. Das Haus schien in der Gluthitze wie tot. Nur die Babu, das Kindermädchen, das als Wache durch den Garten strich, nahm von mir Notiz, wollte mich aber nicht melden, um die geheiligte Mittagsruhe nicht zu stören. Das Hin und Her hatte den Hausherrn aufmerksam gemacht. Er beäugte mich von allen Seiten und fragte kühl: «Was wünschen Sie?» Ich erklärte, ihm einen Besuch abstatten zu wollen. Ich führe zur Zeit als Schiffsarzt auf einem Dampfer.

«Ja, wo haben Sie denn studiert?» Er wußte immer noch nichts mit mir anzufangen.

Ich nannte Heidelberg und meine Verbindung. Da ging ein Strahlen über sein Gesicht. Ich lachte: «Hast du es endlich gemerkt!»

Er sprang auf, holte alles, was er an Freunden, Essen und Getränken bieten konnte, heran. Dann führte er mich durch den Park. Ich sollte unbedingt bleiben und übernachten. Aber meine Verpflichtungen auf dem Schiff ließen das nicht zu, und so bat ich ihn, als wir wieder am Bahnhof waren, mir eine Karte zu besorgen, da er das mit seinen Sprachkenntnissen besser könnte als ich. Er tat es mit Erfolg und mahnte: «Schnell. Es ist der letzte Zug.» Rasch stieg ich ein, die Wagen rollten schon an. Ich hatte mich nicht einmal richtig von ihm verabschiedet. Nachholen konnte ich es auch nicht, denn ich habe diesen hilfsbereiten, freundlichen Oberförster nie wieder gesehen.

Im Waggon fand ich Platz neben einem reichen Indonesier, der es sich recht bequem gemacht hatte. Wir fuhren nach Batavia zurück, ohne ein Wort zu wechseln. Mich beschäftigte innerlich manches, was ich verarbeiten mußte. Soviel Anziehendes dieses Land besaß, soviel Widersprüchliches offenbarte es. Auf Java kontrastierte das Wohlleben der etablierten Aus- und Inländer außerordentlich stark zu den sonstigen Lebensbedingungen der sechsunddreißig Millionen Einwohner.

Man sagte den Javanern offenkundig zu Recht besondere Begabungen nach. Ihre Kunstfertigkeit zeigte sich in schmuckvollen Tempelausstattungen, in Web- und Batikarbeiten, aber auch in der dramatischen Pantomime, im Trance-Tanz und im Schattentheater, die ich auf einer Ausstellung — wir würden sagen «Jahrmarkt» — in Batavia sah oder über die ich gelesen hatte.

Keine zweihunderttausend Europäer lebten hier, doch sie hielten die Kolonie fest im Griff. Trotz der üppigen Vegetation mußte Java erhebliche Mengen Nahrungsmittel importieren. Zwar hatte sich in den letzten fünfundzwanzig Jahren der Export fast versechsfacht — gefragt waren Zucker, Tee, Kakao, Kaffee, Pflanzenfette, Pfeffer und auch Zinn —, das Importvolumen jedoch nur knapp verdoppelt. Praktisch kam keinerlei Industrie auf. Charakteristik einer Kolonie, die Kolonie bleiben sollte. Die holländische Kolonialpolitik wußte sich sehr geschickt die Oberschicht zu verpflichten. Und die schnitt nicht schlecht dabei ab, wie mir ein Blick auf meinen Abteilnachbar bewies. Nicht von ungefähr waren kaum zwei Jahre vor unserem Aufenthalt auf Java hier blutige Unruhen mit politischem Charakter ausgebrochen. Die Regierung hatte sie mit allen Mitteln niedergeschlagen.

Ich erhielt durch meine Reise wahrscheinlich mehr Denkanstöße für eine soziale Betrachtungsweise politischer Verhältnisse, als ich lange Zeit wahrhaben wollte.

Kurz nach meinem Abstecher ins Landesinnere lernte ich bei einer Bordfeier eine andere auf Java lebende Familie kennen. Die Frau sang sehr gern. Als sie erfuhr, daß ich Klavier spielte und die Noten an Bord hatte, bat sie sich einige aus und lud mich ein. Ich machte gern davon Gebrauch. In einer Tropennacht musizierten wir gemeinsam. Ihr Mann saß auf der Terrasse und hörte zu. Nach dem Konzert ließen wir uns zu einem Schluck Wein an der Tafel nieder. Die Nacht hatte alles in Dunkel gehüllt. Einzig eine Kerze beleuchtete den Tisch. Weit und breit schien kein Mensch zu sein. Wir hatten die erste Flasche geleert, da klatschte der Mann in die Hände. Sekundenschnell waren sechs Javaner zur Stelle, um uns zu bedienen.

Nicht nur die Stille einer Tropennacht trügt. Man ist überall von Menschen umgeben, deren Dasein, deren Lebensansprüche man nicht verkennen sollte. Man sieht sie manchmal nicht, aber sie sind da, und man sollte beachten, wie sie leben, was sie von der Zukunft erwarten, welche Forderungen sie an uns stellen. Wer nur auf einige achtet, sieht die Spitze eines Eisberges und droht irgendwann zu kollidieren, auch wenn es in seiner Nähe höchstens Eis im Kühlschrank gibt.

Javaninnen im Zwielicht

Im Hafenviertel von Batavia lauerten die meisten Infektionsgefahren für Geschlechtskrankheiten, mit denen die Matrosen hier wieder an Bord kamen und dann den ganzen Dienst belasteten. Der Verwaltungsoffizier kannte die Verhältnisse und führte mich durch einige Straßen. Da standen Javaninnen, Betelnuß kauend, im Abendlicht, blitzend weiße Zähne in blutig roten Mündern. Während die Frauen sich Seeleuten aus allen Erdteilen anboten, sahen ihre Männer, einige Meter weiter an die Haustür gelehnt, seelenruhig zu.

Dann schleppte der Verwaltungsoffizier mich in eine Hafenschenke mit Tanz. Alles schwirrte durcheinander, der Sprache nach, der Hautfarbe nach, dem Alter nach, der Kleidung nach. Ein Treiben, wie ich es bisher ausschließlich im Film gesehen hatte. Jeder benahm sich, wie es ihm gefiel, suchte sich, was ihm gefiel. Mir wurde langsam klar, ohne ein direktes Verbot, von Bord zu gehen, wäre ärztlicherseits hier absolut nichts zu steuern. Aber welcher Kapitän riskiert wegen ganz «normaler» Hafenprostitution eine Meuterei? Selbst wenn die Pest herrschte, ließen sich die meisten nicht belehren. Hauptsache, sie bekamen eine Frau. Ein übles Kapitel.

Mit den Zuständen auf Java schon ein wenig vertraut, erkundigte ich mich nach den Ehen zwischen Europäern und Javaninnen.

Die sogenannten wilden Ehen der Europäer auf Java zogen allerhand Konflikte nach sich. Europäer, die in festen Bindungen mit Javaninnen gelebt hatten und heimlich abreisen wollten, gerieten leicht in Lebensgefahr. Beabsichtigte einer seine Gefährtin zu verlassen, nötigte ihm die enttäuschte «Schwiegermutter» zu einer Mahlzeit. Sie reichte ein Reisgericht, in das feine quellbare Fasern gemischt waren. Diese riefen neben Schleimhautschwellungen auch Geschwüre hervor, die im weiteren Verlauf durchbrachen. Bauchfellentzündungen und Tod folgten. Raffinierterweise stand ein Gegenmittel bereit, das, rechtzeitig angewandt, dem Opfer Genesung brachte. Die Frauen empfahlen dem Treulosen also, seinen Entschluß rückgängig zu machen und zu bleiben, die Javanin mitzunehmen oder die Ehe sanktionieren zu lassen. Gute Ratschläge der geschilderten Art sollen wiederholt von Erfolg gekrönt gewesen sein. Nota bene: Ich meine, nicht nur auf Java sind Mütter erfinderisch, wenn sie — wie auch immer — unbedingt Schwiegermütter werden wollen.

Interessanterweise kam Professor Dr. Prokop bei gerichtsmedizinischen Studien zu einigen Feststellungen über Methoden, Menschen mit Haaren oder Fasern ins Jenseits zu befördern. In einem Vortrag anläßlich einer Tagung 1951 in Berlin teilte er zum Beispiel mit:

«Bekanntlich darf man dem Schlucken von Haaren keine allzu große Bedeutung zumessen, doch gibt es verschiedene Sorten von Haaren, denen große Bedeutung in forensischer Hinsicht zukommt. Hier sind von Wichtigkeit: Widerhäkchen, scharfe Schnittflächen und die Länge des Haares. Ein wesentliches Moment ist auch in dem Zustand der Darmschleimhaut zu sehen, auf die die Haare treffen. Diese vier wichtigen Momente finden sich auch immer wieder in den Giftmischungen primitiver Völker berücksichtigt. So gilt im Orient als Gift eine Mischung von Eierschalen, Tigerhaaren und Bambushäkchen. Die Niasser mischen Hunde-, Katzen- und Maushaare in Palmwein. In Indien nimmt man die Schnurrhaare von Tigern. Die Dajaks nehmen Raupenhaare, die besonders heimtückisch sein sollen. Ophthalmologen berichten, daß Haare scherzhafterweise gegen das Auge eines

Menschen geworfener Raupen leicht in den Bulbus eindringen und, mit dem Saftstrom weitergetragen, den ganzen Bulbus durchdringen können und schließlich autoptisch im Gehirn gefunden werden. Dermatologen fürchten die Raupenhaardermatitis. Offenbar steht hier eine chemische Irritation des Gewebes im Vordergrund. Auch in Sumatra gibt es ein Giftrezept, in dem Raupenhaare eine Rolle spielen (‹ramuan›). Hier werden Tigerhaare, Juckpulver (!) und Raupenhaare gemischt. In Südchina werden Reiskörner mit feinen Instrumenten durchbohrt und in die Bohrung Tigerhaare eingezogen, die dann beiderseits beschnitten werden.»

Nach allem, was ich hörte und sah, glaube ich kaum, daß Liebesfertigkeiten der Javaninnen — etwa im Sinne der Ars amatoria eines Ovid — den Ausschlag gegeben haben, wenn sich ein Europäer eine Javanin nahm. Junggesellen, die Jahre und Jahrzehnte dort lebten, kamen einfach in sexuelle Schwierigkeiten. Nichts hielten sie also für selbstverständlicher, als auf normale Weise eine normale Frau zu heiraten. Unverheiratete Europäerinnen waren dünn gesät, hübsche Javaninnen gab es viel. Manchmal ließen finanzielle, familiäre oder standesmäßige Gründe keine Heirat zu. Aber wenn beide zusammenleben wollten, ging es auch schon damals ohne Trauschein.

In der Gemeinsamkeit mit einer Javanin gewann — zumindest im Verlaufe der Zeit — ein anderer Aspekt an Attraktivität: die Frau als Dienerin des Mannes. Sie war dazu erzogen. Emanzipationsfragen spielten keine Rolle. Verbreitet herrschte noch die Polygamie, und zwar offiziell. Ihre Pflichten empfanden die Frauen nicht als Belastung, sondern als ewige, ihrem Geschlecht eigene Aufgabe.

Noch lange nach der Unabhängigkeit Indonesiens, noch Anfang der siebziger Jahre, konzentrierte sich die Hälfte aller Gynäkologen des Landes der tausend Inseln in der Hauptstadt Djakarta. Die Hälfte: etwas mehr als fünfzig, denn in ganz Indonesien arbeiteten nur einhundertelf Frauenärzte, und das bei einer Bevölkerung von inzwischen einhundertfünfundzwanzig Millionen Einwohnern! Schon waren menschliche Wunderwerke der Wissenschaft und Technik zur Venus geflogen, aber auf Java heirateten wie eh und je zehn- bis vierzehnjährige Mädchen, um alsbald Mutter zu werden. Zwanzigjährige mit fünf und sechs Kindern nahm man als nichts Außergewöhnliches zur Kenntnis. Die Bevölkerungszahl explodierte weiter.

Gewisse Vorurteile und Analphabetentum setzten den Bemühungen, diese Entwicklung unter Kontrolle zu bekommen, enge Grenzen. Die Frauen holten nach wie vor bei der Geburt ihrer Kinder den «Dukun», den «Kundigen», aus der Wohngemeinschaft. Die Säuglingssterblichkeit hielt sich entsprechend hoch.

Trotzdem wird es in Zukunft auch auf Java Generationen geben, die von den Betelnuß kauenden Prostituierten im alten Batavia nurmehr wie von Legenden hören. Davon bin ich fest überzeugt.

Gefürchteter «Roter Hund»

In Surabaja machte ich einige Besorgungen, wobei ich ohne Kopfbedeckung durch die Straßen schlenderte und mir Schaufenster ansah. Als ich wieder an Bord kam, verpaßte mir der Kapitän eine gewaltige Zigarre. Er fragte in seiner direkten Art, erstens, ob ich mir ausgerechnet als Arzt einen Sonnenstich holen wollte, was für ihn und die Mannschaft keineswegs ein Segen wäre, und, zweitens, ob ich das Ansehen des Europäers zu zerstören gedächte.

Ich hatte vor lauter Neugier auf die Hafenstadt meinen Sonnenschutz vergessen und außerdem übersehen, daß ein Europäer, der in dem als Vergnügungsstadt berüchtigten Surabaja nicht in der Riksha oder im Auto durch die Straßen fuhr, Freiwild für allerlei Gelichter war.

Auf der Fahrt zu unserer Endstation um die Südspitze Javas herum sahen wir Bali, legten aber nicht an. Ein Verlust? Gelesenes vermischte sich mit bisher Erlebtem, süße Romantik mit bitterer Realität. So behielt ich lieber meine Illusionen und gab mich dem Zauber der nächtlichen Silhouette dieser «Trauminsel» mit ihren angeblich so märchenhaften Frauen, zauberhaften Kulttänzen und erregenden Hahnenkämpfen hin.

Das Schiff nahm Kurs auf Celebes. Makassar war mit seinen dreiundfünfzigtausend Einwohnern ein wichtiger Hafen der Inselkolonie. Diese Stadt mit vielen Pfahlbauten — selbstverständlich nur in den Malaienvierteln, die zweitausend Europäer wohnten sehr solide — war Ziel- und Wendepunkt unserer Ausfahrt.

Während der Rückreise besuchten wir Aden. Diese im wahrsten Sinne des Wortes trockene Stadt liegt in dem erkalteten Krater eines Vulkans. Ich fiel dort einem Araber in die Hände, der mich unter allen möglichen Beschwörungen und Zeichen aufforderte, mit ihm zu kommen. Er schleppte mich schließlich an einen Zisternenrand, ergriff einen Stein, warf ihn hinein, guckte mich durchdringend an, hob den Zeigefinger und wartete, bis der Stein nach einer erklecklichen Zeit aufschlug. Als hätte er mir eine Fata Morgana vorgeführt, sagte er: «Ah!» und verlangte seinen Bakschisch.

Daraufhin fing ich in dem Taxi, das ich mir genommen hatte, Händel mit dem Chauffeur an, weil ich mich auch hier übervorteilt glaubte. Die Polizei mußte zu Hilfe kommen. Sie wies mir nach, daß ich einen ganz regulären Fahrpreis bezahlt hatte. Ich kaufte in Aden weder etwas ein noch sah ich mich sonderlich um. Verärgert kehrte ich zum Schiff zurück.

Es lag eine unangenehme Durststrecke vor uns. Wir mußten wieder vier Tage durch die entsetzliche Hitze des Roten Meeres. Hier passierte immer etwas. Manche von der Mannschaft bekamen den Tropenkoller, echten Tropenkoller. Ich beobachtete psychische Veränderungen, Aufgeregtheit oder Kontaktlosigkeit, die verschiedensten unerklärbaren Reaktionen. Glücklicherweise traten keine Todesfälle ein. Lediglich ein Heizer, der unten an seiner überhitzten Maschine keinen Ausweg mehr sah und weder Linderung noch Kühlung zu erhoffen hatte, rannte an Deck und sprang über Bord, nicht, um sich zu erfrischen, sondern, um sich zu ertränken. Wir retteten ihn. Die erfahrenen Seeleute beteuerten, diesmal herrschten nicht einmal abnorme Temperaturen. Mir reichten sie. Alles hatte siebenunddreißig Grad, was ich anfaßte, wo ich mich bewegte, ob im Innern des Schiffes, ob an Deck. Nur der Fahrtwind brachte eine winzige Abkühlung.

Auf dem Vordeck stand für die Passagiere und die Mannschaft ein mit Segeltuch ausgeschlagenes Bassin, ähnlich einem Boxring. Pumpen füllten diesen Behälter mit Meerwasser. Man schwamm darin ein paarmal hin und her, bis man spürte, wie warm das Wasser eigentlich war. Darauf kletterte man wieder hinaus, setzte sich an den Rand und ließ den nassen Körper vom Fahrtwind kühlen, bis er erneut zu heiß wurde. Also sprang man abermals in das Bad. So schmolzen unter der Sonnenglut alle guten Vorsätze, sich vor den Folgen in acht zu nehmen, dahin.

Das Rote Meer ist sehr salzreich. Wenn die Flüssigkeit bei dem ständigen Wechsel verdunstete, setzte sich das Salz in sämtliche Poren der Haut und verschloß die Schweißdrüsengänge. Das führte zu schweren Entzündungen mit einer roten Fleckung der gesamten Haut. Danach trägt dieses Krankheitsbild den Namen «Roter Hund». Doppelt unangenehm an dieser gefürchteten Krankheit ist, daß sie auf See kaum heilt, weil Süßwasser für Bäder nur sehr begrenzt zur Verfügung steht und Seewasser nicht hilft. Wer sich den Roten Hund während der Ausfahrt holt, ist meist übel dran.

Mir drohte es so zu gehen. Bei der ersten Passage durch das Rote Meer auf der Hinreise hatte ich mir diese Entzündungen zugezogen. Dank einer zweckmäßigen Behandlung und rationeller Verwendung des Süßwassers, mit dem ich mich duschen konnte, gelang es mir, den Roten Hund zu vertreiben. Auf dem Indischen Ozean war ich ihn los.

Nachts taten sich auf dem Roten Meer seltsame Dinge. In der Dunkelheit prallten fliegende Fische gegen die Kabinenfenster oder landeten an Deck. Die diensthabenden Matrosen sammelten diese Sonderlinge emsig ein. Aus gutem Grund. Sie schmecken ausgezeichnet. Die Mannschaft ließ sich die Beute braten.

Auch Heuschreckenschwärme suchen die Schiffe heim. Wir mußten uns solcher Insekten ebenfalls erwehren. Glücklicherweise flogen sie nicht in ganzen Wolken an, wie das wohl gelegentlich — so erzählte man mir — geschehen soll.

Als ich später einmal mit dem Flugzeug am Roten Meer entlangflog, schätzte ich mich glücklich, den lästigen Begleitumständen von damals nicht ausgesetzt zu sein.

In Suez freute ich mich, meine blaue Tuchuniform anziehen zu können. Zwar herrschte eine Temperatur, bei der uns als Schüler hitzefrei garantiert gewesen wäre: sechsundzwanzig Grad, doch ich fror. Innerhalb von zwei Stunden hatten wir einen Temperatursturz von elf Grad erlebt.

Die schlechte Laune wegen der Strapazen des Roten Meeres wich dem Jagdfieber nach neuen Eindrücken, als ich wieder in Malta anlangte.

Den Kriegshafen Maltas fand ich vollgestopft mit Schiffen der verschiedensten Klassen. Überall wimmelte es von britischen Soldaten. Die Demonstration der Seemacht Englands sollte offenbar den anderen Nationen Respekt einflößen. Sie tat es auch, soweit die Risse in diesem Machtblock noch nicht erkennbar waren.

Zweifelhaft erschien mir nach meinem Besuch, ob alle Malta-Kartoffeln wirklich in Malta gediehen. Immerhin handelte man soviel Malta-Kartoffeln in aller Welt, daß eigentlich jeder Quadratmeter der Insel als Kartoffelacker hätte herhalten müssen. Aber wer weiß, welche Sorten von Kartoffeln sich da auf dem Markt als «etwas Besseres» ausgaben. Das soll ja nicht nur bei Kartoffeln vorkommen.

Zu meiner Überraschung entdeckte ich ein äußerlich recht ansprechendes Opernhaus, das am Abend «Rigoletto» von Verdi gab.

Menetekel

Eine verwirrende Fülle von Eindrücken und Erlebnissen sammelte ich als Schiffsarzt. Erst im Laufe der Zeit konnte ich sie alle verarbeiten.

Da gab es zum Beispiel den strapaziösesten chirurgischen Eingriff meines Lebens. Während der Verwaltungsoffizier als Narkotiseur fungierte, mußte ich mit meinem Bordbesteck einem Javaner wegen einer Wunde, die nicht mehr heilte, die kleine Zehe amputieren. Von Kindesbeinen an lief die Masse der Bevölkerung auf Java barfuß. Die Tropensonne dörrte ihre Haut aus. Leder war nichts dagegen. So mußte ich mich mit dem Skalpell nie wieder anstrengen. Das war übrigens einer der wenigen Fälle, in denen ich Einheimische behandelte. In Hospitäler durfte ich nicht, da es die Schiffsleitung nicht gerne sah. Was ich ärztlich zu versorgen hatte, erledigte ich an Bord.

Auf der Straße sprachen mich allerdings häufig Einheimische an, sobald sie mich als Arzt erkannten. Der erste Javaner, der mich diesbezüglich anhielt, sagte: «Oh, Doktor, Kopf-schmerzen, Aspirin!» Ich brauchte mich nur umzuschauen, um zu verstehen, woher ihm unsere Medikamente so geläufig waren. Überall an Stegen und Brücken, die über die kleinen Wasserläufe in Batavia führten, prangten Reklameschilder deutscher Pharmaziekonzerne. Ob das allein Ausdruck des guten Rufes unserer Heilmittel war oder der Anspruch auf geschäftliche Expansion dahintersteckte, vermag ich nicht zu sagen.

Ich durchschaute nicht die Verkleidungen, in die sich der Kolonialismus und die Machtpolitik der Konzerne hüllten, aber sehr bewußt nahm ich die andere Seite wahr, die einfachen Menschen in einem fernen Land, ihre Kultur, die ich auch im kleinen bewunderte. Es blieb ein großes Ereignis für mich, ein bildendes Erlebnis. Ich lernte, jener Überheblichkeit abzuschwören, die uns gar zu leicht drängt, anderen unsere Meinung aufzwingen zu wollen und uns besser zu dünken als sie.

Zweifellos wirkte das auf meine Entwicklung als Arzt förderlich. In dem zunehmend kameradschaftlichen Verhältnis zur Mannschaft des Schiffes machte sich das unmittelbar bemerkbar. Verständlicherweise hatte ich eine gewisse Anlaufzeit gebraucht, um an Bord heimisch zu werden. Die Mannschaft wartete ab, wie ich mich zu ihr stellte, ob mehr als Kumpel oder hochnäsig. Allmählich kamen wir uns näher, und ich sah manches mit anderen Augen.

Einige Matrosen offenbarten mir erst auf See, an welchen Wehwehchen sie litten, Sachen, die sie unbedingt vorher hätten melden müssen. Dann wären sie aber nicht angeheuert und für diese Fahrt um ihren Lebensunterhalt gebracht worden. Wir konnten bei der Bekämpfung der Geschlechtskrankheiten einige Fortschritte verzeichnen. Ich belehrte auch wiederholt die Mannschaft, aber etliche machten mir doch rechten Kummer.

Einen Matrosen mußte ich von Hamburg bis Batavia behandeln. Es gab damals noch kein Penizillin, und es bedurfte einer sehr intensiven Therapie. In Batavia fand ein Wettrudern zwischen holländischen, englischen, französischen und deutschen Schiffsjungen statt. Die deutsche Mannschaft gewann mit ihrem Rettungsboot. Das begossen alle reichlich, die einen aus Freude über den Sieg, die anderen, weil sie ihre Niederlage zu verwinden suchten. Bei meinem Seemann wirkten die sportliche Anstrengung und der Alkoholschub nachhaltig als massive klinische Provokation, und ich durfte ihn die ganze Rückfahrt wieder behandeln. In Hamburg ging er gesund von Bord.

Das Vertrauensverhältnis zu den sechzig bis siebzig Männern an Bord schloß mir mehr und mehr ihre Welt auf. Als sie merkten, daß ich, statt Paragraphen zu reiten, sie lieber richtig versorgte, statt ihnen die Anheuerung streitig zu machen und sie im nächsten Hafen abzusetzen, sie zu verstehen versuchte, nahmen sie meine Hilfe aus den verschiedensten Gründen in Anspruch.

Auf der Rückfahrt sah ich mich von allerlei Tieren umgeben, die sie sich — gegen die Bestimmungen — besorgt hatten. Der Obersteward besaß einen Kakadu, den er unbedingt fürs Kabarett dressieren wollte. Andere hatten Affen, die aber die Fahrt nicht gut überstanden. Ihre Tuberkulose führte zur Lungenentzündung, und die meisten gingen ein. Ich konnte es nicht verhindern. Die Matrosen honorierten meine Bemühungen um die Tiere mit noch betonterer Freundschaft. Wir fühlten uns jedenfalls als eine große Familie, jeder begriff, wie sehr er auf den anderen angewiesen war.

Sonntagvormittags trafen wir uns des öfteren beim Verwaltungsoffizier zum Frühschoppen mit den Ingenieuren. Die technisch geschulten Offiziere mußten in Abständen an die Maschinen. Schweißgebadet kamen sie immer wieder herauf, schütteten zwei, drei Glas Bier in sich hinein, bis sie wieder hinuntergingen, um nach einer weiteren Viertelstunde, völlig durchnäßt, alles Bier ausschwitzend, erneut zu erscheinen und zu trinken. Nie sah ich einen von ihnen die Toilette aufsuchen. Der Flüssigkeitshaushalt regulierte sich durch die Haut.

Bei diesen Zusammenkünften und einem Gläschen erfuhr ich viel über Probleme ihres Berufs und der Partnerbeziehungen. Die familiären Verhältnisse gestalteten sich nicht nur bei den jungen, sondern auch bei den älteren Seeleuten häufig nicht einfach. Monatelang auf großer Fahrt zu sein ist eben ein geteiltes Erlebnis.

Ein böses Omen überschattete während der Heimfahrt unsere Stimmung. Wir bekamen durch Funkspruch Anweisung, die schiffbrüchige Mannschaft eines anderen HAPAG-Dampfers aufzunehmen. Um abzukürzen, hatte dessen Kapitän einen verbotenen Weg durch eine Indien vorgelagerte natürliche Barriere genommen, die «Lakkadiven». Dieser Name läßt schon das Wagnis ahnen, denn er bedeutet soviel wie «hunderttausend Koralleninseln». In der Nacht ließ sich der Kapitän bei jedem Glasen Meldung machen. Der erste Offizier hatte Wache, ein Matrose hielt am Bug Ausguck. Alles schien gut zu gehen, als plötzlich der Matrose «Brandung!» schrie. Sofort riß der Erste Offizier den Maschinentelegrafen auf volle Kraft zurück. Zu spät. Der Zehntausendtonner lief auf Grund. Er hatte Kopra geladen. Das Kokosfleisch entzündet sich leicht in der Tropensonne. Da das Schiff festlag und einige Aggregate ausgefallen waren, brannte es dann völlig aus.

Mit einer Genauigkeit, die ich bei nautischen Berechnungen nicht für möglich hielt, stand der Punkt fest, an dem wir die schiffbrüchige Mannschaft vom Bergungsschiff übernehmen sollten. Zur angegebenen Zeit erklärte der Kapitän, jetzt müsse der Mast des anderen Schiffes hinter der Kimm auftauchen. Er behielt recht.

Die Mannschaft zeigte sich außerordentlich bedrückt. Der Kapitän litt an einer Depression, die behandelt werden mußte. Auch unsere Leute schienen niedergeschlagen. Ich erfuhr, daß nach altem Seemannsglauben ein Schiff mit einer schiffbrüchigen Mannschaft an Bord oft genug selbst eine Havarie erlitt.

Als wir Amsterdam ansteuerten, kam ein Orkan auf. Unser Kapitän bemühte sich, im Hafen Zuflucht zu finden, und stellte sich selber ans Ruder. Er konnte der Naturgewalt nicht Herr werden. Zweimal warfen die haushohen Wogen unser Schiff auf den Molenkopf. Durch riesige Löcher flutete Wasser. Wir begannen zu sinken. Zum Glück waren wir weiter in das Hafenbecken getrieben worden, so daß die Gefahr für uns schnell vorüber war. Trotz des erheblichen Schadens konnten wir nach entsprechender Reparatur schon zehn Tage später die Fahrt mit eigener Kraft beenden.

Während des nunmehrigen Zwangsaufenthaltes zeigte sich mir Holland von einer wesentlich freundlicheren Seite als

Monate zuvor Antwerpen. Hatten sich die Menschen geändert, oder schaute ich anders auf die Dinge?

Ich nahm die Bilder der holländischen Städte auf, die Sauberkeit, die Gemütlichkeit, die sie atmeten. Welche Zutraulichkeit lag in der «Öffentlichkeit» der alltäglichen Lebensführung, denn die alten holländischen Häuser gaben den Blick von der Straße durch das große Vorderfenster bis nach hinten in die Wohnung frei. Gleich, ob die Bewohner frühstückten oder lasen, es vollzog sich praktisch vor den Augen aller. Lange begleitete mich der Duft von Kaffee und wohlriechendem Zigarrenrauch. Selbst wenn die Realität anders gewesen sein mag, es bewahrheitete sich erneut, wieviel von der Schönheit im Auge des Beschauers liegt — oder in seiner Nase.

Einen festen Platz in meinem Gedächtnis behalten zwei Namen, obwohl sie nicht mit direkten Erlebnissen verbunden sind. Der eine ist Djibouti. Ich meine jene Stadt am Golf von Aden nahe dem Zugang zum Roten Meer. Auf meine Sprachkenntnisse bauend, fragte ich dort in schnellem Französisch etwas, hatte aber dann Mühe, die noch wesentlich schnellere Antwort zu verstehen. Das wäre nicht besonders erwähnenswert. Aber Djibouti ist die Endstation der einzigen Eisenbahnlinie, die nach Addis Abeba, der Hauptstadt Äthiopiens, führt. 1929, ein Jahr bevor dort Kaiser Haile Selassie den Thron bestieg, betrat ich afrikanischen Boden. Heute, da ich meinen kurzen Aufenthalt registriere, gibt es den Kaiser nicht mehr. Doch nicht nur das. Ein tiefgreifender weltgeschichtlicher Wandel, der an allen Stationen meiner damaligen Reise ablesbar ist, hat Platz gegriffen, ein Wandel äußerer Formen, mehr noch der gesellschaftlichen Strukturen. Allenthalben hält eine umgestaltende, revolutionäre Dynamik die Dinge im Fluß. In diesem Strom der Zeit stürzten binnen weniger Jahre Dutzende mittelalterliche Regime und Kolonialherrschaften. Die Welt veränderte sich grundlegend.

Der zweite Name lautet Krakatau und gehört zu einem Vulkan in der Sundastraße zwischen Sumatra und Java. Bei unserer Vorbeifahrt gab er sich recht friedlich. Aber 1883 hatte er Angst und Schrecken verbreitet. Ein gewaltiger Ausbruch ließ ganze Inseln untergehen und neue aus dem Meer aufsteigen. Sechsunddreißigtausend Bewohner dieses Gebietes kamen ums Leben. Der Himmel verfinsterte sich, Massen von Asche gingen noch weit entfernt nieder, trieben sogar bis nach Europa. Millionen Menschen hielten es für ein Menete-kel, eine Ankündigung drohenden Unheils. Bei der Durch-sicht meiner Aufzeichnungen habe ich neben Krakatau ein anderes Wort notiert: Hiroshima . . .

Dämmerung

Fassaden

Am 1. Januar 1930 trat ich in den Verband der Berliner Universitäts-Frauenklinik unter dem Direktorat von Walter Stoeckel ein. Die klinische Ausbildung war streng, ließ für die Entfaltung des persönlichen Lebens wenig Spielraum. Noch der Vorgänger von Stoeckel, Ernst Bumm, duldete keine verheirateten Assistenten. Die Leitung trug durchaus autokratische Züge. Wir schimpften darüber, nahmen aber keinen Schaden. Mit der Zeit gewöhnten wir uns daran und sahen, daß Stoeckel die gleiche innere und äußere Disziplin, die er von uns forderte, auch vorzuleben verstand.

Der Aufstieg vom Volontärarzt zum Assistenten und Oberarzt erfolgte kaum nach vorbestimmtem Plan. Er hing in erster Linie von der Leistung, des weiteren von organisatorischen und anderen äußeren Gegebenheiten ab. Deshalb begrüßten die jüngeren Mitarbeiter jeden Wechsel, jede Berufung älterer Dozenten und Professoren auf Lehrstühle, weil das für sie eine Chance bedeutete, nachzurücken.

Während der Ausbildung mußte jeder jede Station — die geburtshilflichen wie die gynäkologischen Abteilungen, die konservativen wie die operativen, die Ambulanzen und die Spezialgebiete Urologie und Radiologie — durchlaufen. Die Anerkennung als Facharzt galt nicht als Vorbedingung für die Leitung der Stationen. Ich bemühte mich um diesen Titel erst nach neun Jahren. Sauerbruch besaß ihn überhaupt nicht.

In meiner klinischen Arbeit gab es zwei Phasen, in denen sich meine Aufgaben und meine Verantwortung schlagartig erweiterten. Mitte der dreißiger Jahre wurden kurz nacheinander die Professoren Philipp, von Mikulicz und Schultze auf Lehrstühle berufen. Damit begann für mich die Vorlesungszeit. Der zweite Einschnitt in die bisher gewohnte Tätigkeit hing mit dem Ausbruch des Krieges 1939 zusammen. Jetzt war ich plötzlich einziger Oberarzt und Stellvertreter des Direktors und als solcher mitverantwortlich für den ganzen Bereich der Klinik bis zu meiner eigenen Einberufung zur Marine im Oktober 1941.

Um es vorwegzusagen: Ich kam in jenen Jahren glücklicherweise weder im beruflichen Wirken noch während meiner Militärdienstzeit in Situationen, derer ich mich ein Leben lang zu schämen hätte. Zwar wurde ich — wie so viele damals — Mitglied der NSDAP, weil ich glaubte, mit den neuen Leuten käme das versprochene geordnete Staatswesen, das dem deutschen Namen wieder einen guten Klang verschaffen sollte, ich glaubte an die angekündigten sozialen Verbesserungen für alle Schichten des Volkes. Dennoch: Das einzige, was ich mir vorwerfen könnte, wäre, daß ich nicht früher hinter die Fassade des Faschismus schaute und mich nicht gegen die Brutalitäten dieses Regimes wandte, als sie erkennbar wurden. Darüber zu urteilen, billige ich aber nur dem zu, der unter gleichen Bedingungen zu arbeiten und zu leben hatte. Ich ließ mich jedenfalls in keine Aktion einspannen, die mein Gewissen belastete, und gehöre nicht zu denen, die «danach» ihre Fahne nach dem Wind drehen wollten oder um Gnade winselten.

Dank der konkreten Arbeitssituationen und der integren, beschützenden Haltung Walter Stoeckels, dank nicht zuletzt meiner persönlichen Überzeugung und gesellschaftlichen Auffassung, die ich aus den elementaren Grundsätzen meines Berufes ableitete, konnte ich ohne zerstörerischen Bruch meiner Persönlichkeit meinen Weg gehen. Es war ein Weg, auf dem ich ehrlich nach dem Richtigen suchte und der folgerichtig in der Identifikation mit den Forderungen für einen sozialistisch denkenden und handelnden Arzt mündete.

Mein Lehrer Walter Stoeckel behandelte mehrfach Prominente des «Dritten Reiches». Als sein Oberarzt kam auch ich mit ihnen in Berührung. Hitler erlebte ich einmal kurz in der Klinik. Er kam zu einer Sekretärin seines Büros, die bei uns in stationärer Betreuung war. Der Besuch wurde natürlich streng geheimgehalten, nur wenige von uns wußten Bescheid. Es herrschte eine merkwürdige Stimmung auf der Station, eine Atmosphäre des gegenseitigen Abstands. Das Gespräch mit Hitler bewegte sich nur auf der Ebene des Anlasses und unserer üblichen Arbeit. Sehr bald verschwand er wieder.

Heß hörte ich irgendwann mystische Auffassungen über den Einfluß der Mondphasen auf die Geburt äußern.

Goebbels sah ich nur auf Fotos, von denen ja solche besondere Verbreitung fanden, die ihn als glücklichen Familienvater mit Frau und Kindern präsentierten. In Vertretung meines Chefs hatte ich einmal Frau Goebbels in Schwanenwerder zu beraten. Goebbels hatte zu der Zeit gerade eine seiner Liaisons in Filmkreisen. Die hochschwangere Frau litt offensichtlich unter den Eskapaden dieses Mannes. Sie zeigte sich psychisch völlig durcheinander und schien die sie bedrängenden Nöte — die sich dadurch noch vergrößerten, daß sie nichts davon nach außen offenbaren durfte — aus eigener Kraft nicht bewältigen zu können. Ich versuchte, ohne alle Anlässe im einzelnen zu kennen, meine ärztliche Pflicht zu tun, und beruhigte sie, so gut es ging.

In der Familie des ersten Begleitarztes Hitlers nahm ich ebenfalls einige Behandlungen vor. Ich kannte den Mann, weil er chirurgischer Konsilarius in der Universitäts-Frauenklinik war. Er machte einen korrekten und aufgeschlossenen Eindruck. Ich habe nicht verstanden, wie er sich zu schrecklichen Abwegigkeiten hatte bereitfinden können.

So begegnete ich als Arzt einigen Personen mit mehr oder weniger bekannten Namen. Sie suchten uns auf, wenn sie uns zu konsultieren wünschten, und versuchten, gelegentlich ihren Dank dadurch abzustatten, daß sie uns zu bestimmten Anlässen einluden. Den einzigen Besuch eines Presseballs verdanke ich einer solchen Einladung.

Dabei lernte ich Karl Hanke kennen. Auf diesem Presseball erschien er im schwarzen Anzug mit einem weiten Mantelüberwurf und zog sofort alle Blicke auf sich. Mit großer Geste griff er in die Tombola und verstreute die Lose in der Gegend.

Er war zu diesem Zeitpunkt Leiter des Privatsekretariats von Goebbels. Die in seinen Kreisen verbreitete Renommiersucht behielt er bei, bis er später als «Reichsverteidigungskommissar» und letzter Gauleiter in der «Festung Breslau» in einem luxuriösen Bunker den Befehl gab, ein Stadtviertel einzuebnen, um einen behelfsmäßigen Flugplatz zu schaffen.

Von dort startete nur ein einziger «Fieseler Storch», der brachte ihn aus der eingeschlossenen Stadt heraus.

Ich saß während des Presseballs an einer Balkonbrüstung, von wo ich die auftretenden Künstler auf der Bühne wie auch hinter den Kulissen beobachten konnte. Da stand Zarah Leander, die Aufregung in Person. Ihre Begleiter mußten sie stützen, als sie das Podium bestieg. Aber mit dem ersten Griff ans Mikrofon, mit dem ersten Ton der Musik war sie der große Star, den die halbe Welt bewunderte. «Kann denn Liebe Sünde sein . . .?» Jeder Zoll eine souveräne Dame, aber nur solange sie sich im Rampenlicht befand. Dann wurde sie die Treppe wieder hinuntergeleitet, und von ihr blieb nur die aufgeregte Schauspielerin, die im Augenblick bis zur Grenze geforderte Frau.

Uniformen

Als ich zur Marine mußte, verlagerte sich meine ärztliche Aufgabe völlig. Ich erlernte den Revierdienst. Zunächst kam ich nach Emden. Dort fungierte ich als Arzt einer Kraftwagenabteilung der Marine, Batteriearzt einer Abwehrbatterie und zugleich Soldatenfamilien-Arzt, den die Angehörigen der Garnison in Anspruch nahmen. Dabei untersuchte und behandelte ich hin und wieder Neugeborene. So bestand wenigstens auf diesem Gebiet eine Klammer zu meiner eigentlichen, speziellen Tätigkeit. Meine Hoffnung, Zeit für wissenschaftliche Arbeiten zu gewinnen, erfüllte sich allerdings wegen dieser Vielgestalt meiner Obliegenheiten nicht. Da ich auch Kriegsgefangene zu betreuen hatte, traf ich auf einen jugoslawischen Kollegen, der mich inständig um Literatur bat. Ich besorgte sie ihm. Nun studierte er, der Gefangene, in Lehrbüchern, während meine Verpflichtungen mir keine Möglichkeit zur Weiterbildung ließen.

Eine Ausnahme bildeten die Blutgruppenuntersuchungen, die ich in der Abteilung, in Außenstellen auf Borkum und in einer holländischen Stadt durchführte. Die Reihenbestimmungen jener Zeit, mit der heutigen Effektivität serologischer Untersuchungen verglichen, zeigen die ungeheure Entwicklung und Zukunftsbedeutung dieses Wissenschaftszweiges.

Emden gehörte zu den ersten Städten, die von englischen Flugzeugen bombardiert wurden. Häufig waren wir Ärzte deshalb auch nachts gefordert, um Verwundete zu versorgen, Verschüttete auszugraben. Als wir in einem völlig zerstörten Haus nach Überlebenden suchten, meldete sich plötzlich eine Stimme, die ganz nüchtern mitteilte: «Ich sitze in der Küche, bin total verschüttet, mein Bruder befindet sich einen Meter weiter. Ich glaube nicht, daß er noch lebt. Holt mich mal raus.» Das ging nicht so schnell und stellte die Geduld dieses Mannes auf eine unendlich lange Probe. Kein Klagen, kein Jammern — angesichts dieser Situation ein Realismus ohnegleichen. Es gelang, ihn zu retten. Ein Beispiel, wozu der menschliche Organismus in psychischer und organischer Beziehung fähig ist.

Moralisch-ethische Überlegungen drängten sich auf, wenn abgeschossene, oft schwerverletzte amerikanische oder englische Flieger eingeliefert wurden, Menschen also, die eben erst mit ihren Bomben wehrlose Zivilbevölkerung der Stadt, Männer, Frauen und Kinder getötet hatten.

Haß und Wut der Angehörigen wollten sie am liebsten gelyncht sehen. Bei allem Verständnis für diese Erregung konnte ich mich — selber im Widerstreit der Gefühle — nur von meinen ärztlichen Pflichten leiten lassen. Wir Ärzte betrachteten uns nicht als Richter der Geschichte. Wir sind Diener in unserem Beruf und, wenn es hoch kommt, Erzieher zur Vernunft im somatischen wie im emotionalen Bereich aus Verantwortung und gesellschaftlicher Erkenntnis, die jedoch nicht jedem in gleichem Maße zuwächst, denn die Wirklichkeit in der Welt ist noch zu verschieden.

Oft habe ich mich dabei gefragt, was ist in die Menschheit gefahren, welch eine glückliche Zukunft könnte sich entwikkeln, wenn sie ihre positiven Seiten zu gemeinsamem Nutzen entfalten könnte und nicht getrieben würde, Kriege zu führen, zu verwunden oder zu töten. Ich habe unter den einfachen Menschen «verfeindeter» Armeen keinen gefunden, mit dem ich nicht hätte in Frieden leben können. Die äußere Verschiedenheit der Uniformen trog. Sie verdeckte nur die innere Verwandtschaft ihrer persönlichen Anschauungen und Wünsche, die Gleichheit menschlicher Nöte und ihrer Hoffnung, von ihnen befreit zu werden.

Im weiteren Verlauf des Krieges wurde ich einer Hafenschutzflottille in Frankreich zugeteilt, die im Atlantik zwischen der vorgelagerten Insel Île de Croix und den beiden Zugängen zum Hafen von Port Louis operierte. Unsere Dienststelle befand sich in einem alten französischen Kloster. Ich dachte, es könnte das Vertrauensverhältnis stärken, wenn die Offiziere nicht immer an Land säßen, während die Mannschaften draußen sind. Außerdem wollte ich mir an Ort und Stelle die Belastungen ansehen, die an Bord herrschten. Ich bat also den Kommandeur, einen Kapitänleutnant, hinauszufahren zu dürfen.

Auf dem Wachboot, einem alten Fischdampfer, bekam ich die Kajüte des Kapitäns, der mir riet, mich nicht auszuziehen, da der «Flieger vom Dienst» mit Sicherheit käme. So nannten wir ein englisches Flugzeug, das allabendlich unser Wachboot beschoß. Um uns herum schwammen Tierkadaver und alle möglichen Gegenstände, die verrieten, daß die Flieger auch an der Küste ihr zerstörerisches Werk verrichteten. Aber siehe da, an diesem Abend erschien der gefährliche Besuch nicht.

Trotzdem sah ich die Besatzung des Flugzeugs, später im Lazarett. Die Abgeschossenen sagten, soweit am Leben, mit keinem Wort etwas über ihre Einheiten und Standorte aus. Beim Rekognoszieren der Leichen, die infolge der Meereskühle eine ganz frische Farbe hatten, fand der Verbindungsoffizier unter der Post und anderen Papieren in ihren Taschen Aufzeichnungen über die Erlebnisse der letzten Nacht. Es berührte mich eigentümlich, dort den toten Soldaten liegen zu sehen, der am Abend vorher noch mit seiner Liebsten in London in einer Gaststätte gesessen und getanzt hatte.

Es bedurfte vieler Einzeleindrücke, damit sich bei mir allmählich ein Bild vom Gesamten, eine Vorstellung von Recht und Unrecht in der großen Politik bildete. Im Fliegerhorst von Lorient führten wir untereinander sehr offene und ernste Gespräche, zum Beispiel über die zunehmende Unterlegenheit unserer Flugzeuge gegenüber den englischen. Entgegen aller Radiopropaganda war es nur dem Zufall zu verdanken, wenn ein Aufklärungsflieger der Luftwaffe ihnen entwischen konnte. Drei Tage nach unserem Gespräch hörte ich, daß der Hauptmann, der verbittert diesen Widerspruch erwähnt hatte, vom letzten Flug nicht zurückgekehrt sei.

Im allgemeinen sah man dem Nebenmann nicht gleich ins Herz. Man wußte ja nie ... Zuweilen täuschte man sich aber erfreulicherweise auch im positiven Sinn. «Hart wie Kruppstahl» sollten diese Männer in der Uniform mit dem Hakenkreuz tragenden Hoheitsadler auf der Brust sein, doch in dieser Brust wohnten manchmal unvermutete Regungen menschlicher Wärme. Bei uns lag ein Verwundeter, der wegen einer Verletzung seinem U-Boot fernbleiben mußte. Die erste Frage des nach mehreren Monaten zurückgekehrten Kapitäns galt diesem Verwundeten. Der war gestorben. Ich bemerkte die Bewegung in dem blaugefrorenen, unrasierten Gesicht des U-Boot-Kommandanten. Dieser Kapitän hatte sich durch seine eiskalt berechneten Operationen einen Namen als Mann ohne Nerven gemacht.

Sogar japanische Uniformen sah ich. Ein U-Boot des fernöstlichen Verbündeten Hitlers war bis zu uns durchgedrungen. Die alliierte Seite bekam davon Wind und nahm uns schon in der nächsten Nacht und am Morgen zum Ziel großer Fliegerangriffe.

Im Lazarett herrschte ein ganz anderer Operationsstil, als ich ihn gewohnt war. Dennoch kann man den Ruf, der den preußischen und ebenso den «großdeutschen» Militärärzten anhing, auf keinen Fall verallgemeinern. Da wurde nicht nur amputiert, um dann wieder Wein und Sekt zu trinken. Wir jedenfalls rangen um das Leben jedes einzelnen Menschen, und oft genug bestand unsere Nahrung zwischen den Operationen aus Bouillon, die wir uns im Sterilisationsraum neben den Instrumenten und der Wäsche aufwärmten. Allerdings traf ich, genau wie im zivilen Bereich, auch hier Karrieristen, Verleumder und Denunzianten. Davon lernte ich zur Genüge kennen. Glücklicherweise stieß ich bei meinem Angriff gegen solche Schweinereien auf verständnisvolle Vorgesetzte, denn es gab auch dort differenzierte Haltungen.

Mein Kapitänleutnant lud mich zu einer Radtour ein. Wir wollten uns die Gegend anschauen. Ich hatte seit Jahren nicht mehr auf einem derartigen Vehikel gesessen. Wir fuhren durch die Felder, über die Brücken der Bretagne, sprachen mit den Einwohnern und wählten für den Rückweg den vom Wasser festgeschwemmten Strand des Atlantik. Der Kapitänleutnant war leichter als ich und sank weniger ein. Mir fiel es erheblich schwerer voranzukommen. Wir gelangten an eine Stelle, wo knapp eine halbe Seemeile entfernt ein schon im ersten Weltkrieg gestrandetes Schiff im Wasser lag.

Der Kapitänleutnant forderte mich zu einem Wettschwimmen dorthin auf. Wir legten die Räder hin, zogen uns aus und los ging es. Er war mir bald weit voraus. Mit aller Kraft versuchte ich, ihn einzuholen. Plötzlich schien er verschwunden. Da hörte ich ihn rufen: «Kommen Sie zurück!»

Wir hatten die ablaufende Flut nicht beachtet. Auf halbem Wege bemerkte er es, drehte um und dachte, ich käme mit. Beim Schwimmen gegen die Strömung ließen meine Kräfte nach. Die völlig ungewohnte Radtour, besonders das Fahren am Strand, hatte mich ermüdet. Mit einemmal spürte ich Grund unter der großen Zehe. Ich war auf eine kleine Sandbank geraten, die mir gestattete, Atem zu schöpfen. So erreichte ich schließlich das Ufer. Aus einem banalen Anlaß wäre ich beinahe ums Leben gekommen, während ich manchen harten Bombenangriff unverletzt überstanden hatte.

Unerwartet wurde ich vom Atlantik wieder zu meiner alten Dienststelle nach Emden versetzt. Das war ungewöhnlich. Der Grund sollte sich bald herausstellen. In der Stadt praktizierte ein Fachgynäkologe, dem die Behörden wegen seiner jüdischen Großmutter untersagt hatten, die wissenschaftliche Laufbahn weiterzuverfolgen. Er hatte sich nach Emden zurückgezogen, um dort sorgfältig, aber unauffällig seiner Arbeit nachzukommen. Die NS-Obrigkeit wollte ihn nun auch aus dieser Stellung hinausmanövrieren.

Von alledem wußte ich zunächst nichts. Mein Auftrag sollte lauten: Versorgung des militärischen Bereichs und zugleich erhebliche Verstärkung der Tätigkeit im zivilen Sektor. Der amtierende Kreisarzt entlarvte sich mir gegenüber als treibende Kraft in dieser Angelegenheit. Er verlangte, ich solle nebenher die gynäkologische Betreuung der Emdener Bevölkerung übernehmen.

Ich erklärte ihm, dies ginge nicht. Bei einem militärischen Einsatz wäre ich verhindert, einer Frau, die mich braucht, zu Hilfe zu kommen, und umgekehrt dürfte ich keine Frau in einer schweren oder gar lebensbedrohenden Situation verlassen, selbst wenn man mich als Soldat riefe. Ich sei nicht bereit, mich in einen solchen Zwiespalt bringen zu lassen.

Viel später erfuhr ich, daß diese persönliche Entscheidung ohne mein Wissen letztlich zum rettenden Umstand für den erwähnten Gynäkologen wurde. Der hätte sonst seine Stellung und seine Arbeitsaufgabe verloren, womöglich dann in das Konzentrationslager gemußt. Soviel ich weiß, kehrte er nach dem Kriege in die wissenschaftliche Arbeit zurück.

Inferno

In der Zeit vom Oktober 1941 bis Juli 1944 beförderte man mich bei der Kriegsmarine vom Assistenzarzt über den Oberassistenzarzt bis zum Marinestabsarzt. Dann erhielt ich eine Freistellung wegen Unabkömmlichkeit am Arbeitsplatz und kehrte an die Universitäts-Frauenklinik nach Berlin zurück. Doch damit war der Krieg für mich noch nicht vorbei. Sein Ende erlebte ich dort, wo er seinen Ausgang genommen hatte.

Im April 1945 schloß die Rote Armee Berlin ein und besetzte die peripheren Stadtteile. Der Feuerschein der Brände rötete den Himmel am Abend. Wir lebten und arbeiteten in der Klinik unter Tage in Bunkern oder in den benachbarten, gesicherten Teilen der Klinik, ständig durch Artilleriefeuer oder Fliegerangriffe bedroht.

Alle bedrückte die Ungewißheit ihres Schicksals. Eines Abends verteilte Schwester Hertha, eine der besonders verdienstvollen Mitarbeiterinnen der Klinik, deren Lebensmut und Lebensnähe ich aus fünfzehnjähriger Zusammenarbeit kannte, ihre gesamte Habe unter den Mitschwestern. Diese Handlungsweise schien uns völlig unbegreiflich, aber jeder hatte so viel mit sich zu tun, daß keiner ernsthaft fragte. Uns beseelte der Wunsch, der Kampf möge bald zu Ende sein.

Nach unruhiger Nacht wollte ich vom Vordergebäude der Klinik an der jetzigen Tucholskystraße, dem sogenannten «Luftschutzbefehlsbunker», in dem wir uns aufhielten, in den klinischen Bunker der Monbijoustraße. Ein überdachter Verbindungsgang mit Fenstern führte von einem zum anderen. Zur gleichen Zeit versuchte Schwester Hertha, in entgegengesetzter Richtung auf den Hof zu gelangen, um dort Feuer zum Kaffeekochen zu machen.

Beide Unterfangen waren nicht ungefährlich, weil man ein

Stück durch wenig geschützte Teile laufen mußte. Ich wollte gerade um die Ecke biegen, um im Laufschritt eine solche Stelle zu passieren, als ich das kurze Pfeifen eines nahenden Geschosses und dann die Detonation hörte. In dem Augenblick schrie Schwester Hertha auf. Ich rannte zu ihr, konnte sie aber nur noch sterbend auffangen. Die Granate hatte die Dachkante des Hauses getroffen, ein winzig kleiner Splitter war ihr oberhalb der Leiste in den Bauchraum gedrungen und hatte die Hauptschlagader zerrissen. Keine Hilfe konnte ihren Tod abwenden.

Ob eine Vorahnung sie am Abend zuvor bestimmte, gewissermaßen ihr Testament zu machen? Ich mußte vielen Menschen vor der Operation Trost zusprechen. Alle zeigten Angst vor dem Ungewissen. Das ist begreiflich. Aber es gab Unterschiede, wie sie diese Angst überwanden. Die einen verstandesmäßig, die anderen faßten, zwar noch niedergeschlagen, dennoch Zuversicht. Einzelne blieben ohne jede Hoffnung, einen schweren Eingriff zu überstehen. Die Bedrückten, aber Zuversichtlichen waren mir lieber als die betont forschen, die ihre Angst überspielten, oder solche, die sich durch keine Ermunterung aus ihrer Depression reißen ließen.

Für den Arzt gar sind «Ahnungen», übermäßige Furchtsamkeit und Sorglosigkeit gleichermaßen schädlich. Manche Komplikation glaubt man gebannt zu haben, und dann überrascht sie einen unvorbereitet, manche fürchtet man unausgesetzt, aber nicht das geringste Symptom tritt bis zum guten Ende auf. Alles geht glatt. Seit dem Tod von Schwester Hertha fragte ich mich öfter nach den Gründen solcher Stimmungen. Ohne in Meditationen darüber zu verfallen, vertrete ich konsequent die Meinung, daß auch in den niederdrückendsten Lebenssituationen Zuversicht der beste Ratgeber ist.

An demselben Tag, an dem Schwester Hertha starb, holte man mich vom Volkssturm in ein Haus an der Charlottenburger Brücke. Dort lag der Stab eines «Bataillons ohne Soldaten». Ich sollte an Ort und Stelle die ärztliche Versorgung eines Restes der berüchtigten Armee Wenck übernehmen. Diese Maßnahme begriff ich nicht, denn hier stand mir höchstens ein Feldbesteck aus meiner Studentenzeit zur Verfügung, während in der Klinik im Bunker gerade ein Lazarett mit begrenzten, aber immerhin operativen Behandlungsmöglichkeiten eingerichtet wurde. Hier war ich ohne Hilfe, ohne großes Instrumentarium, ohne genügend Verbandstoffe, Narkosemöglichkeiten, Assistenten und Schwestern.. Das erklärte ich dem Hauptmann, der mich hinbefohlen hatte. Außerdem hätte ich bemerkt, daß die Batterien auf dem Zoobunker nach allen Richtungen schössen, wir also umzingelt seien, wo denn da noch Ersatz herkommen könne.

Er legte das als Obstruktion aus. Darauf erwiderte ich: «Ich finde mich an jedem Ort zur Hilfe bereit und habe mich noch nie geweigert, als Arzt meine Pflichten zu erfüllen. Aber das möchte ich möglichst sinnvoll tun.»

Er ging mit seinem Adjutanten wütend aus dem Raum. Diesem Adjutanten verdanke ich den glimpflichen Ausgang der Auseinandersetzung. Nach kurzer Zeit kam der Hauptmann zurück und verkündete, er lasse meine Argumente gelten. Ich konnte in die Klinik, blieb aber unter seiner Befehlsgewalt.

Zwei Tage später holte mich ein Kurier — gerade während eines Artillerieüberfalls auf die Gegend der Weidendammer Brücke — wieder ab. Ein Augenblick zum Testamentmachen.

In Begleitung eines treuen Gehilfen aus dem technischen Bereich der Klinik, der mich nicht allein gehen lassen wollte, nutzte ich eine Feuerpause und kam mit ihm zunächst bis zur Friedrichstraße. Überall lagen Tote zwischen den Trümmern der Häuser. Eine verwundete Krankenschwester, ich vermutete einen Lungensteckschuß, lieferte ich in der Verbandstelle Bahnhof Friedrichstraße ab.

Dann schlugen wir uns über die damalige Dorotheenstraße, jetzige Clara-Zetkin-Straße, bis zur Ecke Wilhelmstraße, der heutigen Otto-Grotewohl-Straße, durch. Vor einem Bomberpulk suchten wir im Heeresarchiv Schutz, um danach, als die Luft rein war, in Richtung Reichstag weiter vorzudringen.

Dort befand sich eine SS-Einheit. Einige Männer zogen uns in einen Hausflur, weil im Reichstag eine Granate die lagernde Infanteriemunition in die Luft gejagt hatte. Das ergab ein beachtliches Feuerwerk. Als auch dieser Feuerzauber nachließ, erreichten wir den Reichstag. Da war der Teufel los. Die Lessingbrücke sollte jeden Augenblick in die Luft fliegen.

Auf das Feld zwischen Reichstag und Kroll-Gebäude legte die Artillerie Sperrfeuer. In Hakensprüngen rannten wir über die Kraterlandschaft und bogen auf die Charlottenburger Chaussee ein.

Hier herrschte Ruhe, als hätten wir eine Grenze zwischen Krieg und Frieden überschritten. Unglaublich, unvorstellbar, aber wahr. Trupps waren dabei, die Bäume am Straßenrand zu fällen, um — wie ich später hörte — für Hanna Reitsch Startmöglichkeiten während der Räumung des Führerbunkers zu schaffen. Die Sonne schien, ich sah Berliner ihre Hunde ausführen. Kein Schuß, kein Einschlag, keine Toten.

Mein Auftrag lautete, in einer Dependance des Moabiter Krankenhauses einen Hauptverbandplatz einzurichten. Einige Pfleger und Schwestern, die aus dem Luftwaffenlazarett in Tempelhof geflüchtet waren, warteten auf ihren Einsatz. Es bestanden also einigermaßen die Voraussetzungen für die Versorgung von Verwundeten. Bald zeigte sich allerdings, daß wir in der Hauptkampflinie lagen. Ein SA-Führer, der uns am nächsten Morgen inspizierte, kam kurz danach im direkten Beschuß durch einen sowjetischen Panzer um. Ich habe den Panzer sehen können.

Wir räumten den Verbandplatz. Ein Teil der Schwesterngruppe blieb zurück. Mit den schwerer Verwundeten und dem Rest der Sanitäter überquerten wir die zur Sprengung vorbereitete Borsigbrücke und blieben für eine Nacht im Keller einer unversehrten Schule. Dann begab ich mich auf die Suche nach einer geeigneten neuen Wirkungsstätte und fand sie im Restaurant «Tiergartenquelle» in einem Stadtbahnbogen. Die Wirtin, eine tapfere und hilfsbereite Frau, ihre Tochter, der Harfenist der Staatsoper, ein höherer juristischer Verwaltungsbeamter, ein Pathologe und seine Frau, die alle in der Nähe wohnten, trafen hier zusammen. Außerdem eine Küchenkraft, über die noch zu reden sein wird.

Die benachbarten Stadtbahnbögen dienten als Betten- und Liegestation, einer als Leichenkeller. Ich hatte keine Hilfe außer den Genannten, praktisch alles Laien. Der Pathologe steuerte zwar etwas aus seinem Instrumentarium bei, war aber ein kranker, gebrochener Mann, auf den ich nicht zählen konnte.

Hinter einem notdürftig hergerichteten Bretterverschlag,

der mich vor den Granatsplittern der unaufhörlich einschlagenden Salven der «Stalinorgeln» schützte, versuchte ich Tag und Nacht, mit meinem Feldbesteck zu retten, was an Leben zu retten war. Wenn ich überdenke, wie ich dort Hirn- und Bauchverletzte operierte, Amputationen durchführte, Soldaten, Männer und Frauen, alle durcheinander, ohne Rücksicht auf die Normen hygienischer und aseptischer Behandlungsgrundsätze, immer nur mit dem Allerwichtigsten versorgte, frage ich mich, wie es so oft gut gehen konnte.

Ich danke noch heute allen, die um mich waren und mir die Arbeit zu erleichtern suchten. Sie bewährten sich als Assistenten, Sanitäter, Pfleger in Schnellausbildung, fütterten mich im Stehen mit Beefsteaks aus zerrissenen Pferdeleibern, an denen Erde klebte, holten alle Vorräte der Gastwirtschaft aus dem Keller und brachten uns so über die Runden.

Als ich drei Tage, Tag und Nacht, nur mit einer Küchenschürze als Operationskittel bekleidet, gearbeitet hatte, war ich total überspannt. Ich sah mich neben mir selber stehen und fragte mich: Was hat das für einen Sinn? Ist nicht alles vergebens?

Es war nicht vergebens. Ich machte meine Inspektionsgänge zu dem Stadtbahnbogen, in dem die Verwundeten lagen. Nur eine Rotkreuzbinde am Arm wies mich als Arzt aus. Überall auf den Dächern saßen sowjetische Scharfschützen. Doch niemand schoß auf mich.

In diesen letzten Tagen des Krieges kam ich überhaupt nicht mehr aus dem Verbandplatz heraus. Ich sah nur die Verwundeten und nahm kaum wahr, was um mich herum geschah. Sowjetische Truppen besetzten unsere Straße, und sowjetische Offiziere begannen, mich zu beobachten. Ich merkte nichts. Erst als auf meinem Operationstisch deutsche und sowjetische Soldaten nacheinander, so, wie es sich gerade ergab, lagen, erst als nicht mehr geschossen wurde, kam mir zu Bewußtsein: Hier ist der Krieg zu Ende, du hast das Inferno lebend überstanden. Es dämmerte ein Morgen ...

Neubeginn und Wandel

Das Verhör

Am Abend des 3. Mai 1945 kam ein sowjetischer Offizier mit einem ausgezeichneten Dolmetscher und — ich dachte, ich sähe nicht recht — jener Küchenkraft, von der ich schon berichtete. Sie war eine «dienstverpflichtete» Russin. Lächelnd gab sie mir eine Tafel Schokolade.

Dann begann ein Verhör. Der Offizier wollte wissen, woher ich käme, was ich sei, wo Hitler, Himmler, Göring wären, wo SS-Angehörige und NSDAP-Funktionäre. Ich erklärte, ausschließlich zur ärztlichen Hilfe gerufen worden zu sein und die Bewohner dieser Gegend gar nicht zu kennen. Also könne ich ihm auch nichts sagen. Auf die wiederholt und mit wachsender Intensität gestellten Fragen vermochte ich immer nur das gleiche zu antworten. Schließlich — schon ärgerlich — beschwor ich ihn, er möge endlich einsehen, daß ich wirklich keine anderen Auskünfte geben könne; im übrigen hielte ich nichts von Denunziation.

Hatte er Verständnis für meine Zwangslage, Achtung vor meiner Haltung, oder billigte er sie nicht, weil sie gar zu leicht auch politischen Verbrechern hätte zugute kommen können? Es trat eine Pause ein. Ich dachte: Das war unklug, nun ist er eingeschnappt.

Irrtum. Er schwieg. Darauf ich: «Jetzt habe ich eine Frage. Würden Sie mir antworten?» Seine Stimmung schien besser als befürchtet. Der Dolmetscher forderte mich auf: «Bitte sprechen Sie!» Ich wies auf meine eigentliche Tätigkeit als Dozent an der Universitäts-Frauenklinik hin und erkundigte mich, ob ich an meine Arbeitsstelle zurückkehren dürfe. Er erwiderte: «Sobald Sie die Verwundeten alle versorgt und untergebracht haben.» Ich versicherte, das sei für mich selbstverständlich.

Da erhob er sich, sagte «charascho» und ging davon. Ein weiteres Mal sah ich ihn nicht. Am Verhalten der sowjetischen Soldaten und Sergeanten zeigte sich, daß man mir fortan absolutes Vertrauen schenkte. Meine Helfer und ich genossen ihren Schutz, falls notwendig. Sie baten auch um ärztliche Hilfe.

Mit den letzten Verwundeten, die ich in der eigenen und in der Chirurgischen Klinik unterbrachte, verließ ich den Verbandplatz auf einem pferdebespannten Leiterwagen, fuhr vorbei an Bergen von Schutt und Trümmern, vorbei am Reichstag und am Brandenburger Tor, zur vertrauten Wirkungsstätte zurück.

Dieses Erlebnis, die erste Berührung mit sowjetischen Soldaten und Offizieren wurde zur Zäsur. Vordem in hoffnungsloser Lage auf dem Verbandplatz, ohne Hilfe, von allen abgeschnitten, lastete die Verantwortung allein auf mir. Immer quälte mich der Gedanke: Was geschieht, wenn die letzten Vorräte zu Ende gehen, wenn ich die Verwundeten und Helfer den als gnadenlose Rächer verschrieenen Soldaten ausliefern muß? Sprengen sie uns in die Luft, oder verschleppen sie uns nach Sibirien? Wer sich den Streß jener Tage, die Fülle der Gerüchte und falscher Vorstellungen, das sinnlose Sterben unschuldiger Männer, Frauen und Kinder, dieses ganze materielle und geistige Trümmerfeld einer untergehenden Epoche vergegenwärtigen kann, wird verstehen, wieviel dieses Erleben in mir veränderte und was es für mich bedeutete.

In dieser Stunde habe ich mir gelobt, sollte ich davonkommen, alles in meinen Kräften Stehende zu tun, um die Wiederholung einer solchen Katastrophe zu verhindern. Ich wollte helfen! Keineswegs aus devoter Haltung gegenüber dem Sieger, sondern mit Würde und Vertrauen auf Gerechtigkeit, in gemeinsamer Achtung vor den Leistungen aller guten, nicht schuldbeladenen Menschen, im Interesse unserer Völker.

Diese Haltung bewahrte ich, zeigte sie auch später, wenn ich mit höheren sowjetischen Dienststellen verhandelte. Sie sollten Zutrauen in die Ehrlichkeit meiner Ansichten fassen. Darum vermied ich Lippenbekenntnisse, uneingeschränktes Lob, wenn es nicht aus dem Herzen kam, kritisierte kräftig, wo es mir angebracht schien. Andererseits zögerte ich nie, besseren Argumenten zu folgen.

Als mein Lehrer Stoeckel mit mir und dem Verwaltungsdirektor der Klinik das erstemal vor dem sowjetischen General Kotikow stand, um Hilfe für die Klinik zu erbitten, erschrak ich zunächst über die vermeintlich frostige Atmosphäre.

Der General sagte: «Ich werde in den letzten Tagen bestürmt von Bittgängern der Kirchen, der Krankenhäuser und der Kinderheime. Bevor wir uns setzen, lassen Sie mich Ihnen erklären, daß ich nur für die Kinder etwas übrig habe.»

Ich erwiderte: «Herr General, Sie vergessen, daß wir eine geburtshilfliche Klinik vertreten. Noch kleinere Kinder als dort gibt es nicht.»

Er fing an zu lachen: «Das lasse ich gelten, nehmen Sie Platz. Was wünschen Sie?»

Ein paar Tage später besuchten zwei sowjetische Offiziere unsere Klinik. Sie sollten als Kommission überprüfen, ob unsere Forderungen nach Baumaterial, Farbe und Putzmitteln berechtigt seien. Sie begannen, unseren Dolmetscher zu beschimpfen, einen Herrn von galizischem Adel, den das Schicksal nach Berlin verschlagen hatte. Er half uns in den ersten Jahren nach Kriegsende uneigennützig, und wir verdankten ihm viel. Was die Offiziere ihm sagten, konnte ich nicht verstehen, merkte aber am Tonfall, daß es sich um ziemlich massive Angriffe handelte. Unser Dolmetscher sank geradezu in die Knie und wurde kleiner und kleiner. Ich vermutete genügend Deutschkenntnisse bei den Vertretern der Besatzungsmacht und fragte in ihrer Gegenwart unwirsch: «Was ist los? Die beschimpfen Sie doch!»

Stotternd brachte er hervor, die Herren fänden das Treppengeländer nicht blank, die Treppen nicht sauber genug.

Ich: «Wozu lassen Sie sich das vorwerfen? Um das festzustellen, ist die Kommission doch hier. Hoffentlich werden unsere Bitten nach entsprechenden Putzmitteln und Farbe nun erfüllt.» Auch in diesem Fall zeigten sich die beiden Oberste versöhnt. Wir bekamen, was wir brauchten.

Auf der wissenschaftlichen Ebene verhielt ich mich nicht anders. Überall, wo erwartet, gab ich meine Bereitschaft zu uneingeschränkter Zusammenarbeit zu erkennen und versuchte gleichermaßen, meine Meinung zur Geltung zu bringen — in der Medizinischen Akademie in Moskau, auf großen internationalen Kongressen, bei Verhandlungen und Vertragsabschlüssen, im persönlichen Gespräch. Die Quittung: volles Verständnis, persönliche Freundschaften und schließlich die Ernennung zum Korrespondierenden Mitglied der Medizinischen Akademie in Moskau, worauf ich — wie ich gerne bekenne — sehr stolz bin.

Freund General

Um Vorurteile abzubauen, dürfen sie nicht unausgesprochen bleiben. Sie stehen sonst der gegenseitigen Verständigung entgegen. Auf dem Wege zu einer Ballett-Aufführung in Moskau sagte ich meiner Dolmetscherin, daß ich Tschaikowskis Musik besonders liebe, einige russische Opern seit meiner Jugendzeit kenne und ihr Partien aus «Fürst Igor» von Borodin vorsingen könne. Das hielt sie für unmöglich, weil russische Musik im «Dritten Reich» verboten gewesen sei. Sie unterschätzte mein Alter und blieb ungläubig, als ich später beim Spaziergang über den Newski-Prospekt in Leningrad die Romangestalten Puschkins schilderte, wie ich sie leibhaftig vor mir sah.

Ihre Skepsis wurzelte tiefer. Andere, westliche Besucher deutscher Zunge hatten ihr Bemühen, die Werte russischer Geschichte und sowjetischer Gegenwart zu erklären, mit der Bemerkung abgetan, das sei alles ganz schön und gut, aber dennoch sei man hier fünfzig Jahre zurück. Abgesehen von der Geschmacklosigkeit solchen Verhaltens unterliegen derartige — mit Verlaub — «Kritiker» einem fundamentalen Irrtum, der sich bitter rächen kann. Sie übersehen einen weltverändernden Abschnitt der Geschichte, die Geschichte der Sowjetunion, sind blind für den ungeheuren Elan und den Impuls, der von dort ausgeht, sind Ignoranten, die den Schwung der sozialistischen Gesellschaft und ihre auf eine weite Zukunft berechneten realen Prognosen nicht begreifen.

Ein Erlebnis auf dem Staatsempfang zum zwanzigsten Jahrestag unserer Republik wies mich sehr eindrucksvoll auf die Erfolge einer auf gegenseitiger Achtung beruhenden Zusammenarbeit und auf den Wandel meiner persönlichen Einstellungen und Kontakte hin. Ich traf General Kotikow wieder und erzählte ihm von unserer ersten Begegnung. Dabei schilderte ich seine zunächst abweisende Haltung. Er wurde ernst, als billige er seine damalige Äußerung nicht. Nachdem ich ihm dann aber seinen Heiterkeitsausbruch in Erinnerung gerufen hatte, legte er freundschaftlich seinen Arm um mich. Zwanzig Jahre Distanz — und was für eine Nähe!

Auch Tulpanow, der inzwischen zum Generalmajor befördert worden war, sah ich nach Jahren noch einmal. 1945 hatte er, der Kulturoffizier der sowjetischen Besatzungsmacht, Walter Stoeckel die Lizenz zur Herausgabe des «Zentralblattes für Gynäkologie» verliehen. Nun stand ich ihm als Chefredakteur der gleichen Zeitschrift und als Vorsitzender des Clubs der Kulturschaffenden auf der Ebene kollegialer und persönlicher Verbundenheit, gleicher kultureller Zielsetzung gegenüber.

Diese Beispiele allmählicher, aber nachhaltiger Integration der Auffassungen könnte ich beliebig fortsetzen. Sie alle entsprangen der nüchternen Sachlichkeit administrativer Kooperation in den ersten Nachkriegsjahren und diese entwickelte sich schließlich zu einer Sache der Herzen.

Mein Beruf half mir sehr, tiefer in die Mentalität sowjetischer Menschen und Familien hineinzufinden. Ich wurde zu Entbindungen gerufen, freute mich über das Glück der Eltern, wenn ich hatte helfen können, und folgte gern ihren Einladungen. Es waren Armeeangehörige unterer Dienstgrade, und es waren Oberste und Generäle, deren Frauen in meiner Behandlung standen. Eine Schule menschlicher Beziehungen zur Korrektur falscher, uns bis dahin eingeimpfter Meinungen, durch nichts ersetzbar, durch keine Aufklärung besser erreichbar als durch das Erleben. In allen Sphären fand sich sofort eine gemeinsame Basis, wenn Lauterkeit, Vernunft, Einsicht und gegenseitige Achtung Pate standen. Falscher Zungenschlag, Unehrlichkeit um persönlicher Vorteile willen waren verpönt. Statt langer Betrachtungen über diese Schlüssel der Verständigung soll eine Anekdote das Kapitel beschließen.

1947, vor dem ersten Kongreß der Gynäkologen nach dem Krieg in Berlin, fragte der Kommandant beim Präsidenten des Gesundheitswesens der damaligen sowjetischen Besatzungszone, Professor Linser, nach der Persönlichkeit des Kongreßleiters, meines Lehrers Stoeckel: «Was ist das, politisch-gesellschaftlich gesehen, für ein Mann?»

Linser antwortete: «Ach Gott, Herr General, er ist ein kaisertreuer Mann von Beginn seiner Laufbahn an, und er ist es im Grunde seines Herzens wohl auch geblieben.»

«Ein Glück», erwiderte der General, «wenn Sie mir jetzt gesagt hätten, in seinem Amtszimmer hänge ein Bild von Lenin, wären mir Bedenken gekommen. Er soll den Kongreß machen.»

Er hat ihn gemacht, Ausdruck eines geglückten Neubeginns zwischen sowjetischen und deutschen Gynäkologen.

Chefgynäkologe in der Sowjetarmee war zu der Zeit Professor Figurnow aus Leningrad. Er kannte unsere Klinik schon seit 1928 — wie übrigens auch andere namhafte sowjetische Mediziner die Arbeit an der Charité in den zwanziger Jahren aufmerksam studiert hatten — und freute sich genauso wie wir, die zerrissenen Fäden neu, auf höherer Ebene beruflicher und gesellschaftlicher Sicht knüpfen zu können.

Wie Professor Figurnow später verriet, hatte er den Kontakt zu unserer Klinik nie verlorengehen lassen. Natürlich bestand eine scharfe Trennung der Ideologien, erst recht zu Zeiten des Krieges, aber die wissenschaftlich-kollegiale Bindung zum Leiter der Universitäts-Frauenklinik, zu Stoeckel, blieb über alle Kriegstragik hinweg erhalten.

Dieser Mann in der Generaluniform der Sowjetarmee trat während unseres Kongresses ans Pult. Vor ihm saßen Ärzte, die — wie die meisten noch — verhetzt waren und in den Sowjetsoldaten zunächst die Besatzungsmacht sahen, eine Armee, die Berlin beschossen hatte, und die zugleich verdrängten, warum geschossen werden mußte. Figurnow gelang es mit wenigen einleitenden Sätzen, das Auditorium zu gewinnen. Ein Sieg, ein glänzender Sieg in einer psychologischen Schlacht.

Er sprach nicht im Tonfall eines militärischen Befehlshabers, sondern als Kollege, etwa so: «Meine Damen und Herren, wir haben uns zu einem wissenschaftlichen Kongreß zusammengefunden. Wir wollen uns über das Schwere, das die Vergangenheit überschattet, hier nicht unterhalten. Wir müssen uns gegenseitig aufklären, um dem Leben zu dienen. Darum dachte ich, es wird Sie interessieren, welche Erfahrungen wir in der Sowjetunion in der Gynäkologie mit der neuen Penizillin-Therapie gesammelt haben.»

Zurückhaltung und Ablehnung wichen. Alle erwarteten mit Spannung Erkenntnisse aus der damals allgemein noch neuen Behandlungsweise. Figurnow erhielt starken Beifall.

Wie so oft erwies er sich auch in diesem Fall als einer jener politischen Wissenschaftler oder wissenschaftlichen Politiker, die für den Brückenschlag sorgten, um die von imperialistischer Gewalt aufgerissenen Gräben zu überwinden. Er tat dies unmerklich, durch kaum mehr als durch die Art seines Auftretens und die Formulierung seiner Sätze.

Professor Figurnow besaß zudem einen außerordentlichen Charme. Später waren wir in der Sowjetunion, in Leningrad, seine Gäste. Er lud meine Frau und mich zu einem russischen Frühstück ein. Mit einer Geste zum Herzen trank er uns zu und ließ es sich nicht nehmen, meiner Frau die Apfelsine selber vorzuschälen. Das sind Äußerlichkeiten, aber man muß sie aus der Zeit bewerten und wird dann verstehen, wie stark sie uns ansprachen, die wir uns zum erstenmal in diesem Land aufhielten.

In seinem Reich herrschte ein ungemein gutes Klima. Als er mir eine Operation vorgeführt hatte, der mein spezielles Interesse galt — eine urologisch-gynäkologische Operation, die durch ihn in den Schatz der therapeutischen Maßnahmen eingegangen war —, stellte er mir seine alte Operationsschwester vor. Er umarmte sie und sagte: «Das ist meine treueste Kraft. Ich möchte sie nicht missen, solange ich arbeite. Wir wollen sie besonders begrüßen.» Diese operative Gemeinschaft, die sich bis ins Persönliche verbunden fühlt, faszinierte mich geradezu.

Figurnow gelang es, dank seiner Persönlichkeit, dank seiner Ausstrahlungskraft zum maßgeblichen Katalysator eines solchen Kollektivs zu werden. Deutsche Studenten, damals von ihm in Geburtshilfe unterrichtet, jetzt hohe Sanitätsoffiziere der DDR, bestätigten mir das später. Seine Frau hatte in Leningrad ein deutsches Lyzeum besucht und schrieb perfekt noch die alte gotische Schrift, die zu lesen uns heute Schwierigkeiten bereitet.

Ich traf Figurnow mehrfach. Jedes Jahr kam er nach Berlin und versäumte nicht, meiner Frau eine Aufmerksamkeit, etwa in Gestalt einer Kaviarbüchse, zu erweisen. Dafür luden wir ihn und seine Genossen stets zu einem Dejeuner oder zu einem Mittagessen ein. Aus gutem Grund versuchten wir, einander in der Pflege der Geselligkeit zu übertreffen. Sie half die Kameradschaft und die inneren Beziehungen festigen.

Wie zu Haus

Nach meinen häufigen Aufenthalten in der Sowjetunion fühle ich mich dort regelrecht zu Hause. Das liegt nicht nur an der Ortskenntnis, die ich mir allmählich erwarb, sondern vielmehr am Begreifen der Art und Weise, wie die Menschen leben und das Leben sehen. Wir lernten einander verstehen. Während ich früher «als Vertreter der Deutschen Demokratischen Republik» dort hinkam — das war ehrenvoll —, komme ich jetzt als Freund und Mitglied der Medizinischen Akademie in Moskau — das ist mehr. Während ich früher noch bat, mir dieses oder jenes zu zeigen und zu erklären, werde ich jetzt mit Einladungen überschüttet. Kann ich sie nicht gleich wahrnehmen, erreichen mich Fragen, warum ich so lange zögere, sie hätten mir Neues zu zeigen, hätten Reisen vorbereitet, Treffen organisiert.

Einer außergewöhnlichen Frau verdanke ich besonders viel hinsichtlich dieser Kontakte: Frau Professor Nowikowa-Stern, einer allseits bekannten Persönlichkeit der sowjetischen Wissenschaft. Sie weilte oft in unserer Republik, in manchen anderen europäischen Ländern, in Australien, Amerika, überhaupt in der ganzen Welt. Sie fand auch zu meiner Frau ein enges freundschaftliches Verhältnis, das sie nach deren Tod auf mich übertrug. Wir machten gemeinsame Exkursionen, besuchten Veranstaltungen und Kongresse, trafen uns in Moskau, reisten von dort nach Tbilissi und Suchumi. Überall genoß ich Gastfreundschaft, immer begegnete uns Herzlichkeit, wie in einer großen Familie.

Beide Pole der Erlebnisse gegenübergestellt, das erste vorsichtige Beobachten und jetzt die Freundschaft als selbstverständliche Basis für fortschrittliche wissenschaftliche Arbeit und persönliche Bindung, machen klar, daß dazwischen mehr liegt, als eine Schilderung vermitteln kann.

Was sind wohl die letzten Gründe, die ein solches Kontakt-
verhältnis bestimmen? Sie liegen natürlich nicht nur in der
Häufigkeit der Begegnungen, sondern in der inneren Einstellung, die sich bei mir zur Sowjetmacht herausbildete, ein jah-
relanger Prozeß, der im übrigen nie abgeschlossen ist.

Vielleicht beförderten diesen rationalen Vorgang meine
schon erwähnte Vorliebe für russische Musik, für Tschaikow-
ski, auch für Mussorgski, Borodin, Prokofjew, Schostakowitsch und die anderen Meister, vielleicht auch die russische
bildende Kunst, besonders die Ikonenkunst, die mich immer
wieder erfreut, die ich liebe, vielleicht die Besuche der Ermi-
tage und der Moskauer Museen. Vielleicht begleitete mich
unsichtbar der fast vergessene Iwan meiner Kindheit auf meinen Wegen durch sein von Grund auf verändertes Land.

Ich versuchte, mich in die Gefühlswelt der Menschen ein-
zuleben, in ihren Lebensstil. Dazu reicht freilich die Vorstellung nicht aus, wie sich einst der russische Bauer in der win-
terlichen Einöde in sein Häuschen zurückzog, um auf dem
Ofen zu schlafen, während der Samowar brummt. Aber selbst
dieses verblassende Bild spricht von der Wärme, der Anhei-
melung, die in dem Lande trotz der Industriegiganten, der
Atomkraftwerke, der Weltraumstationen und transkontinen-
talen Pipelines zu Hause sind.

Ich traf in einem neuen Zeitalter auf andere Weise wieder,
was ich aus alten Vorstellungen heraus zu finden hoffte:
Menschen, stets füreinander da, fest mit ihrer Heimat verwachsen. In jeder Familie fühlte ich die Bindungen untereinander, die fast gluckenhaft zu nennende Fürsorge der Mütter
für ihre Kinder, die herzlichen — schon durch die brüderliche
Umarmung gegebenen — Gesten. Und kommt dann zum Auf-
wärmen der gute Wodka auf den Tisch, schwingen erst recht
Ungezwungenheit, Lebensfreude und Kraft in den Liedern.
Gemeinschaftsdenken beherrscht alle Zusammenkünfte, nicht
nur, wenn man sich gegenseitig auffordert, einen Toast aus-
zubringen. Kurzum, dies alles ließ mich die sowjetische Wirklichkeit mehr und mehr als Teil meines eigenen Lebens aufnehmen.

Wie muß man eigentlich beschaffen sein, um für die kleinen
und erst recht die großen Dinge, die sich in der Sowjetunion
und den anderen sozialistischen Ländern vollziehen, kein Ge-

spür zu haben? Einmal weilten wir gerade um den 1. Mai in Moskau. Wir bekamen die Möglichkeit, ihn auf dem Roten Platz zu erleben. Da die Festlichkeiten unsere Begleiter stark beschäftigten, fragten sie, ob es uns etwas ausmache, allein hinzugehen. Selbstverständlich verneinten wir das und zogen los. Wir passierten verschiedene Sperren, aber alles vollzog sich so glatt und schnell, wie man es selbst auf Flughäfen heutzutage nicht erlebt.

Shukow fuhr die Front der angetretenen Paradeeinheiten im Auto ab. Reiten hätte bei den Dimensionen der Parade zu lange gedauert. Durch das Fernsehen sind diese Bilder wie alle anderen Phasen der farbenprächtigen Demonstration jedem genügend vertraut.

Ich stand also vor dem GUM, dem großen Kaufhaus, und bewunderte das mitreißende Schauspiel. Da kriegte ich plötzlich einen gewaltigen Schlag auf die Schulter. Ich drehte mich um und sah einen Studienfreund aus Heidelberg vor mir. Der fragte mich sofort, ob ich genug zu trinken hätte. Er öffnete behutsam seinen Mantel, dessen Futter mit Sekt- und Weinflaschen gespickt war. Als wichtigste Mitteilung des Tages gab er bekannt, wo es in der Nähe auch noch gutes Bier gäbe. Ein merkwürdiger Treffpunkt. Wir hatten uns über zwei Jahrzehnte nicht gesehen und seitdem nichts voneinander gehört. Merkwürdiger noch der Kontrast der touristischen Interessen.

Das soll keine Stellungnahme gegen die leibliche Wohlfahrt sein. Im Gegenteil, wir bekamen dafür im Freundesland Kostproben, deren wir uns gerne, mitunter schmunzelnd, erinnerten.

Meine Frau hatte eine Magenverstimmung. Ich kann nur dankbar anerkennen, mit wieviel Liebe und Besorgnis die Kellnerinnen im Hotel sich um sie bemühten und ihr entsprechende Speisen anboten. Meine Frau, die nie sehr viel aß, meinte, es könnte das eine oder das andere oder das dritte sein. Dann servierten sie ein Menü, von dem zehn Personen hätten satt werden können. Man brachte von jedem etwas.

Oder: Ich bestellte mir immer kaltes Bier, weil ich warmes nicht mag, bekam es aber aus unerfindlichen Gründen nirgends. Vielleicht stand keines bereit, und wir hatten im allgemeinen nicht allzuviel Zeit. Durch diese Erfahrung gewitzt, bat ich beim Besuch Leningrads die Kellnerin nachdrücklich — Anna Seghers, die in der Nähe saß, wunderte sich über meine Hartnäckigkeit —, mir kaltes Bier zu geben, ganz, ganz kaltes Bier. Die Kellnerin nickte und hielt ihr Versprechen. Nach einer ganzen Weile kam sie an, öffnete die Flasche, konnte aber kein Bier ausschenken. Es war gefroren.

Unvergessen bleibt mir auch ein Besuch in Sagorsk. Wir kamen unangemeldet dorthin, um die alte russische Kirchenstadt kennenzulernen. Ein Pope wurde gerufen, der uns führen sollte. Der staunte zunächst über die Eindringlinge, ergab sich aber dieser Fügung. Unser Dolmetscher, ein Student, meinte vorab, er habe keine Beziehungen zur Kirche und ihren Dienern, er wisse, daß sie trotz gelobter Armut reich sind, weil sie Geld von den Armen nehmen. Er wolle trotzdem getreulich übersetzen, was der Pope sagte.

Wir gingen durch alle geweihten Stätten, einschließlich der Kapelle, wo die Quelle fließt, der das Kloster seine Gründung verdankt. Wir bewunderten die großen Ikonenwände und den schweren Goldschmuck. Machtvolle Chöre erfüllten den Raum. Bärtige Priester zelebrierten die Messe. Einige Bäuerinnen ließen keinen vorübergehen, ohne den Saum seines Rockes zu küssen und dafür gesegnet zu werden. Uns schien, wir seien in einer versunkenen Welt.

Wir schickten uns zur Heimfahrt an, und ich fragte den Popen, zugegeben etwas hinterhältig, was ihm der Name meiner Heimatstadt, Wittenberg, bedeute. Er reagierte sofort: «Martin Luther!» und fragte dann seinerseits verwundert: «Sind Sie denn gläubig?» Ich bejahte das auch für meine Begleitung. Darauf bat er uns, einige Zeilen in das Gästebuch zu schreiben, das im Turmgebäude lag.

Beim Abschied erklärte ich ihm, wie glücklich ich mich schätzte, in kurzer Zeit das moderne, aufstrebende Moskau mit seinen peripheren industriellen Gebieten, das klassizistische Leningrad mit den traditionsreichen Bauten und Museen und nun noch Sagorsk mit den alten religiösen Bräuchen, mit einem Wort, die «weite russische Seele» kennengelernt zu haben. Da umarmte er mich weinend und sprach kein Wort mehr. Dafür blieben mir seine großen Augen, die Statur, das gepflegte Äußere, sein Gesicht mit den ebenmäßigen Zähnen um so lebhafter in Erinnerung.

Einige Monate später hielt ich mich — den Anlaß weiß ich nicht mehr — in Wittenberg auf. Ausgerechnet hier entdeckte ich auf dem Titelblatt unserer Zeitschrift «Neue Berliner Illustrierte» das Bild dieses Mannes. Der Zufall ließ mich, in mein engeres Zuhause zurückgekehrt, einem Weggefährten des Augenblicks wiederbegegnen, der mich vergessen machte, wie viele Kilometer zwischen uns lagen. Das einzigartige Erlebnis Sagorsk stand wieder lebendig vor mir. Nichts taugt, wenn es mit dem Tag vergeht.

Schritt für Schritt

Außer in die Sowjetunion machte ich nach dem Krieg Reisen in viele andere Länder, sozialistische wie kapitalistische. Sie waren Etappen auf einem Weg völlig neuer Erkenntnisse von der Welt, die sich selber Schritt um Schritt veränderte. Dieser Weg war folgerichtig, es gab letztlich zu ihm keine Alternative.

Anfang der fünfziger Jahre riet uns in Polen unsere Dolmetscherin, im Café nicht laut deutsch zu sprechen, weil das die Gäste an den Nebentischen reizen könnte. Später kennzeichnete die Beziehungen zu vielen polnischen Kollegen, schon gar die Verhandlungen mit den Vertretern des Präsidiums des Polnischen Rates für Planung und Koordinierung der medizinischen Wissenschaft, ein uneingeschränktes Vertrauensverhältnis, das sich täglich noch vertiefte. Polnische Freunde verkehren als stets gern gesehene Gäste in meiner Wohnung.

Die wichtigste Voraussetzung für alle diese Fortschritte im Zusammenleben unserer Völker besteht in den gleichen, wenn auch geschichtlich unterschiedlich ausgereiften und national gefärbten sozialen Grundlagen.

Es ist mit jedem Jahr gewisser, daß der Lauf der Welt uns auch Völkern, die heute noch unter anderen gesellschaftlichen Bedingungen leben, Stück um Stück näherbringen wird. Diese Schritte sind erheblich mühsamer. Bei allen achtenswerten Ergebnissen, bei allen ehrenhaften Handlungen, die wir in Ländern anderer Gesellschaftssysteme — verständlicherweise vor allem in Kollegenkreisen — antrafen, wird in der Gesamtschau offenkundig, wieweit diese Staaten uns im Sozialen und Gesellschaftspolitischen nachhinken. Das trifft selbstverständlich auch auf das Hochschulwesen zu. Oft bin ich von westlichen Kollegen gefragt worden, wie wir es denn fertig brächten, aktuelle Hochschul- und Studentenprobleme zügig zu lösen. Probleme, an denen ihre ganze Hochschulpolitik zu scheitern droht.

Unsere Anwesenheit und unser Auftreten in solchen Ländern zu einer Zeit, da sich die meisten kapitalistischen Regierungen noch befleißigten, die Deutsche Demokratische Republik kaum zu ästimieren, mag ein winziger Beitrag zu einem Vorgang gewesen sein, der sich inzwischen vollzog, nämlich zur weltweiten diplomatischen Anerkennung und wachsenden moralischen Autorität unserer Republik.

Während einer Indienreise empfing uns der Ministerpräsident von Bengalen. Er war Arzt, Internist, gewesen und hieß uns sehr freundlich willkommen. Wir nahmen seine Einladung an, eine Sitzung des Parlaments zu besuchen.

Plötzlich, mitten in der Verhandlung, teilte der Speaker den Parlamentariern mit, er unterbreche jetzt die Sitzung für einige Minuten. Er hätte Gäste aus Deutschland — Deutsche Demokratische Republik sagte er damals noch nicht — zu begrüßen und wolle mit ihnen eine Tasse Tee trinken. Wir gingen mit dem Premier sowie etlichen anderen Abgeordneten ins Präsidiumszimmer und unterhielten uns. Im Augenblick wußten wir nicht, wer uns gegenübersaß. Erst später erfuhren wir, daß sämtliche damals im Parlament vertretenen Parteien, also auch die Kommunistische Partei, an diesem Gespräch teilnahmen.

Der Regierungschef leitete die Unterhaltung mit den Worten ein: «Herr Professor, Sie kommen aus Berlin, aus der Charité, sagen Sie mal, steht in der Zweiten Medizinischen Klinik noch die Büste von Adolf Hitler?»

«Sie steht natürlich nicht mehr da. Die alten, in Bronze gegossenen Mediziner haben Hitler überlebt.»

«Das freut mich sehr», sagte er und fragte nach der Entwicklung der Charité, die ihn offenbar außerordentlich interessierte.

Ähnliche Fragen richtete er an Professor Robert Schröder aus Leipzig, der zu unserer Delegation gehörte. Das Gespräch verlief anregend. Ich nutzte die Gelegenheit, unseren Gastgeber einzuladen, sich an Ort und Stelle durch Augenschein zu überzeugen, wie sich die Verhältnisse geändert hatten.

Die Kommunisten interviewten uns über die sozialen Fortschritte in unserer Heimat. Ohne zu wissen, wer die Fragen stellte, antworteten wir allen nach bester Kenntnis. Ich hoffe, wir haben die Interessen unserer Republik gut vertreten.

Bei der Fahrt vom Flughafen in die Stadt Kalkutta sprach ich mit einem Angehörigen unserer Handelsvertretung. Er bat mich, eine Patientin zu untersuchen, die ich kurz vorher in Berlin entbunden hatte. Die Welt ist klein. Als wir am nächsten Tag in die Handelsmission kamen, lagen die neuesten Tageszeitungen auf dem Tisch. Mit einer gewissen Resignation erkundigte sich unser Mann: «Haben Sie schon die Zeitungen gesehen?»

«Nein.»

«Da stehen Sie drin, und auch Ihre Vorträge sind angekündigt.»

«Na und?» fragte ich.

«So etwas passiert uns nicht.»

Ja, es gab viele Ebenen des Ringens um die Anerkennung des internationalen Platzes unserer Republik. In diesem Falle öffnete die Bekanntschaft mit indischen Kollegen, unter denen sich Schüler von Robert Schröder oder von mir befanden, dazu die Tür ein wenig weiter. In Thailand sah man in uns noch vordergründiger als in Indien die international renommierten Ärzte, denen man entsprechende Ehrerbietung zollte. Aber wie sollte man uns von unserem Land trennen, auch wenn dieses bei den Gastgebern nicht als existent galt?

Unsere Begleiter hielten sich dauernd das Taschentuch vor Nase und Mund. Das ist dort ein Zeichen der Höflichkeit im Sinne des Infektionsschutzes für den Gast. Sie umgaben uns ständig und achteten sehr darauf, uns in jeder Weise behilflich zu sein. Die Betreuer kamen aus den höchsten Kreisen der Regierung.

Dieser scheinbare politische Widerspruch klärte sich bald, denn der Gynäkologe, den wir besuchten, war der Jugendgespiele des Königs. Diese Tatsache ebnete uns Wege bis in die Paläste, die anderen Europäern verschlossen blieben. Wir durften unter anderem in die Sommerresidenz des Königs und dort, allerdings bewacht von Aufsehern, durch alle Räume streifen.

Die Hautevolee traf sich bei Parties, auf denen wir uns bemühten, mit den bekannten Levkoien-Kränzen dekoriert, die etwas schwierige sprachliche Verständigung auf englisch zu bewältigen. Bei einer solchen Gelegenheit kam ein weißuniformierter Offizier auf mich zu und sprach mich in unverfälschtem Berlinisch an: «Na, Herr Professor, jibt's uff'm Kurfürstendamm noch U-Bahn und Gruban-Souchay?» Er hatte vor vielen Jahren eine militärische Ausbildung in Berlin erhalten und kannte alle Tavernen des Kurfürstendamms. Ich mußte ihn wahrscheinlich in zweifacher Weise enttäuschen, einmal weil Gruban-Souchay wie vieles andere 1945 in Trümmer gegangen war und weil er zum anderen eine veränderte Welt vorfände, sollte er sich in beiden Berlin, die es heute gibt, gründlich umsehen.

Wir erhielten bei einigen kompetenten Leuten eine Menge interessanter Informationen und antworteten auf ihre Fragen.

Am Pfingstmorgen standen wir vor den Tempeln von Bangkok. Der Besucherstrom hatte noch nicht eingesetzt. Ich ging mit meiner Frau und Schröders, meinem Leipziger Amtskollegen und seiner Frau, praktisch allein durch die Anlagen. Fremd, oft furchterregend, ragten die Statuen auf. Das Gesims zierten kleine metallene Blätter. Unter der Bewegung des Windes ertönte ein feines Klingen. Alles sorgte für eine entrückte Stimmung.

Um so drastischer wurden wir in die Wirklichkeit zurückversetzt. Als wir die Besichtigung beendet hatten und unsere Autos besteigen wollten, sprangen wir vor Schreck auf. Die Lederpolster hatten sich derart erwärmt, daß wir meinten, unsere Hinterseiten hätten glühende Platten berührt.

Den König erlebte ich bei der Einweihung eines Kinderheimes. Frau Schröder, Amerikanerin von Geburt, erklärte vorher, nie würde sie sich bereit finden, vor einem König einen Hofknicks zu machen. Allenfalls wolle sie ihm hoheitsvoll zunicken, basta. Sie trat in die letzte Reihe. Der König kam, und alle Damen sanken in einen mehr oder minder tiefen Hofknicks. Er ließ sich die Herren im Gespräch vorstellen. Dabei fiel mir auf, wie stark das ganze den Mann engagierte. Er wirkte nervös in solcher Öffentlichkeit. Vielleicht rechnete er damit, verbal attackiert zu werden, oder fürchtete sogar ein Attentat.

Die Religion sollte dort die politischen und sozialen Risse kitten. Der König ging für einige Wochen im Jahr als einfacher Priester in das Lama-Kloster und lebte unter gleichen Bedingungen wie die anderen Priester, bettelte also auch. Was half's? Viel Gegensätzliches, viel Unverständliches. Die Zeit steht nicht still. Ein Blick auf die Nachbarn der damaligen Gastgeber genügt — auf Vietnam, Laos, Kampuchea.

Tempel hatten es uns — neben dem Fachlichen — auch in Japan angetan. In Nara gab der Shinto-Priester einen Tee-Empfang. Der Tempel verdiente besondere Beachtung, weil sich neben ihm ein Museum mit alten japanischen Holzlettern befand, die bei weitem früher entstanden waren als die beweglichen Gutenberg-Lettern aus Metall. Ein Beispiel für das Alter der japanischen Kultur. Das Land öffnete sich praktisch erst vor hundertfünfzig Jahren dem Westen, dann allerdings mit Vehemenz. Zuvor besaß die Welt wenig Möglichkeiten zu Einblicken in Japans Inneres. Nun aber begann es seinen einmaligen Konkurrenzkampf gegen die anderen kapitalistischen Hochburgen im Weltgeschäft, gegen die USA und Westeuropa.

Während des Teerituals setzte der Priester uns auseinander, er freue sich, uns begrüßen zu können. Er meine das nicht als Kompliment, denn ihn erfülle allgemeine Bewunderung für die deutsche Kultur. Alle, die sie pflegten, seien ihm willkommen. In gleicher Ehrlichkeit müsse er gestehen, daß es ihm schwer fiele, uns zu bewirten, wenn wir Amerikaner wären. Er sagte es sehr überzeugend, auch wenn er die Atombombe nicht erwähnte.

Ernst und Zauber dieser Teestunde zerstoben, als der Priester vor dem Aufbruch in nicht zu überbietender Nüchternheit den Damen mitteilen ließ, die Toilette sei dort drüben. Frau Schröder war pikiert, bekam einen roten Kopf und gab ein «Tsch» von sich. Darauf wieder Palaver. Dann der Dolmetscher: Der Priester bestelle den Damen nochmals, sie sollten keine Scheu haben, es wäre eine Toilette in europäischem Stil. Erneute Gegenreaktion. Die Sache schien noch nicht beendet. Wieder trat der Dolmetscher in Aktion und erklärte:

«Nun gut, aber der Priester weist ausdrücklich darauf hin, daß die Fahrt jetzt mindestens zwei Stunden dauert.» Ohne Erfolg. Wir stiegen ins Auto, nahmen Abschied und hielten zehn Minuten später im Wald, weil die Damen verschwinden mußten.

In Griechenland trat am Rande der medizinischen Themen das politische Gespräch völlig hinter der Betrachtung der Antike und anderen Studien, die unter dem damaligen Regime keinen Anstoß erregen konnten, zurück. Wir wohnten in Olympia im Hotel einer großen Reisegesellschaft. Zuvor hatten wir das Olympia-Stadion, die angrenzenden Tempel der Klassik und auch die Werkstatt des Bildhauers Phidias besichtigt.

In der Vesperstunde lernten wir eine Archäologin kennen, die uns in unserer Sprache viel vom Leben und Werk des Phidias erzählen konnte. Sie war deutscher Abstammung und mit einem Griechen verheiratet. Als die Dämmerung hereinzubrechen drohte, bat sie um Entschuldigung. Sie wollte noch einmal in die Werkstatt des Phidias gehen. Da hätte sie einen Stein entdeckt, der ihr keine Ruhe ließe und ihr vielleicht endlich Aufschluß über die verlorengegangene Statue des «goldenen Zeus» geben könnte. Es stehe nunmehr ziemlich fest, daß Phidias in dieser Werkstatt an dem berühmten Standbild gearbeitet hat.

So fühlte ich mich plötzlich in die Antike mit ihren humanistischen Idealen geführt, in die Werkstatt eines Mannes, dessen Plastiken mir schon als Schüler vertraut waren.

In Epidaurus suchte ich auch den alten griechischen Ärzten nachzuspüren, zu erfahren, wie sie ihre Bäder verordneten, wie die Einrichtungen beschaffen waren, wo sich die Patienten aufhielten, wie sinnvoll der Grundriß die Räume miteinander verband. Ihre Instrumente sah ich in den Museen. In immer kürzeren Etappen vollzog sich eine Entwicklung bis zu höchster Modernität, aber bestimmte Geräte wie Sonden, Scheren, Messer wiesen schon die Konstruktions- und Nutzungsprinzipien auf, wie wir sie heute brauchen.

Einem Urgesetz folgend, verwirklicht sich Gutes in stets noch besserer Weise — in der Natur, in der Gesellschaft und in unserem Denken. Auch die medizinische Entwicklung entspricht einer Spirale. Immer kehrt sie zur gleichen Problematik zurück, ständig aber auf einer höheren Stufe der Erkenntnisse.

Das Bild vom gut erhaltenen Theater in Epidaurus mit seiner herrlichen Akustik verschmolz mit allen anderen Eindrükken zu einem harmonischen Ganzen: Medizin und Kunst in enger räumlicher Bindung, mehr, auch in sachlicher, sich fördernder Beziehung.

Die Klinik

Aufbau

Mit den letzten Kriegstagen war der älteste Teil der Klinik, das ehemalige Haupt- und Eingangsgebäude sowie das Direktorwohnhaus in der alten Artilleriestraße, von Feuer vernichtet worden.

Ein Häuflein Menschen, durch Tod und Flucht arg dezimiert, hauste verängstigt im Bunker der Monbijoustraße. Der Chef, Walter Stoeckel, lag krank in einem notdürftig für ihn und seine Frau hergerichteten Bunkerraum.

Zwei Mitarbeiter, beide wissenschaftlich ausgewiesen, der eine zum bedeutendsten Nachwuchs überhaupt zählend, hatten infolge eines tragischen Irrtums den Tod gefunden.

Es gab keine Beleuchtung außer «Hindenburg-Kerzen», ähnlich den heute in Teewärmern gebräuchlichen flachen Lichten, keinen Strom, kaum zu essen. Alle waren ohne Hoffnung, nur froh, am Leben zu sein. Aber was sollte aus diesem Leben werden?

Sechzig Prozent der Klinik lagen total in Trümmern. Vierzig Prozent hatten so schweren Schaden genommen, daß keiner darin wirken konnte. Wir führten unsere Arbeit nur im Bunker behelfsmäßig weiter.

Kurz nach den ersten Spähtrupps der Roten Armee war ein Sanitäts-Stabsoffizier in den Bunker eingedrungen, hatte Walter Stoeckel, hocherfreut, ihn lebend anzutreffen, die Hand geküßt und seiner Begleitung zugerufen: «Großer Mann, großer Lehrer!»

Ein Lichtblick. Aber wie konnte der Offizier in seiner Situation — Frontsoldat, der auch er war — schon weiterhelfen? Wir mußten selber anpacken. Die Alternative hieß: Auseinanderlaufen und die Stätte, die uns nicht nur beruflich ans Herz gewachsen war, ihrem Schicksal überlassen oder versuchen, mit Tatkraft und Einfallsreichtum zu retten, was möglich ist.

Niemand konnte sagen, ob es je gelänge. Stoeckel — er war damals fünfundsiebzig Jahre — antwortete auf meinen Vorschlag: «Gott erhalte Ihnen Ihren Glauben, probieren Sie es. Wenn ich wieder aufstehen kann, werde ich kommen und sehen, was Sie erreicht haben.»

Wir erreichten es.

Später dachte ich jedesmal, wenn Zweifel am Vorwärtskommen den Mut zum Handeln zu ersticken drohten, an den Mai 1945 zurück. Das half. Vielleicht kann ein Gedanke an den schweren Anfang auch denen helfen, die ihn nicht erlebten oder als Nachgeborene das Glück hatten, ähnliches nicht mitmachen zu müssen. Plagt sie Ungeduld, weil ihnen manches beim Aufbau zu langsam und zu bürokratisch, die persönliche oder berufliche Entwicklung im Augenblick ohne die erträumte Perspektive zu verlaufen scheint, sollten sie getrost einen Vergleich zwischen damals und heute ziehen und an die Menschen denken, auf deren Schultern sie stehen.

Ohne unseren Zukunftsglauben wäre die Klinik nicht zu solch einer Stätte ärztlicher Fürsorge und Ausbildung geworden. Welche Bürde trugen allein die Schwestern! Sie pflegten, säuberten die Räume und kochten. Die Arbeit der Ärzte erschöpfte sich nicht im Operieren, im Verbinden, in der Visite, im ärztlichen Dienst überhaupt. Sie sprangen ebenso als Tellerwäscher wie als Monteur, Tischler oder Klempner ein, standen brüderlich Schulter an Schulter mit den wenigen getreuen Arbeitern und Handwerkern des Kesselhauses. Später, nachdem die Lage sich beruhigte, die Klinik zu arbeiten begann und man hoffen durfte, in ihr wieder einen gesicherten Arbeitsplatz zu finden, kehrten auch einige andere zurück.

Der Aufbau vollzog sich in drei Etappen. In der ersten Phase konnten wir nur daran denken, die Klinik wieder funktionsfähig zu machen. Das geschah zunächst unter Tage, im Bunker, unter schlechteren Bedingungen, als ich sie aus dem Kriege vom Marine-Sanitätsbunker am Atlantik kannte. Wir strebten also danach, aus dem Bunker herauszukommen. Stück für Stück richteten wir Teile der zerstörten Klinik wieder her. Pappe und Kistenholz ersetzten fehlendes Fensterglas. Mobiliar zimmerten wir notdürftig zusammen, suchten passende Türen und hängten sie ein. Zum Glück brauchten wir im Mai nicht zu heizen, das wäre sowieso unmöglich gewesen. Wir lebten ohne Komfort, aber wir lebten im Licht und hatten frische Luft.

Manche wollten sich nicht gleich vom Bunkerleben trennen. Dort herrschte der eingefahrene Betrieb, sie fühlten sich «über Tage» nicht sicher. Einige Zwischenfälle, mehr noch Schauergeschichten über Soldaten, die Befehle ihrer Offiziere ignorierten und streunten, taten ein übriges. Aber beileibe nicht die Angst, sondern vornehmlich die Gewohnheit und ein gewisses im Krieg angenommenes Geborgenheitsgefühl hielten sie zurück. Zu ihnen gehörte auch Stoeckel. Als er den Vorteil, selbst unter primitivsten Verhältnissen über der Erde zu wohnen, längst einsah, beschimpfte er mich immer noch herzhaft, ich hätte zu den übelsten Mitteln gegriffen, ihn samt seiner Frau aus dem Bunker zu treiben, indem ich sie durch einen Ungezieferjäger ausräuchern ließ. Das stimmt, sagen wir, nicht ganz. Ein Kammerjäger war da, doch der sollte natürlich Schaben bekämpfen.

Zugegeben, als Anekdote für mein gelegentliches Bestreben, die Menschen unter Umständen zu ihrem Glück zu zwingen, sie mit allem, was recht ist, aus der Lethargie zu reißen, klingt die von ihm erdachte Geschichte nicht schlecht.

Wir setzten nach und nach Station für Station in Gang. Die Strategie bestand darin, uns fürs erste jederzeit die Möglichkeit zur schnellen Umdisposition zu sichern, ohne die vorläufige Gesamtkonzeption der klinischen Organisation aus dem Auge zu verlieren.

Die zweite Phase des Aufbaus hatte das Ziel, die zerstörten Teile der Klinik regelrecht wiederherzustellen, durch notwendige Anbauten zu ergänzen und uns sogar an neue Häuser heranzuwagen. Dabei kamen mir meine Kenntnisse von der alten Klinik zugute, die ich den Bauleuten zur Verfügung stellen konnte. Mit deren Hilfe wiederum versuchte ich, mir einiges Wissen über Statik und Maurertechnik anzueignen, um in langer Nachtarbeit Skizzen und Zeichnungen zu entwerfen, nach denen sie sich vertrauensvoll richteten.

Die modernen Projektierungsbetriebe und die polizeilichen Bauinspektionen mögen es mir im nachhinein verzeihen, wenn ich ihnen ins Handwerk pfuschte, aber es gab sie zu der

Zeit gar nicht, und außerdem nehme man mir meine Vermutung nicht übel, daß wir auf diese Weise schneller zum Ergebnis kamen.

Es bereitete mir große Genugtuung, zu sehen, wie die ganze Klinikgemeinschaft durch die sichtbaren Erfolge des Wiederaufbaus zusammenwuchs, Vertrauen faßte und verbreitete. In zunehmender Zahl meldeten sich Mitarbeiter, unter ihnen sehr wertvolle und qualifizierte, und konnten eingestellt werden.

Jetzt blühte wirklich «neues Leben aus den Ruinen». Der Schwung dieser Jahre riß uns alle mit. Jeder vermochte sich auszurechnen, wie sehr damit auch die Aussichten für das persönliche Vorwärtskommen stiegen. Das Ansehen der Klinik hinsichtlich ihrer praktischen und dann ihrer wissenschaftlichen und didaktischen Arbeit nahm zu.

Was ich als Oberarzt begonnen hatte, setzte ich nach meiner Rückberufung von Halle — wo ich von Oktober 1949 Direktor der Universitäts-Frauenheilkunde und von 1950 bis 1951 Dekan der Medizinischen Fakultät war — als Nachfolger meines verehrten Lehrers fort. Für die äußere und innere Rekonstruktion der Klinik erhielt ich den Goethepreis der Stadt Berlin. Mit ihm fand meine damalige Arbeit Bestätigung und das beteiligte Kollektiv Anerkennung.

Die dritte Phase des Aufbaus mußte folgerichtig die apparative Ausrüstung der Klinik betreffen. Wir mußten uns an die Erfordernisse der in technischer Hinsicht immer aufwendigeren Medizin anpassen. Das erwies sich als nicht einfach. Es lag vor allem an den hohen finanziellen Kosten. Soviel Mittel der Staat zur Verfügung stellte, sie verteilten sich auf eine wachsende Zahl von Interessenten. Schließlich wollten die anderen Kliniken der Charité sowie die theoretischen und vorklinischen Institute auch modernisiert sein.

Als Dekan der Medizinischen Fakultät in Berlin — ich amtierte von 1954 bis 1956 — ermunterte ich deshalb Regierungsstellen zu einem rigorosen Griff in den Staatshaushalt, vielleicht in einen für Notsituationen vorbehaltenen Fonds, um nicht im Stückwerk steckenzubleiben. Ich schlug dem Ministerpräsidenten Otto Grotewohl vor, fünfzig Millionen Mark für die Rekonstruktion der Charité bereitzustellen. Sie würden sich auszahlen. Im Laufe der Jahre erhöhe sich die

Summe um ein Vielfaches. Otto Grotewohl zeigte volles Verständnis für unsere Lage. Aber wir waren nicht die einzigen Bittsteller. Der Finanzminister kam ins Schwitzen. Dabei lag es nicht nur am Geld. Überall mußten die drei M bilanziert sein: die Menschen, das Material und die Mittel. Und das «Keine Leute, keine Leute!» ist in unserer Republik ein geflügeltes Wort, seit es sie gibt.

Es blieb also zunächst beim guten Wollen, die Suche nach anderen Auswegen begann. Zwei boten sich an.

Erster Vorschlag: Vorläufiger Verzicht auf jegliche größere Rekonstruktion, später Neubau eines medizinischen Zentrums nach dann geltenden fachlichen und architektonischen Bedingungen, also in modernstem Stil, mit optimalem Effekt. Der Vorteil eines solchen Planes wirkt bestechend. Es entsteht etwas von Grund auf Neues und Zweckmäßiges. Der Gedanke, bis dahin ohne Einschränkung, ohne Belästigung durch Bauarbeiten an alter Stelle weiterarbeiten zu können und erst umzuziehen, wenn der Neubau steht, erschien mir aber wie ein Wechsel auf die Zukunft, dessen Einlösung durch manche neue Umstände behindert werden könnte.

Zweiter Vorschlag: Auskommen mit geringen Mitteln. Deshalb Zentralisierung mit dem Ziel kollektiver Nutzung, strengste Konzentration der Gelder, Rationalisierung. Ein gangbarer Vorschlag, wenn alle Beteiligten nur die gemeinsame Sache im Auge behielten. Leider merkte ich — jedenfalls in meinem Bereich, in der Frauenklinik —, wie bald alles Neugebaute, Ansprechende und Funktionstüchtige auch solche für sich in Anspruch nehmen wollten, die weit weniger eifrig am Aufbau teilgenommen hatten. Das führte zu Verstimmung und Ärger.

Um aus dem Teufelskreis herauszukommen, rief ich in allen Aussprachen das Ciceronische «ceterum censeo» aus, nämlich die Forderungen der Medizin, in deren Mittelpunkt unmittelbarer als irgendwo der Mensch steht, nicht zu überhören. Jahr um Jahr sagte ich mir: Steter Tropfen höhlt den Stein! Dabei dachte ich häufig an unseren Dolmetscher aus der Nachkriegszeit, der sich oft genug in den sowjetischen Administrationsbüros aus der Vordertür hinauswerfen ließ, um unbeirrt wieder durch die Hintertür hereinzuschlüpfen und so laut zu lamentieren, bis seine Anliegen Gehör fanden.

Das Gehäuse

Es ist ungewöhnlich, sich in Memoiren über Bau und Organisation von Kliniken auszulassen. Aber angesichts der Not all der Kriegszerstörungen widmete ich mich neben der wissenschaftlichen und praktischen Entwicklung meines Faches auch dieser Aufgabe, und zwar in Halle wie in Berlin. Bauen und Organisieren entwickelten sich zwangsläufig zu einer Lebensaufgabe, ob ich wollte oder nicht. Schließlich fand ich sogar Gefallen daran.

Die Berliner Universitäts-Frauenklinik entstand 1880 bis 1882 in der damaligen Artilleriestraße 18, jetzt Tucholskystraße 2. Vorgänger hatte es schon in der Oranienburger Straße und in der Dorotheen-, jetzt Clara-Zetkin-Straße, gegeben. Bis zur Straßenumbenennung hieß sie im Volksmund nur «Klinik Artilleriestraße». Unter diesem Namen war sie auch den Berliner Taxifahrern bekannt. Wenn sie eine Frau in den Wehen dort hinfuhren, legten sie schon im eigenen Interesse einen Zahn zu, um ihre Fracht rechtzeitig abzuliefern. Oft genug gelang das nicht, das Kind kam auf der Fahrt zur Welt, und sie mußten Geburtshelferdienste leisten. Manche Taxifahrer wie auch die Pförtner der Klinik gewannen so eine beachtliche Kenntnis in Geburtshilfe. Wir nannten solche Geburten «Autogeburten» und werteten den Begriff in der Lehre unter dem Thema «Improvisationskunst» aus.

Derartige klinikverbundene Erlebnisse entwickelten sich nur deshalb zu einer breiten historischen Reminiszenz unter der Bevölkerung, weil sie über lange Zeit an einen bestimmten Ort gebunden blieben, eben an die «Klinik Artilleriestraße». Da beispielsweise der langjährige Portier des Hotels «Adlon» in dieser Klinik den ersten Schluck aus der Mutterbrust getan hatte, holte er selbst im tiefsten Krieg die letzten Flaschen guten Weines unter der Theke hervor, sobald wir uns als Angehörige der Klinik zu erkennen gaben. Das geschah noch wenige Tage bevor sein Haus Unter den Linden in Flammen aufging.

Die wünschenswerte Bindung eines Institutes an den gleichen Ort stellt alle jene, die es zu erweitern oder wiederaufzubauen haben, vor besondere Aufgaben. Sie sind nur zu meistern, wenn man sich an Grundlinien hält, wie sie der Funktion des Baues entspringen. Ich habe deshalb einmal eine

Skizze entworfen, die, unabhängig von der Lage des Gebäudes, als topographische Anleitung für einen Architekten gelten kann und zeigt, was klinisch zusammengehört und was getrennt werden muß.

Zu den grundsätzlichen Fragen zählt unter anderem die vorgesehene Lebensdauer eines solchen Klinikbaues. Noch vor fünfundzwanzig Jahren rechnete man für einen gut gefügten Rohbau hundert Jahre Standzeit. Da viele Universitätskliniken ihre Errichtung den französischen Reparationsgeldern aus dem Krieg 1870/1871 verdanken, wären sie jetzt praktisch alle zu überholen, wenn nicht die Kriegsverwüstungen sowieso zu Rekonstruktionen gezwungen hätten. Für den Ausbau setzte man eine Lebensdauer von fünfzig Jahren, für die bauliche Ausrüstung fünfundzwanzig Jahre, für die medizinisch-apparative zehn, für die wirtschaftliche (Textilien, Glas, Porzellan) weniger als fünf Jahre an.

Anfang der sechziger Jahre fand dazu in Rostock ein Symposium statt, das die Sektion Krankenhauswesen der Gesellschaft für Gesundheitsschutz einberief.

Man könnte zu den prinzipiellen Fragen auch den zweckmäßigen Aufriß, vertikale oder horizontale Bauweise, die richtige Relation zwischen Funktionsräumen (Operationssäle, Behandlungsstationen) und den Liegeräumen sowie Bettenstationen zählen. Weiterhin die Laboratorien, Infektionsabteilungen ebenso wie Fragen des Baumaterials (Glas, Beton, Stahl), der Verwendung moderner infektionsabweisender Farben, Metalle und Bodenbeläge und — was die Gebrauchsgegenstände anlangt — das Problem der sogenannten Einwegmaterialien, die nur einmal verwendet und dann weggeworfen werden. Das letztgenannte Thema nahm in jüngster Zeit im Zusammenhang mit dem Umweltschutz und der Weltrohstofflage besondere Bedeutung an.

Diese keineswegs vollständige Aufzählung zeigt, daß heute kein Arzt alle technischen Bereiche bis ins Detail übersehen kann. Im Alleingang — wie wir das 1945 tun mußten — kommt er nicht zum Ziel.

Die früheren Zeitmaßstäbe für die Überalterung klinischer Institutionen gelten längst nicht mehr. Die Zehnjahresfrist für die völlige wissenschaftlich-organisatorische, technische und bauliche, also innere und äußere Überholung einer Klinik ist heute, da die Flut neuer biologischer, medizinischer und technischer Erkenntnisse alle Ufer überbrandet, um die Hälfte reduziert. Die einschlägigen Richtlinien bedürfen eigentlich jährlich der Überprüfung, ohne freilich durch laufende Änderungen die notwendige Kontinuität zu gefährden.

Die Schönheit der Landschaft vermag einen wichtigen psychologischen Effekt auszuüben. Vor ihm rangieren allerdings kommunikative Erfordernisse, also schnelle Erreichbarkeit, gute Verkehrsverbindungen — an die Berliner Universitäts-Frauenklinik war mit S-Bahn, U-Bahn, Straßenbahn, mit dem Auto und sogar zu Schiff über die Spree heranzukommen — sowie Kontakte zu anderen Polikliniken, diagnostischen Zentren, Laboratorien und anderem mehr.

Der Umweltschutz gehört dazu. Ich wehrte mich beispielsweise nach dem Krieg vergeblich dagegen, daß die Stadtverwaltung in unmittelbarer Nähe unserer Kliniken, an der Friedrichstraße, für eine Reihe von Jahren einen Zirkus mit seinen Tierställen ansiedelte. Löwengebrüll und Elefantentrompeten sind nicht die rechte Begleitmusik zu operativen Eingriffen, Fliegen alles andere als Schutzpatrone der Asepsis, Zirkusmusik, «Allez hopp!» und aufbrausender Applaus bilden kaum eine geeignete Geräuschkulisse für den Kampf auf Leben und Tod.

Die nachhaltigste Forderung lautet: Abkehr von aller Schablone vergangener Jahrzehnte, von der ökonomisch zwar wichtigen, aber doch nicht allein entscheidenden Normierung jedes Baues und seiner Einrichtungen. Das Wichtigste besteht in der denkbar besten Angleichung an die ganz konkreten Aufgaben, denn damit erfüllen wir die medizinischen wie die gesellschaftlichen Aufgabenstellungen unserer Zeit.

Niemand darf Angst haben, eine Klinik zu betreten, darf etwas aufgeben von seinem Ich, von der Würde seiner Persönlichkeit. Die Patientin soll sich nicht vor Kassenschalter der Verwaltung gestellt, nicht in einem kahlen Untersuchungszimmer oder einem nüchternen Büro über ihre Anamnese befragt sehen. Zu viele Schilder, was verboten und erlaubt ist, schockieren. Stets muß die Patientin spüren, daß sich alles nur um sie und ihre Gesundheit dreht.

Breiten Raum gebe ich der kulturellen Ausgestaltung der Klinik, die ich auch gegen Widerstände durchzusetzen versuchte. Das braucht nicht viel Geld zu kosten. Unsere Museen arbeiten oft mit Leihgaben, sogar für Gaststätten. Wie schön machte sich das für Kliniken gegenüber der alten Gewohnheit, irgendwelche verstaubten Drucke in Krankenzimmern und Fluren aufzuhängen, die dann über Jahrzehnte zum Inventar gehören wie Wäscheschränke und Geschirrwagen. Ich fegte solche Attribute von den Wänden, aus den Krankenzimmern. Der Seufzer einer Patientin bestärkte mich darin: «Wissen Sie, Herr Professor, ich habe jetzt mein drittes Kind in dieser Klinik bekommen. Zufällig lag ich nach jeder Entbindung im gleichen Wochenbettzimmer. Immer sah ich das gleiche überreife Kornfeld im Bild vor mir. Wann wird es endlich abgemäht?» Das sagte mir mehr als viele Worte über die Wichtigkeit von Variation und Lebendigkeit in der künstlerischen Veredelung des Klinikmilieus.

In den Vorräumen der Klinik ließ ich sinnbezogene Plastiken aufstellen. Die «Eva» von Cremer, eine junge, sechzehnjährigeWienerin mit etwas dicken Waden, steht in der sogenannten Ruhmeshalle. Die künstlerisch reife Darstellung einer solchen Frauengestalt eignet sich besser, im Beschauer Hoffnung auf Gesundheit und Freude am Leben zu erwekken, als irgendein melancholisches Sujet. An der Schwelle zwischen Kind und Frau, in fröhlicher, ungezwungener Gebärde, aufgeschlossen dem kommenden, sie erwartenden Leben, soll sie allen, die an ihr vorüber in die Klinik oder in den Hörsaal gehen, Symbol für den Sinn unserer Arbeit sein: Gesundes gesund zu erhalten, vor Krankheit zu bewahren und Krankes zur Gesundung zu führen. Der zutiefst lebensbejahende, optimistische gesellschaftliche Auftrag der Klinik soll jedem Bürger unseres Staates — unbeschadet seines Alters, seiner Stellung und Ausbildung — zugute kommen. Gerade ihn möchte ich betont sehen.

In unserer «Ruhmeshalle» sehen wir nicht nur ein «dekoratives Element» unserer Klinik oder ein Relikt aus gar zu «heroischen» Zeiten. Ihre Entstehung geht auf eine Idee Walter Stoeckels zurück. Sie zeigt in chronologischer Reihenfolge — in Plastiken, die von berühmten Bildhauern wie Klimsch, Drake und anderen geschaffen wurden, und im Bild — die Direktoren der Klinik von der Gründung bis in die Gegenwart. Man mag darüber streiten, ob so etwas notwendig ist oder nicht. Tatsächlich urteilten nach 1945 einige jugendliche Eiferer und Hitzköpfe ziemlich respektlos, sprachen von einer «Galerie alter Zausel» und wünschten statt dieser «Zeitgemäßeres». Stets bauen in der Wissenschaft Gelehrte und bedeutende Männer der Praxis auf dem festen Fundament der Erkenntnisse ihrer Vorgänger auf. Anders kein Fortschritt. Sie zu ehren und die Erinnerung an sie wachzuhalten ist recht und billig. Jede Büste in dieser Halle repräsentiert ein Stück Geschichte unseres Faches und der Klinik. Hinter ihren Namen stehen Mut, harter Einsatz und Opferbereitschaft im Dienst an ihren Mitbürgern. Diese Auffassung sah ich vielerorts bestätigt; besonders in Moskau, Warschau, Prag und Budapest. In fast allen größeren Kliniken und Akademien des Auslandes fand ich solche «Ahnenreihen», die wissenschaftliche und praktische Ruhmestaten sorgfältig registrierten und überlieferten.

Nach Meinung meiner Vorgänger, der ich mich anschloß, gehört die Wohnung des Chefs in die Klinik. Meist ergibt sich das sowieso, weil es für die Erreichbarkeit des medizinisch letztlich Verantwortlichen keine Einschränkung geben darf und ihm daher eine Dienstwohnung zusteht. Die meisten Universitätskliniken trugen diesem Prinzip auch Rechnung und besaßen teilweise sehr schöne, gut gegliederte, dem Stil der Klinikarchitektur angepaßte Gebäude mit separatem Eingang von der Straße mit der nötigen Verbindungstür zur Klinik. Manche Chefs stellten mit wachsender Kinderzahl immer neue Anträge auf Erweiterungsbauten und — das war das Bemerkenswerte — erhielten sie auch bewilligt. In der damaligen Ordinariengeneration gab es viele mit einer großen Familie. Mein Lehrer Stoeckel und der bekannte Ordinarius für HNO-Heilkunde von Eicken stritten sich oft in humorvoller Weise, wem der Vorrang gebühre. Eicken zählte einige Jahre weniger als Stoeckel, aber einen Urenkel mehr. Jeder konnte zu Lebzeiten achtundzwanzig bis dreißig Nachkommen vorweisen, Kinder, Enkel und Urenkel eingerechnet.

Heute bestreiten viele die Notwendigkeit, daß der Chef «in der Klinik» wohnen muß. Ich kann mich mit dieser Auffassung nicht befreunden und opponierte immer dagegen.

Deshalb richtete ich mir bei meiner Berufung als Direktor nach Halle ebenfalls meinen Hausstand in der Klinik ein. Das bedeutete in zweifacher Weise ein neues Beginnen. Ich kam hin, hatte nichts. Man ließ ein paar Sachen, die ich in meinem Berliner Oberarztzimmer benutzt hatte, dort aufstellen.

Eine von den Reinigungskräften, die ich fragte, ob sie ein bißchen Ordnung schaffen könne, antwortete — wie jeder heute noch nachfühlen wird — wenig verheißungsvoll: «Mal sehen, ob ich kann.» Zum Glück konnte sie, machte ab und zu sauber, briet mir auch mal ein Schnitzel. Unmöglich ein Dauerzustand: keine richtigen Räume, keine richtigen Möbel, kein richtiges Essen.

Es fehlte Kompensation, wirkliche Entspannung nach anstrengender Arbeit, es fehlte Atmosphäre. Mit einem Wort: Es fehlte die Frau als Partnerin gemeinsamer Interessen, für den Gedankenaustausch, der «Blitzableiter», die «Ökonomin». Um so glücklicher war ich zu wissen, daß meine zukünftige Frau in Westberlin eigentlich nur noch auf die Festlegung des Hochzeitstermins wartete, der weniger von den notwendigen Papieren als von meinen dienstlichen Verpflichtungen abhing. Ich möchte nicht den Eindruck erwecken, Kälte und Nüchternheit meiner Dienstwohnung hätten mich nun endlich in die Ehe getrieben. Ganz falsch. Ich war weder ein Hagestolz noch ein Zauderer, lediglich, wenn man so will, ein Opfer äußerer und gerade im Krieg besonders verwickelter Umstände, die mich so lange Junggeselle bleiben ließen.

Jetzt aber war es für mich soweit. Im Oktober 1949 erfolgte meine Berufung nach Halle, am 24. Dezember, Heiligabend, heiratete ich.

Obwohl dies allgemein als logischer und ganz natürlicher Vorgang gilt, schien das sich anbahnende Ereignis einige zu verblüffen. Ich ging mit meiner zukünftigen Frau, die niemand in Halle kannte, eines Abends ins Theater. Es ergab sich die Gelegenheit, sie im Wandelgang mit einem Kollegen und seiner Frau bekannt zu machen. Er war darob völlig verdattert, und ich las ihm seine Gedanken geradezu an der Miene ab: Nanu, der neuberufene Gynäkologe kreuzt hier mit Damen auf? Unbestreitbar, meine Frau sah sehr gut aus und war außerdem attraktiv gekleidet. Der Kollege druckste fürchterlich herum und wußte nicht recht, was er sagen sollte. Er ahnte ja nicht, daß er ihr in wenigen Wochen als meiner Frau gegenüberstehen würde.

Alle folgenden Jahre bewiesen auch an uns: Ein Leben als Junggeselle ist für einen ärztlichen Leiter mit großer Verantwortung kaum denkbar. Es gibt wenige Beispiele für Ordinarien, die es dennoch vermochten. Der berühmte August Meyer in Tübingen heiratete nie. Manche dichteten ihm eine unglückliche Liebe an. Ich weiß es nicht. Ungeachtet dessen ließ er sich über das Seelenleben der Frau und alle ihre Regungen in einer Weise öffentlich, in Diskussionen, Referaten und in Büchern aus, wie ich es von einem verheirateten Gynäkologen, ganz gleich welcher Stellung und welchen Ranges, niemals kennenlernte. Sein Schlachtruf «Mehr Seele in die Gynäkologie!» klingt der älteren Generation von Gynäkologen gewiß heute noch in den Ohren. Kein Kongreß ging zu Ende, ohne daß dieses Motto durch den Raum schallte.

Mein Leben und Wirken hätte seine volle Entfaltung ohne meine Frau nicht erreicht. Ohne sie wäre die Steigerung meiner Kräfte für die wissenschaftliche und praktische Arbeit, für die Lehrtätigkeit nicht möglich gewesen. Sie hatte früher ihrem Vater, der als Kaufmann in der Fellbranche tätig gewesen war, als Sekretärin geholfen, sich später aber auch in verschiedenen medizinischen Bereichen ausbilden lassen, so daß sie mir außer in der Hauswirtschaft auch beruflich zur Seite stehen konnte. Aber das waren lediglich die äußeren Attribute, die inneren, ihre Herzenswärme und Hilfsbereitschaft kann nur ermessen, wer so etwas kennt. Wenn ein Mensch sich im Amt und in der Öffentlichkeit exponieren muß, braucht er einen sicheren Hafen, die Liebe und Pflege durch eine Frau, die ihm auch mal Kummer und Sorgen von der Stirn streicht.

Ich plädiere also für die Ehe. Ich plädiere unter unseren heutigen Bedingungen sogar für die Frühehe, nicht für die leichtfertig geschlossene, sondern für eine fundierte und durch Reife der Partner gerechtfertigte Ehe. Eine Turteltaubenehe ist keine. Sie zerbricht, wenn der erste Rausch verfliegt.

Mit siebenundvierzig Jahren von mir geschlossen, rechnete meine Ehe gewiß nicht zu den Frühehen. Aber in ihrem inneren und äußeren Aufbau empfanden wir sie so. Und das ist das Entscheidende.

Als erstes Möbelstück schafften wir uns einen Schreibtisch an. An ihm arbeite ich bis heute. Nehme man es symbolisch.

Aus der ärztlichen Werkstatt

Aspekte

Jede Epoche der Medizin zeigt den aus wissenschaftlichen Erkenntnissen gewonnenen Fortschritt, aber auch den aus der gesellschaftlichen Entwicklung geborenen Wandel der Anschauungen, die von den ursprünglich durch Mystizismus, Aberglauben, Okkultismus beherrschten, von theoretisch und philosophisch beeinflußten Doktrinen bis in die Gegenwart mit ihren naturwissenschaftlich exakten, mathematisch begründeten, objektiven Analysen und darauf sich aufbauenden Anschauungen reichen.

Jede Ära machte und macht es im Hinblick auf solche Errungenschaften, insbesondere auf Breite, Tiefe und Bedeutung ihrer Erkenntnisse, den Zeitgenossen nicht leicht, umzudenken und umzulernen. Trotzdem wage ich zu behaupten, keine Generation vor uns hat eine derartige raum- und zeitsprengende Expansion des Wissens, zusammengedrängt auf wenige Jahrzehnte, erlebt wie unsere.

Zu Beginn hatte ich dem Leser das Recht zugesprochen, einen Blick in die Werkstatt des Arztes zu tun. Nicht einfach, wo damit anfangen, wo enden? Während der großen Pause bei der Uraufführung der Oper «Einstein», deren Inhalt die Verantwortung des Wissenschaftlers vor der Gesellschaft ist, sprach ich mit dem Komponisten Paul Dessau. Ich fragte ihn, ob er nicht Lust hätte, ganz konkret einmal das Berufsbild des Arztes unserer Tage als Sujet für eine Oper zu wählen und es endlich von den Verzerrungen zu befreien, die in den meisten überkommenen alten Libretti den Arztgestalten auf der Bühne anhaften. Er erklärte sich sofort einverstanden und wollte wissen, ob ich mitmachen würde. Ich bejahte. Da wandte er sich an den neben ihm stehenden Kulturminister und sagte: «Der ist Gynäkologe, das gibt ein Thema!»

So aber wollte ich den Stoff gerade nicht angepackt sehen. Mir schwebt vor, den ganzen Ernst der Verantwortlichkeit des Arztes, seine Freude am Erfolg, seinen Kummer und die Belastung durch den Mißerfolg, kurzum das vielfältig facettierte Engagement des Arztes, wie ihn die moderne gesellschaftsbezogene Medizin verlangt, darzustellen.

Daher möchte ich meine Leser bitten, in diesen Ausführungen — die in Anlehnung an die «Bilder aus einer Ausstellung» von Mussorgski vielleicht «Bilder aus meiner Werkstatt» heißen könnten — nicht nur die Wegmarken ständiger Vervollkommnung ärztlichen Wissens und Könnens, nicht nur die Fortschritte ihrer Anwendung, sondern eben jene Aspekte zu berücksichtigen, die unmittelbar die Persönlichkeit des Arztes betreffen, seine Sorgfaltspflicht, Verschwiegenheit, seine Einsatzbereitschaft — all das, was man in der Begegnung mit ihm als selbstverständlich, im Vergleich mit dem eigenen Leben nicht immer als ganz so selbstverständlich vorauszusetzen geneigt ist.

Autobiographien sind keine Lehrbücher des eigenen Berufes, sie dürfen und müssen indes notwendige Sachinformation zum Verständnis des Autors bringen, dessen hauptsächlicher Lebensinhalt wie bei jedem anderen nun einmal die Arbeit ist.

Gynäkologie und Geburtshilfe

Meine wissenschaftliche Laufbahn läßt sich nicht von der klinischen trennen, war in sie integriert. Das ist natürlich, denn letztlich entscheidet sich die Tragfähigkeit jeder wissenschaftlichen Erkenntnis in der Praxis. Auf geburtshelferischem Gebiet bei den vaginalen operativen Eingriffen, im gynäkologischen Bereich in der Sterilitätsbekämpfung und in der gynäkologischen Urologie lagen meine besonderen Interessen. Dazu kamen die operative Umstimmung beziehungsweise Korrektur weiblicher Intersexe und die selektive chirurgische Karzinomtherapie.

Die Konzentration auf einige Hauptgebiete erwies sich bei dem Umfang klinischer Arbeiten als notwendig und zweckmäßig. Sie hinderte mich aber nicht, jeweils auch zu anderen aktuellen Fragen Stellung zu nehmen und sie zu bearbeiten.

Die Forderung, ein Gynäkologe müsse auch das Handwerkliche umfassend beherrschen, schließt die Kenntnis der chirurgischen Seite auf seinem speziellen Gebiet ein. Damit bestreitet niemand die Eigenständigkeit beider Fächer, ihrer Geschichte, der Notwendigkeit ihrer fortschreitenden Spezialisierung. Die Anfänge der Gynäkologie wie der Chirurgie verlieren sich im Dunkel kultischer Bräuche der Völker in grauer Vorzeit, wobei neuere Quellen es als bewiesen betrachten, daß die Jungsteinzeitmenschen chirurgisch sehr kühn zu Werke gingen. Sie schnitten nämlich mittels primitiver Steinmesser Knochenscheiben aus dem Schädel, um böse Geister herauszulassen, vollführten also die Trepanation, eine Operation, die chirurgisch noch bis vor hundert Jahren als außerordentlich waghalsig galt.

Schon im alten Ägypten begann sich die Chirurgie von der inneren Medizin zu trennen. Im Römischen Reich spielten die Chirurgen bei den Gladiatorenkämpfen zwar eine wichtige Rolle, standen aber als «Handarbeiter» in der Sklavenhaltergesellschaft unter der Würde der vornehmen Welt. Nachdem gar die Kirche 1163 verkündete, sie vergösse kein Blut, gelangte die Chirurgie vollends in die Talsohle. Chirurgische Bücher verschwanden aus den Universitäten. Siebenhundert Jahre lang blieb das Operieren «den Badern, Barbieren, Henkern, Kastrierern und Quacksalbern jeder Art überlassen», notiert ein Medizinhistoriker. Die Umstände des eingangs geschilderten ersten Kaiserschnitts in Wittenberg sprechen dafür. Italien und Südfrankreich bildeten eine gewisse Ausnahme.

Die Trennung von Chirurgie und übriger Medizin blieb ein Verhängnis. Erst die Französische Revolution machte den ärztlichen Beruf zu einem geeinten Ganzen. Die — sehr begrenzte — Vereinigung von Gynäkologie und Chirurgie gereichte fürderhin Hunderttausenden Frauen zum Guten. Denken wir nur an die erste Entfernung einer Gebärmutter durch Récamier, 1829. Seitdem rettete diese Operation ungezählten krebserkrankten Patientinnen das Leben, die sonst dieser heimtückischen Krankheit zum Opfer gefallen wären. Allerdings beschritten manche Ärzte Wege, die uns heute ebenso unvorstellbar wie unzulässig erscheinen. James M. Sims (1813—1883) aus Südkarolina experimentierte an Sklavinnen, bis er eine zuverlässige Operation zur Beseitigung der Blasenscheidenfistel fand, gegen die über Jahrhunderte nichts Wirksames zur Verfügung stand. Ebenso seltsam mögen die Umstände gewesen sein, unter denen eine Eierstockentfernung 1809 in den Urwäldern von Kentucky — es soll die erste gewesen sein — stattfand.

Es müßte jedem als tragischer Anachronismus erscheinen, wären Gynäkologie und Chirurgie darauf angewiesen, sich erst mit dem Buschmesser durch einen Dschungel administrativen Gestrüpps zu schlagen, um zueinanderzukommen.

Das Wichtigste für einen Geburtshelfer liegt in der Beherrschung des Vorganges, der den Menschen über die Schwelle des Reifens im Mutterleib zum physiologisch selbständigen Leben in der Gesellschaft führt, der Geburt.

Relativ jungen Datums ist die wissenschaftliche Bearbeitung geburtshilflicher Probleme. Ursprünglich lag der Beistand für die Gebärende nur in den Händen der «femmes sages», der weisen Frauen, die sich aus eigenem Erleben — zum größten Teil hatten sie selber geboren — am besten auf die Frau unter der Geburt einstellen konnten. Landschaftlich gesehen trugen diese Hebammen unterschiedliche Beinamen — in der Mark zum Beispiel «Mutter Greif» oder «Mutter Storch». Manchmal wurden ihnen Zauberkräfte zugesprochen, und den Kleinen galten sie oft als Kinderbringerinnen schlechthin. Allzu großer Kindersegen gereichte den Familien nicht immer zum Vorteil, weil die Zahl der hungrigen Mäuler zunahm. Wohl aus diesem Grunde verwandelte sich die weise Frau in der Sicht mancher Leute auch in die böse, in das «wilde Weib», wie sie in Süddeutschland hieß. In anderen Gegenden zog man die Strümpfe oder sonstige Kleidungsstücke verkehrtrum an, um nicht «behext» zu werden, wenn man die Geburtshelferin ins Haus holte.

Liebe und Sorge, Ehrfurcht und Furcht umwitterten die Hebammen, und kirchliche wie landesobrige Anordnungen richteten nicht viel dagegen aus. Die Erste Trierer Agenda von 1574 verlangte einen Eid der Hebammen gegen Zaubermittel und Aberglauben. Die Gothaische Landesbehörde verbot ihnen 1658 einen ganzen Katalog von Gebärden und geheimnisvollen Handlungen bei der Geburt, dem Abnabeln und Baden des Neuankömmlings.

Wie überall behauptet der Aberglaube auch hier seinen Platz, wo Wissen ihn nicht ausfüllt. In Mecklenburg kannte man noch Mitte des 18. Jahrhunderts in vielen Städten und den meisten Dörfern überhaupt keine verpflichteten Frauen dieses Amtes. Wo es sie gab, besaßen sie selten eine fachliche Ausbildung.

Im 18. Jahrhundert wurden spezielle Schulen auch für Hebammen eingerichtet. Interessant ist, daß an der Wittenberger Hebammenschule unter dem Direktorat von Dr. Ottomar Wachs sich die Hebammenschülerin Olga Gebauer schon im Jahre 1886 um einen ökonomisch und gesellschaftlich fundierten Interessenverband der Hebammen bemühte und die erste Hebammenzeitung herausgab.

Auf seine Weise mag sogar Goethe auf die Gründung solcher Hebammenschulen Einfluß genommen haben. In «Dichtung und Wahrheit» las ich von den guten Aspekten seiner Geburt im Jahre 1749, «denn durch die Ungeschicklichkeit der Hebamme kam ich für tod auf die Welt, und nur durch vielfache Bemühungen brachte man es dahin, daß ich das Licht erblickte». Für einen heutigen Geburtshelfer und Perinatologen hört sich die Geschichte fast unglaublich an, bei einer so schweren Atmungsstörung des neugeborenen Goethe hätte man für seine geistige und körperliche Entwicklung — gelinde gesagt — keine gute Prognose gestellt.

Goethe fährt dann fort: «Dieser Umstand, welcher die Meinigen in große Not versetzt hatte, gereichte jedoch meinen Mitbürgern zum Vorteil, indem mein Großvater, der Schultheiß Johann Wolfgang Textor, daher Anlaß nahm, daß ein Geburtshelfer angestellt und der Hebammenunterricht eingeführt oder erneuert wurde, welches dann manchem der Nachgeborenen mag zugute gekommen sein.»

Dennoch hielten und halten sich in geographisch wie gesellschaftlich zurückgebliebenen Landstrichen unseres Globus weiterhin Geister- und Wunderglauben um die Geburtshilfe. Obwohl in Bayern 1816 eine «Instruction für die Hebammen des Königreichs» diese zur Beseitigung von Aberglauben und Vorurteilen aufforderte, hört man gerade von dort immer noch haarsträubende Fälle des Okkultismus.

Allmählich verwissenschaftlichte sich die Geburtshilfe, die Männer nahmen sich ihrer an. Freilich, das Interesse dafür bestand seit eh und je. Ein dreitausend Jahre alter Papyrus handelt neben Veterinärmedizin bereits von Gynäkologie, ein jüngerer, 1350 vor der Zeitrechnung angefertigt, von Geburtshilfe. 300 vor der Zeitrechnung beschrieb Herophilos aus Chalkedon nicht nur Auge, Gehirn, Adern und den — von ihm so benannten — Zwölffingerdarm, sondern auch die weiblichen Geschlechtsorgane und offenbarte großes Interesse an der Geburtshilfe. Einen Namen als Gynäkologe und Geburtshelfer machte sich auch Soranos von Ephesos, 100 nach der Zeitwende. Der eigentliche Durchbruch zu Wissenschaft und Praxis ärztlicher Geburtshilfe erfolgte aber erst seit dem 17. Jahrhundert. Damals ließen sogar Könige ihre Frauen und Mätressen von Ärzten entbinden. Das konnte zwar das Mißtrauen im Volke gegenüber den «männlichen Hebammen» nicht durchgängig beseitigen, baute aber Vorurteile ab. Aus jenen Jahren stammt auch die gründliche Beschreibung einer Eileiterschwangerschaft durch Mauriceau.

Ich selbst besitze noch die berühmten, künstlerisch wie sachlich ganz ausgezeichneten illustrierten anatomischen Tafeln über die geburtshilfliche Kunst von Smellie aus dem Jahre 1780 und die Anatomie des schwangeren menschlichen Uterus von dem Engländer Hunter aus dem Jahre 1774. Sie waren zu ihrer Zeit Standardwerke unseres Fachgebietes und sind es bis heute geblieben.

Auch in dem erwähnten «Kunst undt Artzeney Büchlein» meiner Großmutter sind geburtshilfliche wie gynäkologische Behandlungsrezepte beziehungsweise Anweisungen enthalten, die jedoch im Gegensatz zu den erstgenannten nicht den Anspruch exakter wissenschaftlicher Begründung beanspruchen können.

Den Einsatz von Männern in der Geburthilfe erschwerten vor allem zwei Dinge: das Schamgefühl der Frauen und die Auffassung, Geburtshilfe sei eine männerunwürdige medizinische Tätigkeit.

Mit der wissenschaftlichen Durchdringung belebte sich dieses Fachgebiet außerordentlich. Es wechselten, geschichtlich gesehen, Phasen konservativer und aktiver, mehr operativ orientierter Geburtshilfe, wozu die Erfindung neuer Instrumente geradezu ermunterte.

Die Geburtshilfe unter konservativen Gesichtspunkten zu

betrachten, entspricht der Sache mehr. Die Geburt ist ein natürlicher Vorgang, und wir Ärzte sind nach den allgemeinen Prinzipien verpflichtet, nur dann nachzuhelfen oder konsequent einzugreifen, wenn etwas Unnormales geschieht.

Es kann der Mutter schlecht gehen. Leidet sie zum Beispiel an Schwangerschaftskrämpfen, an schweren Herz- oder Lungenerkrankungen, ist es möglicherweise notwendig, die Geburt operativ zu beenden, um die gefährlichsten Belastungen auszuschalten.

Mutter und Kind sind beteiligt, wenn das Becken zu eng, das Kind zu groß ist. Das Kind gibt Anlaß zum Eingriff, sobald es eine falsche Lage hat, die nicht zu korrigieren ist. Dann muß operiert werden. Am gefährlichsten ist die Querlage. Aber auch Steißlagen bedrohen die Kinder, weil die Nabelschnur zu früh, vor der Beendigung der Geburt, abgeklemmt wird, das Kind also durch Sauerstoffmangel in Lebensgefahr kommt.

So kennen wir verschiedene Befunde, die wir als Regelwidrigkeit ansehen. Es existieren Charakteristiken mit Details — sie hier aufzuzählen würde den Rahmen sprengen —, die nicht anders zu überwinden sind als durch eine operative Entbindung. Welcher Weg dafür in Frage kommt, ob der von oben, im Sinne des Kaiserschnitts, oder von unten, im Sinne der vaginalen Entbindung, hängt vom Einzelfall ab.

Geburtsunmöglichkeit und Regelwidrigkeiten stellen sich heute in den Einzelheiten ungemein wissenschaftlich verfeinert dar. Wie wissen besser Bescheid, aber die Grundprinzipien kannten schon die Ärzte des Mittelalters.

Ich las einmal — neben der eingangs wiedergegebenen Aufzeichnung des Wittenberger Kaiserschnitts — eine Monographie etwa aus der gleichen Zeit. Sie ist leider im Krieg mit der gesamten Klinikbibliothek verbrannt. Die Schrift handelte von einer Patientin, die eine Knochengeschwulst hatte. Diese verriegelte die Geburtswege und machte eine Entbindung auf natürlichem Wege absolut unmöglich. Ein damals bekannter Geburtshelfer sagte dem Ehemann — und auch der Frau —, daß ihr Leben durch eine Operation gefährdet sei. (Die Mortalität betrug seinerzeit bei einem Kaiserschnitt ungefähr hundert Prozent. Heute liegt sie unter einem Prozent.) Aber es gebe keine Alternative. Sie müsse unweigerlich sterben, wenn die Geburt den Naturkräften überlassen bleibt. Das Kind sei dann ebenfalls verloren; sie könne sterben, wenn er operiert, aber eine winzige Chance für ein Überleben bestehe. Er riet zum Eingriff. Das Ehepaar stimmte zu.

Der Arzt ließ sich rufen, als die Wehen begannen, und kam mit einem ärmlichen Instrumentarium: einem Messer, einer Schere, einigen Binden und Wundsalben. Die Frau mußte sich auf einen Tisch legen. Ohne Narkose setzte er den Schnitt an. In den Aufzeichnungen schildert er den Befund, die Lage und Farbe der Gebärmutter, den weiteren Verlauf. Er durchdrang die Gebärmutter, faßte das Kind und zog es heraus. Im gleichen Augenblick erkundigte sich die Frau, wie weit er wäre. Der Geburtshelfer entfernte die Placenta. Da das alles mit starken Schmerzen verbunden war und zudem hoher Blutverlust eintrat, sank die Frau in Ohnmacht. Dieser Zustand kam dem Operateur nur zugute. Er nähte die Gebärmutter nicht, sondern verschloß sie mit Splinten, wahrscheinlich aus Hartholz. Durch die Bauchdecke zog er einen Bastfaden, wie das in Zentralafrika teilweise noch vor dreißig bis vierzig Jahren geschah, und legte einen Wundverband darüber.

Die Frau überstand diesen Eingriff und erwachte aus ihrer Ohnmacht. Das wohlgebildete Kind lebte. Im Augenblick schien die unmittelbare Lebensgefahr abgewendet. Allerdings traten schwerwiegende Komplikationen ein. Ich las, daß die Frau, wir würden heute sagen, eine Bauchfellentzündung mit anschließender Darmlähmung bekam. Der Arzt purgierte fleißig von oben und durch Einläufe von unten. Das Glück war ihm hold. Die Darmbewegung kam wieder in Gang.

Nach Überwindung dieser zweiten lebensbedrohenden Situation entwickelte sich in der Tiefe ein großer Abszeß. Kein Wunder bei dieser Technik, ohne Asepsis. Er eröffnete ihn. Als nächstes bildete sich eine Fistel von den Bauchdecken über die Gebärmutter durch die Scheide nach außen. Er nahm eine biegsame Kerze, bestrich sie in der Mitte mit einer granulationsanregenden, die Wundheilung fördernden Salbe, zog sie von oben durch die Bauchdecke und die Gebärmutter bis in die Scheide und leitete so das Medikament an die Stellen, die verheilen sollten. Sogar das gelang. Die Frau genas, das Kind blieb am Leben und wuchs zur Freude der Eltern auf.

Die Indikationsstellung ging von ganz realen Fakten aus:

Tod bei natürlicher Geburt um jeden Preis, Tod bei operativer Entbindung wahrscheinlich. Nur geringe Chancen. Man muß sich für das Mögliche entscheiden. Er handelte richtig. Der Erfolg gab ihm recht. Das sind die Gesichtspunkte, die nach meiner Auffassung auch heute noch Geltung haben.

Stufenweise wurde die Mortalität abgebaut. Einen wesentlichen Erfolg registrierte die Geschichte des Kaiserschnitts mit der Entfernung der Gebärmutter nach dem Eingriff. Damit blieb die Infektionsquelle ausgeschaltet. Die Sterblichkeit sank auf fünfundzwanzig Prozent. Aber die Frauen ohne Uterus konnten keine Kinder mehr gebären.

Ein nächster Fortschritt lag in der Verbesserung der Nahttechnik, die Infektionen weitgehend ausschloß und die Mortalitätsziffer auf etwa acht bis zehn Prozent drückte. Statt einer Uterusnaht legte man doppelte Uterusnähte, deckte sie dann noch mit dem Bauchfell von der Blase her ab und nähte die Blase darüber. So traf man mehrere Sicherungen, damit aus dem Uterus heraus keine Infektion in die Bauchhöhle kriechen konnte.

Danach versuchte man den sogenannten extraperitonealen Kaiserschnitt. Man ging überhaupt nicht durch das Bauchfell, sondern drang zu einem Bezirk der Gebärmutter von oben außerhalb der eigentlichen Bauchhöhle vor.

Dann kam die Ära der Infektionsbekämpfung durch Sulfonamide und Penizillin, die einen weiteren wesentlichen Fortschritt darstellte, und schließlich die Thrombosebekämpfung, also das Vorgehen gegen die sekundären Gefahren.

Heute belastet den Kaiserschnitt eine sehr geringe Sterblichkeit. Aber auch sie ist aus der Sicht des Arztes und vor allem der Frau immer noch zu hoch. Daher müssen wir bei der Indikationsstellung gewissenhaft vermeiden, den vorher genannten Grundsatz — nämlich die Geburt als einen an und für sich normalen Vorgang anzusehen — zu verwässern, indem wir die geburtshilfliche Sorge, jede kritische Entscheidung, jeden Kummer und jede Belastung, wörtlich genommen, wegschneiden — durch einen Kaiserschnitt.

Der moderne Geburtshelfer mag den Fortschritt in der Operationsmethodik beschwören, und ich will ihm darin in hohem Maße recht geben. Nur ganz wegwischen kann man meine Besorgnis nicht.

Inzwischen gelang der Durchbruch zu einer besseren Diagnostik bezüglich des Befindens der Mutter und besonders des Kindes. Früher konnten wir die Kindslage nur mit den Händen, später mit Röntgenstrahlen diagnostizieren. Heute dient der ungefährliche Ultraschall demselben Zweck.

Auf den Zustand des Kindes schlossen wir allein aus den Herztönen, ihrer Frequenz, ihrer Verlangsamung oder übermäßigen Beschleunigung, aus Extrasystolen, ferner aus gewissen Folgeerscheinungen der, sagen wir ruhig, Mutter-Kind-Beziehung, wenn sich nämlich Veränderungen im Stoffwechsel zeigten, zum Beispiel bei zu hohem Kohlensäuregehalt im Blut des Kindes durch Abgang von Mekonium, also von Kindspech. Der Entschluß zum Eingriff stützte sich natürlich auch auf die Wehentätigkeit und das Abschätzen der voraussichtlichen Geburtsdauer. Aber darin erschöpften sich schon die Handhaben.

Jetzt läßt sich alles messen. Das Befinden des Kindes ermitteln wir elektrokardiographisch und biochemisch — durch Bestimmung der Blutverhältnisse, der Kohlensäurespannung und vieles mehr. Wir registrieren die Wehentätigkeit. In einem modernen Geburtshilfesaal ist bei sogenannten Risikogeburten die Frau unter den vielen Schläuchen, die von ihr zu den verschiedensten Apparaten führen, fast versteckt. Die Scheu der alten Geburtshelfer, irgendwie in den Geburtskanal einzudringen, die Fruchtblase zu sprengen oder anzustechen, ist völlig überwunden. Man geht in den Uterus auch von oben durch die Bauchdecke mit Instrumenten hinein, um Untersuchungen am Kind vorzunehmen. Bei der Amnioskopie ist die Fruchtblase sichtbar zu machen und an der Verfärbung des Fruchtwassers der Zustand des Kindes festzustellen.

Ich möchte um keinen Preis den Eindruck erwecken, ich stünde der modernen Geburtshilfe ablehnend gegenüber. Im Gegenteil, ihre Mittel objektivieren die Befunde, die wir früher weitgehend nur subjektiv erhoben. Mir liegt bei der Erziehung des ärztlichen Nachwuchses aber daran, über der neuen Methodik nicht die alten erprobten Untersuchungsmethoden in Vergessenheit geraten zu lassen und das Handwerk des Geburtshelfers zu verlernen.

Denn die aufwendigen Apparaturen können zunächst nur in bestimmten Zentren stehen, aber Geburtshilfe muß überall geleistet werden, denn überall kommen Kinder zur Welt. Der Geburtshelfer, der sich auf die alten Methoden besinnt, sie beherrscht, besitzt eine größere Sicherheit als der durch Apparate verwöhnte, der sich in Notsituationen nicht zu helfen weiß.

Außerdem besteht die Gefahr einer Überbewertung objektiver Befunde. Manche lassen sich aus Überängstlichkeit ihretwegen zu Maßnahmen verleiten, die unter Umständen gar nicht notwendig sind. Zu dieser These werden heftige Auseinandersetzungen geführt.

Als 1947 die erste amerikanische Ärztegruppe unsere Klinik besuchte, sagte mir der Ordinarius der New-Yorker Universität, Taylor, sie müßten gynäkologische Operationen, zum Beispiel die Radikalbehandlung des Krebses, erst wieder von uns lernen, weil sie ganz auf Strahlentherapie eingestellt seien. Auch in der Geburtshilfe schienen sie — was die Diagnostik und daraus abzuleitende Schlußfolgerungen betrifft — ziemlich schmalspurig zu fahren. Ich erinnere mich: Wir saßen auf einem Dampfer der Weißen Flotte in Berlin, Taylor hatte Röntgenfilme mit und demonstrierte mir, wie sie in den USA durch Messung des Beckens und des Kindes die Relation zwischen beiden mathematisch bestimmten. Wenn die Ergebnisse einen gewissen Schwellenwert überschritten, machten sie sofort — ohne Ansehen der Frau und des Kindes — einen Kaiserschnitt.

Eine derart überspitzte Objektivierung, die jede funktionelle Betrachtungsweise außer acht ließ, hielt ich damals nicht für gut und halte sie heute für nicht besser. Wir dürfen uns nicht zum Sklaven der Technik erniedrigen. Der geschulte Geburtshelfer hat mit den alten Methoden unter dem Gesichtswinkel seiner Verantwortung für die perinatale Mortalität des Kindes keine schlechteren oder nur unwesentlich schlechteren Erfolge erzielt. Aber durch die Fürsorge während der ganzen Schwangerschaft, die bessere Kontrolle der Entwicklung der Frucht und die Betreuung der Mutter lassen sich aufkommende Gefahren schon im Ansatz erkennen. Man wird nicht mehr von ihnen überrascht und kann ihrer Manifestation entgegenwirken. Diese umfassende und kontinuierliche Prophylaxe, die sowohl der Mutter als auch dem Kind zugute kommt — mit Auswertung der Anamnese, der vorausgegangenen Geburten, der eventuellen Belastungen des Herz-Kreislauf-Systems, der Nieren, des Stoffwechsels —, sie sind es, die die wirklichen Fortschritte der neuzeitlichen Geburtshilfe ausmachen: Der Arzt hat die Frau und das Kind besser im Griff, die Säuglingssterblichkeit wie die mütterliche Mortalität werden reduziert.

Unvertretbar wird der Kaiserschnitt jedoch, wenn jemand unwissenschaftlich, aus persönlichen Motiven eine Geburt willkürlich abdominal beendet, also den unnatürlichen Weg geht. Wem Zeit und Geduld fehlen, weil er ins Theater will oder weil andere Verpflichtungen auf ihn warten oder ihn bei der Fülle seiner Aufgaben Rufe von da und dort erreichen, darf noch lange nicht zum Messer greifen. Ich halte das mit dem Namen eines Geburtshelfers für unvereinbar. Leider kommt so etwas vor. Man übergab mir Beurteilungen, wonach ein Arzt den Kaiserschnitt aus unerfindlichen Gründen vorgenommen hatte. Damit wurde beim zweiten Kind der Kaiserschnitt nach seiner Ansicht eo ipso notwendig, auch wenn sonst keine andere Indikation vorlag. Der zweite Kaiserschnitt bedeutete in seinen Augen zugleich Sterilisation, um weitere Schwangerschaften zu verhüten. Als Komplikationen auftraten, glaubte er sich — auch bei jungen Frauen — gezwungen, die Gebärmutter zu entfernen. Gegen eine derartige Verwilderung der Geburtshilfe erhebe ich aus gutem Grund immer wieder meine Stimme.

Um noch einmal ganz klar meine Auffassungen darzulegen: Ich befürworte die moderne Geburtshilfe und apparative Betreuung von der Prophylaxe über die Diagnostik bis zur Beendigung der Geburt, wenn sie unter wissenschaftlichen Vorzeichen steht. Ich unterstütze alles, was uns die Technik zum Nutzen der Mütter und Kinder beschert. Aber ich wende mich gegen sogenannte Gefälligkeits- oder Bequemlichkeitsentscheidungen und plädiere deshalb dafür, keine nur maschinell-technischen, ja kaltschnäuzigen Indikationsstellungen zu erlauben. Die Kunst des Geburtshelfers, die nicht zuletzt in der subtilen persönlichen Beziehung zur Frau, in dem Zeithaben-Müssen für einen natürlichen Vorgang, in der Abwehr jeglicher Hektik liegt, darf niemals verlorengehen. Niemals dürfen wir die Gefahren übersehen, die mit jedem operativen Eingriff verbunden sind.

Auch der beste Operateur ist vor einer Komplikation mit unglücklichem Ausgang nicht sicher. Sie kann bei größter Sorgfalt eintreten, ja ihn sogar selber betreffen. Ein Mitassistent erhielt den Ruf zu einer Kreißenden, von der er wußte, daß sie eine floride Lues hatte. Er entschloß sich dennoch, der Aufforderung zu folgen, und ging in ihre Wohnung. Um sich zu schützen, nahm er Operationswäsche und lange Handschuhe mit. Es trat eine Nachgeburtsblutung ein, die ihn zwang, die Nachgeburt zu holen, und zwar ohne Verzug. Sofort griff er ein. Dabei verrutschte der Ärmel seines Kittels, so daß ein Streifen Haut über dem Handgelenk freilag. Genau dort infizierte er sich.

Er erkrankte an Syphilis und mußte sich der damals üblichen, durchaus nicht ungefährlichen Behandlung mit Salvarsan unterziehen. Dadurch bekam er einen Leberschaden, an dem er schließlich zugrunde ging. Die Sorgfaltspflicht des Geburtshelfers erschöpft sich übrigens nicht mit der Beendigung der Geburt. Sie gilt juristisch als erfüllt, wenn zwei Stunden nach der Nachgeburt keine Besonderheiten auftreten. Ein früherer Mitarbeiter, der später in eigener Praxis arbeitete, hatte seine Urlaubsreise gebucht, aber einer bekannten Patientin versprochen, sie bei der Geburt zu betreuen. Die Wehen setzten an dem Tag ein, an dem er abreisen mußte. Händeringend flehte die Frau ihn an, er möge bei ihr bleiben. Der Arzt ließ sich überreden. Glücklicherweise kam das Kind zur rechten Zeit, auch die Nachgeburt. Alles schien gut zu sein. Ordnungsgemäß übergab er seinem Vertreter die weitere Betreuung der Bekannten und eilte zur Bahn. Während er schon im Zug saß, trat eine schwere Nachgeburtsblutung ein. Die Frau verstarb. Selbst hatte er die juristisch fixierte Frist zwar nicht eingehalten, aber einem qualifizierten Kollegen die Beobachtung übertragen. Auf die ärztlichen Fähigkeiten seiner offiziellen Ablösung konnte er vertrauen. Formal hatte er keinen Fehler begangen, aber vor seinem Gewissen machte er sich lange die größten Vorwürfe, obwohl keineswegs feststand, ob er selbst die Blutung unter Kontrolle bekommen hätte.

Das Beispiel illustriert, was ich der jungen Generation auf den Weg geben möchte: ein Pflichtgefühl gegenüber beiden, Mutter und Kind, das keinen Glockenschlag und, wenn erforderlich, auch keinen Feierabend kennt. Eine übertriebene «Programmierung» der Geburt, die heute angestrebt wird, gehört meiner Auffassung nach mehr in den veterinär- als in den humanmedizinischen Bereich.

Selbstverständlich tritt ein bestimmter Prozentsatz von Risikogeburten auf, bei denen im Hinblick auf Anamnese und Erfahrung jeden Augenblick eine Lage eintreten kann, die uns zum Eingreifen und zur schnellen Beendigung der Geburt zwingt. Für solche Fälle gibt es an den zentralen Kliniken Risikostationen, Risikokreißsäle. Ich überprüfte, mit wie vielen Risikogeburten verschiedene Kliniken rechnen. Es stellten sich Unterschiede zwischen fünf Prozent und dreißig Prozent heraus. Das gab mir zu denken und ließ mich sarkastisch argumentieren: «Wenn Sie zu Risikogeburten alle jene Frauen zählen, deren Großmütter bei Geburten irgendwelche Schwierigkeiten hatten, kommen Sie auf fünfunddreißig Prozent und mehr, wenn Sie aber ernsthaft sedimentieren, was aus der heutigen wissenschaftlichen Erfahrung und Erkenntnis heraus dazu zählt, dann werden es in Zukunft wahrscheinlich nur fünf Prozent sein.»

Wie auch immer, die Spanne von fünfundzwanzig Prozent zeigt, wie unterschiedlich die einzelnen Geburtshelfer Risikogeburt, Schnellentbindung und dergleichen Kategorien klassifizieren. Das muß auf den richtigen Nenner kommen, auf den Nenner des Fortschritts, der wissenschaftlich untermauert ist.

Ich habe jetzt vorwiegend an der operativen Geburtshilfe Kritik geübt. Genauso kritisch stehe ich der konservativen Geburtshilfe gegenüber. Der übertriebene Konservatismus der Jahre, in denen ich mich mit der Geburtshilfe zu beschäftigen und auf diesem Gebiet praktisch zu betätigen begann, kann auch nicht als Maßstab gelten. Angesichts der Risiken der abdominalen Entbindung damals entschlossen wir uns, so konservativ wie möglich zu handeln und in Konfliktsituationen lieber zugunsten der Frau das Kind preiszugeben. Das Leben der Frau geriet unter Umständen in so schwere Gefahr, daß der Geburtshelfer sogar aktiv das Leben des Kindes opfern mußte, um die Frau nicht zugrunde gehen zu lassen, zum Beispiel, wenn die Gebärmutter zu zerreißen drohte, weil das Kind alles blockierte, auf natürlichem Wege nicht zu entbinden war und auf abdominalem keine Möglichkeit mehr bestand, weil durch Infektionen von unten das Leben der Mutter auf dem Spiel stand.

Wir richteten uns nach der Faustregel, zwölf Stunden oder länger nach einem Blasensprung mußten wir mit der Aufwanderung von Keimen in die Gebärmutter und mit Infektionen beim Eröffnen der Bauchhöhle rechnen. Dann blieb eigentlich nur, eine relativ günstige Situation abzuwarten, um auf vaginalem Wege zu entbinden. Je nach Können und Selbstvertrauen ging der Geburtshelfer weiter oder weniger weit, ließ es auf eine Probegeburt ankommen, eine jetzt nicht mehr anwendbare Technik.

Heute gilt ganz sachlich übertriebener Konservatismus als falsch. Wir lassen keine Probegeburten mehr zu, entbinden bei einer vorhandenen oder sicher zu befürchtenden Komplikation schnell, wenn nicht auf vaginalem Wege, dann auf abdominalem.

Der Begriff Probegeburt muß den Laien verwirren, zumal er heute im Repertoire der Geburtshelfer fehlt. Früher aber hatten wir keine leichte Wahl. Traten Schwierigkeiten ein und wir mußten befürchten, durch einen abdominalen Eingriff die Frau über Gebühr zu belasten, so probierten wir, auf Biegen und Brechen die Geburt auf natürlichem Wege zu erzwingen. Das schloß vaginale Operationsmethoden ein. Bei der manchmal etwas schwierigen vaginalen Technik mit zweifelhaftem Ausgang für das Kind sammelte ich viele persönliche Erfahrungen.

Mit der Wendung des Kindes auf die Füße beseitigte ich mehr als eine Becken-Kopf-Komplikation. Ein Kind, das mit dem Schädel voraus nicht durch das Becken drang, wendete ich in der Gebärmutter und extrahierte dann. Die im Kindesschädel noch verlagerungs- und ausweichfähigen Knochen drückten sich, begünstigt durch die konische Form des nachfolgenden Kopfes, leichter zusammen, so daß er passieren konnte.

Im Volksmund bekannt ist die Zangengeburt. Zur Zange griffen wir, auch wenn der Kopf noch relativ hoch stand. In einigen Fällen mußte ich mit Brachialgewalt ziehen, um solche Kinder zu entwickeln, ohne Rücksicht auf die Schädigungen, die vielleicht dem kindlichen Hirn und den Augen zugefügt wurden. Das waren die wenigen Möglichkeiten, kindliches Leben zu retten.

Kurz nach dem Kriege begleitete ich meinen Lehrer Stoeckel als Konsiliarius in ein sowjetisches Lazarett, um eine Frau zu entbinden, die an Umfang so groß war wie an Körperlänge, also ein riesiges Kind im Leibe trug. Die Geburt stand still, keiner wußte weiter. Eine spontane Entbindung schied aus. Mutter und Kind schwebten in höchster Gefahr. Stoeckel riet mir, eine Zange zu machen. Ich hatte Bedenken. Die Gesamtsituation war nicht gerade dazu angetan, Sicherheit zu verleihen. Um mich herum standen fünfzehn sowjetische Ärzte und mein Lehrer mit sehr kritischen Augen. Die Frau lag vor mir auf dem Tisch, der Effekt jedoch im Ungewissen. Schließlich griff ich doch zur Zange, zog mit aller mir zur Verfügung stehenden Kraft, warf quasi mein Körpergewicht in die Waagschale der Entscheidung. Als ich ein über zehnpfündiges Kind zur Welt gebracht hatte, das, frei von Schädigungen und rosig durchblutet, durchatmete, fielen mir mehr als Zehnpfundlasten von der Seele. Die Frau trug bei allem glücklicherweise keine Verletzung davon.

Noch vor meinem Staatsexamen, in Heidelberg, bat mich ein Freund, der eine andere persönliche Verpflichtung hatte, eine Geburt zu beobachten, die sich verschleppte. Ich versprach ihm, alles zu tun, was möglich sei, ging hin, untersuchte. Durch die poliklinische Geburtshilfe in der Berliner Universitätsklinik geschult, sah ich im Verlaufe der Geburt, daß das Becken der zartgliedrigen Frau etwas zu eng war. Da entsann ich mich einer alten Methode, nämlich der Becken-Hänge-Lage.

Man lagerte die Frau mit dem Kreuzbein auf der Tischkante. Das Herabhängenlassen der Beine vergrößerte die Verbindung zwischen der Schamfuge und dem Promontorium, den Übergang von der Lendenwirbelsäule zum Kreuzbein. Das Becken klappte infolge der Hängelage geringfügig auf, bekam eine andere Winkelung. Diese Millimeter genügten, damit der Kopf hindurchkam.

Bei einer Steißlage des Kindes wartete ich am besten, bis es halbgeboren war, und leistete nur unterstützende Handgriffe, so daß die Naturkräfte es zur Welt bringen konnten.

In anderen Fällen erwiesen sich die Weichteile der Frau als

zu eng oder zu hart und öffneten sich nicht. Zum Beispiel der Muttermund. Dann mußte man einschneiden. Es gab auch den sogenannten vaginalen Kaiserschnitt. Dabei schnitt man die Gebärmutter von unten auf und verlängerte den Schnitt nach oben unter das Bauchfell. Dadurch klappte die Gebärmutter auf. Bestanden keine anderen Schwierigkeiten, war damit der Weg für das Kind frei.

War das Gewebe um den Scheidenausgang, also im eigentlichen Beckenbodenbereich, zu eng, ließ sich im allgemeinen mit einem Dammschnitt Abhilfe schaffen.

Häufig kommt der Dammriß vor. Ob der Damm reißt oder nicht, hängt von der Beschaffenheit des Gewebes ab, aber ebenfalls von der Leitung der Geburt. Ich kenne Hebammen, bei denen kaum je ein Damm riß, weil sie eine besondere Fertigkeit bei der Entwicklung des Schädels besaßen. Bekannt sind frühe Formen der aktiven Leitung der Entbindung in dieser speziellen Frage. Um von vorherein jeden Dammriß zu vermeiden, brachte der Geburtshelfer prophylaktisch in der Mitte oder besser noch seitwärts einen Dammschnitt an, den er später übernähte. So sicherte er, daß der Beckenboden nicht durch langwierige Manipulationen zur Reckung der Muskulatur Dauerschäden davontrug. Ein klar gelegter Schnitt, später zusammengenäht und gut vernarbt, schadet der Muskulatur weniger, als wenn der Kopf des Kindes sich mühsam seinen Weg bahnen und ständig gegen die Damm-Muskulatur «anrennen» müßte.

Ich entschloß mich lieber zu einem prophylaktischen Schnitt — wenn es not tat, ausgiebigen Grades —, um so die vaginale Entbindung zu erleichtern. Die Folge, die Narbe, scheute ich nicht. Eine komplikationslose Geburt besitzt immer Vorrang.

Einige Geburtshelfer trennten das Becken im Bereich der Schamfuge auf, um es zu erweitern. Sie sägten die Symphyse im Knorpelbereich auf. Schlechte Erfahrungen ließ sie bald von dieser Methode abgehen. Durch sie konnten Harnorgane verletzt werden. Aber es kam auch vor, daß die künstliche Knochenspalte nicht wieder zusammenwuchs. Die betroffenen Frauen behielten für ihr Leben einen watschelnden Entengang. Angesichts der hohen Sterblichkeit bei der abdominalen Entbindung mußte die Geburtshilfe damals aber mit solchen Problemen fertig werden, um auf vaginalem Wege entbinden zu können.

Die geburtshilfliche Poliklinik der Berliner Universitäts-Frauenklinik lehrte mich viel von dem, was man konservative Geburtshilfe nennt. Es bestand dort das ungeschriebene Gesetz, eine einmal übernommene Hausgeburt in der Stadt nicht zu verlassen, bevor sie beendet war oder ein unmittelbar notwendiger Eingriff die Einlieferung erforderte. Unser Gebot lautete, an Ort und Stelle zu bleiben. Das dauerte womöglich über zweiundsiebzig Stunden. Wenn der dirigierende Oberarzt seine Mannschaft draußen «verloren» glaubte, schickte er — da er sie telefonisch nicht erreichte — Telegramme. Sie kamen schneller an als heute, ebenso die Rückantworten.

Das alles dokumentiert, was man unter übertriebener konservativer Geburtshilfe verstehen muß. Setze ich Für und Wider gegeneinander, so kritisiere ich an der konservativen wie an der operativen Methode das gleiche: das Extrem. Es ist unsinnig, beide Verfahren gegeneinander auszuspielen, denn beide bergen Möglichkeiten, entsprechend der Geburtssituation und den Beobachtungsergebnissen zu helfen, vielleicht sogar zu retten.

Gilt diese Auffassung bei Einzelgeburten, so in noch differenzierterer Weise für Mehrlingsentbindungen. Wir rechnen auf ungefähr neunzig Geburten einmal Zwillinge. Nach der sogenannten Hellerschen Zahl steigt mit dem Quadrat dieser Neunzig die Zahl der Mehrlinge relativ gleichmäßig an: also auf neunzig Geburten einmal Zwillinge, auf neunzig im Quadrat, also achttausendeinhundert Geburten, einmal Drillinge, auf neunzig hoch drei einmal Vierlinge und so weiter. Ad infinitum geht das selbstverständlich nicht.

Es gibt Verzeichnisse von Siebenlingen. Ich sah sie nie. Nur ein Grabstein zum Gedenken für Siebenlinge, die alle gestorben waren, steht, wenn ich recht orientiert bin, heute noch in Hameln.

Mit wachsender Zahl der Mehrlinge sinken auch bei den heutigen Möglichkeiten der Lebenserhaltung die Chancen für die Neugeborenen. Das haben besonders die Beobachtungen gezeigt, bei denen eine zu hohe Dosierung von Medikamenten, die zur Provozierung von Follikelsprüngen führen sollten, zu viele Eier freigesetzt hatten, die befruchtet werden konnten. Sie gelangten alle nicht zur Lebensreife und wurden vorzeitig ausgestoßen. Darunter gab es auch Fünf-, Sechs- und Siebenlinge.

Sicher sind die Angaben über Siebenlinge aus früheren Jahren nicht vollständig, weil manche — zum Beispiel bei Naturvölkern — überhaupt nicht bekannt wurden. Beim Stand unseres Nachrichtenwesens geht jetzt wohl kaum noch ein Fall solcher Mehrlingsgeburten unter.

Mehrlingsgeburten stellen nicht nur ein biologisches Phänomen dar, sondern werfen häufig auch juristische Fragen auf. Haben zweieiige Zwillinge unter Umständen verschiedene Väter? Gab es Überfruchtungen oder Überschwängerungen?

Überfruchtung bedeutet, daß zum gleichen Ovulationstermin verschiedene Väter verschiedene frei gewordene Eier befruchteten. Überschwängerung, daß bei schon eingetretener Schwangerschaft ein zweiter Partner ein weiteres Kind zeugt. Letzteres galt lange für unmöglich, weil bei Ausfüllung der Gebärmutter durch das wachsende Ei die Spermien normalerweise nicht aufwandern können und außerdem ein hormonell gesteuerter Mechanismus das Freiwerden weitere Eier blockiert, sobald ein Ei befruchtet ist. Nach Einzelbeobachtungen ist so etwas doch möglich. Innerhalb der ersten drei Monate füllt das befruchtete Ei nämlich die Uterushöhle noch nicht so aus, daß die Aufwanderung der Spermien undenkbar wäre. Ferner ist nicht ausgeschlossen, bei Menschen, bei denen der Eisprung im allgemeinen spontan, also ohne äußere Einwirkung, erfolgt, traumatische Eisprünge zu provozieren, etwa durch die Ausübung des Verkehrs. Wir kennen diese Erscheinung zum Beispiel beim Kaninchen. Damit ist auch die Überschwängerung in diese Überlegung einzubeziehen.

Die Vaterschaft spielte in der Vergangenheit, hauptsächlich aus materiellen Gründen, eine außerordentlich große Rolle. Unmittelbar nach dem Kriege kam ein Vater zu mir und bat mich, der Tochter, die vor der Niederkunft stehe, beizustehen. Acht Tage später war das Kind immer noch nicht da. Ich stellte fest, daß der Geburtstermin noch gar nicht heran war. Der Vater verlangte apodiktisch, die Geburt einzuleiten. Als ich sagte, es gebe keinen Grund, etwas zu unternehmen, drohte er, mich für alle Folgen haftbar zu machen.

Es vergingen drei oder vier Tage. Er erschien wieder. Diesmal mit einem schönen Schinken. Obwohl wir damals wirklich nicht viel zu essen hatten, ließ ich Schinken Schinken sein und blieb bei meiner Meinung. Mit Recht, denn es zeigte sich bald, welche Motive beim Vater im Spiel waren. Im Abstand von vier Wochen hatten zwei Kriegskameraden seine Gastfreundschaft und die Gunst der Tochter genossen. Die beiden Männer unterschieden sich in einem sehr wesentlichen Punkt: Der eine besaß nichts, der andere ein großes Vermögen. Wie sich errechnen und auch sonst feststellen ließ, war der Arme der Vater. Nach dem Wunsche des Großvaters sollte der Geburtstermin aber zu dem Reichen passen.

Bei eineiigen Zwillingen entstehen unter Umständen, wenn die Keimanlage nicht genügend differenziert, nicht bis zu Ende durchprogrammiert ist, sogenannte siamesische Zwillinge. Die beiden zeigen mehr oder weniger intensive Verwachsungen im Brust- oder Bauchbereich. Es kommen auch zweiköpfige mit einem Fuß, vierfüßige mit einem Kopf und andere abnorme Bildungen zustande. Aus der Veterinärmedizin gelangen solche Beobachtungen bis in die Tagespresse.

Verwachsungen dieser Art lassen sich nur beheben, wenn die Differenzierung der inneren Organe so weit erfolgt ist, daß sie ein Eigenleben für jeden Zwilling garantiert. Andererseits verzichteten unter den früheren gesellschaftlichen Verhältnissen viele, die von dem Unglück betroffen waren, miteinander verwachsen zur Welt gekommen und aufgewachsen zu sein, und die man hätte trennen können, auf eine Operation. Sie ließen sich als Rarität und Kuriosität in Schaubuden vorführen, um ihren Lebensunterhalt zu verdienen. Erlösung bedeutete für sie Fluch der Mittellosigkeit. Schicksale, die eine eigene Betrachtung verdienten.

Mit Fehlleistungen der Natur muß man rechnen und sich als Geburtshelfer hinsichtlich der Entbindungsmethodik darauf einstellen. Ich bemühte mich in solchen Fällen zunächst, auf vaginalem Wege zum Ziel zu kommen, obwohl es nicht immer glückte. Aber wegen eines nicht lebensfähigen oder gar toten Kindes einen Kaiserschnitt zu machen, galt als «Kunstfehler». So eng waren damals die Grenzen gezogen. Bei toten Kindern den abdominalen Weg zu wählen, fand zu meiner Zeit nicht meine Zustimmung und kann sie auch heute nicht finden. Es gibt andere Methoden, auf natürlichem Wege das tote oder mißbildete Kind zu entfernen.

Es geht immer und überall um die richtige Relation beim Einsatz der Mittel. Dazu bilden Wissen und Können die Voraussetzung. Sie garantieren Sicherheit bei der Urteilsfindung für den richtigen Weg und die Methode der Entbindung.

Noch vor meiner Emeritierung gelang es mir, moderne geburtsmedizinische Apparaturen anzuschaffen und einzusetzen. Nichtsdestoweniger sagt mir mein Gefühl, daß die Vielgestalt und die stürmische Entwicklung der Technik nicht zu deren Übermacht führen wird. Bei der Leitung einer Geburt rücken wieder mehr und mehr die Persönlichkeit der Beteiligten, der menschliche Bezug, die Begabung, die Atmosphäre der Zuversicht und des Vertrauens in den Vordergrund. Das vermag kein noch so raffiniert ausgeklügeltes Gerät.

Ich verstehe die Fragen der Individualmedizin — die Betreuung der einzelnen Kreißenden — in unserer modernen Gesellschaft als Aufforderung an den Geburtshelfer, sich Mühe zu geben, die ihm Anvertraute so schonend und so gut wie möglich zu entbinden und darüber hinaus mit der Beendigung der Geburt das Augenmerk auf die weitere gesellschaftliche Entwicklung des Kindes, auf die soziale Situation der Mutter, der Familie zu richten, ja falls angebracht, helfend, regulierend einzugreifen. Ich bemühte mich, die Forderungen zeitgemäßer Geburtshilfe — die sich gar nicht mehr so nennt, sondern mit Recht als Geburtsmedizin bezeichnet wird — durchzusetzen. Ich wollte in meinem Bereich jedem Neuankömmling in unserer Gemeinschaft nach Kräften beste Starthilfen für seinen Lebensweg bieten.

Perinatale Medizin

Anfang der dreißiger Jahre entsprach es den klinischen Bräuchen, zur Betreuung der Säuglinge Kinderärzte auf die geburtshilflichen, besonders die Wochenstationen zu holen. Unserer Bitte um konsultative Beratung sind selbst später berühmte Pädiater gern nachgekommen, weil sie — wie sie gestanden — Kinder der ersten Lebenstage und -wochen in ihren Kliniken selten zu Gesicht bekamen.

Neue Spezialgebiete bildeten sich heraus. Zunächst meldete sich die Neonatologie — Wissenschaft und Praxis, die Neugeborenen betreffend — zu Wort. Danach entstand die Perinatologie, um den physiologischen, hormonalen, immunologischen und sonstigen Details, die sich um die gesamte Geburt des Kindes gruppieren, möglichst gründlich auf die Spur zu kommen. Diese Spezialrichtung läßt sich nicht scharf umgrenzen, die Zuständigkeiten sind gefächert und zum Teil noch unklar. Zur Eröffnung eines Kongresses über perinatale Medizin zitierte ich aus dem Paracelsus-Roman von Rosemarie Schuder: «Der Arzt geht aus der Natur und nicht aus der Spekulation.» Mir schien dies passend, weil ich mich seit je gegen Spekulationen wandte, das Kind im Mutterleibe anzugehen, womöglich schon im embryonalen Frühstadium.

So galt ich lange Zeit als Gegner der Perinatologie, wahrscheinlich auf Grund einer Bemerkung, mit der ich einmal dem übertriebenen Machtanspruch der Kinderärzte begegnete: der Geburtshelfer müsse aufpassen, daß der Pädiater nicht auch noch in den Uterus kröche. Inzwischen ist er längst darüber hinaus bis zum Eierstock, ja bis in die Bereiche gesteuerter Empfängnis vorgedrungen. Natürlich legte ich mich nie dem Fortschritt in den Weg. Ich plädierte sogar für einen Lehrstuhl für Neonatologie an der Humboldt-Universität. Dabei kam ich mir in bezug auf mein Verhältnis zur Pädiatrie vor wie Romeo, der seine Julia seit langem heimlich liebt.

Die fortschrittliche medizinische Jugend sah schon damals Geburtshelfer und Kinderarzt als Partner. Fremd, um nicht zu sagen verfeindet, im Kampf um die «Kinder» standen sich — wie die veronesischen Patrizierfamilien Montague und Capulet bei Shakespeare — nur die älteren Generationen in den Familien der Geburtshelfer und Kinderärzte gegenüber. Da auf dem erwähnten Kongreß ohnehin eine literarische Eröffnung vorgesehen war, zitierte ich aus Hermann Kants «Impressum»: «Die Gegenwart ist in diesem Augenblick das Wichtigere ...»

Wir sollten in der Perinatologie nicht von der Vergangenheit, sondern von der lebendigen Gegenwart ausgehen, das heißt alle neuen biologischen, medizinischen, physikalischen, chemischen und technischen Erkenntnisse anwenden.

Ich verfolgte die ersten Vorträge über die Amnioskopie

und die Mikroblutgasbestimmung in der Berliner Gynäkologischen Gesellschaft und registriere noch heute den Widerspruch, den sie nicht nur bei mir auslösten.

Inzwischen sind wir weitergekommen, erkennen mit Genugtuung den Gewinn objektiver Meßdaten in der perinatalen Periode, sowohl was die Geburt als auch das Geburtsobjekt anlangt. Sie gehören zu dem erwähnten Gestaltenwandel geburtshilflicher Konzeption. Wenn wir uns Rechenschaft über das Erreichte und über das für die Zukunft zu Entwickelnde ablegen, wird sichtbar, wie sehr sich beide, der Geburtshelfer und der Pädiater, vor falschen Ausgangspositionen ihrer Kritik zu hüten haben.

Der Forschung auf dem Gebiet der Perinatologie sind keine Grenzen gesetzt. Im Bereich der Naturwissenschaft verwischen sich überhaupt allmählich alle künstlich errichteten Grenzen.

In der Wissenschaft gibt es keine Grenzen, aber auf dem Gebiet der praktischen Fürsorge und Durchführung sowie der klinischen Organisation sollte es zwischen Geburtshelfer und Pädiater eine strenge Unterscheidung der Kompetenzen geben. Der Geburtshelfer trägt bis zur Abnabelung des Kindes die Verantwortung. Der Pädiater wird konsultativ hinzugezogen, wenn es nötig ist. Nach der Abnabelung übernimmt der Pädiater die Verantwortung für das Kind, der Geburtshelfer für die Mutter. Aber in bestimmten Fragen sollte letzterer auch als Konsiliarius für das Neugeborene mitbefragt werden. Die Einrichtung spezieller perinatologischer Abteilungen ist noch nicht in allen Bereichen der DDR möglich. In vielen Kliniken zählt es daher der Geburtshelfer ohnehin zu seinem Amt, auch die Kinder mitzubetreuen.

Die Menschheit weiß seit jeher, wie wichtig das physische und psychische Wohlbefinden der Mutter für ein gesundes Kind ist. Aber wann in der Weltgeschichte ging es der Masse der Mütter schon gut? So mußte allerlei Spuk herhalten, ein Sicherschrecken oder ein Sichversehen der Mutter, um Fehlgeburten, Totgeburten, Mißgeburten zu rechtfertigen. Natürlich kann ein Schock eine Schwangerschaft in Gefahr bringen, aber vom Anschauen des Bildnisses eines bestimmten Mannes nimmt das Kind noch längst nicht dessen Gesichtszüge, Hautfarbe oder andere unverwechselbare Zeugnisse verwandtschaftlicher Bindungen an. Dieses Märchen und tausendfach abgewandelte «Erklärungen» kamen Ehefrauen zupaß, die dem Angetrauten glaubhaft machen wollten, niemand anders als er selber sei der Vater des Kindes.

Der Aberglauben trieb seine Blüten auch in unseren Breiten bis in die Neuzeit. In Görlitz sagte man, wenn eine Schwangere Eier in der Schürze trüge, käme ihr Kind mit Beulen zur Welt. Und zertrat eine in Annaberg Eierschalen, sollte sie das Kind nicht austragen können. In Thüringen riet man zu quergestreiften Bettbezügen, denn «Langstreif bringt Langleid». Dagegen empfahl man in Sachsen, Hobelspäne in die Schürze zu nehmen, das sichere prächtige Lockenköpfe. War das Kind dann da, durfte man sein Aussehen nicht zu überschwenglich loben. Tat das dennoch jemand, sollte die Mutter drohendes Unglück mit dem Zusatz abwenden: «Ja, aber es hat ein schwarzes A-Loch.»

Der beste Schutz gegen Krankheit von Mutter und Kind bleibt die gesunde Lebensweise. Unter allen Absurditäten fand ich auch manche treffende Regel. Ein Hinweis, der ebenso an gewisse Frauen unserer Tage gerichtet sein könnte, lautet, die Mutter dürfe keinen Branntwein trinken, «sonst brennt's dem Kinde das Herzl aus».

Die frühzeitige medizinische Beratung und Betreuung der Mutter und Beobachtung des werdenden Kindes sind bei uns längst selbstverständlich geworden. Um die Leistungen des Gesundheitswesens gerade auf diesem wichtigen Gebiet noch besser würdigen zu können, seien für den Interessierten einige Hinweise hinzugefügt.

In der Geburtshilfe unterscheiden wir zwischen Mutter und Kind und Plazenta, sprechen aber wegen ihrer gegenseitigen Abhängigkeit in der Schwangerschaft von fetomaternaler-placentarer Einheit. Diese Einheit wird durch den Vorgang der Geburt — der Trennung der Frucht vom mütterlichen Organismus und beider von der Plazenta als dem bisherigen funktionell wichtigsten Bindeglied — beendet.

Das bedeutet eine geradezu revolutionäre Umstellung für alle Beteiligten, denn die Plazenta hat dann keine Funktion mehr. (Manche Tierarten fressen sie allerdings zur Regulation ihres Hormonhaushaltes noch auf.) Mutter und Kind haben schon unter der Geburt verschiedene Aufgaben. Nach neueren Auffassungen löst das Kind als «Fremdkörper» sogar die Geburt aus. Dann, nach einer Übergangsphase, der Wochenbett- und Stillperiode, entfernen sich Mutter und Kind biologisch immer weiter voneinander. Die schwangerschaftsbedingt besonders beanspruchten Organe der Mutter bilden sich zurück, die kindlichen werden gemäß den Anforderungen des Lebens außerhalb des Mutterleibes aufgebaut. Jede Phase folgt dabei besonderen Gesetzen und verlangt unsere besondere Beachtung und fürsorgerische Betreuung.

Wir haben weiter zu unterscheiden zwischen Schwangerschaft, Geburt und Wochenbett, zwischen Kind und Mutter. Durch die Verschmelzung beider Begriffe und die Verwendung der lateinischen Nomenklatur heißt das: prae-, intra-, postpartiale Phase (für die Mutter) und prae-, intra-, postnatale Phase (für das Kind). Als zusammenfassende Bezeichnung für alle drei Phasen wird für die mütterlichen Belange der Begriff peripartial, für die kindlichen perinatal verwendet.

Die von Jahr zu Jahr zunehmende Zahl der in den Schwangeren-Beratungsstellen betreuten Mütter — zweiundneunzig Prozent der berufstätigen gehören dazu — beweist die Wirksamkeit der in der Deutschen Demokratischen Republik zur Popularisierung der praepartialen-praenatalen Betreuung ergriffenen Maßnahmen. Zu ihnen gehört auch die psychologische Vorbereitung der Mütter auf die Geburt.

Über die psycho-prophylaktische Methode ist viel geschrieben und geredet worden. Ich habe sie seit je von einem Geburtshelfer gefordert und ihm die Qualifikation abgesprochen, wenn er sie nicht anwandte. Die Individualität der psychologischen Betreuung muß verständlicherweise in großen Einrichtungen, wo viele Schwangere zusammengefaßt sind, leiden. Darum gewinnt die psychologische Einführung der Mutter in das Geburtsgeschehen unter pädagogischen Gesichtspunkten während der Schwangerschaft, also bereits vor dem Klinikaufenthalt, hervorragende Bedeutung. Auf psycho-therapeutische Entspannungsverfahren, die anfangs unter dem Einfluß der Readschen Methode in das System der Psycho-Prophylaxe eingegliedert waren, hat man mehr und mehr verzichtet. Glücklicherweise auch auf die so nicht erfüllbare und daher immer wieder Enttäuschung hervorrufende Parole von der «schmerzfreien Geburt».

In einem Roman, der zu meiner Jugend eine stattliche Lesergemeinde besaß, las ich zum erstenmal die dramatische Schilderung einer Geburt: «Und nun verzerrt ihr Gesicht wieder das Entsetzliche und wirft und schüttelt sie mit unsichtbaren Händen und läßt sie erst fallen, wie ihre Kraft erschöpft ist. Zwei, drei Atemzüge gönnt es ihr, und dann fängt das Spiel wieder an. Eine Stunde, zwei, drei Stunden ... Rosemarie liegt ganz regungslos da, das Gesicht ist verzerrt, fast nicht mehr kenntlich, die feinen Hände geballt. Und nun beginnt es wieder. Das war nur ein schwaches Vorspiel bis jetzt gegen diesen Kampf, ihre Stimme ist's auch nicht mehr, es ist ein fremdes, wildes Tier, das da schreit, immer wieder: ‹Erbarme Dich, erbarme Dich!›»

Diese Bilder trug ich lange mit mir. War es das unabwendbare Los der Frauen, so zu leiden? Viel später — als ich mich in der Ausbildung befand — las ich im Lehrbuch von Stoeckel, wie er über die Schmerzbekämpfung unter der Geburt dachte: «Viele Frauen lehnen jegliche Schmerzausschaltung, insbesondere jede Ausschaltung des vollen Bewußtseins ab, weil sie die Geburt bewußt erleben wollen. Wer einmal beobachtet hat, wie sich das schmerzverzerrte, todesmatte Antlitz einer Mutter blitzartig erhellt und wie es von einem fast überirdischen Glanz durchleuchtet wird, wenn der erste Kindesschrei ertönt, der weiß, daß das der Gipfelpunkt des Mutterglückes ist, und der begreift, daß es nicht die schlechtesten Frauen sind, die dieses gewaltige Wunder der Natur nicht verträumen oder verschlafen wollen.»

Wer würde übrigens heute solche «Lyrik» in einem Lehrbuch dulden?

So bleibt als Schluß — worauf die körperliche und psychische Vorbereitung der werdenden Mütter jetzt auch abzielt —, das Erlebnis Geburt voll zu erhalten und zugleich allen widrigen Umständen, besonders dem Schmerz, auf möglichst natürliche Weise entgegenzuwirken. Ganz ausschalten wird der Geburtshelfer ihn nicht. Hauptsache, er kann einer glücklichen Mutter ein gesundes Kind in den Arm legen.

Zweifel an den Vorteilen der klinischen Entbindung gehören längst der Vergangenheit an. Bei pathologischen Geburten gestatten Räumlichkeiten samt Inventar ein schnelles und zweckmäßiges Eingreifen.

Die Schwangeren-Prophylaxe erlaubt eine rechtzeitige Auswahl besonders gefährdeter Frauen. Sie können rechtzeitig in die Klinik kommen, behandelt und vorbereitet werden, wobei sie sich unter dauernder Aufsicht befinden. Die sogenannten Intensiv-Stationen an großen Kliniken zur Überwachung von Mutter-Kind auf Kreislauf, Hirn- und Wehentätigkeit sowie im Hinblick auf die Stoffwechsellage ermöglichen konsultative Beratungen zwischen Geburtshelfer und anderen Fachärzten wie Anästhesist, Internist, Psychiater. Die Auswertung der gewonnenen Daten erlaubt Schlußfolgerungen für künftige Fälle. Durch immunologische und enzymatologische Untersuchungen größten Stils sind wir heute in der Lage, manche drohende Gefahr rechtzeitig zu erkennen und abzufangen, wie zum Beispiel bei der Phenylketonuris, die zur Verblödung und zum frühen Tod des Kindes führt.

Eine Klinikentbindung gestattet auch, bei einem notwendig werdenden operativen Eingreifen den Übergang ohne Zeitverlust zu vollziehen. Hier herrschen entschieden bessere Asepsis und hygienische Voraussetzungen als in einer Familienwohnung. Im Anschluß an die klinische präventive Fürsorge bis zur Geburt setzt sich auf der Wochenstation die Pflege nach einheitlichen Prinzipien und modernsten Erkenntnissen fort.

Die Kopplung der Schwangeren-Beratungsstellen an die spätere Entbindungsklinik bringt für die Schwangere den Vorteil mit sich, im Kreißsaal sowie auf den Stationen den Ärzten, Hebammen und Gymnastikschwestern wiederzubegegnen, auf die sie sich während der Vorbereitungsphase individuell eingestellt hat. Das vertieft das Vertrauen und mindert die Angst. Alles in allem trägt die klinische Vor- und Nachsorge wesentlich zur Senkung der perinatalen und peripartialen Sterblichkeit bei. Jeder kann sich an den auch in der Tagespresse zu findenden Statistiken darüber informieren.

Wir nehmen der Mutter die Furcht vor der Geburt und vor dem, was danach kommt. Auch hier wirkt ein umfassendes Maßnahme-System in psychischer, physischer und sozialer Hinsicht. Neben der Wochenbettgymnastik und der Anleitung für eine richtige Stilltechnik gibt es Hinweise für eine geeignete Lebensweise, Hygiene, Ernährung und Kleidung. In der sozialen Betreuung bietet unser Staat Vergünstigungen, die jede Mutter vor materiellen Sorgen sowie den damit verbundenen physischen und psychischen Belastungen bewahrt. Ich denke an Geburtenbeihilfe, Stillgeld, laufende staatliche Kinderzuschläge und Steuerermäßigungen. Der Wochenurlaub hat sich schrittweise von sechs auf sechsundzwanzig Wochen erhöht, bei Mehrlingsgeburten oder komplizierten Entbindungen können die Wöchnerinnen zwei Wochen zusätzlichen Urlaub erhalten.

Sterilität — Pille

Uns suchten Frauen auf, wenn sie Kinder bekamen, uns suchten auch Frauen auf, wenn sie keine Kinder bekamen. Den klinischen Gegenpol zur Geburtshilfe bildete gewissermaßen die Sterilitätsbehandlung. Ich übernahm sie von meinem Lehrer Stoeckel, der sie als besonderes Interessengebiet gepflegt hatte. Vor allem förderte ich die Einrichtung von Sterilitätssprechstunden und bezog in die Sterilitätsbehandlung auch den Mann ein. Damit gab ich den Anlaß zu einer Entwicklung, die heute ihre Vertiefung findet. Die Kinderlosigkeit ist für viele Familien ein hartes Problem, das von der Öffentlichkeit oft kaum erkannt wird. Darum bejahe ich jede Maßnahme, die eine Sterilität beseitigen kann, wenn nur die geringste Erfolgsaussicht besteht. Ich entschied mich stets zum letzten Einsatz. Die ganze Skala sterilitätsbedingter Zustände und ihrer Folgen bis hin zu den ernsten seelischen Konflikten stand mir immer vor Augen und bestimmte meine Entscheidungen.

Die verbreitete Unkenntnis über die Ursachen der Sterilität und ihre Behandlungsmöglichkeiten läßt ahnen, wie gar erst in früheren Zeiten Mystik und Okkultismus das Thema begleiteten. Noch im 18. Jahrhundert legten Hebammen der Frau das Hochzeitstischtuch auf den Bauch, um die Unfruchtbarkeit zu vertreiben. Der seit altersher bekannte Phallus-Kult verirrte sich sogar bis in eine Kirche, eine Kapelle des heiligen Veit in der Schweiz, wo unfruchtbare Frauen das Symbol eines gereckten männlichen Gliedes in ihre Verehrung einbezogen. In der Nähe von dem damaligen Batavia auf Java fand ich noch ein altes holländisches Kanonenrohr, auf

dem die unfruchtbaren Frauen rittlings saßen und Opferga-
ben niederlegten, um Kindersegen zu erlangen.

Manche deutschen und skandinavischen Volkssagen stellen
die freiwillig kinderlose Frau der Kindesmörderin gleich wie
die dänische Ballade vom Edelfräulein Mechthild, das aus Ei-
telkeit und Herzlosigkeit auf ein Kind verzichtet. Sie fühlt
sich schließlich schuldig und geht trotz Pilgerfahrt zugrunde.

In Halle kam eine Frau zu mir und drang darauf, eine bei
ihr vor Jahren vorgenommene künstliche Sterilisation wieder-
aufzuheben. Wegen ihrer drei Kinder hatte sie sich entschlossen, die damals unerlaubte Operation machen zu lassen, und
dafür auch einen Arzt gefunden. Warum sollte ich das rückgängig machen? Sie sah mich mit Tränen in den Augen an und
sagte: «Es ist keine Inkonsequenz. Alle drei Kinder habe ich
in einer einzigen Bombennacht verloren. Das Glück meines
Lebens hängt jetzt davon ab, daß ich wieder Kinder bekomme. Sonst verläßt mich auch noch mein Mann.» Ich
mußte ihr auseinandersetzen, wie kompliziert eine Rekonstruktion — wir sagen, eine Rekanalisation — des Eileiters ist.
Sie gelang glücklicherweise und brachte den erhofften Erfolg.

Um ihre Ehe zu retten, um sich von der Belastung durch die
Kinderlosigkeit zu befreien, laufen solche bedauernswerten
Frauen von Arzt zu Arzt, zu jedem, von dem sie hörten, er
habe in ähnlichen Fällen Erfolg gehabt. Blieb trotzdem das
Ergebnis aus, sahen manche keinen Sinn mehr in ihrem Leben, verfielen in Depression, dachten sogar an Selbstmord.
Darum entschloß ich mich auch in aussichtslos erscheinenden
Fällen zu operativen Maßnahmen, selbst dann, wenn nach
den Schulregeln nicht einmal ich selbst an den Erfolg glauben
konnte. Aber als Frauen mit fast fünfzig Jahren daraufhin
doch schwanger wurden und den erhofften Nachwuchs bekamen, ein Kind, ihr Kind, nach dem sie sich ein Leben lang ge-
sehnt hatten, in die Arme schließen, liebkosen, aufziehen
konnten, fühlte ich mich selber glücklich und sah mein Handeln gerechtfertigt.

Aus dieser Haltung heraus erklärte sich auch meine Einstellung zu bestimmten Maßnahmen in der Hitlerära. Unter der
Leitung von Geheimrat Stoeckel blieb die Universitäts-
Frauenklinik während der Nazizeit weitgehend vor der Ausführung von Zwangssterilisationen geschützt. Das hing mit

der Persönlichkeit des Leiters, aber auch mit der an Universitäten üblichen gründlichen Dokumentation der einzelnen Fälle und den vielfältigen — für obskure Praktiken nicht gerade wünschenswerten — internationalen Verbindungen unserer Klinik zusammen. Im übrigen lehnten die meisten Assistenten solche Eingriffe moralisch ab.

In keinem einzigen Fall wiesen wir ausländische Frauen, zum Beispiel Russinnen, die aus ihrer Heimat verschleppt und in Berlin zur Arbeit eingesetzt worden waren, im Krankheitsfall zurück oder untersuchten und behandelten sie anders als deutsche Patientinnen. Dafür kann ich mich verbürgen. Wir beurteilten nicht die Nationalität, sondern die Krankheit.

Aber leider gab es eben damals eine Reihe von Personen aus dem ärztlichen Berufsstand, die sich zu inhumanen Maßnahmen hergaben. Für den wahren Mediziner aber durfte es keine unterschiedliche Diagnose, nicht zweierlei Bereitschafts- und Sorgfaltspflicht aus Vorurteil oder was für Gründen auch immer geben.

Wenn er alt geworden ist, wird kein Arzt leugnen können, Fehler gemacht zu haben. Das Entscheidende bleibt jedoch, daß er alles seiner ärztlichen Reputation gemäß getan und stets das Beste im Zeichen der Hilfsbereitschaft und seiner humanitären Aufgabe gewollt hat.

Frauen, die meinen Rat suchten, kannten meine Einstellung. War es trotz aller Bemühungen nicht möglich, Abhilfe zu schaffen, hatte auch ein kühner Eingriff kein Ergebnis, hatte ich sie wenigstens seelisch unterstützt. Alles war aufgeboten worden, ihre Entschlußkraft und das Können des Arztes, um die Sterilität zu beseitigen.

Sogar bei völlig ausgefallenen oder fehlenden Organen zeichnen sich Auswege ab, auf denen allerdings erst wenige vorsichtige Schritte getan sind.

Wir rechnen heute wie damals mit etwa zehn Prozent ungewollt steriler Ehen. Früher glaubte man, der hauptschuldige Teil sei die Frau, und richtete das Augenmerk darauf, bei ihr die Ursachen zu diagnostizieren und zu beheben. Operative Methoden herrschten vor, weil man als Hauptgrund Verstopfungen oder Verklebungen vermutete, also mechanische Behinderungen im Genitaltrakt der Frau, die eine Aufwanderung der männlichen Spermien und dadurch die Befruchtung verhinderten. Das traf für eine große Zahl von Fällen zu. Heute liegt eine wesentlich breitere Skala der Sterilitätsursachen vor.

Besondere Bedeutung kommt der Sterilität des Mannes zu. Man sucht sie zu erforschen und zu behandeln. Um dieses Gebiet streiten sich im Augenblick noch die Gynäkologen und die Dermatologen. Soweit wir konnten, bauten wir an unserer Klinik eine andrologische Abteilung auf. Sie arbeitete ganz exzellent. Im übrigen bleibt es gleichgültig, ob ein Frauenarzt oder ein Hautarzt als Androloge, als «Männerarzt», fungiert, Hauptsache, er begnügt sich nicht damit, die Zahl der Spermien, ihre Beweglichkeit und die Dauer ihrer Beweglichkeit zu prüfen, sondern stellt auch enzymatische, immunologische und andere Untersuchungen an, um die Ursachen zu ergründen.

Seit Jahrzehnten rückt auch die künstliche Befruchtung, die Insemination, als Gegenstand von Experimenten ins Blickfeld. Früher, nur mit dem Sperma des eigenen Mannes vorgenommen, verliefen die Versuche, soweit ich das überblicke, ohne ermutigendes Resultat. Jetzt reichert man das Sperma an, friert es ein und geht in der Technik der eigentlichen Befruchtung eigenwillige Wege. Die Erfolgsziffern steigen.

In den letzten fünfzig Jahren weitete sich die Sterilitätsdiagnostik in allen Richtungen gewaltig aus, sei es in der Röntgen- oder Ultraschalldiagnostik, der morphologisch-histologischen, der endokrinologischen, der chemisch-biologischen Untersuchungen überhaupt.

Gegenwärtig kann in zwanzig bis fünfundzwanzig von hundert Fällen eine Sterilität beseitigt werden. Doch die ärztliche Kunst stößt auf Grenzen. Wer aber einen Eingriff zur Herstellung der Empfängnisfähigkeit wegen geringer Aussichten ablehnt, muß sich vielleicht in einigen Jahren die quälende Frage vorlegen, ob er es nicht dennoch hätte tun müssen, um dem Gebot gerecht zu werden, als Frauenarzt alles zum Wohle derer aufzubieten, die sich ihm anvertrauen. Wie schlägt sein Gewissen, gerät die Frau gar ins Unglück. Darum gehören in die Beratungsstellen, in denen oft wichtige Vorentscheidungen fallen, nicht unbedingt die jüngsten Kollegen, sondern erfahrene Kräfte mit großem psychologischem Einfühlungsvermögen.

Andererseits sehe ich Hinderungsgründe für die Korrektur dort, wo mit größter Sicherheit eine erblich bedingte Mißbildung des Kindes zu erwarten ist. In einem solchen Fall sollte der Arzt die von der Natur eingebaute Bremse für eine Schwangerschaft nicht lösen. Ähnlich problematisch sind Fälle, in denen die Empfängnisfähigkeit im Prinzip herstellbar ist, das Ei sich aber nicht in der Gebärmutter, sondern immer im Eileiter einnistet, also extrauterine Graviditäten, Bauchhöhlenschwangerschaften, eintreten. Das bedeutet erneute Operation, erneute Gefahr. Dennoch wollen diese armen, seelisch schwer gepeinigten Frauen jedes Opfer auf sich nehmen, wenn sie nur die geringste Chance sehen, Mutter zu werden.

Ein seltener Ausgang der Bauchhöhlenschwangerschaft ist die Petrifikation, das heißt die Versteinerung des abgestorbenen Kindes in der Bauchhöhle. Die älteste Beobachtung in dieser Hinsicht betrifft das in der Tübinger Frauenklinik aufbewahrte sogenannte Steinkind von Leinzell, das 1720 bei einer vierundneunzigjährigen Greisin durch Sektion gefunden wurde und von ihr sechsundvierzig Jahre lang getragen wurde.

Zum Glück stellen sich nicht alle Sterilitätsprobleme so dramatisch dar. Manche beginnen nämlich schon bei der Unkenntnis biologischer Grundvorgänge. Das läßt sich durch einfache Beratung ändern. Einige leichte Störungen sind sozusagen mit einem Schnitt zu beheben, wenn beispielsweise die Scheide verklebt ist oder sich in der Entwicklung nicht richtig geöffnet hat. Um diese Sperre zu beseitigen, braucht man unter Umständen nicht einmal das Messer, ein Fingerdruck oder das Benutzen einer Sonde genügt. Ich konnte einige Male von einer Minute zur anderen alle Schwierigkeiten beseitigen und glückliche Menschen aus der Sprechstunde gehen lassen. Dabei hatte der Arzt oft nicht einmal viel zu tun, er mußte nur den Sachverhalt erkennen.

Schwerer sind Verschlüsse der Eileiter zu beheben. Diese Aufgabe operativ zu lösen gehörte zu meinen größten Bemühungen. Mindestens ein Viertel, wahrscheinlich aber mehr aller Fälle von Kinderlosigkeit ist auf eine Verklebung der Eileiter zurückzuführen. Hier ist es unbedeutend, ob sie mechanische, entzündliche oder funktionelle Ursachen hat. Die Wahl des zweckmäßigsten Verfahrens hängt davon ab, wo der Verschluß sitzt. Leider befindet er sich meistens — und zwar etwa mit zehn Prozent größerer Häufigkeit — in Uterusnähe. Im Laufe der Jahre empfahl eine Unmenge von Therapeuten eine ebenso große Zahl von Verfahren zur Behebung des Schadens. Obwohl sich jede dieser Methoden den besonderen Gegebenheiten des Einzelfalls anzupassen sucht, wirken sie alle im Vergleich zu unseren heutigen Kenntnissen roh und grobschlächtig.

Ich bin überzeugt, daß die physikalische Behandlung, die Wasser- und Badetherapie oder andere gegen entzündliche Prozesse gerichtete Maßnahmen in Verbindung mit Sulfonamid- und Penizillin-Therapie ausgezeichnete Erfolge zeitigen können. Ich verstehe sie aber mehr als eine allgemeine Stimulierung, als eine Korrektur der vegetativ-endokrinen Beziehungen, als eine Stoffwechselregulierung und Beschleunigung des Abbaus von Entzündungen.

Ich sehe das Ergebnis einer Badekur jedenfalls nicht in einer Wiederdurchgängigmachung verschlossener Eileiter. Unter den röntgenologisch sicheren, wirklich mechanischen Tubenverschlüssen habe ich durch konservative Maßnahmen keinen einzigen sich wieder öffnen sehen.

Liegt ein Verschluß vor, sollte man mit konservativen Behandlungsversuchen keine Zeit verlieren. Sie sind nutzlos und vor allem bei älteren Frauen, bei denen auch der Altersfaktor ins Gewicht fällt, strikt abzulehnen. Ein schneller Entschluß zu einer operativen Klärung ist hier besser als eine therapeutische Verzögerungstaktik oder ein unverantwortliches Vogel-Strauß-Spiel.

Um Mißverständnisse zu vermeiden, betone ich, daß sich meine Kritik an konservativen Behandlungsversuchen nur auf die wirklichen Eileiterverschlüsse, nicht auf funktionelle Störungen oder ganz geringe Verklebungen bezieht. Ähnlich verhält es sich mit dem ursprünglich nur für die Diagnose ersonnenen Durchblasen des Eileiters mit Luft und dem Einspritzen von Kontrastmitteln, wodurch der Eileiter eine Dehnung erfährt. Diese Maßnahmen zeitigen einen gewissen Heileffekt im Sinne örtlicher Reizung oder einer Korrektur feiner, begrenzter Tubenverklebungen beziehungsweise Abknickungen, um den Weg für die Samen- und Eiwanderung zu bahnen, niemals aber können sie intensive Tubenverschlüsse sprengen.

Eine fast kurios zu nennende Methode las ich in der französischen Literatur, wandte sie aber nie an. Der Autor trennte beide entzündlich veränderten Eileiter auf, so daß sie wie zwei flottierende Bänder vom Uterus herunterhingen, tupfte die Sekrete ab und versenkte sie einfach in die Bauchhöhle. Bei einer späteren Nachoperation fand er beide Eileiter durchgängig und zu normalen Röhren geformt. Das mutet geradezu phantastisch an. Wegen des vorhandenen Entzündungsprozesses besteht aber trotz Sulfonamid- und Penizillinanwendung leicht die Gefahr einer Bauchfellentzündung mit allen Komplikationen. Das Verfahren begegnete mir weder in der Literatur noch in der Praxis wieder.

Anders liegen die Dinge, wenn man bestimmte, umgrenzte Verschlußstellen des Eileiters herausschneidet und anschließend beide Enden zusammenfügt. Natürlich verbindet sich damit immer die Gefahr einer späteren Verengung an der Narbenstelle, was zu einer Bauchhöhlenschwangerschaft führen kann. Aber abgesehen davon, daß jede Eileiteroperation mehr oder minder mit diesem Risiko belastet ist, reizte mich der Versuch, diese Operation mit neuartigen Gefäßnahtinstrumenten des bekannten sowjetischen Chirurgen Demichow unter besseren Bedingungen — mit feinsten Tantalklemmchen — wieder aufzugreifen. Nach der Beseitigung der in der Mitte des Eileiters liegenden Verschlüsse bleibt also sowohl der in die Gebärmutter hineinreichende Teil erhalten als auch der obere mit dem Eiauffangmechanismus.

Die nächste Gruppe umfaßt die Verfahren des Eileiterersatzes. Hierfür kommt die freie Übertragung von Venen und Arterienstücken oder der Einsatz körperfremder Materialien in Betracht. Es steht zur Debatte, ob die Transplantate als solche erhalten bleiben, sich verändern oder überhaupt nur — was mir das Wahrscheinlichste ist — als Schrittmacher, Leitschiene für die Bildung einer Schleimhaut wirken, die von der Gebärmutter her einwachsend den Eileiterkanal auskleidet. Jedenfalls kamen Schwangerschaften auf diese Weise zustande.

Bei den künstlichen Transplantaten liegt die Möglichkeit krebserregender Wirkungen nicht außerhalb der Betrachtung. Sie sind bisher bei Menschen nicht bewiesen, verdienen aber Aufmerksamkeit, weil es sich bei den Sterilitätspatientinnen ausnahmslos um junge Frauen handelt. Sie haben also noch viele Jahre zu leben. Das könnte genügen, um auch bei einer langen Entstehungszeit schließlich ein Karzinom erkennen zu lassen.

Der Verzicht auf jede Art von Eileiter kennzeichnet eine weitere Methode von Sterilitätsoperationen. Ein halbierter Eierstock wird unmittelbar auf den Uterus aufgesteppt und gleichzeitig für eine Verbindung zum Innenraum der Gebärmutter gesorgt. Der Erfolg aller dieser etwas gekünstelt wirkenden Verfahren hängt von besonders günstigen Wechselverhältnissen zwischen Eisprung, Eiwanderung, Einnistungsreife und rechtzeitiger Einbettung des befruchteten Eies im Uterus ab. Trotz der geringen Erfolge empfahl ich diese Art der Operation immer wieder, wenn in aussichtslosen Fällen — wo der Eileiter nicht zu reparieren ist — noch eine Chance gewahrt werden sollte.

Anders bei Eileiteroperationen, die den Eileiter als Empfängnis- und Transportorgan im Ganzen erhalten. Für die beste Methode hielt ich immer die, bei der am wenigsten «gemacht», also am wenigsten die normale Struktur verändert wird. Das ist möglich, wenn am oberen Eileiterende Verklebungen vorliegen, die man einfach aufzupfen kann. Nichts braucht man wegzuschneiden oder hinzuzufügen, um den normalen Zustand wiederherzustellen.

Seit der Wiederbelebung der Methode stieg die Erfolgsziffer hinsichtlich der Schwangerschaften sprunghaft in die Höhe, von etwa vier bis fünf Prozent auf zwanzig Prozent und mehr. Darum sollte sie an erster Stelle stehen.

Ist damit nichts zu erreichen, das Tubenende auf die Weise nicht zu eröffnen, so gibt es verschiedene Möglichkeiten, in den Eileiter eine Öffnung zum Eierstock hin anzubringen. Diese Verfahren kranken aber daran, daß der Eileiter nach wie vor ohne seinen typischen Fransentrichter bleibt und der Strudelmechanismus sowie die Zuwimperung des Eies praktisch fehlen. Ein weiterer Nachteil: Der Tubenöffnungsersatz verklebt leicht wieder. Dem versuchte man mit Kanülen oder Fäden zu begegnen, die den Kanal offenhalten sollten.

Noch schwieriger liegen die Verhältnisse beim Verschluß

des Eileiters am Uterus. Hier wird das undurchlässige Stück entfernt und durch eine Schnittöffnung der gesunde Eileiter in die Gebärmutter hineingezogen und dort befestigt. Ich habe die Verbindung zum Gebärmutterinneren mit einem Instrument hergestellt, das für die Verpflanzung von Hornhaut des Auges Verwendung findet. Es gestattet, Gewebe auszustanzen. Der so ausgestanzte Gewebezylinder schafft einen genügend offenen Eingang zur Gebärmutter, während der nur aufgeschnittene Muskel des Uterus den eingepflanzten Eileiter womöglich wieder zusammendrückt. Außerdem kann ich das aus dem Uterus gewonnene Gewebe der nachträglichen histologischen Untersuchung zuführen.

Bei Unfruchtbarkeit wegen völligen Fehlens der Eierstöcke greift die moderne Medizin zur Verpflanzung von Ovarialgewebe in das Keimfeld der Frau. Bei den bekannten Fällen stammten die Transplantate von neugeborenen Mädchen, die verstorben waren. Der Eierstock entwickelte sich, es kam auch zur Follikelbildung.

Damit werden Eier eines unbekannten Wesens, die im neuen Organismus reifen, für die Befruchtung durch den Mann freigegeben. Die Schwangere fungiert letztlich nur als Trägerin der Frucht und Geburtsmaschine, die diese Frucht ausstößt. Der alte Rechtsgrundsatz bei Vaterschaftsprozessen «mater certa, pater incertus», wonach die Mutter mit Sicherheit bekannt ist, der Vater nicht unbedingt, steht auf dem Kopf. Zu den genetischen Fragen kommen ethische, die man nicht ohne weiteres beantworten kann.

Einmal zu allerlei Vorstellungen angeregt, halte ich es für denkbar, daß ein Ei von einer Frau, die zwar Ovarien besitzt, jedoch nicht schwanger werden kann oder nicht in der Lage ist, ein Kind auszutragen, «in der Retorte» mit dem Samen ihres Mannes befruchtet wird. Genetisch eine klare Sache. Dann wäre das Ei in den Uterus einer anderen Frau — deren Bereitschaft dazu vorliegt — einzupflanzen. Damit der Wirtsorganismus die Frucht annimmt, sind verschiedene günstige Bedingungen Voraussetzung. Trotz dieser «Dienstleistung» einer dritten Person bleibt die Frucht genetisch Kind seiner gebärunfähigen Mutter und deren Gatten. Solche Erwägungen bedrohen allerdings schon die Grenze der Gesetzlichkeit, die jede genetische Manipulierung verbietet.

Für die Empfängnisunfähigkeit einer Frau können auch Störungen im Hormonhaushalt verantwortlich sein, die den Follikelsprung unterbinden. Im Hormonhaushalt, einem äußerst komplizierten System, bedingen sich Dutzende von Faktoren gegenseitig, nehmen Einfluß aufeinander. Manchmal verglich ich die Endokrinologie, die sich allmählich in verschiedene Spezialgebiete aufteilt oder gar zu zerfallen droht, mit einem Konzert: es kann nicht laut die Soloflöte ertönen, wenn das für den Gesamteindruck adäquate Instrument die Orgel oder ein großes Orchester ist. Daher lehnte ich es stets ab, ohne Zwang bestimmte Hormone zu verabfolgen. Wo sie jedoch eindeutig besonderen Nutzen bringen, befürworte ich selbstverständlich ihre Anwendung.

Ich erlebte den Anfang der gynäkologischen Endokrinologie. Aschheim und Zondek entwickelten in der Charité die Schwangerschaftsreaktion — nach ihnen noch heute AZR genannt —, die gestattet, mit dem im Harn der Frau vermehrten Hormonen schon nach sechs bis acht Tagen eine Schwangerschaft festzustellen. Es war die Zeit, als Fränkel in Breslau das Corpus-luteum-Hormon fand, das Gelbkörperhormon, das nach dem Follikelsprung entsteht. Seither kann ich verfolgen, was die Endokrinologie an Fortschritten hervorgebracht hat und hervorbringt.

Was ich selber dazu tun konnte, bezieht sich nicht auf die direkte Hormonforschung, sondern auf die Organisation ihrer Entwicklung in unserem Fach. In Halle forderte ich von allen meinen Assistenten, bei der Untersuchung und der Befunderhebung hormonell gestörter Frauen und Mädchen im Untersuchungsschema auch solche Fakten festzuhalten, die mit den damaligen chemischen Methoden nicht zu analysieren waren. Sie mögen mich beschimpft oder diese Aufgabe wegen der noch geringen Aussagekraft geringgeschätzt haben. Später bestätigten sie, daß die Analysen halfen, bei Frauen, die wir früher behandelt hatten, rückläufig diese Beobachtungen auszuwerten und so den Untersuchungsgang wesentlich zu verbessern, zu spezialisieren. Außerdem ließen sich die gespeicherten Daten für die Forschung verwenden.

In der Konsequenz dieser Überlegungen baute ich dann in Berlin ein endokrinologisches Laboratorium auf. Da die Kenntnisse des Arztes hier nicht mehr genügten, gewann ich

Chemiker und fand in einzelnen von ihnen Mitarbeiter mit besonders originellem Denkvermögen, deren Arbeitsmethoden zum Teil Maßstäbe für die Verbesserung endokrinologischer Untersuchungen überhaupt setzten und anderen Instituten ebenfalls weiterhalfen.

Am Anfang meiner Tätigkeit in Berlin fand ich eigentlich nur ein Routinelaboratorium vor, das Blut- und Harnuntersuchungen, wie sie im klinischen Bereich anfallen, erledigte. Sonst gab es keine Speziallaboratorien außer in der pathologisch-anatomischen Abteilung, die Robert Meyer führte. Sie hatte ausgezeichnete Obduktions- und Unterrichtsräume sowie eine Abteilung für histologische Untersuchungen und die Archivierung der Befunde. Das war beispielhaft. Ich sah mich geradezu angestachelt, für eine moderne Frauenheilkunde die entsprechenden Speziallaboratorien bei uns aufzubauen und dabei auch die anatomisch-pathologische Abteilung zu modernisieren, um diese Bereiche zu profilieren und mustergültig zu entwickeln.

Es gab und gibt keinen Stillstand. Der Weg führt von den alten Ägyptern, die den Harn schwangerer Frauen in Getreidetöpfe filtrierten und dann beobachteten, daß die Pflanzen schneller wuchsen, bis zur AZR, bei der Urin von Schwangeren infantilen Mäusen eingespritzt wird und in deren Eierstöcken Prozesse auslöst, die eine Schwangerschaft bestätigen. Heute macht man den direkten Test, den immunbiologischen Test, kommt vom Tier weg hin zur reinen Funktionsuntersuchung. Eine Stufenleiter des Fortschritts in der Endokrinologie, die immer steiler wird.

Als ich, eng an die Praxis gelehnt, wissenschaftlich zu arbeiten begann, beherrschten uns in der Analyse wie in der prospektiven Betrachtung die alte Virchowsche Zellularpathologie und die von seinen Epigonen vertretenen morphologischen Vorstellungen.

Robert Schröder, Leipzig, hatte, als er noch in Rostock unter Sarwey arbeitete, die zyklischen Veränderungen der unter Hormoneinfluß stehenden Uterusschleimhaut untersucht. Eine bahnbrechende Pionierarbeit. Da sich seine Feststellungen auch auf die formverändernden mikroskopischen Befunde beziehen, befindet er sich sozusagen an der Schwelle zwischen morphologischer und funktioneller Denkrichtung, die der zukünftigen Entwicklung das Gepräge gab und die alte These bestätigte, daß bei dem Reichtum und der Variabilität natürlicher Prozesse oder Fehlentwicklungen jede einseitige Betrachtung fehl am Platze ist und daß man, um voranzukommen — hier sei der verpönte Ausdruck einmal erlaubt —, mehrgleisig fahren muß, wenn man die Zusammenhänge richtig erkennen will.

Von Naturbeobachtungen über manches geglückte Experiment haben wir uns zu einer immer spezialisierteren methodischen Technik und Analytik im chemisch-biologischen Bereich hin bewegt. Mein Anliegen dabei war und blieb, Bedingungen zu schaffen, die einer Frauenklinik gestatten, mit entsprechenden Laboratorien ihren wichtigen Beitrag zur allgemeinen Entwicklung der Endokrinologie zu leisten.

Ich verstand meinen ärztlichen Auftrag stets so, gestörte Funktionen wiederherzustellen, nicht vorhandene, aber nötige zu wecken oder Fehlentwicklungen zu korrigieren. Deswegen lehnte ich ab, den weiblichen Zyklus über die von der Natur gesetzten Grenzen hinaus zu verlängern. Aber wo liegt die Grenze?

Ich wende mich nicht gegen Hormongaben, wo das Lebensgefühl einer Frau zu stark gestört ist, wenn sie körperlich und geistig zu altern beginnt, aber die reale Möglichkeit besteht, sie durch Hormone aufzufrischen, ihren Gewebsturgor zu erhöhen, die Spannkraft zu vergrößern, ihr so eine Lebensweise zu ermöglichen, die sie glücklicher sein läßt als vorher. Es gilt als legitim, in solchen Fällen mit Hormonen einzugreifen, allerdings unter genauer Beobachtung, damit nicht etwa andere Schäden eintreten oder sich hinter den Blutungen, die ich bewußt provoziere, Karzinomblutungen verstecken. Ich empfehle also, Hormone nicht wahllos, ohne Kontrolle des Arztes, einzunehmen. Die Indikation muß hieb- und stichfest sein, die Überwachung kontinuierlich. Das ist konkret meine Einstellung.

Ähnlich denke ich in der Frage der «Pille». Sie bedeutet — wenn man es genau nimmt — auch einen widernatürlichen Eingriff in ein normales Geschehen. Aber man muß abwägen, ob wirklich Schaden entsteht oder vielmehr Schaden vermieden wird. Die hormonelle Verhinderung eines Follikelsprungs zur Verhütung einer Konzeption ist in vielen Lebenslagen — die ich hier nicht näher zu analysieren brauche — gerechtfertigt gegenüber den Folgen, die unerwünschte Geburten und andere Schwierigkeiten, in die solche Frauen geraten können, hervorrufen. Ich rede nicht dem unkontrollierten Gebrauch der «Pille» das Wort. Wenn Frauen sie nehmen, müssen sie unter ärztlicher Obhut bleiben. Man darf nicht leugnen, daß Schädigungen auftreten können. Dabei denke ich nicht an Krebs, für den es keinen Anhalt gibt, auch wenn es immer wieder einmal behauptet wird. Bei Gerinnungsstörungen allerdings und bei Leberschäden sollte man vor der bedenkenlosen Einnahme von solchen speziellen Hormonen warnen.

Vielleicht verhielt ich mich anfänglich etwas zu vorsichtig beim Gebrauch von Hormonen. Heute befindet sich das gesamte Gefüge so im Blick der Wissenschaft, im ganzen Induktionsgebiet sind alle Möglichkeiten so abgeklärt, daß ich mich voll dazu bekenne.

Dennoch sehe ich in der Mutterschaft das uneingeschränkte Primat des Lebens. Unsere Gesellschaft befreite die Frau von der «Angst» vor dem Kind. Zugleich schuf sie alle materiellen und moralischen Voraussetzungen, um der natürlichsten Regung einer Frau, dem Wunsch zum Kind, volle Entfaltung zu ermöglichen. Ich wäre ein schlechter Frauenarzt, stünde ich nicht konsequent hinter dieser Entwicklung. Sie verbindet sich mit einer gesteigerten Verantwortungspflicht der Frau vor sich selbst, vor ihrer Familie und vor der Gesellschaft.

Gynäkologische Urologie

Beim Menschen sind das Genitale und der Harntrakt eng gekoppelt. Daraus ergeben sich viele einander bedingende Störungen in der Entwicklung und in der gemeinsamen Funktion. Zwangsläufig widmete ich mich deshalb den urologischen Eingriffen in der Gynäkologie. Dazu gehören Operationen auf dem Gebiet der Harninkontinenz, also dem mangelhaften Verschluß der Harnblase, und die Fistel- und Mißbildungsoperationen.

Mein Lehrer Stoeckel war ein Wegbereiter der gynäkologischen Urologie. Schon von seinem Schwiegervater Fritsch, Bonn, beeinflußt, wendete er sich diesen Fragen zu und bildete sich nicht nur zu einem Urogynäkologen, sondern zu einem Urologen überhaupt heran. Was lag näher, als ihm auf diesem Spezialgebiet zu folgen. In den dreißiger Jahren durch ihn gefördert, später auch aus eigenem Antrieb, befaßte ich mich mit den Inkontinenz- und Fisteloperationen sowie allen Eingriffen, die sich aus der engen Nachbarschaft der Genitalorgane mit den Harnorganen im kleinen Becken ergeben, darüber hinaus aber auch mit der Harnleiter- und Nierenchirurgie, also den oberen Harnwegsabschnitten.

Heute ist die Landschaft unter den Spezialisten anders aufgeteilt. Die Urologie spaltete sich von der Chirurgie und damit auch von der Gynäkologie ab. An allen größeren Orten der Republik, vor allem in den Universitäts-, Akademie- und Bezirksstädten, befindet sich die Urologie in raschem Aufbau. Sie besitzt unverkennbar besondere Bedeutung. Man denke nur an den Einsatz der künstlichen Nieren, an die Nierentransplantationen und dergleichen. Gerade darum bedarf die Zusammenarbeit zwischen Nephrologen, Urologen und gynäkologischen Urologen in Zukunft noch intensiverer Pflege, wobei die gynäkologische Urologie nicht ganz in die Hände der Urologen übergehen sollte. Die Verwandtschaft, die Verquickung von Befunden im Genital- und Harntrakt der Frau weist spezifische Gesichtspunkte auf, die der Gynäkologe besser beurteilen und behandeln kann. Gynäkologisch-urologische Zentren sind ideal für die Behandlung solcher Leiden. Von der Ureter- und Nierenchirurgie der oberen Harnwege braucht ein Frauenarzt heute jedenfalls nur so viel zu wissen, daß er sich in Notsituationen zu helfen weiß.

Die häufigste Störung ist die weibliche Harninkontinenz. Sie entsteht am ehesten durch schlecht geleitete oder auch viele zu kurz aufeinanderfolgende Geburten, durch Arbeit mit besonderer Belastung für den Bauchraum, also durch die Überbeanspruchung der Muskulatur. Dadurch ergeben sich Erschlaffungen und Elastizitätsverlust und Gebärmuttersenkungen. Die Senkung verschiebt auch die Lageverhältnisse von Blase und Harnröhre, und daraus ergibt sich ein mangelhafter Verschluß des ganzen Blasenapparates. Wir kennen aber auch rein nervöse Störungen, die die gleichen Symptome hervorrufen und eine gewissenhafte Prüfung aller ursächlichen Möglichkeiten verlangen.

Soweit mechanische Ursachen vorliegen, kommt in erster Linie die operative Behandlung in Frage. Sie muß beide Organtrakte berücksichtigen, den Harn- *und* den Genitaltrakt, ganz gleich, von welchem Teil die Hauptstörungen ausgehen.

Ein Operationsverfahren besteht darin, die ursprünglichen Verhältnisse durch Raffung und Wiederaufbau der erschlafften Muskulaturen wiederherzustellen. Es arbeitet mit dem, was der Körper selber anbietet. Bei einem anderen Verfahren versucht man dasselbe Prinzip, indem man aus Nachbargeweben Substanz zur genügenden Polsterung zu gewinnen sucht. Man zieht andere, noch intakte Muskelgruppen heran, um die geschädigten zu ersetzen. Alle diese Operationen spielen sich hauptsächlich im Bereich des Genitale und seiner Umgebung ab. Wir operieren «von unten», vom Damm her, denn dort gibt es eine Reihe solcher geeigneter Muskelgruppen.

Wenn auch diese Gewebe nicht mehr genügen, muß man noch entferntere in Anspruch nehmen. Man kann Gewebeschlingen um den Hals der Harnblase legen, die an der Sehnenplatte der vorderen Bauchwand und Teilen der langen Rektusmuskulatur entnommen werden. Oder man transplantiert frei Sehnen aus dem Oberschenkel.

Solche Eingriffe, die eigentlich nur ein kleines Körperterrain betreffen, sind allerdings mit erheblichen operativen Verwundungen verbunden, denn man muß einen größeren Bauchschnitt machen oder den Oberschenkel an der Seite spalten, um an die Faszien heranzukommen. Das brachte uns auf die Idee, Ersatzgewebe zu suchen. Als die synthetischen Gewebsstoffe wie Nylon, Dederon und so weiter aufkamen, bemühten wir uns, damit das gleiche Ziel zu erreichen. Das gelang auch. Leider nicht immer, weil wir die Körperverträglichkeit nicht vorausberechnen konnten. Manche Frauen vertrugen es ausgezeichnet und kamen mit diesem Ersatzgewebe, das allmählich durch eigenes Narbengewebe ausgekleidet wurde, gut aus, andere stießen das Kunstprodukt ab.

Bei positivem Verlauf — wir beobachteten das histologisch — greift der Körper das künstliche Material an, fasert es auf und lagert eigenes Gewebe in die Brücken des fremden ein. So bildet sich eine feste Narbe, die die Funktion der Halteschlinge übernimmt. In einigen Fällen, in denen das Kunstgewebe nicht vertragen und abgestoßen wurde, sah ich mich dennoch nicht völlig enttäuscht, weil der Körper durch den Entzündungsprozeß, der sich dabei entwickelte, Narbengewebe produzierte, das dann doch die gewünschte Funktion erfüllte. Zwar verwendete ich als einer der ersten Nylonschlingen, kam aber wieder davon ab, weil der Prozentsatz der Verträglichkeit nicht dem entsprach, was ich erreichen wollte. Fünfzig Prozent Erfolge waren mir zuwenig.

Trotzdem verlor ich das Interesse an diesem Verfahren nie. In Diskussionsbeiträgen in der Akademie der Wissenschaften und anderenorts trat ich wiederholt dafür ein, bei der Entwicklung von Kunststoffen stärker die Körperverträglichkeit zu berücksichtigen. Tatsächlich bahnt sich ein Weg an, der den Ersatzstoffen allgemein Eingang in die Chirurgie verschafft. Von implantierten Hüftgelenken bis zu Herzklappen-Ersatzmitteln — also faktisch in allen Körperbereichen — können wir Kunststoffe einsetzen.

Ich suchte zunächst weiter nach einem körpereigenen Ersatzgewebe, das sich ohne größere Schnitte gewinnen ließ. Angeregt durch die Chirurgen, kam ich darauf, die Oberhaut des Menschen, die Epidermis, zu nehmen und sie entsprechend zu präparieren. Das scheint mir überhaupt im Augenblick der beste Weg für die Ring-Operationen zu sein. Eine Operationswunde müssen wir sowieso anbringen, um an das betroffene Gebiet heranzukommen. Dabei kann man den benötigten Hautstreifen ausschneiden, ihn so vorbereiten, daß nur noch die reine Lederhaut bleibt, und diese als Schlinge verwenden.

Ich entnahm die Haut aus dem Bauch, von dort, wo ich mir den nötigen Zugang schaffen mußte. Statt eines einfachen Schnittes machte ich einen doppelten und bekam einen etwa ein bis zwei Zentimeter breiten Hautstreifen. Ohne zusätzliche Wunden hatte ich, was ich brauchte. Bei allen Operationen, die ich auf diese Weise ausführte, durfte ich mit den Resultaten sehr zufrieden sein.

Es gelang mir, ein zusätzliches Verfahren einzuführen: die Unterpolsterung der Harnröhre ebenfalls mit körpereigenem Gewebe. Ich schnitt aus der Scheide in Längsrichtung einen Streifen aus, formte ihn zu einer Rolle und legte diese unter

VITEMBERGA AD ALBIN, SAXONIÆ METROPOLIS.

Albis fl.

Erster Stich
der Stadt Wittenberg

Der Weg vom Markt zur historischen Wittenberger Schloßkirche, an deren Tür Martin Luther am 31. Oktober 1517 seine 95 Reformationsthesen schlug, führt am Grundstück meiner Familie vorbei, dessen Geschichte sich bis in das 15. Jahrhundert zurückverfolgen läßt. Gleich vorn links, in der Nummer 3, befanden sich unsere Bäckerei und das Konditoreigeschäft mit der darüberliegenden Wohnung

Bei einem Kammersänger an der seinerzeitigen Dessauer Hofoper gesanglich ausgebildet, genoß mein Vater in unserer Heimatstadt als «singender Handwerker» einen besonderen Ruf — hier ein Kostümfoto. Seine musikalische Begabung stellte er auch als Komponist eines Lobgesanges auf den «deutschen Wald» unter Beweis

Zum Schluß dieser Arbeit, die aus wahrer Liebe für die grüne Farbe hervorgegangen ist, möchte ich die aktiven und ehemaligen Garde-Jäger unter den Klängen eines von Herrn Hauptmann v. Boddien gedichteten und vom Gefreiten Kraatz komponierten Liedes wieder in die ihnen allen eigentümliche Heimat, den deutschen Wald, zurückführen, und so erklinge es!

Waldlied. (Solo.)

Text von v. Boddien.   Von Gefr. Kraatz.

Ein 1912 mit Mutter und
Schwester entstandenes
Foto. Danach hätte ich
am Ende meines ersten
Lebensjahrzehnts ein
Musterknabe sein müssen.
Ich war es aber nur fast

Zur Fürsorglichkeit erzogen, versuchte ich bereits im zarten Alter von viereinhalb Jahren, meiner neugeborenen Schwester Liselotte Sorgfalt und Aufmerksamkeit angedeihen zu lassen

Mein Zeugnis, das mich als Klassenzweiten auswies

Mittelschule.

Schul-Zeugnis

für

Helmut Kraatz

Schüler der Klasse *8ª*

auf die Zeit von Neujahr bis Ostern 1911.

Betragen	*1*		**Fleiß**	*1*
Aufmerksamkeit	*1*		**Platz**	*2* unter *38*
Religion:	*1*		Naturbeschreibung	
Deutsch: Lesen	*2*		Physik	
Rechtschreiben	*1*		Chemie	
Sprachlehre	*2*		Geographie	
Mündl. u. schriftl. Ausdruck	*1*		Geschichte	
Rechnen	*1*		Zeichnen	
Raumlehre			Schreiben	*2*
Französisch			Gesang	*2*
Englisch			Turnen	*2*

Bemerkungen: *Versetzt.*

Wittenberg, den 5. April 1911.

Der Rektor.   **Der Klassenlehrer.**

Franke   *Matthies.*

Unterschrift des Vaters pp.

[Signature]

Anmerkung: Bedeutung der Ziffern:
a) für das Betragen: 1 = lobenswert, 2 = gut, 3 = befriedigend, 4 = nicht ohne Tadel, 5 = tadelnswert.
b) für das Übrige: 1 = recht gut, 2 = gut, 3 = genügend, 4 = nicht ausreichend, 5 = ungenügend.

Der erste Weltkrieg
brachte für den vom
Elternhaus behüteten
Jungen Erlebnisse, die
sich einprägen sollten:
rationierte Kartoffeln,
Eier, Fette, Kohlen,
immer mehr Tote und
Verwundete. Als Sani-
täter im vormilitärischen
Dienst mußten wir auf
dem Wittenberger Bahn-
hof Verletzte transpor-
tieren

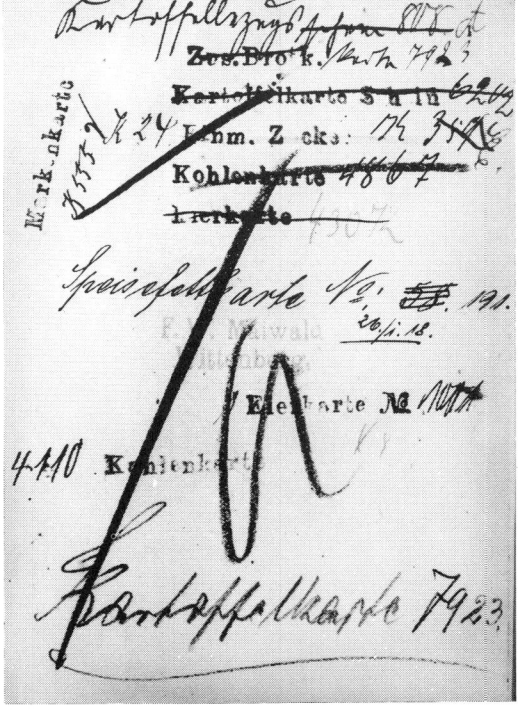

Der Schülerverein
«Vitebergia», dessen
Vorsitzender ich wurde
(Mitte), pflegte Gesang
und Sport, außerdem
auch studentische
Bräuche als Vorgriff
auf den späteren
«echten» Komment

1921. Wir blieben keine Kinder — und auch keine Kinder von Traurigkeit, was wir auf manchem Maskenball bewiesen

Wie die Alten sungen,
so komponierten die
Jungen. Nach einem
Walzer, der mir aus der
Feder geflossen war,
tanzten wir fleißig auf
den «Exbummeln», wie
sich unsere Ausflüge in
die Umgebung nannten.
Klavierspielen und
Singen blieben mir
lebenslang ein ausglei-
chendes musisches
Bedürfnis

Zum Höhepunkt der
mimischen Versuche in
meiner Jugend gestaltete
sich 1921 die Aufführung
von «Alt-Heidelberg».
In dem damals viel ge-
spielten Stück, das —
fernab aller Realität —
eine romantische Liebes-
geschichte zwischen
einem Erbprinzen und
einer Gastwirtstochter
erzählt, durfte ich die
Hauptrolle übernehmen,
die vom Publikum wie
von der Lokalpresse mit
Beifall bedacht wurde.
Neben einer Berufs-
schauspielerin vom Des-
sauer Theater als meiner
Partnerin wirkte auch
mein Vater mit

Balzers Festsäle ⚜ ⚜ Wittenberg

Direktion: Carl Iban, Berlin.

Freitag, den 17. Juni 1921, abends 8 Uhr:

Ult-Heidelberg

Schauspiel in 5 Akten von Wilhelm Meyer-Förster.

Aufgeführt vom Gymnasial-Verein „Vitebergia".

Personen:

Karl-Heinrich, Erbprinz v. Sachsen-Karlsburg	Helmut Kraaß
Staatsminister von Haugk, Exzellenz	Ernst Welder
Hofmarschall Freiherr von Passarge, Exzellenz	Hans Gottfried Heiland
Kammerherr Baron von Metzing	Rolf Reinecke
Kammerherr Baron von Breitenbach	Herbert Becker
Dr. phil. Jüttner	Wilhelm Kraaß
Lutz, Kammerdiener	Hans Ude
Detlev, Graf von Asterberg vom Korps	Werner Gröting
Karl Bilz vom Korps Saxonia	Fritz Tietze
Kurt Engelbrecht Saxonia	Kurt Watzmeyer
von Wedel, Saxo-Borusse	Ernst Welder
Rüber, Gastwirt	Otto Wollschläger
Frau Rüber	Lucie Krause
Frau Dörffel, deren Tante	Hanna Tietze
Käthie	* • *
Kellermann	Herbert Schmidt
Schöllermann	Martin Hutans
Glanz herzogliche Bediente	Heinz Benda
Reuter	Alfred Vollmann
Studenten, Musikanten, Diener.	

* • * Frl. Schoch vom Friedrich-Theater zu Dessau.

Zwischen dem 2. und 3. Akt liegt ein Zeitraum von einigen Monaten; zwischen dem 3. und 4. Akt ein solcher von ungefähr 2 Jahren.

Der 1. und 4. Akt spielen in Karlsburg, der 2. und 5. in Rübers Garten in Heilberg, der 3. Akt in Karl-Heinrichs Wohnung in Heidelberg.

Dekoration: Hans Proquitté. Die Möbel sind von der Fa. W. Essebier & Sohn, die Beleuchtung von F. A. Richter & Co. gestellt.

Der Reinertrag ist zur Beschaffung einer Gedenktafel für die gefallenen Schüler des Manchthon-Gymnasiums bestimmt. Besondere Beiträge werden an der Abendkasse gern entgegengenommen.

Preise der Plätze im Vorverkauf bei Ernst Lauterbach, Markt, Paul Wunschmann, Markt, Oo Härtel, Collegienstr. Balkon 8.— M., Saalmitte 6.— M., Saalseite 5.— M.

Allgemeine Zeitung, Wolf Tietze, Wittenberg.

Theaterzettel
der Schüleraufführung

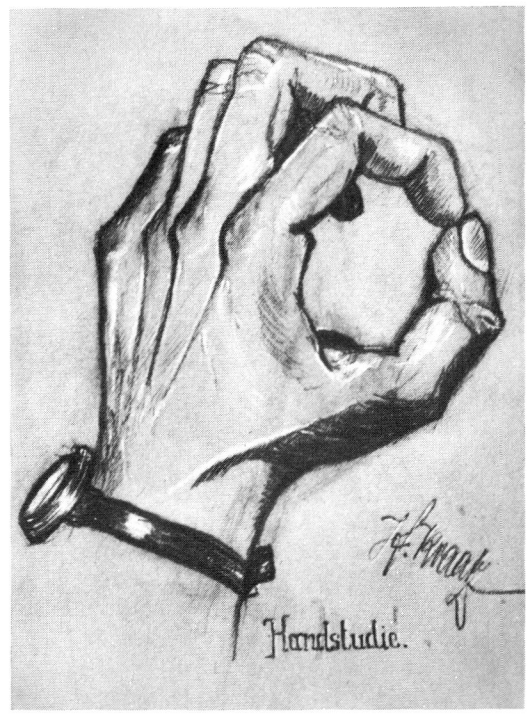

Studien nach lebenden Modellen

Das Zeichnen lebender Motive — zum Beispiel der eigenen linken Hand — machte mir nicht nur Spaß, sondern erwies sich auch als nützlich, um später in Vorlesungen bestimmte Befunde oder Operationsvorhaben zu veranschaulichen

Handstudie.

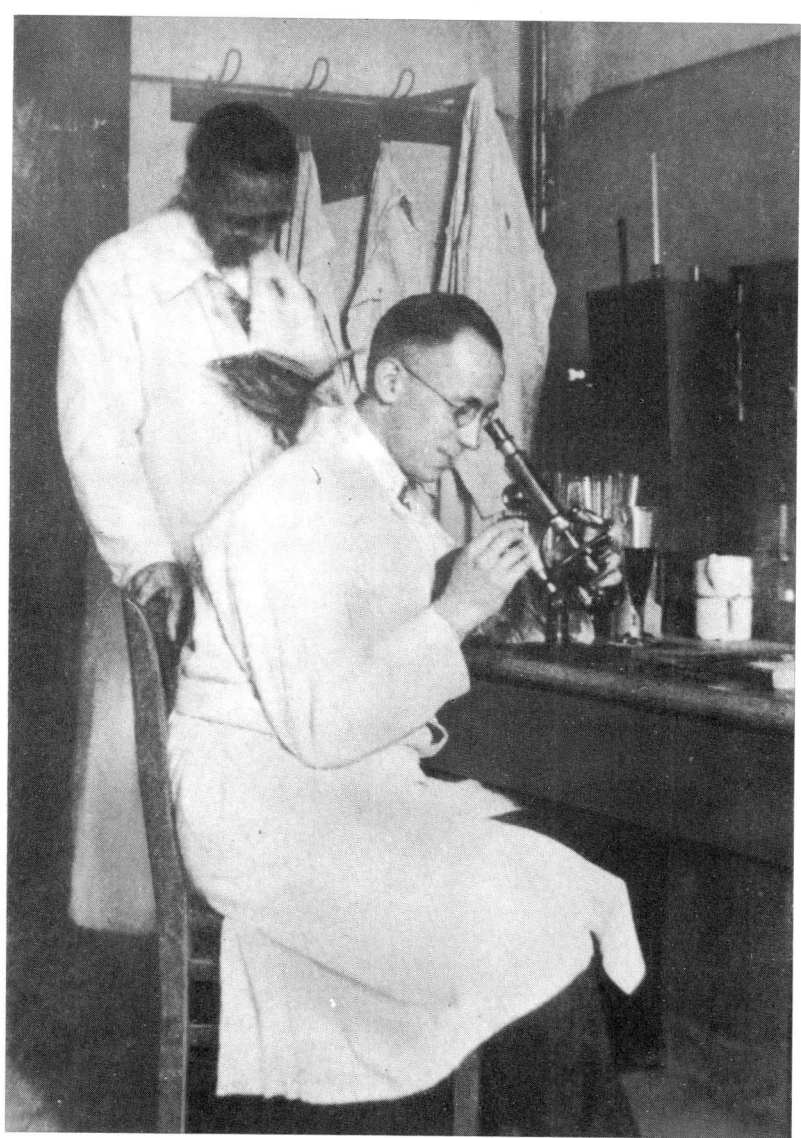

Als Famulus arbeitete
ich 1923 in einem Kran-
kenhaus meiner Heimat-
stadt, dem «Paul-Ger-
hardt-Stift» in Witten-
berg

Erster Entwurf der Dissertation 1928. Dem Spezialgebiet der Urologie bin ich später auch als Gynäkologe treu geblieben. Meine Habilitationsarbeit beschäftigte sich mit den urologischen Komplikationen nach der Radikaloperation des weiblichen Genitalkarzinoms

Unten: Den Doktor der Medizin summa cum laude erworben zu haben, bescheinigte man mir mit dieser Urkunde 1928

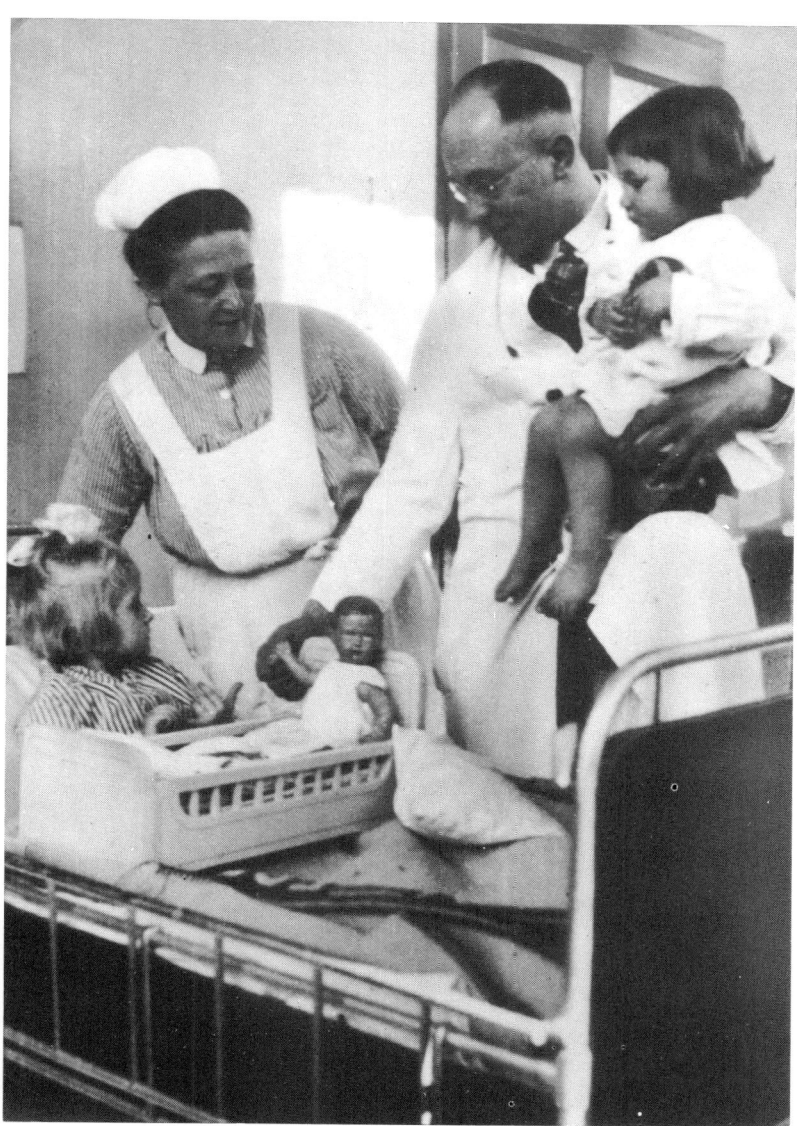

Als Assistent und Stationsarzt 1928 im Kinderpavillon des «St.-Georgs-Krankenhauses» in der Hamburger Lohmühlenstraße

Meine alte Uniform als ziviler Schiffsarzt kam später zu neuen Ehren, wenn es hieß: «Auf zum Hebammenball!» und die Besatzung der poliklinischen geburtshilflichen Abteilung zu diesem traditionellen Vergnügen rüstete

Oben: Auf dem gemischten Fracht- und Passagierdampfer «Menes» sammelte ich 1928 während einer mehrmonatigen Reise nach dem damaligen Niederländisch-Indien Erfahrungen als Schiffsarzt und Eindrücke aus einem allmählich zerfallenden Kolonialreich

Die Klinik in der Artilleriestr. 18 im Jahr ihrer Eröffnung 1882

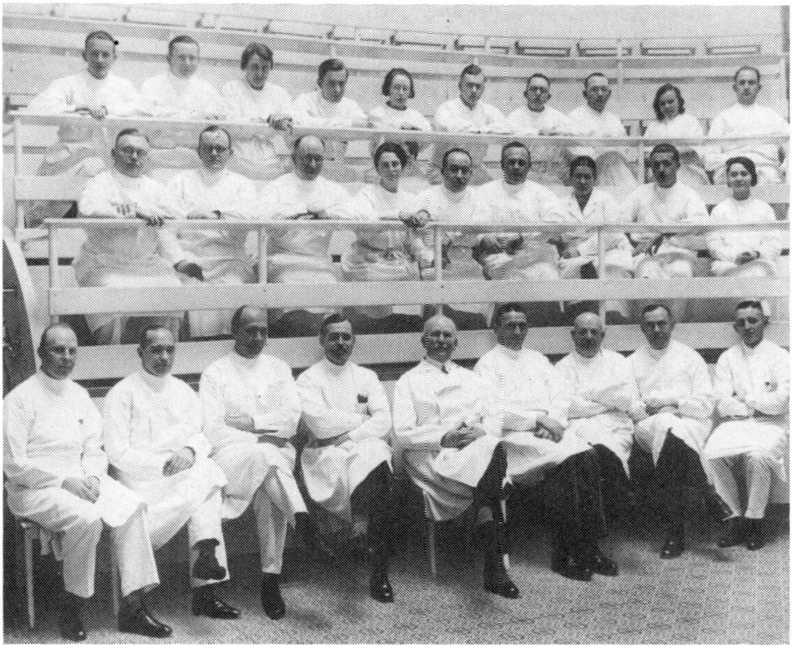

Mein neuer und dann endgültiger Chef, Geheimrat Walter Stoeckel (vorn Mitte), mit seinen Mitarbeitern 1930. Unter seinen Schülern befanden sich damals fünf spätere Ordinarien und vier künftige Leiter bedeutender Kliniken. Ich stand (saß) damals noch in der zweiten Reihe (3. von links)

Oben: Zeichnerische Geburtsurkunde meiner künftigen Wirkungsstätte

Anfang der dreißiger
Jahre bekam ich in
Berlin als Assistent und
stellvertretender Leiter
der geburtshilflichen
Poliklinik meine erste
größere selbständige
Verantwortung im Fach

Eine Widmung
von Studenten im
Praktikantenbuch

DENKMAL FÜR O.A
DR. KRAATZ

ERRICHTET
VON SEINEM
DANKBAREN
SCHÜLERIN

STDECHN
GEBURTS
HILFE

DIENST IST DIENST
NICHT WAHR, WIR VE
RSTEH'N UNS

Statt dem chirurgischen Nähen mußte ich mich als Rekrut in Hitlers Kriegsmarine zunächst dem Knopfannähen zuwenden, um dann schließlich Lazarettdienst zu tun

1945 waren große Teile der Charité zerstört. Auch die Berliner Universitäts-Frauenklinik lag zu sechzig Prozent in Trümmern, der Rest war beschädigt und nicht nutzbar. Der Klinikbetrieb spielte sich im Bunker ab

An der Seite meines Lehrers, Walter Stoeckel, wohnte ich der Grundsteinlegung für den Aufbau des Nordwestflügels der Klinik bei. Eine eingemauerte Kassette bewahrt Geld, Zeitungen und Berichte aus jenen Tagen im Gemäuer auf

Wir wollten dafür sorgen, daß unsere Kinder in Frieden leben können. Mit diesem Versprechen gingen wir ans Aufbauwerk. Mit Adebar im Bunde demonstrierten wir dafür bei einer Maikundgebung

Univ. Frauenklinik
Wir wollen dafür sorgen,
daß unsere Kinder in
Frieden leben Können

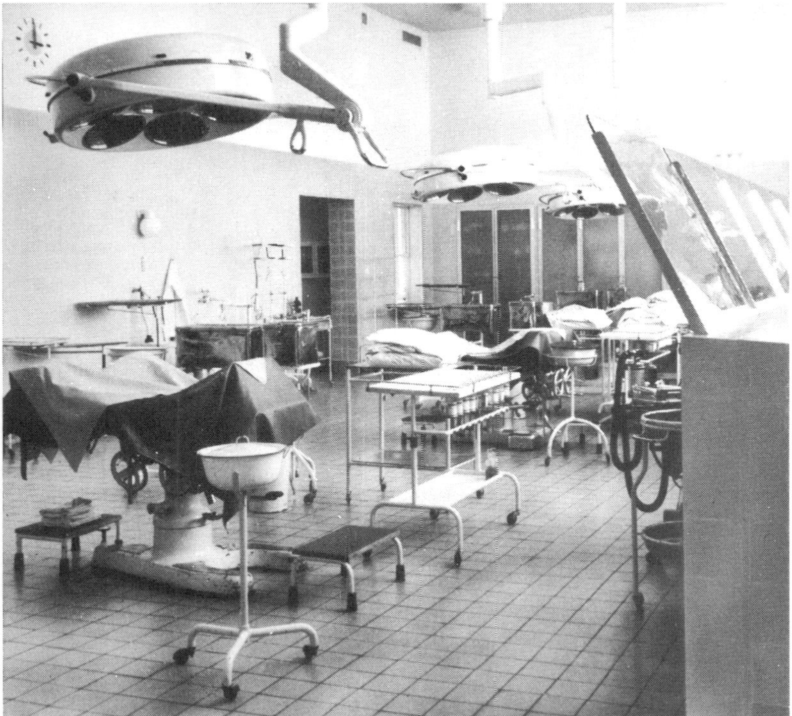

Der fertige neue
Operationssaal Anfang
der fünfziger Jahre

Oben: Professor Figur-
now, Leningrad, Chef-
gynäkologe im medizi-
nischen Dienst der
Sowjetarmee, eröffnete

1947 in Berlin den ersten
Gynäkologenkongreß
nach dem Kriege und
fand starke Zustimmung
der Zuhörer

Obwohl 1958 der Wie-
deraufbau der Klinik
im wesentlichen abge-
schlossen werden konnte
— oben ein Blick von der
Monbijoustraße —, legten
wir als Kollektiv auch
danach in freiwilligen
Einsätzen bei baulichen
Veränderungen und Ver-
schönerungen des Ge-
ländes Hand an

Aufbau auch in Halle:
Operationssaal-Trakt,
Bibliothek, Hydro-
therapieabteilung

Meine Frau mit ihrem
Lieblingshund: Boxer.
Alle Hündinnen ver-
schiedener Generationen
hießen bei uns «Moritz».
Ein neuer Lebens-
abschnitt begann in Halle
und mit meiner Ehe-
schließung 1949

1951 konnten meine Eltern, umgeben von Dankbarkeit und Verehrung, die goldene Hochzeit begehen

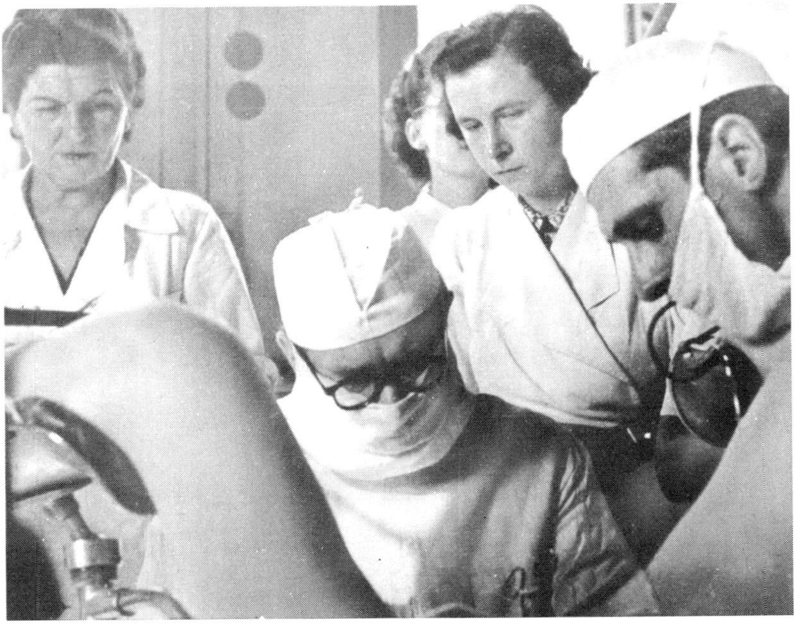

Neben vielen klinischen
Aufgaben — hier eine
vaginale Operation —
füllten mich wissenschaftliche Arbeiten und
1950—1952 auch das Amt
als Dekan der Fakultät
in Halle reichlich aus

Von meinem Lehrer,
Walter Stoeckel, über-
nahm ich einen reichen
Erfahrungsschatz und
1952 auch sein Amt als

Direktor der Universi-
täts-Frauenklinik Berlin,
in das mich der Minister
für Hoch- und Fach-
schulwesen berief

Mit Leidenschaft Hochschullehrer sein bedeutet, seine Hörer zu fesseln und mit anschaulichen Methoden den Stoff zu vermitteln. Stets kam es mir auf einen lebendigen wissenschaftlichen, aber auch menschlichen Kontakt mit meinen Schülern an

Im Vorraum der Klinik, der sogenannten Ruhmeshalle mit den Büsten der Klinikdirektoren, ließ ich auch eine Plastik von Cremer, «Eva», aufstellen. Die künstlerisch reife Darstellung einer Frauengestalt soll im Beschauer Hoffnung auf Gesundheit und Lebensfreude stärken

Gastlichkeit und Geselligkeit im privaten Kreis
als sinnvolle Ergänzung
der beruflichen Arbeit
halfen manche Verbin-
dung vertiefen, manche
Freundschaft knüpfen,
wobei sich meine Frau
(links) stets als Meisterin
im Arrangieren solcher
Begegnungen bewies

Albert Schweitzer (links)
lernte ich Anfang der
fünfziger Jahre anläßlich
einer Nobelpreisträger-
tagung in Lindau persön-
lich als einen universellen
und zugleich eigenwilli-
gen Geist kennen, der lieber «Wäsche für die
Frauen» in seinem Hospi-
tal in Lambarene haben
als Autogramme geben
wollte

Professor Figurnow blieb unserer Klinik, die er seit 1928 kannte, sehr verbunden und besuchte uns gern, wovon auch seine liebenswürdige Eintragung in unser Gästebuch zeugt

Heute wurde ich mit der besten Klinik in Deutschland, mit einem von unseren hervorragenden Fachleuten und seiner bezaubernden Gemahlin bekannt, die zu allen Errungenschaften von Professor Kraatz, dem würdigen Nachfolger von Professor W. Stoeckel, ihren Beitrag geleistet hat. Ich wünsche ihnen Wohlergehen für viele, viele Jahre.

Prof. Figurnow

Ich schließe mich ganz der hier von Professor K. M. Figurnow zum Ausdruck gebrachten Meinung von der Klinik für Geburtshilfe und Gynäkologie an, die ein sehr bedeutender deutscher Gelehrter, Professor Kraatz, leitet.

Ich sage seiner lieben, gastlichen Gattin meinen herzlichen Dank.

Ganz ergebenst

13. 5. 1958.   M. Potmesskij

Gelegentlich boten sich meiner Frau und mir (links oben) Möglichkeiten — wie hier mit Ministerpräsident Grotewohl (Mitte) und seiner Frau sowie mit Dr. Gereke, Präsident der Zentralstelle für Pferdezucht —, an Rennereignissen teilzunehmen, die mein Vorgänger im Amt als Pferdeliebhaber besonders schätzte

AZR, die Aschheim-Zondeksche-Reaktion, ein Hormontest, ermöglichte eine im Vergleich zu vorher sensationell frühe Erkennung der Schwangerschaft. Begrüßung von Professor Aschheim (Mitte) 1960 bei seiner Ankunft zu den Jubiläen 250 Jahre Charité — 150 Jahre Universität in Berlin

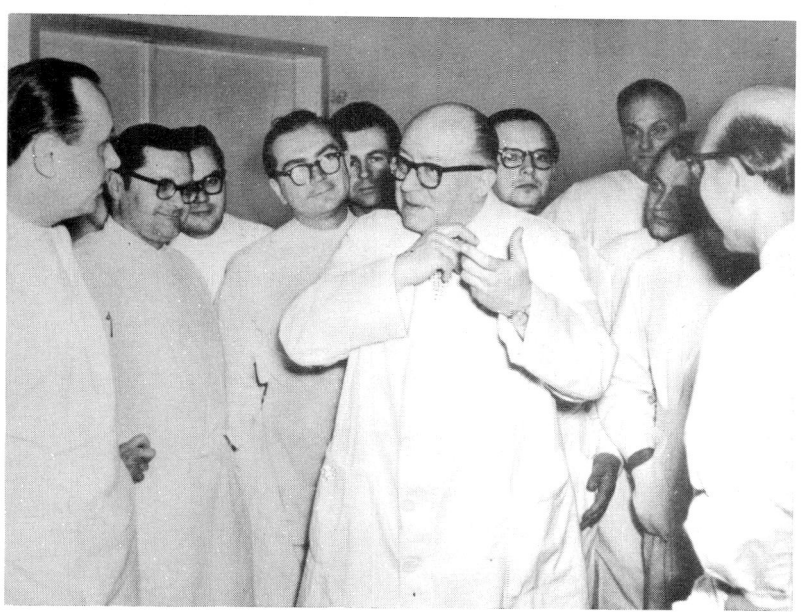

Die «weiße Wolke», eine
unvermeidliche Erschei-
nung, um den jungen
Kollegen am Kranken-
bett Erkenntnisse über
Symptome und Verläufe
zu vermitteln, was den
Patienten wiederum zu-
gute kommt

20. Juli 1960   herzlichst Leo Haas

Neben dem wissenschaft-
lichen Disput das heitere
Streitgespräch in zwang-
loser Runde. Meine Frau
mit Professor Brugsch

Oben: Während einer
Staatsexamensprüfung.
Der Zeichner Leo Haas
hielt das Typische mit
dem Bleistift fest — bis
auf eine Kleinigkeit:
Moritz, der auf der Erde
lag, ist nicht zu sehen

die Harnröhre. Damit wurde die Harnröhre angehoben und gestützt. Diese Methode kommt der Ringplastik insofern besonders zugute, als ich die zügelartigen Haltestreifen besser verankern kann, ohne Gefahr zu laufen, die Harnröhre selbst zu beschädigen — ganz gleich, ob ich einen Faszien- oder einen Muskelring, Seiden- oder Nylonschlingen oder auch die Hautschlinge nehme. Wenn das Unglück es will, kann ein solcher Zügel nämlich in die Harnröhre einschneiden. Die Folge wäre eine Fistel. Liegt darunter aber ein Polster aus einer Rollenplastik, braucht man mit einer solchen Komplikation nicht zu rechnen.

In der Literatur habe ich auch Querrollenplastiken angegeben. Bei Frauen mit Senkungen, die genügend ausgeweitetes Gewebe der vorderen Scheidenwand hatten, bildete ich einen Halbring aus einer — diesmal quer geschnittenen — Scheidenrolle, deren beide Enden ich hinten an der Symphyse, also hinter dem Schambeinknochen, verankerte. Dadurch wurde der Blasenboden angehoben und eine Verstärkung des Verschlußmechanismus erreicht.

Das sind Operationen, die meinen Namen tragen.

Ich führte allein mehr als zweihundert Ringplastiken sozusagen als Ultima ratio aus, um Inkontinenz zu beheben. Die Indikationen bestanden nur zum geringeren Teil in Mißbildungen von Geburt an, in der Mehrzahl waren es später erworbene Veränderungen, die sich besonders beim Husten, Niesen oder Lachen bemerkbar machten. Manchmal gab es eine absolute Inkontinenz, das heißt, hier waren die Frauen nicht mehr in der Lage, auch die geringste Harnmenge zurückzuhalten.

Den größten Anteil an diesem Leiden bildeten Frauen in den mittleren Jahren, vor allem dann, wenn sie mehrere Kinder geboren hatten. Die Umsetzungsprozesse im Klimakterium hatten ebenfalls Auswirkungen auf die Gewebsbeschaffenheit. Die Elastizität läßt nach, der Verschlußmechanismus funktioniert nicht mehr gut. Das Weitere ist stark von der Einstellung der Frau beeinflußt. Viele Ältere finden sich einfach mit ihrem Zustand ab, sind indolent und leben mit ihm. Aber eine Frau, die auf sich hält — glücklicherweise nimmt ihre Zahl zu —, fühlt sich schon durch die geringfügigste Inkontinenz außerordentlich belästigt. Es ist leicht zu ermessen, was es für sie bedeutet, von diesem Leiden befreit zu sein. Sie gewinnt ein besseres Körpergefühl, vor allem größere Selbstsicherheit und neue Impulse für ihre gesamte Lebensführung.

Die Erfolgsaussichten bei derartigen Operationen hängen von der Ausgangslage und von der folgenden Belastung ab. Auch Zeitfaktoren spielen mit. Es stellen sich bessere Resultate ein, wenn man vier Wochen nach dem Eingriff nachuntersucht statt zwei Jahre später. Gewöhnlich verringern sich die Erfolge von einigen Wochen bis zu einem Jahr nach der Operation um zehn bis fünfzehn Prozent. Aber dann liegen Dauerresultate vor. Sie betragen heute etwa achtzig Prozent. Ein hoffnungsvolles Ergebnis.

Ebenso verhält es sich mit den Harnfisteln. Wer einmal erlebt hat, wie glücklich solche Frauen schließlich nach endlich erreichtem Erfolg die Klinik verlassen, der wird es dem Arzt nachfühlen, daß es nicht der Stolz ist, der ihn dann bewegt, sondern das eigene Glücksgefühl, einem vorher todunglücklichen Menschen wirklich körperlich und seelisch zu «neuem Leben» verholfen zu haben.

Es gibt Fehlbildungen der Harnwege, mehrfache oder gegabelte Harnleiter, die zum Teil statt in die Blase in die Scheide münden. Dauerndes Harnträufeln macht die betroffenen Frauen wegen der unangenehmen Begleiterscheinungen, die sie selber und die Umgebung sehr belästigen, mit der Zeit zu kontaktarmen, depressiven Typen. Zu der Qual ständiger Unterwertigkeitsgefühle kommen im Falle von Infektionen noch Fieber und Schmerzen hinzu. Leider wird bei Routineuntersuchungen die Ursache des Leidens oft nicht erkannt, weil die Ärzte zunächst nervöse Störungen (Bettnässen), einen Mangel am Verschlußapparat der Harnröhre oder eine Fistel annehmen. Sogar erfahrene Kliniker erlagen diesem Irrtum, weil äußerlich nicht erkennbare Mißbildungen des Urogenitalapparates sie auf die falsche Fährte lockten. Im Röntgenkontrastbild lassen sich nämlich Mehrfachureteren nur bedingt erkennen. Die Austrittsöffnung des Harnleiters in die Vagina ist mitunter nur haarfein oder liegt so, daß sie bei der klinischen Untersuchung infolge des mechanischen Drucks verschlossen, in Schleimhautfalten verborgen oder durch das Instrument verdeckt wird.

Erhalten die Patientinnen keine Hilfe, folgen häufig

schwere menschliche Konflikte. Döderlein schildert einen Fall, bei dem das Gericht wegen des «ekelerregenden, für die Umgebung unerträglichen Unterleibsleidens, das unheilbar sei und dem Kläger die Ausübung des Beischlafes mit ihr unmöglich mache», eine Ehe schied — obwohl beide schon zwei Kinder miteinander hatten und sich herausstellte: eine Operation hätte sehr wohl geholfen.

In Halle behandelte ich ein junges, sechzehnjähriges Mädchen, das als Bettnässer verschrien war. Die üblichen Erziehungsmaßnahmen halfen nicht. Die Eltern hielten alles für Trotz und verprügelten die Tochter, die immer mehr verschüchterte. Das Mädchen schien hochintelligent und konnte ohne weiteres als schön gelten, obwohl sie einige Mißbildungen an Rippen und Fingern aufwies, die aber nicht oder kaum auffielen. Um so größer der Kontrast zwischen gesuchter und verhinderter Lebensfreude. Einmal auf Mißbildungen hingewiesen, stellte ich auf der linken Seite drei Harnleiter fest, von denen zwei in die Blase mündeten, der dritte aber unmittelbar neben der Harnröhrenmündung nach außen trat. Ich pflanzte den dritten auch in die Blase, das Mädchen war trocken und rehabilitiert.

Einer der letzten Briefe, die Walter Stoeckel schrieb, betraf die gynäkologische Urologie und ihre zu Beginn des Kapitels erwähnte Einbindung in das Geflecht der verschiedensten Disziplinen. Ich hatte im September 1959 vor der Gesellschaft für Urologie ein großes Referat über Ätiologie, Diagnostik und Therapie der weiblichen Harninkontinenz zu halten und meinen damals achtundachtzigjährigen Lehrmeister darüber informiert. Er schrieb mir darauf:

«Mein lieber Freund!

Wenn ich Sie recht verstanden habe, so wollen Sie am Schluß des Referates einige Sätze von mir vorlesen. Ich danke Ihnen dafür sehr.

Wenn Sie dabei das sagen wollen, was mir besonders am Herzen liegt, so müßten Sie, obwohl es sich bei Ihrem Referat um die Inkontinenz handelt, mit größtem Nachdruck betonen, daß ich bei meiner zweiundsechzigjährigen urologischen Arbeit mich bemüht habe, die gynäkologische Urologie ebenso als eine Systemkrankheit aufzufassen, zu verstehen, zu umgrenzen und zu behandeln, wie das die Innere Medizin und Chirurgie auch tun. Das gilt auch für die Pathologie und Therapie der Inkontinenz. Auch bei ihr spielen das Abebben und Anfluten der Harnmengen, also die Funktion der Nieren unter Umständen eine wichtige Rolle, die nicht außer acht gelassen werden darf.

Sie müßten aufzählen, was ich auf dem Gebiet der operativen Urologie, der Urogenitaltuberkulose, der Steine, der Lageveränderung, soweit sie mit den Geschlechtsorganen in Beziehung stehen, insbesondere auch auf dem Gebiet der Pyelitis grav., dem *Stoeckel*schen Syndrom und so weiter gedacht, gesagt, geschrieben und demonstriert habe.

Das alles kommt aber einer Selbstbeweihräucherung gleich, und darum wollen wir es lieber lassen. Aber ich freue mich, betonen zu können, daß ich zur Gesamturologie immer einen besonderen Kontakt gehabt habe und deshalb in aller Herzlichkeit die Teilnehmer des Kongresses begrüße.

Schon auf dem IV. Urologischen Kongreß in Berlin habe ich unter dem Vorsitz von Kasper das große Referat übertragen erhalten und etwa eine Stunde dabei gesprochen. Ich war eigentlich der Korreferent von Wertheim, der aber in der Nacht so durchgezecht hatte, daß er beim Kongreß immerfort nur Wasser trank, aber kaum sprach. Infolgedessen konnte ich bequem das sagen, was ich sagen wollte. Ich war damals noch in Marburg ganz junger Ordinarius und freute mich sehr, daß in der eben begonnenen intensiven Bearbeitung alle uns Gynäkologen interessierenden urologischen Fragen an so hervorragender Stelle zu Wort gekommen waren.

Darüber sind nun sechsundvierzig Jahre vergangen, und ich muß gestehen, daß ich zufrieden gewesen bin mit der Entwicklung, die das von mir gewählte Grenzgebiet genommen hat. Möge das Schicksal es so gestalten, daß die gynäkologische Urologie zum Nutzen der Gynäkologie und Urologie sich immer mehr und kräftiger entfalte, damit sie zum Wohl unserer neu belebten Wissenschaft wieder viel beitragen kann.

Ihr Walter Stoeckel.»

Geschlechtskorrekturen

Zu den tragischen Fehlleistungen der Natur gehören Menschen, deren geschlechtliche Entwicklung unvollkommen blieb.

Je intensiver man sich damit beschäftigt, um so mehr verstrickt man sich in die Fülle menschlicher und ärztlicher Probleme, die hier hineinspielen. Sie führen von der detaillierten Feststellung des Einzelfalles über die Klärung der Berechtigung des Eingriffes bis zur richtigen Methodenwahl und ihrem Ergebnis.

Es treten zum Beispiel Grenzfälle auf, wo wir sagen müssen, die Patienten sind ihren zwar veränderten, aber vorhandenen Organen — zum Beispiel den Hoden — nach Männer. Bei diesen wie auch allen anderen zwiespältigen Entscheidungen suchte ich den Rat der Psychologen, spezieller Endokrinologen, der Gerichtsmediziner, juristischer Stellen und, wenn nötig, des Ministeriums. War meine Entscheidung freigegeben, richtete ich mich danach, was einer sein wollte. In einigen singularen Fällen machte ich als Mädchen erzogene, verkannte Männer zu wirklichen Männern. Anfangs zitierte ich dazu einen Brief. Bei einem anderen vergrößerte ich den verkümmerten Penis und setzte die falsche Mündung der Harnröhre an die richtige Stelle, auf die Peniskuppe. Ansonsten schickte ich solche Patienten zum Chirurgen, weil dieser Bereich mehr in das Fach der Andrologie fällt.

Ein großes Kapitel auf diesem Gebiet berührt die Homosexuellen und Transvestiten. Die Merkmale der Abwandlung, der Pervertierung ihrer Persönlichkeit gehen auf Entwicklungsstörungen zurück, die von der Ausbildung des Sexualzentrums sowie von hormonellen Einflüssen abhängen und sich zu bestimmten Zeitpunkten geltend machen. Ich erlebte in dieser Beziehung vieles, was, von einem Laien betrachtet, merkwürdig und vielleicht unglaubhaft erscheint. Für den Arzt aber geht es dabei in der Mehrzahl um Menschen, die man nicht zu belächeln, sondern denen man zu helfen hat.

Einmal mußte ich allerdings einen Transvestiten behandeln, der in weiblicher Kleidung auftrat, auch so im Bett lag, seine männliche Stimme durch eine Fistelstimme zu ersetzen suchte, was geradezu entsetzlich wirkte, und sich sogar Mühe gab, wie eine Frau zu stricken. Ein Arzt in den USA hatte ihn durch Kastration bereits zum Neutrum gemacht. Er wollte nun vollends vom Mann zur Frau umgewandelt werden. Ich fragte ihn, warum er das verlange, und glaubte, die Gründe lägen im Sexuellen. Langsam kam dann heraus, daß ihn ein bedeutendes Vermögen in das andere Geschlechtsdasein lockte. Er sollte in Dänemark eine Erbschaft antreten, die auf die Frau lautete, als die er sich seit Jahren ausgab. Nun fürchtete er, sich ausweisen zu müssen, und wollte sich darum als «richtige» Frau neue Papiere verschaffen.

Sich in die Welt der Transvestiten zu versetzen, hier die Spreu vom Weizen zu trennen, macht schon allgemein ungeheure Schwierigkeiten. Erst recht kompliziert ist es für den Arzt, gerade das zu tun, wozu man verpflichtet ist, was man darf, und alles, was die Konflikte nicht löst, was unstatthaft ist, weil ihm eine unsaubere Indikation zugrunde liegt, zurückzuweisen. In der Literatur finden sich Angaben, wonach es im Leben ein und derselben Person eine Passage männlichen Charakters gab, in der sie zeugen konnte, und eine Phase weiblichen Charakters, in der sie empfangen konnte und auch Kinder gebar (echte Hermaphroditen). Mir als Gynäkologen begegneten lediglich Endstadien, die vornehmlich zur weiblichen Seite tendierten. Bestanden Reste männlicher Organe, zum Beispiel von Hoden, waren sie abzutragen, zumal solche verkümmerten Keimorgane zu bösartigen Entartungen und Geschwülsten neigen. Den verkümmerten Penis verkleinerte ich auf die Größe einer normalen Klitoris.

Ein Gebiet, auf dem ich mich speziell betätigte, ist die künstliche Scheidenbildung. Über die Berechtigung zu diesem Eingriff gehen die Anschauungen auseinander. Nicht nur medizinische, sondern auch juristische, weltanschauliche und religiöse Fragen bestimmen die Standpunkte. Ich pflege, um allen Ansichten Rechnung zu tragen, folgende Gesichtspunkte hervorzuheben:

Erstens: Von verschwindenden Ausnahmen abgesehen, müssen die Patientinnen mindestens achtzehn Jahre alt sein, ein Verlöbnis oder eine Heirat in Aussicht haben.

Zweitens: Art, Umfang und Aussichten der Operation mit ihren Gefahren müssen vorher der Antragstellerin und ihren Angehörigen völlig klar gemacht sein.

Drittens: Der Wunsch zur künstlichen Scheidenbildung muß von der Patientin ausgehen, niemand darf ihn ihr «aufschwatzen».

Viertens: Als Voraussetzungen für die Vornahme des Eingriffs müssen die Ergebnisse eines umfangreichen — manchem zu umfangreich erscheinenden — Untersuchungsprogramms eindeutig für ein weibliches Individuum sprechen. Die körperliche Untersuchung muß ihre Ergänzung durch eine psychoanalytische, gegebenenfalls auch forensisch-medizinische finden.

Mögen manchem die letzten Bemerkungen übertrieben scheinen, meine Erfahrungen mit anderenorts kastrierten, also zu «Neutra» umgewandelten Personen und mit abwegigen, parasexuellen Typen, wie zum Beispiel Transvestiten, die aus geradezu abenteuerlichen Vorstellungen heraus die Bildung einer künstlichen Scheide forderten, haben mich eines besseren belehrt. Die ungewöhnliche Zähigkeit und die listenreichen Begründungen dieser Patienten erfordern ein breites Forum ärztlicher Beurteilung. Der geschilderte Fall steht nur als ein Beispiel dafür. Gewöhnlich sträubt sich das gesunde ärztliche Empfinden schon gegen die Absichten solcher skurrilen, aus dem Gleis geratenen Individuen. Konsilien, die über derartige Anträge zu beraten haben, sollten bis auf verschwindende Ausnahmen das Ansinnen ablehnen.

Man darf sich trotzdem die Entscheidung nicht leicht machen. Oft genug treiben erschütternde Lebenskonflikte den ratlosen Menschen zum Arzt, der helfen soll. Manch ein Saulus grundsätzlicher Ablehnung ist nach dem Suizid seiner Patientin zum Paulus positiver Entscheidungen in späteren Fällen geworden. Ich hielt mich in schwierigen Entscheidungen an den Rat meines Lehrers: «Was einer sein will, zu dem soll man ihm verhelfen, wenn es möglich ist.» Hier kann der mit seiner Persönlichkeit wirkende Arzt viel Unglück verhüten und viel scheinbar unerreichbares Glück schaffen.

Einige bezeichneten einen derartigen Eingriff nur als gerechtfertigt, wenn sich dadurch die Gebärfähigkeit der Frau wiederherstellen ließ, also wenn sich alle anderen dafür notwendigen Organe als funktionsfähig erwiesen. Wenn aber die neu zu schaffende Scheide ausschließlich als Kopulationsorgan dienen sollte, gingen die Meinungen auseinander. Die

«Neutralisten» führten ins Feld, die Größe des Eingriffs — jedenfalls bei der Darmscheide, die ich noch beschreiben werde — stehe in keinem Verhältnis zum Endzweck, der «nur» der Befriedigung sexueller Gelüste diene. Wer von diesen Leuten dachte aber daran, daß so gezeichnete Mädchen und Frauen mitunter nur noch im Selbstmord einen Ausweg sahen? Verdiente das nicht viel, viel größere Bedenken?

Gestützt auf Stoeckel, vertrat ich während des «Dritten Reiches» in einem Vortrag, der dann tatsächlich in der «Zeitschrift für Geburtshilfe und Gynäkologie» erschien (damals keineswegs selbstverständlich), die Forderung, man müsse solchen «unglücklichen, ohne Scheide geborenen Geschöpfen das entbehrte Organ plastisch zu schaffen berechtigt» sein, erstens, wenn die Kranke es selber wünscht, zweitens, wenn sie ein typisch weibliches Äußeres aufweist und sich auch sonst weiblich fühlt, drittens, wenn keine Umstände — zum Beispiel der allgemeine Gesundheitszustand oder bedenkliche Befunde an anderen Organen — dagegen sprechen.

Anschließend schilderte ich einen Fall, in dem ich die Scheidenbildung ablehnen mußte, weil das Mädchen nur über eine Niere verfügte, die auch noch eine totale Fehllage — nämlich im Becken — aufwies und deren Harnleiter so eigentümlich verschlungen verlief, daß jede Operation, unabhängig von der gewählten Technik, das Leben der Patientin erheblich aufs Spiel gesetzt hätte.

In der folgenden Diskussion trat ein zu jener Zeit in der vorderen Reihe stehender Gynäkologe auf und erklärte sich voll mit mir einverstanden, jedenfalls soweit es die Unterlassung der Scheidenbildung in dem geschilderten Beispiel betraf, fuhr dann allerdings fort: «Unserer jetzigen Einstellung entsprechend müssen wir in einer Reihe von Fällen aber doch Bedenken gegen die künstliche Scheidenbildung bei Fehlen des Uterus haben. Sosehr in manchen Fällen das Geschick der Trägerin dieser Hemmungsbildung als wahrhaft tragisch zu bezeichnen ist, so gern solche Frauen auch ihr Leben riskieren, nur um den geliebten Mann wegen des angeborenen Defektes nicht zu verlieren, so steht doch ein schweres Bedenken der Ausführung der Operation entgegen: An die sicher unfruchtbare Frau wird ein Mann mit vielleicht sehr wertvollem Erbgut gebunden, der sich damit nicht fortpflanzen kann . . . In anderen Fällen mag das Erbgut des Mannes weniger wertvoll erscheinen, so daß an der Fortpflanzung nicht viel gelegen ist; da schadet die Bindung an eine unfruchtbare Frau nichts..In jenen Fällen aber, in welchen wir sehen, daß der Mann ein prachtvoller und wertvoller Mensch ist, bei dem das Abreißen der Kette der Entwicklung einen Schaden für das Volksganze bedeuten würde, sollten wir alles daransetzen, den Mann und die Frau im Interesse des Volksganzen zu einem Verzicht zu bewegen. Dies mag manchmal ganz grausam erscheinen. Ohne Härte geht es nun einmal nicht immer ab.»

Wir schrieben das Jahr 1938, das sechste Jahr des «Blut und Boden»-Reiches. Was galt individuelles Glück? Härte und Grausamkeit mußte es eben manchmal geben. Wie oft war bald «manchmal»!

Ich stehe nach wie vor dazu: Wenn eine genitale Verkrüppelung einen Menschen an der Entfaltung seiner Persönlichkeit hindert, schwere depressive Reaktionen oder gar einen Selbstmord befürchten läßt, dann soll man ihm helfen, soweit die Möglichkeit besteht. In vielen Fällen wird man die Patientin verpflichten müssen, ihrem Partner gegenüber genaue Angaben über ihren Zustand und ihre Perspektive zu machen, oder man sollte sich von ihr diesem gegenüber aus höherer sittlicher Einsicht von der Schweigepflicht entbinden lassen.

Ich bemühte mich, dieses spezielle Gebiet auszubauen. Die Sprechstunden weiteten sich aus, und die Abteilungen, die derartige Fälle aufnahmen, wuchsen an. Dadurch bekamen wir im Laufe der Zeit ein buntes Bild solcher Störungen zu Gesicht und konnten unsere Erfahrungen ständig anreichern. Noch heute bilden diese Problemkreise Kernthemen gynäkologischer Kongresse.

Zu Fehlbildungen zählen die mannigfaltigsten Formen. Entweder ist das Genitale überhaupt nicht angelegt, oder es gibt bestimmte Abschnitte, die verschlossen sind und eröffnet werden müssen. Die Hohlorgane im Blasen- wie im Gebärmutterbereich können von Anbeginn oder durch im späteren Leben aufgetretene Entzündungen verklebt sein. Manchen Frauen fehlt bis auf die Keimdrüsen das gesamte innere Genitale, oder es blieb verkümmert. Die Gebärmutter ist zum Beispiel nur als kleiner Knopf, die Eileiter als dünne Gewebsstränge ausgebildet. Obwohl vielleicht Scheide und Gebärmutter nicht oder nur mangelhaft angelegt, die Eileiter nur bandförmig ausgezogen sind, bestimmen die vorhandenen Ovarien den hormonellen Aufbau des Organismus in typisch weiblichem Sinne. In diesen Fällen kann man künstliche Scheiden bilden.

Dafür besteht eine Reihe von Möglichkeiten. Bei allen Scheiden ist ein Hohlkörper zwischen Blase und Rektum zu schaffen. Man trennt Blase und Darm dort voneinander, wo eigentlich die Scheide liegen sollte. Dann hofft man auf eine Epithelisierung dieses Hohlraumes, also auf die Entwicklung einer Haut- beziehungsweise Schleimhautoberschicht. Um das zu erreichen, hält man den Hohlraum durch eine phallusähnliche Kunststoffprothese offen. Man kann Eihautepithel von einer Fruchtblase, man kann auch Hautepithel mit in den Raum hineingeben, um ihn damit auszukleiden, man kann auch Bauchfell dazu benutzen. Wichtig ist, diesen Raum für längere Zeit offenzuhalten, für etwa ein bis zwei Jahre. Dennoch kann diese Scheide später unter Umständen wieder schrumpfen, wenn sie nicht in Funktion ist. Während Frauen diese Prothese tragen, gelten sie beruflich als voll einsatzfähig. Trotzdem läßt sich leicht nachempfinden, daß diese unschöne Prozedur nicht gerade zu den Verfahren gehört, die man empfindlichen und sensitiven Frauen empfehlen sollte. Die dauernde Abhängigkeit von der Prothesenanwendung kann außerdem zu einer Verfälschung ihres Geschlechtsgefühls führen. Das ist bei den einzelnen Patientinnen allerdings verschieden. Obwohl diese Operationsmethode heute zahlenmäßig überwiegt, kann ich sie nicht befürworten.

Der Ersatz der Scheide durch Darmabschnitte ist auch möglich. Es fanden Operationen mit Dünndarm, Teilen des Dickdarms, das Mastdarms statt. Jedes Verfahren zeigt Vorteile und Nachteile. Der Dünndarm als künstliche Scheide sondert mit jeder Nahrungsaufnahme ab. Diese Absonderung von Darmflüssigkeit belästigt mitunter mehr als eine Menstruationsblutung. Die höheren Darmabschnitte lassen sich nicht so gut an die neue Stelle bewegen, beim Mastdarm vergrößern sich die Operationsgefahren und Komplikationen.

Ich entschloß mich, als funktionstüchtiges Organ, das auch später nicht schrumpft, die Sigma-Scheide zu wählen, das heißt, die Scheide aus dem Darmabschnitt zu bilden, der zwischen Mastdarm und dem absteigenden Dickdarmabschnitt liegt. Er weist durch seine Schleifenform eine besondere Beweglichkeit auf, seine Ernährung kann erhalten bleiben, und er ist von seinem ursprünglichen Platz in das Scheidengebiet mobilisierbar. Deswegen habe ich sie bis in die letzte Zeit immer wieder ausgeführt. Meine Erfahrungen erstrecken sich auf ungefähr siebzig solcher Scheiden, so daß ich mir ein Urteil darin zubillige.

Der Eingriff mit den Prothesen belastet den Körper zwar weniger, hat aber meiner Ansicht nach ein schlechteres Endresultat. Die Operation für die Sigma-Scheide ist groß, beansprucht im Augenblick sehr, garantiert aber für später, unabhängig von der Inanspruchnahme, ein bleibendes Ergebnis.

Bei dieser Operation treten keine anderen Komplikationen als sonst auf, zum Beispiel durch ungewollte Infektionen. Eine eventuelle Störung in der Ernährung des implantierten Stücks bedeutet einen Verlust der Funktion, aber keine lebensbedrohende Angelegenheit. Der Eingriff unterscheidet sich im Risiko nicht von anderen — heute alltäglichen — Darm- und Genitaloperationen.

Trotz gelegentlicher Schrumpfung einer Sigma-Scheide kann ich, in Bausch und Bogen genommen, mit den Resultaten zufrieden sein, weil ich sogar Ärzte kenne, die solche Patientinnen untersuchten und nicht feststellen konnten, daß hier ein «corriger la fortune» stattgefunden hatte. Vor allem aber half ich diesen Menschen aus einer körperlichen sowie spezifisch-sexuellen Not und sah sie als Menschen in ihrer Gesamtstruktur aufblühen. Sie stellten sich dem Leben, da sie merkten, daß sie sich gegenüber anderen Frauen — bis auf das Kinderkriegenkönnen — nicht unterwertig zu fühlen brauchten.

Schon unter meinem Lehrer erlebte ich Beispiele für die nachhaltige Wirkung solcher Maßnahmen. Er forderte mich einmal auf, eine Patientin zu analysieren, die er dann operierte. Es handelte sich um eine ungenügende Anlage der Geschlechtsorgane. Sie arbeitete als Sekretärin im Bereich der westlichen Besatzungsmächte. In den Gesprächen gestand sie mir, daß alles Glück, das sie sich aufzubauen versuchte, immer dann endete, wenn sie sich nicht mehr als Frau fühlen konnte, Liebschaften in ernste, intime Beziehungen eintreten sollten. Sie durchtanzte Nächte, um sich körperlich völlig zu erschöpfen, nur, weil sie über das alles nicht hinwegkam. Es war für mich immer wichtig, auch den inneren Kontakt zu solchen kompliziert empfindenden Menschen herzustellen. Nach langen, langen Jahren traf ich die genannte Patientin im Bolschoi-Theater in Moskau wieder. Sie stürzte auf mich zu, freute sich, mich zu treffen, und entsann sich dankbar meiner rein psychischen Hilfe.

Einige Frauen, denen so geholfen wurde, daß sie Geschlechtsverkehr ausüben konnten, glaubten, aus übertriebenem Nachholebedarf wahllos sein zu können. Sie holten sich dabei auch Krankheiten der verschiedensten Art. Aber der Normalverlauf zeigte diese Menschen glücklich, nämlich rundum lebens- und erlebnisfähig.

Woran es einigen Frauen mangelt, besitzen andere doppelt. Die extremste Doppelbildung, die ich je sah, bestand aus doppelter Gebärmutter, doppelter Scheide und doppelter Anlage des gesamten Dickdarms. In solchen Fällen erübrigt es sich, etwas zu unternehmen, wenn die Organe funktionsfähig sind. Diese Frau konnte tatsächlich entweder aus der rechten Gebärmutter oder aus der linken gebären. Ich kenne ähnliche Fälle mit nicht so extremen, aber jedenfalls doch Doppelbildungen des Genitale, die einmal in der rechten Hälfte und einmal in der linken Hälfte einer Gebärmutter Schwangerschaften austrugen.

Die Gebärmutterlage wächst entwicklungsgeschichtlich aus zwei Hörnern. Beide müssen sich in der Mitte vereinigen. Findet im Entstehungsprozeß dieser Zusammenschluß nicht statt, kommt es zu Doppelungen.

Eingriffsnotwendig werden Störungen nur, wenn sie zu Fehlgeburten oder Frühgeburten führen. Bei Frauen, die sich Kinder wünschen, durch die Doppelbildung aber nicht bekommen, spaltet man die doppelte Gebärmutteranlage in der Mitte, reseziert die Trennwand und vereinigt das ganze zu einem Organ.

Bei einer Doppelbildung, die ich operieren mußte, ließ die vorherige Röntgenaufnahme zunächst eine Schwangerschaft erkennen. Ich glaubte, eine Bauchhöhlenschwangerschaft vor mir zu haben. Als ich aber den Bauch eröffnete, fand ich die

Schwangerschaft mit dem längst abgestorbenen Kind in einem Horn, das gar keine Verbindung zur Scheide besaß. Die Befruchtung war über das durchgängige andere Horn und den freien Bauchraum erfolgt. Die Frucht hatte sich im verschlossenen Horn angesiedelt. Ich beseitigte das Horn mitsamt der Schwangerschaft. Es war höchste Zeit, denn an einer Stelle war die Gebärmutterwand schon außerordentlich dünn. Das nekrotisch gewordene Kind drohte in die freie Bauchhöhle durchzubrechen.

Eine Operation wird auch unumgänglich, häuft sich in einem Horn, das keinen Abfluß nach der Scheide hat, durch die Menstruationen so viel Blut an, daß es aus dem Eileiter in die Bauchhöhle eintritt. Dann bin ich gezwungen, den lädierten Teil zu entfernen oder einen Abfluß für die Blutungen zu schaffen.

Um Fehlbildungen zu korrigieren, nahm ich auch Brustoperationen vor. Allerdings machte ich sie nicht aus kosmetischen Gründen, das überließ ich den speziellen Chirurgen. Aber wo eine medizinische Indikation vorlag, fand ich mich dazu bereit. Bei einer Frau setzte nach einer Leukotomie, einer Hirnoperation wegen schwerer Schizophrenie, plötzlich eine massive Brustentwicklung auf einer Seite ein. Die Patientin fühlte sich durch diese übermäßig einseitig dimensionierte Brust außerordentlich gehemmt. Ich konnte das operativ ausgleichen. Oder: Ein junges Mädchen, siebzehn Jahre alt, konnte sich auf Grund ihrer unnormal großen Brüste weder in der Öffentlichkeit sehen lassen noch Sport treiben. Sie ging mit ihrer Mutter nur abends nach Eintritt der Dunkelheit aus. Ich entschloß mich in diesem Falle auch zur Korrektur, konnte — trotz der krankhaften Anlage — stabil eine normale Figur herstellen, sogar mit besonderem Erfolg: Das vorher so scheue Mädchen verliebte sich sofort, wurde schwanger und heiratete unter viel Hallo. Beinah schon ein Theatereffekt.

Ich hörte auf Gynäkologen-Kongressen Redner, die sich bei der Verteidigung einer Methode im Brustton der Überzeugung rühmten, niemals eine besondere Komplikation, eine Thrombose oder Embolie erlebt zu haben. Kaum hatten sie den Mund geschlossen, traten die Rückschläge ein. Niemand ist dagegen gefeit. Gewiß, warum soll ein Operateur, der Erfolg hatte, diesen nicht bekanntgeben? Keiner aber nehme sich das Recht, alles seinen besonderen Fähigkeiten zuzuschreiben. Dann wird die Sache falsch. Mit der Natur läßt sich nicht spaßen, und der Arzt, der selbstherrlich korrigieren will, wird schließlich vom Leben korrigiert.

Krebsbehandlung

Der Frauenarzt, der heute bei einer Frau die von der Natur aus zu frühzeitig gestoppte Entwicklung der Genitalorgane nachvollzieht, ist morgen bei einer anderen gezwungen, sie gegen die Natur zu entfernen, und das gründlich: bei Radikaloperationen in der Krebsbekämpfung.

Das geht auf abdominalem Wege vor sich, also von den Bauchdecken aus, oder auf vaginalem Wege, das heißt von der Scheide aus.

Die vaginalen gynäkologischen Operationen kamen im vorigen Jahrhundert durch die Wiener Schule auf. Sie fanden nicht sogleich Eingang in die deutsche Gynäkologie. Mein Lehrer Stoeckel griff sie auf, propagierte und entwickelte sie weiter. Die ebenfalls aus Wien stammende Radikaloperation des Gebärmutterhalskrebses, die sogenannte Schautasche Operation, baute er technisch aus. Sie heißt seitdem die Schauta-Stoeckelsche Methode. Ob die Entfernung des Gebärmutterhalskrebses besser in abdominaler oder vaginaler Operationstechnik erfolgt, darf nicht von subjektiven Neigungen abhängen. Der Gynäkologe muß beide Techniken anwenden können und die Methode anwenden, die für den Befund geeigneter ist.

Es gibt auch sogenannte hyperradikale Operationen, bei denen, wenn nötig, das ganze Becken ausgeweidet, Teile des Darms, der Blase und alle krebsgefährdeten Gewebe entfernt werden. Das klingt für den Laien schrecklich. Tatsächlich zögerte man früher, solche riesigen Operationen durchzuführen, zumal die primäre Sterblichkeit über dreißig Prozent betrug. Heute ist sie durch den Amerikaner Bricker auf sieben bis acht Prozent gedrückt. Das ist auch noch ein hoher Prozentsatz.

Da aber die betroffenen Frauen sonst alle mit Sicherheit sterben müßten, obwohl sie am Leben hängen und die meisten

von ihnen noch ein lebenswertes Leben vor sich sehen können, ist diese Maßnahme gerechtfertigt. Dazu gehört selbstverständlich eine breite operative Schulung auf chirurgischem
und gynäkologischem Gebiet. Unsere umfangreiche Vorsorgeuntersuchung dient gerade dem Ziel, solche großen Operationen seltener werden zu lassen.

Aber auch unter ungünstigen Voraussetzungen lohnt meiner Meinung nach der Einsatz. Heilen wir damit ein Karzinom nicht, so befreien wir seine Trägerin vielleicht von quä-
lenden Schmerzen, Blutungen, Fisteln. Außerdem wirken wir
möglicherweise als Schrittmacher für zukünftige Heilbehand-
lungen, wenn wir das Leben — und sei es für wenige Monate
— verlängern, um einer hoffentlich immer erfolgreicheren Bekämpfung der Ursachen selbst, einer krebshemmenden, einer
krebszerstörenden Therapie genügend Zeit zum Wirken zu
geben. Wir nehmen schließlich damit einer Hospitalbehand-
lung das Odium eines Siechenhausaufenthaltes, geben ihr
durch überlegtes, aktives Vorgehen bei der Betreuung auch
derartiger Fälle erst einen Sinn. Mein Lehrer maß der Behandlung der unheilbaren Karzinome eine besondere Bedeutung in der Schulung des ärztlichen Nachwuchses bei. Er
machte sie zum Gradmesser der Bewährung für seine Assistenten und deren Gewissen. Denn: Nur ein schlechter Arzt
verzweifelt.

Stoeckel verfocht entschieden das selektive Prinzip der
Karzinomtherapie. Das kann die Operation sein oder die Be-
strahlung oder eine Kombination zwischen Operation und
Bestrahlungen, je nach Zweckmäßigkeit.

Natürlich haben sich die Methoden dem Fortschritt anzupassen, natürlich müssen die Spezialisten dafür bereitstehen.
Als ich an der Klinik anfing, nahmen wir die Bestrahlungen
selbst vor, maßen unsere Röntgenapparate genau aus, besaßen eine damals angemessene Ausbildung in der Strahlentherapie. Heute ist es völlig ausgeschlossen, daß der Gynäkologe
die Verantwortung allein trägt.

Bei der operativen Therapie versuchte ich in diesen Jahrzehnten technische Vereinfachungen und baute sie aus, um
die Patientin weniger zu belasten. Dabei erlaubt gerade die
Strahlentherapie mitunter einen weniger radikalen, also scho-
nenderen Eingriff, weil sie den Effekt komplettiert. Nicht im-

mer hilft viel auch viel. Wirkungsvoller ist eine qualitativ aufeinander abgestimmte Auswahl der verschiedenen Methoden. So stellten sich allmählich auch bessere Resultate ein. Während meiner Studentenjahre lag die absolute Heilung der Karzinome bei etwa vierundzwanzig bis fünfundzwanzig Prozent. Unter absoluter Heilung versteht man die Berechnung der Fünfjahresheilung, ausgehend von allen Patienten, die wegen Krebsbefundes in die Klinik eingeliefert wurden, der Heilbaren wie der Unheilbaren, der Behandelten wie der Nichtbehandelten. Diese Zahl erhöhte sich zu meiner Zeit als Oberarzt auf dreiunddreißig Prozent und betrug, als ich emeritiert wurde, fünfzig und mehr Prozent. Ja, betrachtet man die verschiedenen Stadien, konnte man sogar mit über neunzig Prozent Heilung bei den Patienten rechnen, die mit einem geringen Anfangsbefund, also rechtzeitig zum Arzt gekommen waren. Daraus leitet sich zwangsläufig die Aufforderung an jede Frau ab, sich den Vorsichtsuntersuchungen zu unterziehen, um schon jene Stadien abzufangen, die noch nicht zu einem völligen Krebsgebilde ausgewuchert sind, sondern erst im Begriff stehen, bösartig zu werden. Je zeitiger man diese Stadien entdeckt, um so weniger umfangreich ist der Eingriff und um so sicherer sind die Heilungsergebnisse.

Der Anstieg der Heilungsquote bei den Karzinomen geht in geringerem Maße auf verbesserte Therapien und ihre Methodik zurück als vielmehr auf eine exaktere Diagnostik, die schnellere Erfassung der Frühstadien, bei denen auch die alten Methoden, wie ich sie eben geschildert habe, günstigere Resultate zeitigen.

Ich war bemüht, neben der Vervollkommnung operativer Methoden und der Systematisierung der operativen Gynäkologie, die mit der Zeit mitwachsen, sich den Forderungen der Gegenwart anpassen mußte, auch die dafür notwendigen Räumlichkeiten zu schaffen: Vorbereitungsräume, Operationssäle, Sterilisationsanlagen und vor allem die Überwachungsstationen für die Frischoperierten. Damit nicht genug, ich brauchte Fachanästhesisten für hochspezialisierte Arbeiten. Ihnen verdanke ich selber großen Gewinn. Die Operationen ließen sich ruhiger, leichter, mit größerer Konzentration ausführen, weil ich wußte, die Patientin wird vom Narkotiseur total überwacht. Man muß aufeinander eingespielt sein.

Deshalb stellte ich mich auf die Hinterbeine, als die Anästhesiologie aus der Frauenklinik herausgelöst und für die gesamte Charité zentralisiert werden sollte. Ich hatte nichts gegen Zentralisierung, nichts gegen einen Lehrstuhl für Anästhesiologie, dem sämtliche Abteilungen und Bereiche unterstehen. Ich hatte aber sehr viel dagegen, wegen der Zentralisierung aus den einzelnen Kliniken erfahrene Kräfte abzuziehen, die bei plötzlich notwendig werdenden Eingriffen, bei akut bedrohlichen Zuständen nicht unmittelbar verfügbar sind, sondern erst zusammengeholt werden müssen. Schließlich blieb an der Universitäts-Frauenklinik eine eigene spezialisierte anästhesiologische Abteilung verankert, die nur wissenschaftlich dem Ordinariat der Charité unterstand.

Freilich, die Arbeitsteilung geht ständig weiter, auf jedem Gebiet, auch im klinischen Betrieb. Heute ist der Operationssaal, sind die Wachstationen elektronisierte Systeme einer kaum zu zählenden Vielfalt von Einzelgeräten, die von Fachleuten unterschiedlichster Art bedient, deren Ergebnisse Fachärzte verschiedener Disziplinen entschlüsseln, zu einem Gesamtbild zusammenfügen, um notfalls blitzschnell die nächste Entscheidung zu treffen.

Alles in der Werkstatt des Arztes dreht sich aber um einen Zentralpunkt: um den Patienten.

Ich wollte dem Leser einen Einblick in meine berufliche Arbeit geben. Niemals kann das erschöpfend geschehen, niemals kann dieser Blick bis in die letzten Winkel ärztlichen Interesses, ärztlichen Wollens und Wirkens oder auch ärztlichen Kummers gehen. Nicht alle, noch nicht einmal alle besonderen Interessengebiete konnten aufgezählt, nicht alle Regungen ärztlichen Empfindens geschildert werden. Die Fachleute unter den Lesern könnten manche vereinfachte Formulierung rügen, die nicht medizinisch Vorgebildeten vielleicht dieses oder jenes zu fachlich ausgedrückt und daher unverständlich finden.

Jeder von ihnen möge mir verzeihen und sich letzten Endes mit mir einigen, daß die einzelnen Beispiele mein Denken und Wollen verdeutlichen, die Fülle ärztlich-praktischer und wissenschaftlich-theoretischer Probleme andeuten, mich verständlich machen sollten.

Förderung
der Fähigkeiten

Krankenschwestern

In der Arbeit verwirklicht sich der Mensch stets aufs neue selber, auch die Frau. Nur ist ihre Art, es zu tun, trotz aller Emanzipation noch manchmal weniger vordergründig, weniger auffällig als beim Mann. Dennoch könnte ohne den zuweilen aufopferungsvollen Einsatz der Frau unser Leben nicht weitergehen.

Einer meiner Vorgänger an der Universitäts-Frauenklinik, Ernst Bumm, begann eines Morgens seine Vorlesung mit den Worten: «Guten Morgen, meine Damen und Herren. Eigentlich hatte ich vor, heute über das enge Becken zu sprechen, aber meine Oberschwester sagte, die Eklampsie, gefährliche Krampfkrankheit während der Schwangerschaft, der Geburt oder des Wochenbettes, die wir gerade haben, wäre wichtiger. Was soll man da machen? Sprechen wir also über Eklampsie.»

Diese Episode wirft unter anderem ein bezeichnendes Licht auf den Wandel in der Stellung zur Schwester während der letzten Jahrzehnte. Die alte «Obermieze», wie wir sie nannten, mußte einen — freilich auf Wissen gestützten — ungeheuren Selbstbehauptungswillen aufbringen, um in einer derartigen Weise das Vertrauen des Chefs zu genießen. Der allerdings quittierte dann Einsprüche und Ratschläge mit Humor und — wie wir sahen — befolgte sie. Im allgemeinen jedoch glich die Stellung der Schwester in der Hierarchie einer Klinik praktisch der eines dienstbaren Geistes, einer Pflegerin — in des Wortes letzter, zugleich aber auch tieferer Bedeutung —, die lediglich die Anweisungen der Ärzte auszuführen hatte.

Heute verhält sich das anders. Arbeitsinhalt und Verantwortung der Schwester nehmen einen anderen Rang ein. Die

Gegensätze innerhalb einer klinischen Gemeinschaft vom Chef über die Oberärzte, Assistenten, Schwestern, Pflegerinnen bis zu allem übrigen Personal sind stark abgebaut. Alles geht demokratischer zu.

Ich hielt meine Mitarbeiter von jeher dazu an, von den alten Schwestern und Hebammen zu lernen, und tat es selber. Die alte «Obermieze», der Drachen mit dem goldenen Herzen, brachte mir neben anderem das chirurgische Nähen in der Geburtshilfe bei, besser als meine ärztlichen Vorbilder und Lehrer. Hatte ich als junger Adept Dammnähte zu legen, instrumentierte sie und sagte lediglich: «Falsch — richtig — falsch — richtig!» Sie stand über Dezennien, gleichsam als Symbol, Lernenden und auch Erfahreneren zur Seite.

Der Erfahrungsschatz dieser Schwestern, die ganz und gar in ihrem Beruf aufgingen, stellte manche Bücherweisheit in den Schatten.

Als ich einmal bei einer Frau Zwillinge diagnostizierte, widersprach die Oberschwester mit Kennerblick: «Nie im Leben, das ist nur eines.» Ich glaubte, gründlich untersucht zu haben: «Wollen wir wetten?»

Kurz danach hatte sie eine Flasche Rotwein und ich an Erfahrung gewonnen.

Ein besonderes Bewährungsfeld für die Schwestern — übrigens genauso für die Ärzte — ist die Krebsstation. Sie ist Prüfstein menschlicher Hilfsbereitschaft und moralischer Qualitäten, der psychologisch richtigen und einfühlsamen Führung der Kranken — alles Aufgaben, die weit über das Handwerkliche der Versorgung hinausgehen. Mein Lehrer und ich drangen darauf, auch junge Ärzte in diese Arbeit zu schicken, um ihre Fähigkeiten auf diesem Gebiet besser beurteilen zu können. Hier zeigte sich, wer in der ärztlichen Fürsorge aufging, ungerufen an das Bett trat, Trost zusprach oder wer alles nur mit Routine abzutun suchte. Gerade auf der Krebsstation kann eine gute Stationsschwester den Arzt nachhaltig unterstützen. Ihre Ausstrahlung, menschliche Reife und Opferwilligkeit bestimmen das Klima, das man augenblicklich wahrnimmt, sobald man die Station betritt.

Schwester Frieda, für viele Patienten-, Ärzte- und Schwesterngenerationen ein Begriff, bewährte sich über Jahrzehnte als ein Muster an aufopfernder Pflege und Fürsorge. Sie verstand es, ihrem Stations- und Oberarzt in die Hand zu arbeiten, Gespräche mit den Kranken und ihren Angehörigen vorzubereiten, zum Teil abzunehmen. Sogar bei der wissenschaftlichen Arbeit half sie, wenn es galt, Krankengeschichten auszuwerten oder Beobachtungen mitzuteilen.

Auch um das persönliche Wohl ihrer Ärzte und Schwestern kümmerte sie sich. Sie versorgte und betreute sie nach Kräften, besonders im Krieg und in der Nachkriegszeit. Waren Familienväter von den Ihren getrennt, wußten Junggesellen sich nicht mehr zu helfen, «bekochte» sie diese. Oft sprang sie für andere Schwestern ein, hinderten Krankheit oder familiäre Verpflichtungen diese, ihren Dienst zu versehen. Schwester Frieda hat sich nie von ihrer Station ablösen lassen, keinen höheren Posten angenommen, obwohl man es ihr antrug und sie es anderswo hätte leichter haben können.

Schon selbst den Tod vor Augen und physisch kaum mehr fähig, den Dienst zu verrichten, sprach sie ihren Patientinnen noch immer Trost zu, weckte Lebensmut. Doppelt schwer ist das, weil auf einer Krebsstation die Patientinnen voneinander lernen, ihre Symptome und Prognosen einzuschätzen. Die Gefahr liegt darin, daß sie die negativen Krankheitszeichen höher bewerten als die positiven, die den Weg zur Gesundung anzeigen. Man erwog deshalb, Patientinnen mit unterschiedlichen, eben auch gutartigen Befunden in den Zimmern zu «mischen». Solche Überlegungen haben ihre Berechtigung, dennoch überwiegen die organisatorischen Belange und die klinischen, insbesondere therapeutischen Notwendigkeiten.

Ich gedenke jener Schwester Frieda, ohne deren Hilfe ich schwerlich die Hungers- und Versorgungsnöte überstanden hätte, dankbar. Sie betreute auch meine Wohnung und Habe während meiner Abwesenheit im Krieg, was mich wenigstens in dieser Hinsicht ruhig sein ließ.

Doch nicht alles kann die Schwester kompensieren. Viel hängt von der Patientin selber, ihrer Lebensauffassung, ihrem Lebenswillen ab. Eine Patientin sah ihr Ende kommen. Aber in Haushalt und Familie lief noch nicht alles so in den Gleisen, wie sie es wünschte. Der Krebs hatte schon beide Harnleiter ummauert. Sie geriet ins Stadium der Harnvergiftung. Übrigens ist Harnvergiftung bei Krebs der sanfteste Tod. Die Patienten verdämmern am Ende ohne Bewußtsein. Die Schwester bat mich, noch einmal gründlich mit der Todkranken zu sprechen. Jedesmal, wenn sie ins Zimmer komme, gehe es um das gleiche.

Ich ging zu der Patientin. Die Frau flehte mich an, ihr Leben — und sei es um Tage — zu verlängern. Sie wolle ihrem Mann etwas außerordentlich Wichtiges sagen, das ginge hier einfach nicht. Außerdem hegte sie den innigen letzten Wunsch, die bevorstehende Konfirmation ihrer Tochter zu erleben und sie auf die Spur ihres künftigen Berufes zu bringen. Das wollte sie, wohl wissend, daß trotz einer Operation ihr Ende unabwendbar blieb. Ungeachtet der ausweglosen Situation, verpflanzte ich die Harnleiter. Die Frau schien wie verwandelt. Flackerte ihr Lebenswille erneut auf? Oder beschlichen sie doch Illusionen? Ich weiß es nicht. Ihre Wünsche jedenfalls sah diese seelisch starke und vernunftbeherrschte Frau erfüllt.

Der Krebs verlangt von der Krankenschwester Verständnis und Sachlichkeit gleichermaßen. Jedes unbedachte oder gar grobe Wort kann Unheil anrichten. Die Schwester ist eine Schlüsselfigur im Leben, aber auch im Sterben der Patienten. Zuweilen fragte ich mich, warum eine Frau Krankenschwester wird. Bei den Ordensschwestern, die bei ihrem Samariterdienst nicht auf Zeit und Stunde achteten, lag die Erklärung nahe. Sie empfanden es als Gebot. Überhaupt bewährten sich unverheiratete Schwestern oft bis ins hohe Alter als treueste Helfer des Arztes. Wir feierten eine Schwester, die noch im achtzigsten Lebensjahr ihren Dienst versah. Eine zweite im Alter von vierundachtzig Jahren traf ich auf einer Veranstaltung im Krankenhaus Friedrichshain. Mit ihr hatte ich vor fünfzig Jahren in der Geburtshilflichen Poliklinik der Universitäts-Frauenklinik zusammengearbeitet. Sie hieß damals wegen ihrer kommunistischen Berufs- und Lebenshaltung «die rote Hebamme vom Wedding».

Und eine dritte, über neunzigjährige Oberschwester besucht mich heute noch und schickt sich an, ihre Memoiren zu schreiben. Eine ihrer «Heldentaten» war es, eine unter tausend Gramm wiegende Frühgeburt in ihrem eigenen Zimmer zu betreuen und durchzubringen. Intensivstationen gab es seinerzeit nicht. Das damalige Frühchen ist heute eine berühmte Mathematikerin.

Warum unverheiratete Schwestern ihren Beruf wählten, liegt oft im dunkeln. Die meisten hüteten ihre Motive wie ein Geheimnis. In einem Falle stellte sich heraus, daß ein Mädchen bei sich eine — übrigens operativ leicht korrigierbare — organische Mißbildung bemerkt hatte, die sie annehmen ließ, sie sei als Ehefrau für alle Zeiten untauglich. Später, besser unterrichtet, fühlte sie sich dem Schwesterndasein so verbunden, daß sie den Gedanken an eine Ehe nicht mehr aufnahm. Neben moralisch-ethischen oder religiösen Motiven für die Wahl des Schwesternberufs fanden sich auch Schuldgefühle, das Bedürfnis, durch selbstlosen Dienst am Nächsten für irgend etwas Buße zu tun. Doch das direkte Berufsinteresse überwog. Dieses Interesse — das bei der Schwester wie beim Arzt in Liebe zum Beruf hinüberwachsen muß, um schließlich das solide Fundament für verantwortungsvolles Handeln in jeder Situation zu bilden — entsprang oft Erlebnissen oder den Erzählungen von Freunden und Bekannten, die im medizinischen Beruf standen.

Bei verheirateten Schwestern brachte die Teilung ihrer Energie zwischen Familie und Klinik manche Schwierigkeiten. In der Familie beispielsweise wegen des Nachtdienstes, im Dienst, wenn sie ihn wegen Krankheit ihrer Kinder nicht wahrnehmen konnten. Andererseits genoß die verheiratete Schwester das besondere Vertrauen vieler Patientinnen. Sie holten sich bei ihr Rat, vor allem dort, wo nur ein schwacher Kontakt zum Arzt bestand.

Gewisse Intimitäten bringen Frauen sogar beim Arzt nicht über die Lippen. So sprachen sie sich bei der Schwester aus, von der sie annahmen, als Ehefrau habe diese schließlich auch ihre Erfahrungen. Einige Schwestern steckten sich sogar einen Ehering an den Finger, obwohl das aus hygienischen und aseptischen Gründen in operativen Fächern untersagt war. Die verheiratete Schwester kann bei bestimmten Frauen als Therapiefaktor wirken. Sie vermag gerade wehleidigen Patientinnen zu einer objektiveren Grundeinstellung zu verhelfen, da sie vieles an sich selbst erlebt und in der Familie durchlebt hat.

Zuweilen verhält es sich allerdings auch umgekehrt. Der ganz auf seine Schwester eingestellte Patient, der sich von ihr mit besonderer Fürsorge bedacht fühlt, für den die Pflege durch sie schon die halbe Heilung bedeutet, entdeckt plötzlich, daß sie verheiratet ist, Kinder hat oder eines bekommt. Er begreift, sie kann nicht nur für ihn dasein, auch ihre Familie braucht sie. Er ist enttäuscht. Manchem Leser mag das absonderlich erscheinen, aber er versuche, sich in die labile Psyche eines Kranken zu versetzen. Hier gelten andere Gesetze. Die Vielfalt der individuellen Reaktionen ist unüberschaubar. Kein noch so realistischer Gegenwartsmensch weiß vorher, wie er als Kranker reagiert.

Manchem frischgebackenen Arzt macht es Schwierigkeiten, sich auf die Schwester einzustellen. Wer gerade aus dem Staatsexamen kommt und den Titel mit Können verwechselt, möchte seine vermeintliche Machtposition unter Umständen auskosten. Die Schwester ist ihm untergeordnet. Er hat ihr im theoretischen Wissen eine Menge voraus, vergißt aber, daß sie die Alltagspraxis weit mehr beherrscht als der Neuling. Ich beging einen ähnlichen Fehler und schaffte alte überkommene Rechte der Stationsschwester ab, weil sie mir ungesetzlich schienen. Das bekam mir nicht gut. Später entwickelte sich aus dem Respekt vor ihrer Leistung jenes Vertrauensverhältnis, das in erster Linie den Patienten nützte. Es führte zu einem guten beruflichen Zusammenspiel, das die Arbeit zur Freude, Erfolg zum gemeinsamen Glückserlebnis, den Mißerfolg zum gemeinsam getragenen Kummer werden ließ. Fehlt das Aufeinandereingestelltsein von Arzt und Schwester, gibt es leicht Spannungen.

Schwestern konnten Mauern errichten. War die Arbeit mit dem alten Assistenten gut eingefahren, begegneten sie dem «Neuen» mit Mißtrauen. Sie meinten, er sei zu jung, sie hätten nichts Gutes über ihn gehört oder ähnliches. In Wirklichkeit fürchteten sie nur den Wechsel. Zuweilen ließ der Neid einer Schwester auf Stellung und Titel des weiblichen Arztes keine rechte Zusammenarbeit aufkommen. Früher ein aus sozialer Sicht verständlicher, heute, angesichts der Qualifizierungsmöglichkeiten der Schwestern, ein schwer begreifbarer Grund.

In der Menge herausragender Beispiele vorbildlichen Schwesterntums finde ich keinen Fall ausgesprochenen Vertrauensbruches. Jedenfalls nicht bei älteren. In einigen zum Glück sehr, sehr wenigen Fällen schätzten jüngere Schwestern, das Wesentliche ihres Berufes noch nicht verstehend, Persönliches höher als das Berufliche ein.

Als Gutachter mußte ich mich auch vor Gericht mit Beispielen ärztlichen, natürlich auch schwesterlichen Versagens auseinandersetzen. Meistens handelte es sich um zurückgelassene Fremdkörper wie Instrumente oder Tupfer im Körper des Patienten. Stets unterschied ich zwischen menschlichem Versagen und Fahrlässigkeit. Bei Operationen nehmen die Erwartungen und Ansprüche an jeden Beteiligten ständig zu. Bisher zeichnete der Operateur für alles haftbar. Zu seinen Pflichten gehörte es, sich vom ordnungsgemäßen Zusammenwirken aller zu überzeugen. Er hatte es zu überprüfen. Heute plädiere ich für Teilung der Verantwortung. Die Schwester muß beispielsweise die Vollständigkeit des Instrumentariums garantieren, der Anästhesist für seinen Bereich die Verantwortung übernehmen. Disziplin und Ordnung kennzeichnen den medizinischen Dienst, und dieser funktioniert um so besser, je weniger Worte darüber fallen. Es gibt eine Autorität des Arztes und eine Autorität der Schwester. Beide gründen sich auf Leistung und finden ihren Ausdruck im Ansehen der Persönlichkeit. Es besteht darüber hinaus aber auch eine Autorität der Sache. Ihrem Gesetz haben sich beide zu unterwerfen, dabei ihre Kompetenzen abzugrenzen und sich voll ihren Verpflichtungen zu stellen.

Macht nicht gerade die hohe Verantwortlichkeit, die der Beruf der Schwester heute verlangt, einen wesentlichen Teil seiner Bedeutung und seiner Anziehungskraft aus? Hier gilt sie als Mitarbeiterin mit außergewöhnlichen Tätigkeitsmerkmalen, berechtigt zu Handlungen, die früher nur Ärzten vorbehalten waren. Zu ihren Aufgaben gehört es, Spritzen zu geben, im operativen Bereich die Infusionsapparatur zu bedienen, die Versorgung mit Kochsalz- oder Eiweißlösungen zu überwachen, Bluttransfusionen vorzunehmen, juristische Protokolle zu führen. Die Schwester ist eingebunden in wissenschaftliche Prozeduren, indem sie laufende Analysen registriert und einspeichert. Wer überhaupt Interesse an diesem Beruf zeigt, dessen Bindungen an ihn werden mit den gewachsenen Qualifikationsmöglichkeiten noch enger. Schwestern sind amtierende, therapietreibende Kräfte. Das ist gar nicht mehr anders denkbar. In einzelnen Ländern wirken die

Schwestern praktisch als Feldschere, beurteilen, welche Patienten unbedingt dem Arzt vorzustellen sind und welche Bagatellerkrankungen sie selber behandeln. Wenn ich mich zu einer so weitgehenden Ausdehnung ihres Funktionskreises auch nicht bekennen kann, so forderte ich dennoch eine höhere Bewertung ihres Ansehens und ihres Berufs.

Viele Schwestern gelangen über die stationsleitende Schwester, stellvertretende Oberschwester, Oberschwester schließlich in Bereiche der organisatorischen Versorgung großer Institutionen. Ehedem Zugehkraft des Arztes, übt die Schwester heute einen Frauenberuf von hohem gesellschaftlichem Rang aus. Wieweit sie sich darin verwirklicht, hängt von ihren Kenntnissen, ihrem Intellekt und Verantwortungsbewußtsein ab.

Die gesetzliche Regelung ihrer Ausbildung trägt dem in der Deutschen Demokratischen Republik Rechnung. Die entsprechenden Richtlinien gehören zu den fortschrittlichsten Bestimmungen, die man sich auf diesem Gebiet denken kann.

Das äußere Erscheinungsbild der Schwester unterliegt für jeden sichtbar ebenfalls erheblichen Veränderungen. Auf einem Schwesternkongreß nahm ich zu solchen Fragen Stellung, in diesem Zusammenhang auch zur Dienstkleidung. Die alten Nonnen- und Diakonissinnen-Trachten waren schon abgeschafft, aber immerhin herrschte in der Kleidung noch Konservativismus. Die Kleidung behinderte eher, statt zu schützen. Sie stand in schroffem Gegensatz zu den progressiven Entwicklungstendenzen des Berufsbildes überhaupt. Auf diesem Kongreß sahen wir Modelle in Rosa und Blau. Die Hauben sollten gänzlich dem modernen «Look» zum Opfer fallen. Die neue Tracht erwies sich zwar nicht als ideal, aber doch wesentlich vorteilhafter als die alten Gewänder.

Nur — unter der Kleidung steckt immer die alte Eva mit ihren Attraktivitäten, die sie mit Vergnügen mittels der Mode zu enthüllen sucht. Was sich aus diesem Rosa und Blau über Minirock zum Minissimirock entwickeln mag, ist indes nicht immer das, was zur Klinikarbeit paßt. Wenn der arme Kranke eine Modenschau — oder beinahe Wäscheschau — dieser Art nicht mehr erträgt, muß der Arzt eingreifen. Das hat nichts mit Spießertum oder Schulmeisterei zu tun. Wir brauchen eine gute Schwesterntracht, das heißt, sie soll diktiert sein durch ein ansprechendes Äußeres, in erster Linie jedoch durch Zweckmäßigkeit. Es ist eine Berufskleidung, das ist der springende Punkt. Um es ganz klar zu sagen: Man kann keine Schwester auf den geburtshilflichen Abteilungen, besonders bei Entbindungen gebrauchen, die ohne Haube, ohne Kopftuch, mit wirren Haaren und womöglich schmuckbeladen an Händen arbeiten will. Man muß den Patienten vor Infektionen schützen und sie selber durch entsprechende Kleidung vor Verschmutzungen, vor Blut, vor Fruchtwasser. Trotzdem soll sie gut aussehen.

Freud und Adler dichteten der berufstätigen Frau einen «Männlichkeitskomplex» an, der als Auflehnung gegen eine «inferiore Rolle» aufzufassen, sinnfällig als Machtwille und Ehrgeiz, als Rechthaberei in Erscheinung trete und den sogenannten Meinungsteufel hervorbringe. Das mag für diesen oder jenen Fall zutreffen, für den der Schwester gewiß nicht. Gerade hier entfalten sich die großen weiblichen Tugenden, die Einfühlungsgabe, der Mutterinstinkt, die Opferwilligkeit und die Selbstlosigkeit, wie sie von keinem Mann in gleicher Weise erreicht würden. Das kompensiert mehr als hinlänglich die manchmal hinderliche Abhängigkeit der Frau von ihren vegetativen und generativen Funktionen.

Bei aller Fortentwicklung werden hervorstechende humanitäre Haltungen die Schwester immer auszeichnen. Ich lernte sie besonders an den alten Berliner Hebammen achten. Sie versahen die Hausentbindungen und riefen uns, wenn nötig, dazu. Viele von ihnen hatten in zwanzig, dreißig oder gar vierzig Berufsjahren immense fachliche Kenntnisse erworben. Ich zog tief den Hut vor ihnen. Zur Berufserfahrung gesellte sich der praktische Sinn. Die Hebamme übernahm, sobald sie bei der Kreißenden erschien, den ganzen Haushalt, fegte die Kinder aus dem Haus oder brachte sie zur Nachbarin, schnauzte, wo angebracht, den betrunkenen Ehemann an, um alle Maßnahmen für eine ungestörte Geburt zu sichern. War alles getan und die Geburt glücklich beendet, mußte der Mann vom Bäcker Schrippen holen, sie setzte inzwischen Kaffeewasser auf, und alle fanden sich zusammen, um den jungen Erdenbürger und seine Mutter zu feiern. Handfeste Frauen, die mit beiden Beinen im Leben standen. Wir pflegten über Jahre Kontakt, besuchten die Hebammen-Bälle, auf denen es recht munter zuging. Dauerte eine Geburt länger, lebten wir manchmal tagelang Seite an Seite. Um etwas Schlaf zu finden, lagen neben der Kreißenden links der Arzt, rechts die Hebamme.

Im medizinischen Bereich findet der Kundige keine konkretere Möglichkeit, das Zusammenspiel zwischen Ärzten und Schwestern zu beobachten, als im Kreißsaal. Es gibt auch keinen besseren Anschauungsunterricht für menschliches Gleichempfinden als die Augenblicke, da Geburtshelfer und Hebamme sich über den Erfolg freuen, beide das Glück der Mutter sehen. Das war damals in den Berliner Mietskasernen so, das ist heute im Kreißsaal nicht anders. Diese Sicht auf die Schwesterntätigkeit sollte auch den für die Berufswahl und für die Ausbildung des Nachwuchses verantwortlichen Institutionen selbstverständlich sein.

Böse Zungen unterstellten Schwestern, der Hauptgrund für ihre Berufswahl sei die Suche nach einem Arzt als Lebenspartner. Eine gar zu oberflächliche Verallgemeinerung und zugleich eine Diffamierung jener glücklichen Arzt-Schwester-Ehen, die aus keinem anderen Grund als aus spontaner persönlicher Zuneigung und festem Zusammengehörigkeitsgefühl zustande kamen. Ich gebe zu, als Chef immer recht ärgerlich gewesen zu sein, wenn mir ein Assistenzarzt die beste Schwester wegheiratete. Mein Zorn galt nicht dem Umstand, daß sich zwei fürs Leben fanden. Da ich aber — ungeachtet der Qualität der beiden — das Prinzip wahrte, Verliebte, Verlobte und Verheiratete nicht auf der gleichen Station arbeiten zu lassen, verlor ich am Ende beide.

Im medizinischen Beruf entstehen meiner Meinung nach nicht häufiger als in anderen dauernde Partnerschaften aus der unmittelbaren Zusammenarbeit. Die hohe Intensität des gemeinsamen menschlichen Erlebens, die ständige Gegenüberstellung mit viel menschlichem Glück und natürlich auch Unglück läßt unbewußt die Frage nach dem eigenen Glück aufkommen. Außerdem ergeben sich Bindungen im äußeren Bereich, der Zwang zu gemeinsamen Nachtwachen, der Wechsel zwischen höchster Anspannung in Notfällen und einfachem Abwarten. Nirgendwo anders erlebt man menschliche Schicksale gründlicher und dramatischer als im Krankenhaus. Aus der Bereitschaft zu gemeinsamer Hilfeleistung, aus gemeinsamen Anschauungen in diesem Beruf kann durchaus der Vorsatz reifen, in einer eigenen Familie genauso füreinander zu denken, zu handeln und zu leben.

Die Beanspruchungen über Tage und Nächte lassen dem Arzt oft wenig Zeit für die Familie. Kennt seine Frau aus ihrer Berufspraxis diese Belastungen, bringt sie meist mehr Verständnis und Bereitschaft zur psychologischen Stützung auf als jede andere, die erst lernen muß, sich in das ärztliche Milieu einzufühlen. Kommt ein Arzt voller Sorgen nach Haus, weil ihn das Schicksal eines Patienten beschäftigt, wird sie ihm Hoffnung machen. Erfüllt sich diese nicht, richtet ihn eine einsichtsvolle Frau innerlich wieder auf, ist ihm unersetzlicher Kamerad.

Gedanken über die Ehe

Karfreitag. Ich kam aus der Oper, aus Verdis «Requiem». Diesen Tag, der mich wie kein anderer zum Nachdenken anregt, wollte ich im Gedenken an meine zu früh verstorbene Frau ausklingen lassen. Man braucht Emotionen nicht zur Schau zu stellen, sich ihrer auch nicht zu schämen.

Oft saß ich mit meiner Frau in der Oper, diskutierte danach mit ihr und den Künstlern. Viele von ihnen kenne ich aus Krankheiten, persönlichen Sorgen, bewundere ihre Kraft, sich immer wieder über das eigene Schicksal zu erheben und sich, wenn das Publikum zuhört oder zuschaut, nichts anmerken zu lassen. Ich fühle mich darin mit ihnen verwandt. Der Arzt muß ebenfalls Herr seiner Empfindungen sein, will er seine Patienten trösten, ihnen helfen.

Diese Aufführung berührte mich besonders. Noch tags zuvor hatte ich an der Hochzeit der Tochter meines ältesten Schülers in Greifswald teilgenommen. Durch den Kontrast zwischen dem Glück des jungen Paares und meiner persönlichen Lebenssituation wurde ich daran erinnert, wie oft Wunsch und Wirklichkeit auseinanderklaffen. Ich wollte mich aber keinen Depressionen hingeben. Deshalb war ich froh, in die Arbeit flüchten zu können. Das «Requiem» von Verdi, in seiner Mischung zwischen der geistlichen Musik altneapolitanischer Meister und den dramatischen Zügen Verdischer

Empfindungswelt, bringt guten Trost. Der «Dies irae» als ein Abbild eigener innerer Erregung wühlt auf, aber das «Agnus dei» beruhigt, und das «Libera me» ruft zur Einsicht und zur Lösung aller Konflikte, die Leben und Arbeit hemmen.

Der Gedanke an die Aufgaben, die ich zu lösen habe, hält mich aufrecht. So ähnlich äußerte sich Émile Zola einmal in einem Brief und erweiterte den Gedanken: Aus der Arbeit werden Wahrheit und Gerechtigkeit hervorgehen, denn der Mensch dankt ihr alles, seine geistige und moralische Kraft.

Darum ist es unbillig zu sagen, Arbeit lenke ab. Sie muß einen ganz erfüllen. Früher war sie auch das gemeinsame Anliegen in meiner Ehe. So kann ich mich durch meine Tätigkeit zugleich ständig geistig mit der Frau verbunden fühlen, die mir im Leben soviel dabei half. Jetzt muß ich es allein schaffen. Ich versuche es im gleichen Sinne wie früher und in innerer Verbundenheit mit jener glücklichen Vergangenheit zu gleichen Zielen hin zu erreichen.

Vielleicht war es diese Musik, vielleicht auch die durch sie beschworene Vergegenwärtigung meines eigenen augenblicklichen Daseins, die mich etwas gründlicher über die Ehe, insbesondere die eines Arztes, nachsinnen ließen. Die große Zahl meiner Mitarbeiter gestattete mir, viele solcher Ehen zu verfolgen. In andere schaute ich als Geburtshelfer und Gynäkologe beruflich hinein. Ich kenne oberflächliche, aus äußerlichen, manchmal rein materiellen Gründen geführte, aber auch aus tiefster innerer Erfüllung geschlossene Ehen. Ich konnte Streit schlichten, Entgleisungen verhüten. Man schlug meine Hilfe aus, oder ich mußte sie selber versagen, wenn genauere Kenntnis aller Verwicklungen mich zwang, zur Trennung zu raten, um noch größeres Unglück zu verhüten.

In einer total zerrütteten Ehe schändete der Mann die zwölfjährige Tochter, und die Mutter schwieg aus Angst vor dem eigenen Ehemann, leistete vielleicht sogar Vorschub. Eheleute verteidigten bewußten Partnertausch ohne Bruch der Ehe, in vollem Einverständnis. Andere verleugneten jedweden ethisch-moralischen Gesichtspunkt als «überholte Anschauung». Kurzum, ich blickte in manches abwegige Ehe- und Familienleben. Als Ausgleich für solche Eindrücke wirkte jeder Erfolg meiner Beratung und Behandlung unendlich wohltuend auf mich. Dankesbriefe hob ich mir auf, nicht aus

Selbstgefälligkeit. Sie bestätigten mir den Nutzen meines unablässigen Bemühens, sogar in den verzweifeltsten Situationen Abhilfe zu schaffen. Aber ein Mensch, selbst ein Gynäkologe, der behauptet, er kenne die Frau in- und auswendig, erscheint mir unglaubwürdig. Das ist nicht nur mein eigenes Urteil, sondern ich berufe mich auf den Philosophen Kant, der einmal feststellte: «Leicht durchschaubar ist der Mann, das Weib verrät sein Geheimnis nie.» Man könnte mir allerdings vorwerfen, Kant sei kein kompetenter Zeuge — denn er war Junggeselle. Wie dem auch sei, die Vielgestalt der Bilder, die sich mir von Ehen und von Frauen in der Ehe boten, gestattet einige Schlüsse.

Meine Gedanken zur Ehe passen weder zu einem Moralprediger noch zu dem Verfasser eines Leitfadens für die Ehe. Es sind reflektierte Erlebnisse. Das Familienrecht unseres Staates regelt die Beziehungen von Mann und Frau als gleichberechtigten Partnern zueinander und in der Gesellschaft. Doch nicht alles läßt sich juristisch fassen. Es gibt mehr. Das beginnt schon bei der Wahl des Gefährten.

In einer seiner Verteidigungsschriften wies der alte Philosoph, Naturwissenschaftler und Arzt Paracelsus in der ihm eigenen Sprache folgenden Weg:

«Was die Augen geben, das ist wohl also in der Eil zu urteilen. Was aber den Augen verborgen ist, das ist umsonst also fürzufassen, als ob es richtig wäre.»

Man soll also bei der Frau nicht nur auf das Äußere sehen. Er fährt dann fort:

«Ein Exempel nehmt Euch bei einem Bergmann. Er sei so gut, wie recht, wie kunstreich, wie geschickt er wölle, so er ein Erz (sprich Frau) das erst mal ansieht, er weiß nit, was es hält, was es vermag, wie mit ihm zu handeln sei . . . Er muß zum ersten lassen durchlaufen, etliche Probierung und Versuchung kosten und sehen wo hinaus. Alsdann so er's wohl durch die Reutern (sprich Sieb) gefegt hat, so mag er ihm einen gewissen Weg fürnehmen, dahinaus muß es also sein . . .

Darum die Ding zu erwägen, zu ermessen, zu versuchen, soviel und der Versuchnis zustehet, nit zu verargen ist. Und alsdann mit der rechten Kunst daran! Da liegt der Butz, da liegt der Schatz!»

Als Gynäkologe versichere ich, daß ich noch keine Frau gesehen habe, die von solchem Bemühen um ihre Person nicht angetan wäre und es nicht mit Dank und Anerkennung quittiert hätte. Darauf also läuft's wirklich hinaus: Wir müssen ihre Fähigkeiten erkennen, um sie werben und sie fördern — in jedem Bereich, dem beruflichen wie dem persönlichen.

Daß Partnerbeziehungen von der Sexualität abhängen, ist bei der Diskussion über den Inhalt der Ehe weder über- noch unterzubewerten. Eine einfache Ausgangstatsache: Sie ist naturgewollt.

Wer die Sexualität als einen wesentlichen Inhalt einer guten, auch biologisch gesehen, glücklichen Ehe leugnet, ist weltfremd oder unglaubwürdig. Weltfremd, weil er den Menschen nicht als Naturwesen sieht, oder unglaubwürdig, weil er anders predigt, als er handelt.

Zum Glück werden die Pharisäer selten. Dagegen führen wirkliche Tragödien manchen zum Arzt. In die Sprechstunden kam ein Ehepaar, er Künstler, sie eine besonders zarte und feinfühlige Natur. Wenigstens auf den ersten Blick. Anamnese und Analyse ergaben eine schreckliche Verirrung, in die sie sich hineingelebt hatten. Sie war gar keine Frau, sondern gehörte zu den unglücklichen intersexuellen Typen, deren Geschlecht mit ihrer Empfindungswelt im Widerspruch stand. «Sie» war ein Mann, der sich, um aus seinen sexuellen Widersprüchen herauszufinden, die verkümmerten Geschlechtsorgane und Keimdrüsen irgendwo hatte entfernen lassen. Beide, der gesunde Mann und das zum Neutrum umgeformte Wesen, hatten geheiratet. Er wußte um ihren körperlichen Zustand, beide glaubten jedoch, in einer platonischen Ehe Erfüllung zu finden. Sie wollten allein in der geistigen Sphäre ihren künstlerischen Neigungen leben. Drei Jahre ging es gut. Dann wichen alle ideellen Vorstellungen dem natürlichen Verlangen nach sexueller Befriedigung. In diesem Fall entschloß ich mich zur Bildung einer künstlichen Scheide, um nachzuvollenden, was der Erstoperateur nur eingeleitet hatte. Beide lebten weiter, nun in vollständiger Bindung aneinander.

Diese nur einem Teil der Ärzte zugänglichen extremen Fälle bestätigten meine allgemeinen Erfahrungen, aus denen ich auf die Bedeutung eines gesunden Sexuallebens für die

Ehe schließen konnte. Eine hochwichtige Voraussetzung dafür liegt in einer rechtzeitigen Aufklärung und natürlichen Erziehung ohne Prüderie, damit die Jugend nicht erst in Konflikte gestürzt wird, deren Beseitigung erfahrungsgemäß weit schwieriger ist als ihre Verhütung. Am besten, die Erwachsenen verzichten von vornherein auf den Klapperstorch als Tarnschild elterlicher Schamhaftigkeit und erklären in einer der jeweiligen Entwicklung des Kindes angemessenen Form Natürliches natürlich. Das kann nicht früh genug beginnen. Aber niemals ist es zu spät, wenn man den richtigen Augenblick nutzt, den richtigen Ton findet.

Ein mir befreundetes Arztehepaar entsetzte sich über den rüden Ton und den Inhalt der Zoten, die der Sohn — er befand sich in der Vorpubertät — nach Hause brachte. Er verschonte damit selbst die eigene Mutter nicht, die ein Kind erwartete. Verbote nützten nichts. Da begegnete die Mutter ihrem Jungen ganz anders. Sie ließ ihn die Bewegungen des heranwachsenden Brüderchens oder Schwesterchens fühlen, und er durfte seinen Herztönen lauschen. Das bewirkte einen völligen Haltungswandel des Sohnes. Fortan versuchte er, seine Mutter zu unterstützen, und enthielt sich aller anzüglichen Bemerkungen.

Das Primat einer sinnvollen Aufklärung liegt im Elternhaus, im übrigen erzieht sich die Jugend selber, wenn wir ihr Hilfestellung leisten, sie nicht mit Allgemeinplätzen oder gar Lügen abspeisen oder ihren Fragen ausweichen. Ob die Schule in die Bresche springen und die notwendige, von den Eltern leider oft versäumte Aufklärung übernehmen soll, ist meiner Auffassung nach nicht grundsätzlich zu entscheiden. Elternaktive wandten sich mit der Bitte an meine Mitarbeiter, vor Kindern oder auch vor Eltern über sexuelle Probleme zu sprechen. Sie hielten das für wirksamer als einen Vortrag von einem Lehrer oder einer Lehrerin. Das ist kein Vorwurf. Aber wenn eine schwangere Lehrerin von den nicht immer behutsamen Schülern gefragt wird, wie sie in diesen Zustand gekommen ist, gehört viel Überlegenheit und Sicherheit dazu, richtig zu reagieren. Sonst zwingt sie der rote Kopf, den sie wahrscheinlich bekommt, schon in die Verteidigung. Andererseits übertreffen sich ganze Klassen in solchen Fällen, um ihre Rücksicht und Disziplin zu beweisen. Generelle Regeln sind also kaum zu nennen. Die zweckmäßigste Form hängt von sehr differenten Faktoren ab und erfordert eine immer individuellere Gestaltung, je älter die Kinder sind.

Ich entzog mich solcher Aufklärungsarbeit nicht, lehrte sie methodisch, auch — was schwieriger als eine Einzelberatung ist — vor größeren Zuhörerkreisen, zum Beispiel in Vorträgen im Hygiene-Museum in Dresden.

Aufklärung umfaßt nicht nur die Unterrichtung über die körperlichen, geschlechtlichen Beziehungen, ihre Vorbedingungen, Folgen und Gefahren, sondern auch — und das von möglichst hoher Warte — die geistigen Beziehungen, die gesellschaftliche Funktion der Ehe und die Aufgabenteilung zwischen Mann und Frau. Sie erzieht zum Verantwortungsbewußtsein vor sich selbst und vor der Gesellschaft. Sprach ich mit meinen Studenten darüber, ging ich natürlich von einer anderen Basis aus. Es gehörte zum Unterricht, sie vorzubereiten, solche Probleme später als Ärzte methodisch anzupacken. Das bedeutete Erziehung der Erzieher. In persönlichen Gesprächen mit ihnen spielten Fragen der materiellen Voraussetzungen für die Ehe, der richtigen Familienplanung, der sinnvollen Freizeitgestaltung und der Gruppenehe eine stärkere Rolle. Wir besprachen alles freimütig, offen und im gegenseitigen Verstehen.

Vielleicht half mir der Gegensatz zur eigenen Studentenzeit, völlig umzudenken. Neue Vorstellungen erwecken in jedem aufgeschlossenen Menschen auch immer neues Interesse, und Vergleiche regen zum Nachdenken an. Nehmen wir die Studentenehe. Man kann nicht behaupten, daß die Probleme der Studentenehe gelöst seien. Hier liegt noch ein weites Feld für sachlich-ökonomische und inhaltlich-ideologische Reformen. Diese Frage galt indes zu meiner Studentenzeit nicht einmal als diskutabel. Überspitzten Auffassungen stehe ich selbstverständlich skeptisch gegenüber. So erkenne ich bei der Gruppenehe die ökonomischen Vorteile, die kameradschaftliche Hilfe und Unterstützung als Argument an — sie sind schließlich das Ziel jeder kleinen oder größeren Gemeinschaft —, führt sie aber im sexuellen Bereich zur Verwischung der Grenzen und Zuordnungen, vermag ich kein Verständnis dafür aufzubringen.

Man wird mir daraus nicht den Vorwurf machen, ich sei zu

alt, für solche Vorstellungen ausreichende Flexibilität aufzubringen. Dafür weiß ich mich in zu guter Übereinstimmung mit dem Gros unserer Studenten — und übrigens auch mit Engels. Allerdings bin ich alt genug, mich an frühere Tendenzen dieser Art zu entsinnen, die alle abbrachen, sobald der Rausch in Ernüchterung überging, der Beruf zur Trennung, die Einsicht zur Vernunft führten. Die Zukunft wird auch diesmal, auf neuer Ebene, der Zweisamkeit in der Ehe den Vorrang geben. Dieses Ergebnis tritt garantiert ein, weil in der Geschlechter- und Erkenntniskette eine folgerichtige Linie sichtbar wird, nämlich die der Veränderung der Welt im Sinne von Karl Marx «zu einer immer höheren gesellschaftlichen Reife, Achtung vor dem Menschen und dem Streben nach Bildung und Glück». Fehler und Umwege sind dabei unvermeidbar.

Die höchste Erfüllung findet eine Ehe, wenn beide Partner bei aller unterschiedlichen Begabung und Neigung des einzelnen, in harmonischer Gemeinsamkeit in die Gesellschaft hineinwirken, nicht nur durch die verantwortungsbewußte Erziehung ihrer Kinder zu Trägern der Zukunft, sondern durch ihre Arbeit auf allen Gebieten. Dabei zeigen gerade Frauen außerordentliche Phantasie, Anpassungsfähigkeit und Beweglichkeit. Und wir Männer dürfen nie vergessen, wieviel wir diesen Tugenden verdanken.

Ringelnatz verleiht in einem Gedicht diesem Gedanken Ausdruck. Jener gewiß nicht «leicht durchschaubare Mann», der sich eher als Rauhbein gab, läßt in seinen Gedichten erkennen, welch tiefer Empfindungen er fähig war. Seine Zeilen mögen hier für viele Gedanken stehen, die ich in dieser Kürze und Prägnanz nicht auszudrücken vermag.

«Der Du meine Wege mit mir gehst,
Jede Laune meiner Wimper spürst,
Meine Schlechtigkeiten duldest und verstehst,
Weißt Du wohl, wie heiß Du oft mich rührst?
Wenn ich tot bin, darfst Du gar nicht trauern,
Meine Liebe wird mich überdauern
Und in fremden Kleidern Dir begegnen
Und Dich segnen,
Lebe, Lache gut!
Mache Deine Sache gut.»

Mich bewegt bei aller Wehmut der optimistische Zug. Wem jedoch Zitate dieser Art nicht zusagen, der lese die Briefe, die Wilhelm von Humboldt an seine Frau schrieb. Viele literarische Zeugnisse gestalteten die sexuelle, geistige und gesellschaftliche Bindung zwischen Mann und Frau. Aber wenige machen die Tiefe der Bindung so transparent, wie das in Briefen Humboldts geschieht. Es zeichnet den verständnisvollen Mann aus, dabei die richtige Balance zwischen leidenschaftsloser Höflichkeit und höflich dosierter Leidenschaft zu halten. Sie gehören dazu. Sie sind kein Tabu, sondern ein wesentliches Element eines innerlich erfüllten und harmonischen Lebens, auf das die Frau Anspruch hat.

Ich habe meine Mitarbeiter dazu erzogen, in allen Fällen schwerwiegender ärztlicher Entscheidungen so zu handeln, als stehe ihre Mutter, Frau oder Schwester vor ihnen. Deshalb halte ich es auch nicht für abwegig, wenn man die Tiefe des Dankes an die Frau dadurch zum Ausdruck bringt, daß man ihn in Gedanken an die eigene Mutter, die eigene Frau oder die, die es einmal sein oder werden könnte, ausspricht.

Aber über allen guten Ratschlägen steht die eigene Erfahrung. Man muß sich gründlich im Leben umsehen, um zu einem ausgewogenen Standpunkt zu gelangen. Als Student merkte ich bald: Die Geschlechterbeziehung und Familienverhältnisse bei «feinen» Leuten sind nicht gültiger Maßstab. Ich wollte unbedingt erfahren, wie beispielsweise Arbeiter wirklich lebten, wie sie dachten und empfanden. Während meiner zeitweiligen Tätigkeit im Versuchs- und Hauptlaboratorium der Stickstoffwerke in Piesteritz fand ich dazu Gelegenheit. Zwar verdächtigten uns einige Arbeiter, Spitzel des damaligen Reichspräsidenten Ebert zu sein, und griffen uns als Sprößlinge bürgerlicher Familien an, aber uns erfüllte der gute Wille, die Menschen unserer Umwelt aus ihrer Arbeit zu begreifen, ihre Lebensgewohnheiten, ihren Familiensinn zu verstehen. Natürlich arbeiteten wir auch, um Geld zu verdienen und unsere Eltern während der Semesterferien zu entlasten.

Wie aus einem fernen Gespür, daß hier eine Kraft heranreift, die einmal neue Moralmaßstäbe für alle errichten würde, strichen wir die Segel nicht und suchten das Gespräch über uns bewegende Lebensfragen. Wir diskutierten mit den

Arbeitern ohne Hohn und Verteufelung, setzten uns auseinander und stellten schließlich fest, daß wir zwar verschiedener
Herkunft, in den Ansichten über gegenseitige Hilfe und Achtung aber einer Meinung waren. Wir wurden Freunde und
blieben es über die wachsenden politischen Gegensätze der
zwanziger Jahre hinaus, als wir schon ins Studium zurückgekehrt waren.

Heute sehe ich die Brücke, die uns zueinanderfinden ließ:
den Humanismus, bei ihnen letztlich Inhalt und Ziel des politischen Kampfes ihrer Klasse, bei uns Idealvorstellung, gewonnen aus dem klassischen humanistischen Erbe. Und jeder
zeigte sich als Suchender. Häufige Themen bildeten die Ehe,
die Erziehung der Kinder, Arbeit und Leistung der Frau, freilich weniger von der hohen Warte ihrer gesellschaftlichen Bedeutung als vielmehr von ihren ökonomischen Grundlagen.
Die Arbeiter kämpften angesichts der Teuerungen und der sogenannten Sparmaßnahmen der Regierung um ihre nackte
Existenz. Also war die Tagesaufgabe, was sie nicht so nannten, aber taten: die Verwirklichung eines Stücks menschlichen
Glücks zur Zeit und Stunde, den Haushalt zu sichern, den
Kindern eine Ausbildung zu ermöglichen, die diesen später
bessere Berufs- und Lebenschancen bot, und dafür politische
Maßnahmen zu ergreifen. Das verstand und billigte ich voll-
auf, ohne im entferntesten Klassenkampf darin zu sehen oder
gar dessen eigentlichen Inhalt zu kennen.

Freilich ließen sich auch Familienväter leichtfertig beim
Kartenspiel ihr sauer verdientes Geld abluchsen und ertränk-
ten ihren Kummer im Alkohol, kamen betrunken zur Arbeit
und baten uns, ihren Dienst zu versehen und sie vor der
Werkkontrolle zu schützen. Aber gerade das grellbunte Bild
unterschiedlicher Lebensinhalte und Lebenstüchtigkeit —
Selbstachtung auf der einen, Haltlosigkeit auf der anderen
Seite — zeigte mir, dem jungen Medizinstudenten, schon die
Richtung, wo wir die Hebel einmal anzusetzen hätten, um
den Menschen einen gerechten und gesunden Raum zwischen
Arbeit und einem glücklichen Familienleben zu garantieren.
Das sprengte die Vorstellungen von einem konventionellen
Sprechstundenbetrieb.

Jedenfalls gewann ich große Achtung vor dem Vorwärts-
streben und dem Familiensinn vieler dieser selbstbewußten

Menschen, die sich später durch die Erlebnisse während meiner geburtshilflich-poliklinischen Tätigkeit an der Berliner Universitäts-Frauenklinik noch vertiefte. Zille hat das damalige Arbeitermilieu geschildert, drastisch und ironisch, humorvoll und satirisch, die Welt der Hinterhöfe, der Keller und ungeheizten Dachböden. Es ist ihm manchmal schwer geworden, den Ernst sozialen Unrechts als Witz zu nehmen. So ging es auch uns.

Zwei Beispiele an Stelle langer soziologischer Betrachtungen: Eine Frau schwebt wegen einer Nachgeburtsblutung in höchster Lebensgefahr. Die Situation kommt unter Kontrolle. Ich gehe in die Eckkneipe, um der Klinikzentrale telefonisch Meldung zu erstatten. Dabei tritt ein Mann, der einzige Besucher der Destille, auf mich zu und fragt, ob alles gut ausging, er sei der Vater. Ohne Legitimation kann ich zwar keine Auskunft geben, beruhige ihn aber unverbindlich. Nach Abschluß der Behandlung suchen der Volontärarzt und ich — es ist ein heißer Sommertag — noch einmal die Kneipe auf, um schnell unseren Durst zu löschen. Total verändertes Bild. Der Raum ist vollgestopft, in der Mitte der Vater: Auch wir sollten mit Freibier und Schnaps an der Freude über den glücklichen Ausgang teilnehmen. Dabei folgender Kommentar: «Wissen Se, det is gar nich meine Frau, aber sie is so'n fleißiges Mechen und ick habe schon det zwete Kind mit ihr. Meine Olle will sich nich scheiden lassen. Ick bin ne ruhige Natur und kann keenen Streit vatragen. Jeld habe ick, also sorje ick für beede, und alle sind zufrieden.» Ein sonniges Gemüt, aber wohl keine Lösung.

Im zweiten Fall ging es ebenfalls um eine Nachgeburtsblutung. Zigeunerwagen, auf freiem Feld eingegraben, vierhundert Meter von der Stadtrandsiedlung entfernt, daneben ein Stall, in dem Kinder und Ziegen zusammen hausen. Die Frau im oberen von zwei übereinandergestellten Betten an der Stirnseite. Ich steige auf eine Fußbank, um sie überhaupt behandeln zu könne. Der Narkotiseur muß am Kopfende ins Bett der Patientin, wo ein winziges Luftloch ist. Erfolgreiche Beendigung der notwendigen Operation. Hinterher erfahre ich, daß in diesem Zigeunerwagen mit zwei Betten zwei Familien hausen und daß die Patientin an der Frauenklinik als Hausschwangere beschäftigt gewesen ist. Sie hat diese Einrichtung mit allen hygienischen Bedingungen für eine aseptische Entbindung verlassen, nur weil ihr dort das Essen nicht schmeckte.

Wie sollten unsere Vorstellungen von einer idealen Ehe unter solchen Umständen zu verwirklichen sein? Zum Glück gab es Männer und Frauen, die auch die größte Armut nicht hinderte, den Grundsätzen eines sauberen Familienlebens zu folgen und für seine politische und materielle Absicherung einzutreten. Ich bewunderte sie. Die Erfüllung ihrer Wünsche erwarteten sie von einer anderen Gesellschaftsordnung. Sie ließen sich nicht unterkriegen, kämpften für die Zukunft, für das Glück ihrer Frauen und Kinder. Ich habe von ihnen viel gelernt.

Manchmal gewann ich den Eindruck, diese Menschen beneideten uns Ärzte um unser Leben. Grundlos. Oft besaßen wir nicht mehr als sie, und manches wußten sie besser als wir. Deswegen kämpften sie ja. Über das Familienleben sprachen wir gezwungenermaßen sowieso als Außenstehende.

Die Ehelosigkeit junger Ärzte aufrechterhalten zu wollen wäre absurd. Dennoch, die Ehe eines Arztes folgt in manchem anderen Gesetzen, will er in seinem Beruf aufgehen. Faßt er ihn als Berufung und nicht als eine Kunst auf, die nach Brot geht, muß er zunächst für die anderen dasein, nach meiner Auffassung nicht nach Stunden, nicht nach Tag oder Nacht, sondern Tag und Nacht, selbst im Urlaub, wenn er gefordert wird. Was übrigbleibt, gehört der Familie. Es bedarf schon einiger Überlegungen, diese oft kurze Zeit so sinnvoll wie möglich, so inhaltsreich wie nur denkbar zu gestalten und immer darauf bedacht zu sein, im Glück seines Familienlebens den Ausgleich für alle Sorgen und Anstrengungen zu suchen, die keinem erspart bleiben, der immer «strebend sich bemüht».

Ich weiß, daß ich mit diesen Auffassungen nicht überall auf Gegenliebe stoße. Aber ich schildere hier *mein* Leben und *meine* Gedanken. Meine Frau, selbst genügend mit diesem Milieu vertraut, verstand mich darin, und ich danke ihr aus vollem Herzen, weil sie mir zu ihrem Teil half, meine Ideale und Vorstellungen zu verwirklichen. Stets fand ich bei ihr ein offenes Ohr und auch fördernde Kritik. Sie nahm mir vieles ab und war das untrügliche Echo aller meiner Bemühungen im praktisch-ärztlichen Bereich wie in der wissenschaftlichen Arbeit und in meinem didaktischen Bemühen. Es ist ein beglückendes, zugleich aber auch — im Hinblick auf ihren frühen Tod — tragisches Zeichen, in den Kondolenzbriefen aus aller Welt zu lesen, wie sehr man ihr gesellschaftliches Wirken würdigte, wie vielen Menschen sie Wertvolles gab, wie sie meine internationalen Beziehungen vertiefte, zu echten Freundschaften ausbaute. Wir verhielten uns zueinander nicht wie Turteltauben, aber unsere Gemeinsamkeit war aus einem Guß, geformt durch das Ziel all unserer Wünsche und Vorstellungen, der persönlichen, privaten, wie der beruflichen. Ich kann mit Wilhelm von Humboldt sagen: Das Zusammenleben mit meiner Frau war die Grundlage meines Lebens.

Wer zwischen den Zeilen zu lesen versteht, wird unschwer die Grundsätze erkennen, die mir für eine Arztehe vorschweben. Sie findet ihre Erfüllung in der gegenseitigen gleichberechtigten, gleichwertigen Ergänzung beider Partner, in der Arbeit, vor allem der gesellschaftlichen über die Ehe hinausgehenden, in der Ausstrahlungskraft, an der die Öffentlichkeit den Bestand einer Ehe und ihre Werte mißt. Sind beide Ehepartner Ärzte, entstehen möglicherweise besondere Probleme: Ausschaltung von Konkurrenzneid, keine wechselseitige Bevorzugung an der gleichen Arbeitsstätte, dafür Förderung, Anregung und berufliche Ergänzung. An der prinzipiellen gemeinsamen beruflichen Aufgabe und der Notwendigkeit tiefen gegenseitigen Verständnisses ändert das nichts.

Als ich diese Zeilen niederschrieb, erreichte mich ein Anruf des Brautvaters jener eingangs geschilderten Arzthochzeit. Ein Gast, der mehrere Tage bleiben wollte, war beim Mittagessen mitten in Genuß und Freude plötzlich einem Herzinfarkt erlegen. Ein tragisches Ereignis für die bewirtende Familie; ein leichter Abschied für ihn selber, dessen Leben sich erfüllt hatte. Ein Menetekel für jeden im Hinblick auf die Ehe, die Zeit, die einem dafür bleibt, so glücklich und inhaltsreich wie möglich zu gestalten, ehe es zu spät ist.

Sozialgynäkologie

Die Frau ist im Leben der Gesellschaft nicht nur das Pendant des einzelnen Mannes. Frauen stellen bekanntlich mehr als die Hälfte der Weltbevölkerung. Mit dem Recht der Gleichwertigkeit — und keineswegs allein der arithmetischen — bestimmen sie ihren Platz in der Familie, in der Arbeitssphäre. Hier ist nicht der Ort, die prinzipielle gesellschaftspolitische Seite der Sache auszuleuchten. Darüber gibt es Literatur, die auf Leser wartet. Mich interessiert verständlicherweise vor allem das, was an seelisch-körperlichen — psychosomatischen — Vorgängen mit der Frauenemanzipation und der Frauenförderung zusammenhängt.

Bei voller Berücksichtigung der notwendigen und begrüßenswerten Spezialisierungen und Unterspezialisierungen auf den verschiedensten Gebieten bleibt der eigentliche Inhalt unseres Faches dennoch unverrückbar gleich: Es ist die Frau als Gesamtpersönlichkeit, von der Entwicklung des neugeborenen Mädchens über die generativen und gesellschaftlichen Aufgaben ihrer Reife, über das oftmals beschwerliche Klimakterium bis ins Alter. Es ist die Frau in gesunden und kranken Tagen, in ihrer Beziehung zur Umwelt und Gesellschaft, als Einzelperson — ob verheiratet, ledig oder Witwe — oder als Faktor der Gesellschaft, in der Fabrikarbeit, als Angestellte, als Kraft in leitender Funktion, als Künstlerin, Schriftstellerin, als Wissenschaftlerin. Wir sehen sie auch als Mutter, als Frau mit ihrem Anspruch auf Gleichberechtigung, als Partner des Mannes in sexueller, geistiger und wirtschaftlicher Beziehung.

Jean Cocteau, der in seinen Aphorismen brillante und mit Pointen stets überraschende Franzose, schrieb in seinem «Tagebuch eines Unbekannten»: «Wenn man mich fragte, was ich, sollte mein Haus brennen, hinaustragen würde, so antwortete ich: das Feuer.» Er wollte den gesamten Inhalt retten. Würde ich gefragt, was im Feuer aller angestrebten Reformen um jeden Preis erhalten bleiben müsse, lautete meine Antwort: der gesamte Inhalt unseres Faches, das Objekt aller unserer Bemühungen, die Frau!

Der Frauenarzt wird die Leiden und die Genugtuungen jeder Patientin nur dann bis zum Grunde erfassen, wenn er ihre

— vielleicht unbewußte — Gleichberechtigungsproblematik, ihren Willen, sich zu behaupten, und den Grad seiner Verwirklichung erkennt. Unter Gleichberechtigung verstehe ich gleiche Startbedingungen und gleiche Anerkennung, aber nicht gleiche körperliche und gleichgeartete geistige Leistung als Bedingung dafür. Die Unterschiedlichkeit zwischen Mann und Frau ist nicht allein in biologischem Sinne wichtig. Ohne sie zu beachten, sind in allen Bereichen unseres gesellschaftlichen Zusammenlebens keine gerechten Entscheidungen möglich. Hier und da allerdings läßt sich die Tendenz zu Fehlentscheidungen bereits in anderer Richtung erkennen. Eine falsch verstandene einseitige Förderung der Frau soll doch wohl nicht, ironisch gesagt, erneut zum Matriarchat und — was die sexuellen Beziehungen anlangt — zur Polyandrie, zur Vielmännerei, führen.

Mehr als ein Korn Weisheit scheint mir in dem Argument der angelsächsischen Soziologin Margarete Maed zu liegen. Sie sagte: «Wenn wir die unterschiedlichen Begabungen beider Geschlechter ausnutzen, würden wir eine doppelte Freiheit erringen: die Freiheit, die unbeeinträchtigten Begabungen beider Geschlechter zu nutzen, und die Freiheit, bei jedem Geschlecht die besondere Überlegenheit offen zuzugeben und zu kultivieren.»

Der moderne Frauenarzt sozialistischer Prägung sieht fundiertes fachliches Wissen nicht als alleiniges Ziel an. Es ist Voraussetzung, um auch bei der Ausarbeitung allgemeiner Konzeptionen gesellschaftlicher Für- und Nachsorge auf dem Gebiet der Frauenförderung überzeugend zu wirken. Die Selbstbefreiung muß mit der Selbsterkenntnis der Frau Hand in Hand gehen. Das beginnt schon im Kindesalter mit der Aufklärung über die Struktur und Funktion ihres Organismus, über Möglichkeiten und Grenzen ihrer Belastbarkeit mit dem Ziel, sie zur eigenen Verantwortlichkeit zu erziehen.

In diesem Stadium kann der Gynäkologe nur sehr wenig Einfluß auf die «Frauenförderung» nehmen. Seine Verantwortung steigert sich jedoch in späterer Zeit progressiv. Dabei betrachtet er die Förderung der Frau nicht als Streitobjekt über Zuständigkeiten, sondern als eine Frage zweckmäßiger Zusammenarbeit aller Instanzen, die ein gleiches Ziel verfolgen. Auch auf diese Weise wächst der Einfluß des Gynäkologen aus der engeren Sicht seines Faches hinüber in die Breite öffentlicher Wirksamkeit.

Ich engagierte mich stark in diesem Sinne, entwickelte die verschiedensten Gedanken für die Schaffung geeigneter Einrichtungen und eine entsprechende Strukturierung an der Fakultät bis hin zu dem Vorschlag, auch ein Ordinariat für soziale Gynäkologie zu schaffen.

Manche Autoren wollen die Spezifität dieses Gebietes leugnen. Sie argumentieren, in unserer Gesellschaftsordnung sei sowieso alles auf die sozialen Erfordernisse ausgerichtet, gleich, was in einem Fachgebiet geschieht. Das ist schon richtig, trotzdem entstehen spezifische Probleme, die einer Sonderbearbeitung in wissenschaftlicher, praktischer und organisatorischer Beziehung bedürfen. Ich könnte einen ganzen Katalog von einzelnen Programmpunkten nennen, worin die Vorsorgeuntersuchung, die Erziehung zur Verantwortlichkeit, die Mutter-Kind-Betreuung ebenso ihren Platz finden wie das riesige Gebiet «Frau und Arbeit». In diesem Zusammenhang freue ich mich darüber, daß Schüler von mir das wichtige Thema, welche Rolle die Arbeit im Leben des Menschen spielt, bis zur Habilitation mit besonderem Erfolg behandelt haben. Wir brauchen unbedingt entsprechende medizinische Parameter, die uns erlauben zu beurteilen, unter welchen Gesichtspunkten Frauen in der Produktion eingesetzt werden können, zu welchen Tätigkeiten sie spezielle Neigungen besitzen, wozu sie körperlich und seelisch, anatomisch und auch funktionell in der Lage sind und von welchen Berufen man ihnen abraten muß.

Die Forderung nach größerem Einfluß des Gynäkologen auf die Leitung der Betriebe, die vorwiegend Frauen beschäftigen, läßt sich also auch hinreichend arbeitsökonomisch begründen. Sein Rat bedeutet nicht Hemmung, sondern zweckmäßige Förderung der Produktion, mehr Effektivität.

Neue Probleme entstehen mit der Umstellung von Handarbeit auf Automation. Die Automatisierung führt zur Erhöhung der Frauenarbeit im Produktionsprozeß, weil sie die rein körperliche Arbeit verringert. Aber die geistige Konzentration — die bei der Frau den labileren nervalen Bereich trifft — steigt. Darum sollte die Gutachtertätigkeit des Gynäkologen sich nicht — sozusagen post factum — auf forensische

Bereiche und Rentenbegutachtungen beschränken. Sie müßte prophylaktisch auf allen Gebieten wirksam werden, wo die Erfahrung eines sozialgynäkologisch geschulten und weitblikkenden Arztes Schaden verhüten, Nutzen vergrößern kann. Die besonderen Eigenschaften der Frau, ihre Variations- und Variabilitätskunst lassen ihr dabei genügend Spielraum, uns weiter so attraktiv zu erscheinen wie bisher.

Zum Glück beschäftigt sich in zunehmendem Maße auch die Arbeitsmedizin mit solchen Fragen. Dennoch kenne ich keine Institution, deren Aufgabe so komplex und so konkret der Frauenförderung dient wie die Frauenheilkunde. Und es ist noch heute gültige Aufforderung, wenn Karl Marx in einem Brief an seinen Freund, den hannoveranischen Gynäkologen Ludwig Kugelmann, 1868 schrieb: «Jeder, der etwas von der Geschichte weiß, weiß auch, daß große gesellschaftliche Umwälzungen ohne das weibliche Ferment unmöglich sind. Der gesellschaftliche Fortschritt läßt sich exakt messen an der gesellschaftlichen Stellung des schönen Geschlechts (die Häßlichen eingeschlossen).»

Als Gynäkologe trete ich für die Förderung der Frau unter den ihr eigenen Gesetzen ein. Wie überall schadet Übertreibung auch hier. Gleichberechtigung kann nicht darin bestehen, daß die Frau in jedem dem Mann nachzueifern trachtet wie umgekehrt der Mann womöglich danach strebt, «den Kindern auch die Brust zu geben».

Der Frau stehen alle Berufe offen. Aber nicht jeder Beruf, nicht jede Verantwortung, nicht jedes Milieu ist in gleicher Weise günstig für sie.

Die Urbanisierung, die Verstädterung, vollzieht sich als ein gesetzmäßiger Prozeß. Allein dieser Umstand zwingt zu einer differenzierten Betrachtung der Frauenförderung, wie sie selbst der Fachmann kaum überschaut. Vielerorts herrscht eine grobe Unterschätzung der Umwelteinflüsse der Großstadt auf die Erbanlagen. Heute rechnen wir mit 0,5 bis 2,4 Prozent angeborener Mißbildungen. Früher war auf dem Lande die Inzucht eine Gefahrenquelle für derartige Abnormitäten. Jetzt machen sich in dieser Hinsicht stärker die Großstadteinflüsse — schädigende Umweltfaktoren oder eigenes Fehlverhalten in der Lebensweise — bemerkbar.

Das ganze an die Menstruationsvorgänge gebundene zyklische Geschehen, das Auf und Ab auch ohne Schwangerschaft, Geburt und Wochenbett, zwingt der Frau einen Rhythmus auf, dem sie folgen muß, will sie nicht Gefahr laufen, sich schweren Schaden zuzufügen. Wer denkt eigentlich daran? Es ist erstaunlich, wieviel Unklarheit über die Menstruation herrscht.

Erstens fordert der Funktionsablauf von der Frau eine starke energetische Leistung, auf die sie Rücksicht nehmen muß. Zweitens entstehen bei jedem dieser Funktionsabläufe Wundflächen in der Gebärmutter, die infektionsbereit sind. Drittens dient der sich immer wiederholende Aufbau der Gebärmutterschleimhaut in letzter Konsequenz der gleichen Aufgabe wie die gesamte anatomische und organische Struktur der Frau überhaupt, nämlich der Vorbereitung auf eine etwaige Schwangerschaft. Es bedarf keines Kommentars, daß Schwangerschaft, Geburt und Wochenbett als biologische Hochleistungen der Frau anzusehen sind.

Die Frau ist äußerlich, ihrem anatomischen Bau und auch ihrer funktionellen Leistung nach anders, ganz anders angelegt als der Mann. Laien beziehen diese Feststellung häufig nur auf primäre und sekundäre Geschlechtsmerkmale. In Wahrheit aber läßt sich das dualistische Prinzip bis in die feinsten Regungen und Gliederungen des Organismus der Frau hinein beobachten. Wer Leistungsfähigkeiten zu beurteilen hat, muß dies einfach wissen.

Man sagt, die Frau sei leichter verwundbar als der Mann. Das demonstrieren schon die zyklischen Blutungen. Zum anderen besteht durch die besondere Anordnung des Genitaltraktes bei der Frau eine Verbindung zwischen Außenwelt und Bauchhöhle, wodurch die Aufwanderung von Infektionen möglich ist und tatsächlich oft geschieht. Die Frau unterliegt mit dem zyklischen Geschehen ihres Lebens auch Schwankungen ihrer Abwehrkräfte. Das wirkt sich nachhaltig auf den gesamten Lebensablauf aus. Obwohl das individuell nicht immer erkennbar wird, ist diese Tatsache doch generell bewiesen. Phasen gesteigerter Aktivität lösen Phasen verminderter Aktivität, womöglich sogar Passivität ab. Die Art des Großstadtlebens, die oft unnatürliche Tageseinteilung, die Verschiebung der als Ausgleich gesuchten Erholung, Entspannung und Vergnügen in die Abend- oder Nachtstunden, unregelmäßige Nahrungsaufnahme vermögen den Rhythmus der biologischen Lebensfunktionen empfindlich zu stören. Beweis: die Zunahme menstrueller Störungen.

Plötzlicher Milieuwechsel oder Änderung der Lebensgewohnheiten führen zuweilen zur Amenorrhoe, zum Ausbleiben der Regel. Natürlich hängt das von der Reaktionsfähigkeit ab. Vegetativ stabile Frauen reagieren anders als labile oder debile. Das heißt, die schädlichen Einflüsse haben ihren schädigenden Charakter nicht verloren, nur weil sie nicht bei jeder Frau die gleichen Auswirkungen haben. Bemerkt eine Frau keine Abweichung ihrer sichtbaren Organfunktionen, beweist dies keineswegs, daß sie nicht angegriffen ist.

Fehlleistungen äußern sich nicht nur in Änderungen der Menstruationsstärke oder in zeitlichen Verschiebungen. Erschreckend nimmt die Dysmenorrhoe zu. Vertrat man früher den Standpunkt, für diese schmerzhaften Regelblutungen seien hauptsächlich organische Fehler, Verlagerungen, Gebärmutterknickungen oder Unterentwicklungen der Geschlechtsorgane verantwortlich, so weiß man heute, daß vielfach Irregularitäten des vegetativen Nervensystems, die zu Krampfzuständen führen können, die Ursache bilden. Falsche Erziehung, Überforderungen, mangelhafte Entspannungsmöglichkeiten und fehlende Rücksichtnahme während der Periode, oft auch erheblicher Tabakmißbrauch und — wenngleich in geringerem Umfange — übermäßiger Alkoholgenuß, schließlich die mannigfaltigen Störungen normalen Geschlechtslebens, pervertierte Vorstellungen und Handlungen sind die tieferen Ursachen solcher Wechsel im Tonus der Lebnsnerven. Man belegt sie heute häufig mit der Diagnose «vegetative Dystonie». Unter diesem Namen auch in Laienkreisen bekannt, ist sie gar keine Erkrankung als solche, sondern nur ein Symptom, ein Symptom unserer Zeit oder, konkreter, ein Großstadtsymptom.

Die wichtigste Seite der Gleichberechtigung sehe ich darin, daß die Frau wirklich Frau sein kann. Begibt sie sich aber in Lebensformen, in denen ihre natürlichen Körperfunktionen verkümmern, gerät die Emanzipation ins Fragwürdige. Wir beobachten heute Schwangerschafts- und Geburtskomplikationen, die bei Naturvölkern nicht vorkommen. Als Folge der Verbiegung ihrer Funktionen tritt an die Stelle normaler Einsicht und Kenntnis ihrer biologischen Leistungsfähigkeit während der Schwangerschaft und der Geburt bei vielen Frauen die Angst vor etwas Ungewöhnlichem. Zweckentsprechende Aufklärung, Beratung, Atem- und Entspannungsübungen in der Schwangerschaft vermögen auch bei der modernen Großstadtfrau zu fünfundneunzig Prozent eine komplikationsfreie Schwangerschaft und eine normale Geburt zu erzielen. Aber wozu erst Barrieren errichten, um sie dann mühsam abzubauen.

Viele Fehler, die in unzweckmäßiger Körperpflege, Kleidung und falscher Ernährung liegen, lassen sich durch einen geeigneten Frauensport kompensieren. Er hat einen ungeahnten Aufschwung genommen und verdient jede Förderung. Ruht das Auge des Arztes wohlwollend auf dem Massensport, wird es den Spitzensport stets kritisch überwachen. Den Stolz auf die hervorragenden Leistungen unserer Frauensportler dürfen wir auf keinen Fall mit gesundheitlichen Einbußen bezahlen. Der Hauptverbrauch der Energien bei der Frau ist auf die im Körper gelegenen Funktionsvorgänge ausgerichtet. Jeder übermäßige Entzug von Energie geht zu Lasten dieser Vorgänge, kann zum Schaden führen, besonders bei infantilen, hypoplastischen Frauen, bei denen noch dazu die Geschlechtsorgane unterentwickelt sind. Der Leistungssport der Frau gerät heute in diffizile Bereiche und bedarf der gründlichen permanenten ärztlichen Betreuung.

Es kommt bei der Frau darauf an, eine ihr angepaßte Spannungsübung immer mit der entsprechenden Entspannungsübung zu koppeln und dabei dem Bauchraum unter Übung seiner Begrenzungsmuskulatur einen weiten Spielraum zu geben. Das wirkt Geburtsschwierigkeiten entgegen, die durch Verhärtung der Beckenbodenmuskulatur bei bestimmten Sportarten wie Reiten, Schwimmen, Ski entstehen, sofern die Kräftigung anderer Muskelgruppen sie nicht wettmacht.

Unsere Gesellschaft gestattet objektiv der Frau zu wählen, auf welche Art und Weise sie leben will. Um vor sich und der Gesellschaft zu bestehen, sollte sie an der Spitze aller dieser Möglichkeiten stets solche sehen, die ihrer Gesundheit, ihrem Frausein nicht zuwiderlaufen. Gewiß ist ein weibliches Wesen, schon biologisch bedingt, stärker als der Mann Zwängen ausgesetzt, die den freien Willen einschränken. Durch sie hindurch den richtigen Weg zur Selbstverwirklichung der Frau, zu ihrer allseitigen Gleichberechtigung, zu beschreiten, erleichtert uns keine Ariadne mit ihrem sagenhaften Faden. Wir selber haben ihn zu finden.

Viel ist erreicht. Durch die Ovulationshemmer kann die Frau über die Schwangerschaft, zumindest deren Verhinderung, bestimmen. Unser Staat gibt ihr das Recht, bis zur zwölften Woche eine nicht erwünschte Schwangerschaft unterbrechen zu lassen. Dazu wird noch einiges zu sagen sein, ebenso zu dem Gedanken an eine «Wunschschwangerschaft um jeden Preis» durch die heterologe Insemination.

Altersprobleme

Ich kann die allgemeine Erfahrung bekräftigen, wonach das weibliche Geschlecht, sind die gefährdeten vierten und fünften Lebensjahrzehnte überwunden, das «Alter» besser verträgt als der Mann. Die durchschnittliche mittlere Lebenserwartung der Frauen lag immer höher als die der Männer und erhöhte sich, historisch gesehen, ständig. Man sehe sich nur die Mütterbildnisse von Dürer und Cranach an und vergleiche sie mit Bildern unserer Zeit. Dürers Mutter und Luthers Mutter sind abgehärmte, verbrauchte, fast greisenhafte Frauen gegenüber unseren heutigen jungen Großmüttern.

Die dem Mann gegenüber längere Lebenserwartung der Frau läßt sich — möchte ich glauben — auf ihre bessere Anpassungsfähigkeit zurückführen. Beispielsweise bewältigten die Frauen im und nach dem Krieg die schweren Hungerperioden besser als die Männer. Möglicherweise spielten dabei größere biologische Fettreserven eine Rolle, vielleicht auch die stärkere Kompensationsfähigkeit ihres Vegetativums, besonders im Hinblick auf die Blutdruckverhältnisse. Bessere Krankheitserkennung und -behandlung, eindringlichere Prophylaxe und Rehabilitation unter ärztlicher Überwachung gestalten das Bild perspektivisch noch günstiger.

Wann fängt das Altwerden an? Manche Mädchen laden schon in frühester Jugend durch eine unvernünftige Lebensweise eine belastende Hypothek für das Alter auf sich. Andererseits ermöglicht unsere bessere Kenntnis von den Auswirkungen bestimmter Krankheiten auf die Alters- und Abnutzungsprozesse, solche Einflüsse rechtzeitig zu erkennen und weitgehend abzufangen. Als «alte Erstgebärende» — heute spricht man überhaupt nur von einer älteren Erstgebärenden — galt zu meiner Studentenzeit eine vierundzwanzigjährige Frau, zu meiner Assistentenzeit lag das Grenzalter bei achtundzwanzig, 1975 bei dreißig Jahren.

Schwangere in einem höheren Lebensalter sind durch vorausgegangene Erkrankungen fast immer einer Mehrbelastung ausgesetzt, die Schwangerschaft und Geburt komplizieren. Besonders frühere Nieren- und Lebererkrankungen können zu den sogenannten Aufpfropftoxikosen führen. Hoher Blutdruck provoziert womöglich eine vorzeitige Lösung der Plazenta. Unter der Geburt gelten als Abnutzungssymptome die primäre und sekundäre Wehenschwäche, Nachgeburtsblutungen und Uterusruptur. Die Gefahr der Mißbildungen bei Geburten liegt bei Müttern zwischen dem sechsunddreißigsten und vierzigsten Lebensjahr zweimal, im fünften Lebensjahrzehnt sogar dreimal so hoch wie bei jüngeren. Das Wochenbett bringt größere Erschöpfung, schlechte Rückbildung und stärkere Thromboseneigung mit sich. Die Milchsekretion älterer Erstgebärender pflegt ungenügend zu sein. Dies alles erschwert der älteren Mutter, ihr Kind aufzuziehen.

Zu einem großen Teil ist die Krebsentstehung an das Alter gebunden. Deswegen hier noch einige weitere Bemerkungen zu diesem Thema. Unter gewissen Vorbehalten kann man den Krebs als eine Abnutzungs- und damit Alterserkrankung ansprechen. Schwer beweisbar, aber vorstellbar tragen zur Entstehung des Gebärmutterhalskrebses die Zahl der Geburten, allgemeine Verletzungen, die Häufigkeit lokaler diagnostischer gynäkologischer Maßnahmen sowie der Einfluß des Geschlechtsverkehrs, chemische Agenzien oder toxische Entzündungsprozesse bei. Sie kommen aber alle eigentlich nur als auslösende Ursache bei vorhandener Disposition in Betracht. Einer meiner Schüler hat sich solchen Fragen «epidemiologischer Forschung» mit Nachdruck und Erfolg gewidmet. Der Zeitraum von den ersten unspezifischen Erscheinungen bis zur manifesten Krebserkrankung wird bei dem Gebärmutterhalskrebs mit zehn bis fünfzehn Jahren angesetzt. Bestimmte Krebsformen wie zum Beispiel der Gebärmutter-

*körper*krebs entwickeln sich gewöhnlich später im Alter von fünfzig, sechzig Jahren.

Während sich in einem Extrem schon bei Kindern Genital-karzinome herausstellen, finden sie sich im anderen erst bei Greisinnen höchsten Lebensalters. Manche dieser alten, indolent gewordenen Frauen beachten die Symptome nicht. Dann zeigt sich der Krebs erst auf dem Obduktionstisch. Die Variabilität der einzelnen Krebsformen, was ihre Symptome, die Schnelligkeit ihrer Ausbreitung und eben das Alter der Patientin anlangt, ist groß. Das gilt auch für Eierstockkarzinome. Sie werden meistens zu spät entdeckt. Selbst wenn sich gewisse Gesetzmäßigkeiten in der Altersfrequenz ergeben, kann sich keine Altersstufe vor dieser Erkrankung sicher fühlen.

Zu weiteren Alterserscheinungen zählt die veränderte Statik. Abnutzungsprozesse an der Wirbelsäule in Gestalt der Bandscheibenschäden, der chronisch-deformierten Arthrose und der sich indirekt darauf auswirkenden Bein- und Fußveränderungen sind heute schon in Laienkreisen ein viel — fast zuviel und pseudowissenschaftlich — diskutiertes Thema. Wir Gynäkologen sehen die Situation von einigen besonderen Gesichtspunkten aus und verbinden sie mit den gestörten Funktionen des gesamten Bauchraumes und des Eingeweideblokkes.

Zu den äußeren Faktoren kommen eine Reihe innerer, angeborener und nur mangelhaft beeinflußbarer Gewebsschäden.

Aber wer wollte jede Veränderung der Statik, jede Genital-verlagerung, jeden Hängebauch und jede Fettschürze schon von vornherein als Altersschaden auffassen? Zweifellos treten sie durch die Möglichkeit zeitlich länger andauernder Inanspruchnahme häufiger im Alter auf oder machen sich dann erst bemerkbar. Ihre Voraussetzung aber ist das Alter nicht!

Gewandelt hat sich unsere Einstellung zur Therapie. Früher gab man mit zunehmenden Lebensjahren der Patientinnen der konservativen Behandlung den Vorzug, verordnete Bäder, Massagen, Prothesen. Heute liegt die aktive operative Korrektur näher. Natürlich paßt man sich dabei den verschiedenen Altersstufen durch Modifikation der Technik an, bejaht aber unter den Gynäkologen mehr und mehr das allgemeine Prinzip, dem alten Menschen durchaus mehr zuzumuten und statt immer zu wiederholender konservativer Maßnahmen, die ihm vom Arzt abhängig machen, lieber operativ vorzugehen.

Ich entschloß mich sogar, bei Greisinnen mit Vorfall die vaginale Totalentfernung mit anschließender Plastik durchzuführen und die Patientinnen gleich aufstehen zu lassen. Mit besonderer Lebhaftigkeit erinnere ich mich, wie mir in Kairo meine ägyptischen Kollegen zunächst ein solches «Mütterchen» vorstellten, um meine operativen Fähigkeiten zu prüfen. Die guten Erfahrungen der vorangegangenen Zeit bestätigten sich auch hier. Im Grunde betrieb ich damit indirekt zugleich Karzinomprophylaxe, weil die bei Vorfall zu findenden Geschwüre, die zur Entartung neigen, mit entfernt wurden, bevor sie bösartigen Charakter annahmen.

Es gibt eine Reihe weiterer Krankheitsbilder wie die dem Alter eigenen chronischen Entzündungsprozesse der äußeren Geschlechtsteile, Scheidenentzündungen sowie — aus dem Kapitel der Verletzungen und Verwundungen — die keineswegs so seltenen durch Elastizitätsverlust und Gewebsschrumpfung bedingten Kohabitationsverletzungen. Aber so charakteristisch die letzteren für das Alter sein mögen, sie kommen auch in früheren Jahren vor, und niemand würde die betroffenen Frauen als alt bezeichnen.

Ab wann redet man denn nun als konzilianter Gynäkologe überhaupt von «Alterskrankheit» bei der Frau?

Manche machen es sich einfach und zählen sie von der Menopause an. Doch abgesehen davon, daß die im allgemeinen um das fünfzigste Lebensjahr auftretende «Wechselschicht» je nach Klima, Lebensweise, Konstitution sehr unterschiedlich beginnt, bedeutet es noch nicht Alterung, wenn die Eierstöcke ihre Tätigkeit einstellen. Zudem gestaltet sich der Vorgang fließend.

Natürlich ergibt sich für die Zeit um das Klimakterium eine Häufung gynäkologischer Erkrankungen. Aber alle diese Befunde sind nicht unbedingt in die Gruppe der Alterserkrankungen einzureihen, sie können ebensogut Ausdruck eines Funktionswechsels sein. Gegen solche Beschwerden in den Wechseljahren sind wir in der Lage, ausgezeichnete, prophylaktisch und therapeutisch wirkende physikalische, balneologische Maßnahmen und — sofern sie unter ärztlicher Aufsicht bleibt — die Hormontherapie anzuwenden. Man kann damit gut über den kritischen Punkt hinweghelfen.

Wann beginnt denn nun wirklich das Alter? Ich stimme der Mehrzahl jener Autoren zu, die es aus medizinischen Gründen mit sechzig bis fünfundsechzig Jahren anfangen lassen. Das gesetzlich markierte Arbeitsleben der Frau reicht bis zum sechzigsten Lebensjahr. Ich sah viele Frauen, die sich danach keineswegs «alt» fühlten, die gerne weiter einer vertrauten, sie nicht zu sehr beanspruchenden Arbeit nachgingen. Es erheben sich Stimmen, die nach einer Herabsetzung der Altersgrenze und damit des Zeitpunktes der «Berentung» fragen. Das steht jedoch im Widerspruch zur höheren Lebenserwartung. Außerdem: Keiner hört gern, er sei alt oder altersbedingt krank. Dennoch, mindestens mit der Feststellung, im siebzigsten Jahr beginne das Alter, sollte man sich abfinden, wobei man ja immer noch eine Kategorie in der «Reserve» hat, das Greisenalter. Man könnte es bei achtzig beginnen lassen. Mit Rücksicht auf die Erkrankungen, ihre Behandlung und die nachlassenden Abwehrkräfte möchte ich es trotzdem lieber ab siebzig rechnen. Ich drücke mich also sehr vorsichtig aus und will — obwohl noch mancherlei zu sagen wäre — das Thema lieber abschließen. Am besten mit den Bemerkungen, die ich am Schluß eines Diskussionsbeitrages zum gleichen Thema auf einem wissenschaftlichen Kolloquium machte: «Ich schließe, weil ich sonst fürchten müßte, daß ich mich zu sehr mit der Thematik identifiziere und selbst zum Demonstrationsobjekt eines nach Plato besonders zu fürchtenden Alterssymptoms machte, das man bei Frauen wie bei Männern gleichermaßen beobachten kann: Senectus natura est loquacior — das Alter ist von Natur aus geschwätziger —, einer Krankheit, gegen die bekanntlich bisher kein geeignetes Heilmittel gefunden wurde.»

Lehren und Leiten

«Vorlesung»?

Der Hochschulunterricht machte mir sehr viel Freude. Dabei bemühte ich mich, das von meinen Lehrern Bumm und insbesondere Stoeckel Erreichte inhaltlich und technisch entsprechend dem Entwicklungsstand zu modernisieren.

Das betraf unter anderem den Bau und die Organisation des Hörsaals. Sowohl in Halle als auch in Berlin ließ ich den eigentlichen Unterrichtsraum vom Vorraum durch eine seitlich oder nach oben verschiebbare Trennwand abteilen. Bei beabsichtigten klinischen Demonstrationen oder Operationen im Kolleg lenkten so die Vorbereitungen die Studenten nicht ab. Erst wenn es um das eigentliche Geschehen ging, auf das sich die Aufmerksamkeit richten sollte, verschwand die Trennwand, womit die arbeitende und demonstrierende Gruppe in das Blickfeld rückte. Umgekehrt gestattete die geschlossene Trennwand, vor Kollegbeginn einem Kreis von Ärzten im Vorraum Patientinnen mit instruktiven Befunden zu demonstrieren, ohne durch die in den Hörsaal strömenden Studenten gestört zu werden.

Schließlich erlaubte diese Einrichtung, den Raum der Hörerzahl anzupassen, ihn zu verkleinern oder zu vergrößern. Wir hielten Konferenzen, Kongresse, Symposien mit fünfhundert Teilnehmern darin ab. Außerdem stand mir in Berlin noch ein kleiner Hörsaal zur Verfügung, der als Mehrzweckraum, zum Beispiel als Gymnastikraum, diente oder gut sechzig bis siebzig Hörer aufnehmen konnte. Selbstverständlich nutzten wir die Nebengelasse des Hörsaales für die Ausstellung von Präparaten, Instrumentensammlungen und zu Übungszwecken.

Wir setzten alle optischen und akustischen Hilfsmittel ein, um den Unterricht so farbig und eindrucksvoll wie möglich zu gestalten. Mit einem kleinen Aufnahmestab habe ich über fünfundzwanzig Lehrfilme gedreht, so daß zusammen mit den von meinem Lehrer übernommenen und der von anderen Autoren angefertigten Streifen ein ganzes Lehrbuch von Filmen bereitstand, ein Archiv, aus dem ich jederzeit abrufen konnte, was der Unterricht erforderte. Die Themen reichten von der Schwangerengymnastik im Rahmen der psycho-prophylaktischen Vorbereitung auf die Geburt über die Spontangeburt, die Zangengeburt, den Kaiserschnitt, die Bauchdeckennaht, die Naht eines alten Dammrisses bis hin zu den sehr komplizierten Operationen, die ich weiter oben beschrieben habe. Seit meiner Hallenser Zeit entwickelte ich umfangreiche Dia-Serien von Operationen, um sie neben den notwendigen, aber doch aufwendigen Forschungs- und Unterrichtsfilmen einzusetzen. Als Standbilder ließen sich seltene Befunde demonstrieren und archivieren.

Das alles sind nur Äußerlichkeiten, mag der unbefangene Leser sagen, und er befände sich gar nicht einmal so fernab der Meinung einiger «Fachleute», die solchen Unterrichtsbestrebungen keine oder eine untergeordnete Bedeutung zumessen. Gerade das halte ich für einen Kardinalfehler. Wir brauchen nicht nur die Diskussion um grundsätzliche Erziehungsfragen, sondern zugleich die ständige Auseinandersetzung um die besten, modernsten Lehr- und Lernmethoden.

Als mich die Akademie für Ärztliche Fortbildung aufforderte, methodische Fragen in den von ihr veranstalteten Kursen zu behandeln, bemühte ich mich zu zeigen, welche Möglichkeiten auch bei einem spärlichen Etat für Lehrmittel bestehen, wobei ich darauf hinwies, alle elektronischen, hör- und videotechnischen Errungenschaften einzuschließen, damit wir nicht ausgerechnet auf diesem Gebiet hinterherhinken.

Diese methodischen Fragen stellen natürlich nur eine Seite des Unterrichtsproblems dar. Der Wissenschaft, ihrer ständigen erweiterten Ausarbeitung unter Berücksichtigung neuester Erkenntnisse kommt die entscheidende Bedeutung zu. Sie bildet den Kern des Unterrichts. Ein klinischer Hochschullehrer kann heute nicht, wie es früher oft genug geschah, aus dem Wochenendurlaub kommend kurz vor Beginn des Kollegs über die Station gehen und aussuchen, welche Patientin er vorstellen könnte. Er beging damals auf diese Weise nicht einmal einen groben Fehler, weil ja das Lehrprogramm seit Jahren unverändert feststand. Das ist jetzt bei dem schnell fortschreitenden Wissensstand unvertretbar. Nein, der Vorlesungsinhalt will ständig neu festgelegt, das einzelne Kolleg exakt vorbereitet sein. Das Programm muß rationell und konzentriert in Abstimmung mit den anderen Fächern festliegen, der Inhalt der Lehre soll für jeden Hörer faßbar sein. Die Methoden dienen diesem Zweck. Gerade darum war ich bemüht.

Es macht mich glücklich, wenn mir frühere Schüler noch Einzelheiten aus meinen Kollegs berichten, meine Lehrmethoden anerkennen und sie für ihre Ausbildung nicht missen wollen. Natürlich mußte der schon erwähnte Strukturwandel der Medizin die Verschiebung in den Relationen der einzelnen Fächer zueinander, die Änderung ihrer Wertigkeiten und die Trennung des Unterrichtsstoffes in prinzipielle und Facharztthemen auch zu einer Reform der Unterrichtsmethoden führen. Dennoch halte ich die allzu starke Reduktion des Hauptkollegs, die breite Streuung und Verteilung des Unterrichts auf nicht immer einheitlich abgestimmte und unterschiedlich qualifizierte Dozenten trotz bester Absichten nicht für gut.

Der Zwang zur Kürze — selbst in den Formulierungen des Vortrags — darf nicht zur Unverständlichkeit des Dozenten führen. Ist sein Vortrag zu trocken, gleicht er dem Vorlesen eines Lehrbuchkapitels. Eine solche «Vorlesung» ist keine Vorlesung. Guter klinischer Unterricht bezieht seine Lebendigkeit aus Praxis und Erlebnis. Dann haftet der Wissensstoff. Wenn Lehrer und Schüler einander inflammieren, wenn der Vortragende begeistert, mitreißt, sich als Persönlichkeit mit eigenem Profil darstellt, hinter dem Fachmann den Mitmenschen erkennen läßt, der sich seinen Hörern auch persönlich verbunden fühlt, ihnen hilft, dann hat das sozialistische Hochschulwesen den Lehrkörper, den es braucht.

Das Lehrer-Schüler-Verhältnis kann sich nur auf gegenseitige Achtung gründen. Der Lehrer darf getrost etwas vom Elan der Jugend annehmen, die Jugend sollte in ihren Professoren und Dozenten die Erfahreneren sehen, sie nicht — wie ich das einmal in einer Besprechung beim Minister formulierte — wie weiland die alten «Geheimräte» mit Rauschebart, Manierismen und vergessenen Regenschirmen behandeln. Es hat sich ja alles geändert. Die «Rauschebärte» sitzen heute im Auditorium, und die Alten am Katheder haben Glatzen, weil ihnen die Haare angesichts solcher modischen Rückfälle in die Zeit der Glossen des Simplicissimus vorzeitig ausgefallen sind.

Es genügt indes nicht, im Zusammenhang·mit dem klinischen Unterricht vom Lehrer-Schüler-Verhältnis zu sprechen. Der Patient gehört dazu. Manche glauben, die Patienten in der Universitätsklinik, besonders aber beim studentischen Unterricht, seien so etwas wie «Versuchskaninchen». Das ist völlig absurd. Erstens unterliegt das, was man unter einem Versuch am Menschen versteht, verfassungsrechtlichem Verbot. Zweitens trägt für alles, was an einem Menschen im Unterricht geschieht — schließlich müssen die Ärzte doch irgendwie und irgendwann ihren Beruf erlernen —, der Lehrer die volle Verantwortung. Drittens weiß ich aus eigener Erfahrung als Lehrer und als Patient: Die Jünger unseres Berufes, gleich welcher Sparte, benehmen sich — von wenigen Ausnahmen abgesehen — eher zu zaghaft und zu vorsichtig als zu draufgängerisch.

Es hängt alles von der Einstellung der Patienten zum Unterricht, besonders auf meinem Fachgebiet, ab. Einige Frauen fürchten, durch die Fragen nach der Vorgeschichte der Leiden, durch die Untersuchung selbst — trotz der allen Beteiligten auferlegten Schweigepflicht — körperlich und seelisch entblößt zu werden. Auch das ist ungerecht. In der zitierten Gemeinschaft, in dem Dreieck Lehrer-Schüler-Patient, darf nichts gesagt oder geschrieben werden, was das Vertrauen bricht, was die Patientin beeinträchtigen könnte. Ich setzte nie eine Patientin dem Zwang aus, sich im Unterricht vorstellen zu lassen, wenn sie es nicht wollte. Aber das trat ganz selten ein. Ich erlebte sogar das Gegenteil. Bei einer Visite fiel mir eine Patientin auf, weil sie sich im Gegensatz zu ihrem sonstigen offenen und mitteilsamen Verhalten verschlossen und vergnatzt benahm. Ich fragte geradeheraus, was los sei. Ihre Antwort: «Herr Professor, alle Patientinnen, die in diesem Zimmer liegen, haben Sie schon im Hörsaal vorgestellt, mich nicht. Ich bin wohl nicht interessant genug?»

Bei einer guten Atmosphäre in der Unterrichtsklinik verläuft im großen und ganzen alles reibungslos. Es ist allerdings sehr ärgerlich, zieht eine einzige falsch orientierte und überempfindsame Patientin die Notbremse, die den Zug zum Halten bringt. Andererseits vermögen einzelne Frauen ihr Mitteilungsbedürfnis kaum zu zügeln. Ging es auch in der Vorlesung mit ihnen durch, mußte ich es dämpfen, um mir nicht mein Vorlesungskonzept durcheinanderbringen zu lassen.

Da ich mit Leib und Seele Hochschullehrer gewesen bin, hätte ich einen wesentlichen Faktor meines beruflichen Lebensinhalts unterschlagen, sofern ich meinen Gedanken zu diesem Thema keinen Raum gegeben hätte.

Moritz im Examen

Wir hielten immer einen Hund im Haus, und zwar stets weibliche Boxer. Sie trugen durchweg den Namen «Moritz». Ich finde diese Rasse sehr intelligent. Zwar sieht jeder in seinem Hund den besten und intelligentesten, aber einer dieser Boxer erwies sich als so geschult, daß er an den Examina der Studenten teilnehmen konnte — auf der Prüferseite. Er lag während der ganzen Zeit geduldig neben mir, und in jeder Pause, die einer nicht beantworteten Frage folgte, schaute er auf und ließ ein enttäuschtes Schnaufen vernehmen: Pff! Dann steckte er wieder philosophisch den Kopf zwischen die Pfoten. Die Studenten wußten das, und wahrscheinlich hat das ihre Angst vor meinen Fragen vergrößert. Allerdings ohne Grund. Wer mich als Lehrer einigermaßen kannte, wußte, mich interessierte auch eine falsche Antwort, wenn der Kandidat es verstand, sie logisch zu begründen. Ich habe es nie ausgesprochen, aber ich dachte, womöglich könnte er bei der raschen Entwicklung der Medizin in zehn Jahren recht haben.

Ich weiß kein Rezept, wie man alle Fehler vermeiden kann, am ehesten, wenn man im Ausbildungsgang eine zu frühe und zu übertriebene Spezialisierung unterläßt. Auf diese Weise erhält der Bau der Bildungspyramide ein breites Fundament und eine gut gestützte Spitze. Der nur auf ein einziges Fach eingeschworene Spezialist ohne gründliche medizinische Allgemeinbildung kann in seinem Fach ein ausgezeichneter Mann sein, bleibt aber von den Zusammenhängen allgemeinmedizinischer Theorie und Praxis völlig unberührt. Das fängt bei der

Diagnostik an und hört bei der Therapie auf. Als Lehrer und Prüfer behielt ich das stets im Auge.

Mein Hund also erlebte getreulich alle theoretischen Passagen des Examens mit und wußte genau, wann die Prüfung zu Ende war, nämlich in dem Augenblick, da ich die Prüfungsbogen abzeichnete. Noch bevor ich den Kandidaten gratulierte, stand er auf, streckte sich, gähnte und ging ruhig hinaus. Ein Zeichen für die Studenten, nun ihrerseits hörbar aufzuatmen. Dann erfolgte die Gratulation.

Als mich Leo Haas einmal für die satirische Wochenzeitschrift «Eulenspiegel» konterfeite, saß er während des Examens abseits und beobachtete mich. Sicher wäre statt meiner auch der Hund in einer solchen Prüfung ein lohnendes Objekt für Karikaturisten gewesen.

Prüfungsangst ist ein schlechter Berater. Zwanglose Prüfungsgespräche offenbaren dem Lehrer mehr vom wirklichen Wissen des Kandidaten. Dennoch möchte ich — wie ich schon im Zusammenhang mit dem Abitur sagte — auf die Prüfung als Bewährungssituation nicht verzichten. Gerade dabei zeigte sich mitunter eine verblüffende Gewitztheit des Kandidaten, die sonst unbemerkt geblieben wäre. Mir waren Studenten, die nicht paralysiert wie die Maus vom Blick der Schlange im Hörsaal oder im Examen vor mir saßen, sondern pfiffig zu antworten verstanden, die lieberen. Es zeigte ihre Beweglichkeit. Eine gewisse «Frechheit in Dosen» ist durchaus wünschenswert. Sie würzt den geistigen Austausch.

Mancher Student brachte damit sogar seinen Namen in aller Munde. Sauerbruch ließ im Hörsaal Studenten zum Praktizieren aufrufen. (So nannte man das Frage-und-Antwort-Spiel am Krankenbett während der Vorlesung.) Da stutzte er, als der Assistent, nehmen wir an, «Herr Braunbier!» rief. Der Student kam herunter. Sauerbruch vergewisserte sich: «Wie heißen Sie?»

«Braunbier, Herr Geheimrat.»

Sauerbruch: «Finden Sie das eigentlich schön?»

Prompt fragte der Student zurück: «Finden Sie Sauerbruch besser?»

Unter dem Gelächter der Studenten gab sich der Professor geschlagen.

Große Schlagfertigkeit, gepaart mit Mut wider den sächsi-

schen Hof, sagt man einem Professor meiner Heimatstadt
nach: Friedrich Taubmann. Er gab bis zu seinem Tode 1613
der Wittenberger Universität noch eimal etwas Glanz. Zwei
ihm zugeschriebene Episoden: Einmal wollte der Kurfürst
Christian II. wissen, weshalb Taubmanns Bart auf der einen
Seite ergrauter sei als auf der anderen. Taubmann erklärte:
«Auf dieser Seite haben mich die ungestümen Winde aus
Dresden mehr angeweht.»

Ein andermal sollte Taubmann mit einem kurfürstlichen
Rat essen, man hatte ihm aber mit Absicht keinen Löffel hin-
gelegt. Da provozierte der Höfling: «Ein Schelm, der die
Suppe nicht ißt!» Taubmann wußte sich zu helfen. Er höhlte
einen Brotkanten aus, aß damit seine Suppe und anschließend
auch noch das Löffelbrot. Dann sagte er: «Ein Schelm, der
nicht auch seinen Löffel ißt!»

Ein Lehrer bleibt im Herzen seiner Schüler lebendig, bildet
sich im Laufe der Zeit ein Anekdotenkranz um ihn. Wir unterhielten uns in einem Kreis von Ärzten über unsere Lehrer
und sprachen dabei auch über den berühmten Internisten Volhard, dessen einer Sohn in der gleichen Examensgruppe war
wie ich. Volhard war ein exzellenter Lehrer und ein Wissenschaftler, der alle Gesetze zu sprengen drohte. Wenn es um
die Sache ging, konnte er sogar zum Grobian werden. Im
ganzen ein äußerst lebensvoller Mann. Man erzählte über
ihn: Es treffen sich zwei, fragt einer den anderen, ob er
wüßte, wo in Halle der größte Schlot zu finden sei. «Ja, im
akademischen Krankenhaus.» — «Nein», berichtigt der erste,
«drinnen in der inneren Klinik.»

Natürlich übertrieben die Leute, aber Vollhards Impulsivi-
tät und seine Unberechenbarkeit zeigten sich allenthalben.
Heute würde man sagen, er war zu autoritär, aber in ihm lebten die Wissenschaft, die Lehre und der Kontakt zu seinen
Patienten. Geriet er in Wut, zitterte das Haus. Nur eines ließ
im Nu seine Stimmung umschlagen: rotblonde Frauen. Deswegen zeigten sich seine Assistenten immer sehr gelassen,
wenn sie eine aufgenommen hatten. Eines Tages, als Volhard
wieder einmal laut tobte, blieben die Mitarbeiter merkwürdig
ruhig. «Eine Neuaufnahme, Herr Geheimrat.» Volhard
steuerte schnurstracks auf die in der äußersten Ecke des Saales liegende rotblonde Frau zu, wurde mißtrauisch und hob

kurzerhand die Bettdecke an. «Dachte ich es mir. Alles Betrug. Gefärbt!» Die Assistenten hatten es auszubaden.

Die Erziehungsmethodik ärztlicher Hochschullehrer wird oft verkannt. Ich behaupte, ein Lehrer, über den man nicht schimpft, ist kein guter Lehrer. Irgendwie müssen die Studenten und Assistenten, wenn sie hart gefordert sind, Ventile öffnen. Aber das schafft Bindungen, die auch der Lehrer braucht. Ein Mann, der mit zunehmenden Jahren immer mehr Verantwortung bekommt, droht sonst in eine gewisse Vereinsamung zu geraten, weil er immer die Last der letzten Entscheidung trägt. Also muß er aufpassen, den Kontakt zu den Jungen nicht zu verlieren, ohne daß dies wiederum auf Kosten von Ordnung und Disziplin geht. Das hat nichts mit «autoritärem Stil» zu tun. Diszipliniertes Verhalten ist keine schablonisierte Kategorie. Es entspringt zweifellos als bewußte Verhaltensweise gesellschaftlichen Einsichten. Ich will sie aber als Arzt nicht einmal allein und ausschließlich darauf beziehen.

Disziplin

Wenn ich von Selbstdisziplin spreche und sie fordere, meine ich nicht Selbstkasteiung. Naturam non expellas furca, selbst mit der Heugabel treibst Du die Natur nicht aus. So halte ich denn auch nicht viel von apodiktischen Vorschriften. Besonders Verbote der Mediziner mißachten die meisten doch. Welche Lebensweise entspricht schon dem Lehrbuchideal? Erweist sich ihre Unschädlichkeit lange genug, wozu dann gewaltsam eine Änderung, einen ganz anderen Lebensstil und -rhythmus erzwingen?

Oft genug spielt die Natur dem Arzt sogar einen Streich. Knochenbefunde von Dinosauriern, die vor zweihundert Millionen Jahren lebten, offenbaren Leiden wie Zahnkaries und chronische Arthritis — Krankheiten, die uns auch heute in der Gesundheitsbetreuung keine geringe Sorge bereiten —, obwohl diese riesigen Tiere gewiß keine modebedingten Diätfehler begingen, Alkohol tranken oder Zigaretten rauchten. Heute erreichen Raucher, die es trotz ärztlichen Verbots wieder wurden, ein biblisches Alter, Nichtraucher, die es unter

Qualen jahrelang blieben, konnten dem Herzinfarkt dennoch nicht entrinnen. Der bekannte Anatom Stieve hat darüber eine Umfrage gemacht. Damit will ich nichts gegen erhärtete Erfahrungswerte sagen. Doch letzten Endes laufen unsere körperlichen Funktionen nicht so uniform ab, daß jeder bis aufs I-Tüpfelchen in gleicher Weise reagiert.

Mehr halte ich von Geboten, die auf vielfältiger Erfahrung und wissenschaftlicher Erkenntnis beruhen, von Empfehlungen, die aus Überzeugung befolgt werden. Solche Gebote betreffen die Ernährungsweise, die körperliche und geistige Bewegung, Sport und Gymnastik, Kleidung, Wohnung, Freizeitgestaltung, eine moralisch-ethische, gesellschaftsbewußte Lebensführung überhaupt. Gerade der sinnvolle Wechsel stimuliert.

Ich liebte den Sport sehr und betrieb ihn in meiner Jugend zur Genüge. Im Turnen brachte ich es im Schulsport bis zum Vorturner. Möglicherweise kamen mir meine musikalische Neigung, Takt- und Rhythmusgefühl beim Schauturnen zugute. Leichtathletik und Rudern übte ich ebenfalls aktiv aus. Trotz der disziplinierenden Rolle des Sportes wurden wir durch ihn keine Musterknaben. Wegen des Lehrermangels im Weltkrieg erhielten wir aus Berliner Schulen Sportlehrer, die als Feldwebel ihren militärischen Dienst bei den Regimentern meiner Heimatstadt ableisteten, zur Aushilfe. Wir wollten ihnen zeigen, daß der Schulhof kein Kasernenhof ist und die Kleinstadtjugend einem Großstadtlehrer durchaus einiges an Extravaganzen zu bieten hatte. Beim Kommando «Arme vorwärts — streckt!» explodierten Knallfrösche vor ihren Füßen. Wir fingen Katzen ein, die wir an Leitern und Stangen die Kletterübungen vorexerzieren ließen, die uns zugedacht waren. Als wir auch noch Raketen zündeten, Feuerwerkssonnen an den Großgeräten zum Rotieren brachten und mit bengalischen Feuern die Turnhallenfenster erleuchteten, geriet der Wächter auf dem Turm der Stadtkirche in ernste Zweifel, ob er nicht Feueralarm geben sollte.

Außer solchen Streichen veranstalteten wir auch manchen geistvollen Ulk, dem dann häufig Strafen folgten, die nicht immer in der richtigen Relation zum angerichteten Schaden standen. Wir vermißten bei diesen Sanktionen gerade das, was uns am meisten überzeugt hätte, nämlich geistreicher zu sein. Unbändigkeit bleibt das Vorrecht der Jugend, nur die Art ihrer Streiche ändert sich mit den Generationen. Fünfe einmal gerade sein zu lassen und Verständnis für humorvolle Effekte zu zeigen, schafft zuweilen mehr freiwillige Disziplin als philiströser, tierischer Ernst. Nicht nur dem Lernenden, sondern auch dem Lehrenden nützt es, stets aufs neue zu überprüfen, was man sich und anderen zutrauen kann.

Die harte Schule, die praktischen Erziehungsmethoden meines Lehrers Walter Stoeckel, kamen mir im tiefsten Kern erst bei einem kleinen Erlebnis während einer Visite zum Bewußtsein. Er pfiff einen Assistenten an, der — in meinen Augen — einen belanglosen Fehler begangen hatte. Das Ausmaß der Zurechtweisung erschien mir zu groß, und als wir das Zimmer verlassen hatten, wollte ich auf dem Gang mit ihm darüber sprechen. Noch bevor ich das tun konnte, schielte Stoeckel seitwärts durch seinen Kneifer, vergewisserte sich, ob der Schwarm der Assistenten weit genug zurückblieb, und sagte: «So, die Abreibung vergißt er zeitlebens nicht. Diesen Fehler hat er nur einmal gemacht. Aber, mein Lieber, wenn ich so etwas hinter mir habe, warte ich geradezu darauf, wann mir dasselbe passiert. Gewöhnlich läßt das nicht lange auf sich warten.» Stoeckel öffnete die Tür zur Nebenstation und ging weiter.

Wo Kritik an den Untergebenen die Kritik an der eigenen Person nicht außer acht läßt, sehe ich jene Form disziplinärer Erziehung verwirklicht, aus der nicht nur Autorität spricht, sondern der Zielstrebigkeit, Objektivität und das gute Beispiel eigener Lebensführung innewohnen.

Reformen

Ein solches Thema im Rahmen einer Autobiographie? Wenn der Autor mit der Lehre verbunden war, sich stets bemühte, mit den wachsenden Anforderungen Schritt zu halten und sie methodisch zu fördern, wie ich das von mir behaupten darf, dann sind diese Bemühungen ein Stück seines Lebens.

Studienreformen hängen auf allen Gebieten zunächst von der Entwicklung des Fachs ab. Breiten- und Tiefenwachstum der naturwissenschaftlichen Erkenntnisse und das damit zu fordernde Pensum des Wissen müssen einfach in Konflikt mit der für die Lehre zur Verfügung stehenden Zeit geraten.

Die erste Folgerung lautet: Konzentration des Lehrstoffes. Und dazu gehören subtile Kenntnis des Stoffgebietes und die Gabe, die Fülle des Wissenswerten und Notwendigen auf einige einfache, leicht verständliche Formeln zu reduzieren.

Die zweite Grundlage erfolgreicher Studienreformen besteht in der Bereitschaft aller Beteiligten, eine richtige, nur von allgemein wissenschaftlichen Gründen ausgehende Relation der einzelnen Disziplinen zueinander bei der Verteilung des Stunden- und Zeitplanes zu finden. Das gilt in erster Linie für das Verhältnis zwischen Theorie und Praxis, reicht jedoch bis zur Aufgliederung der kleinsten Stoffgebiete. Leider durchkreuzen mitunter allzu egoistische Motive und Überschätzungen des eigenen Faches solche guten Absichten.

Ich leugne nicht, daß auf dem Weg der Verbesserungen große Felsbrocken, objektive Hemmnisse lagen, die erst einmal weggeräumt sein wollten. Gern wäre ich manchmal schneller vorangekommen. Doch mir war klar: Nicht alles kann zugleich getan werden. Dennoch stand ich häufig geradezu verzweifelt vor dieser oder jener Uneinsichtigkeit. Ich schimpfte und machte meinem Herzen Luft. Besonders, wenn ich Ungerechtigkeiten zu erkennen glaubte. Das regte mich maßlos auf. Schließlich habe ich es ja auch mit einem Infarkt bezahlen müssen. Glücklicherweise gewann ich immer wieder Abstand, richtete über die Sorgen des Augenblicks das Auge auf die großen Zusammenhänge — oder bemühte mich wenigstens darum — und goß meine Kritik in eine Form, die nur durch die Sache begründet war und niemanden verletzen konnte.

So hielt ich es im persönlichen Arbeitsbereich wie auch als Vertreter der Wünsche und Belange beider Fakultäten, denen ich als Dekan in Halle und Berlin vorstehen durfte. Und wenn ein Schuß Humor dazu kam, diente es der Sache erst recht. Dafür ein Beispiel:

1951 hielt Walter Ulbricht in Halle im Großen Saal des Gewerkschaftshauses aus staatlicher Sicht einen Vortrag über die Medizin und die medizinische Entwicklung. Er schloß ihn mit einem Vergleich aus dem Märchen von Schneewittchen und den sieben Zwergen. Jedem war klar, was damit gemeint war: Die lebenswichtige Hilfe für Schneewittchen konnte nur von den sieben Zwergen jenseits der Grenzen, also aus der sozialistischen Staatengemeinschaft, vor allem aus der Sowjetunion kommen.

Meine Fakultät hatte mich beauftragt, einige Monita anzubringen und Wünsche darzulegen, die nicht immer mit den damaligen Vorstellungen der Regierung übereinstimmten. In jener Zeit der schwierigen Entwicklung konnte man sich nur durch gegenseitige Abstimmung und helfende Kritik auf einem gangbaren Weg voran bewegen. Der Auftrag war nicht leicht. Als ich am Nachmittag die Anliegen der Fakultät darstellte, merkte ich an dem ernsten Gesicht Walter Ulbrichts, daß sie ihm nicht besonders schmeckten. Ich wollte seine — wie ich meinte — etwas verbiesterte Stimmung auflockern und schloß meine Bemerkungen etwa folgendermaßen: «Herr Sekretär, ich weiß, die kritischen Bemerkungen, die wir zur Entwicklung der Medizin haben, werden nicht alle von Ihnen gebilligt. Aber Ehrlichkeit und Offenheit sind notwendig. Ich glaube, sie in der richtigen Form als unsere Wünsche vorgetragen zu haben, und es bleibt mir, Sie zu bitten, alles in Ihrer Macht Stehende zu tun, uns zu helfen. Sie haben heute das schöne Märchen von Schneewittchen und den sieben Zwergen zitiert. Wir möchten dem ‹Schneewittchen Medizin› anders als im Märchen bei der bevorstehenden Reform einen vollen, kräftigen, saftigen und auch gesunden Apfel anbieten. Es darf keinen vergifteten erwischen, der ihm am Ende schlecht bekommt.» Darauf fing er an zu lachen, und die Diskussion verlief in besserem gegenseitigem Verständnis, so wie ich es mit der Bemerkung beabsichtigt hatte und wie es auch zur Basis späterer Beratungen wurde.

Die persönlichen Kontakte, die Otto Grotewohl zu unserem Beruf hatte, lernte ich im Gespräch mit ihm kennen. Er erwies sich stets als ein aufmerksamer Beobachter der Entwicklung der deutschen Ärzte nach 1945, als ein, wenn es sein mußte, auch harter Kritiker, was die Sache betraf. Den Umgang mit uns beherrschten aber immer seine menschlich gewinnende Art, der Wille nach Verständigung und Einigung. Dazu befähigten ihn seine Erfahrung, sein hoher Intellekt. Er war durch viele Stürme des Lebens gegangen und dabei zu jener Persönlichkeit herangereift, die wir im öffentlichen Leben, in Schriften, in der Unterhaltung, in Diskussionen und in der Darlegung von seinen Überzeugungen, Zielen und Vorstellungen kannten und schätzten.

Auch sonst brachten mich gesellschaftliche Veranstaltungen, insbesondere aber berufliche Fragen oder das Amt, das ich jeweils zu vertreten hatte, mit führenden Repräsentanten unseres Staates zusammen: mit Willi Stoph, Professor Hager, Hannes Hörnig, Werner Hering, Dr. Weiz, selbstverständlich — sogar häufig — mit den Gesundheitsministern Max Sefrin und Professor Mecklinger, mit Vorsitzenden anderer Parteien wie Professor Homann, Gerald Götting, Otto Nuschke, später auch den Kulturministern Gysi und Hoffmann, mit Konrad Naumann und Dr. Roland Bauer.

Ich kann und will sie getreu meinem Vorsatz nicht alle aufzählen. Nur eine Bemerkung möchte ich daran knüpfen. Je höher die Dienststelle, um so größer die Einsicht in die Probleme, die Sachlichkeit der Verhandlung und der Erfolg. Wenn nicht alles sofort realisiert wurde, so lag das an dem Grad der institutionellen und personellen Zerstörung unseres beruflichen Lebens durch den Krieg und an dem großen Register unterschiedlichster Wünsche und Notwendigkeiten für einen Neubeginn in allen Berufs- und Bevölkerungsgruppen.

Als wir zum 25. Jahrestag des Bestehens unserer Republik Bilanz zogen und überschauten, was wir alles vorweisen konnten, fühlte ich mich wieder in dem Glauben bestärkt, noch bestehende Lücken und Disproportionen auch im Bereich der Gynäkologie schließen oder ausgleichen zu können, schneller und besser als in den vergangenen Jahren. In der Tat, diese zügige Entwicklung beginnt sich abzuzeichnen. Überall entstehen neue Kliniken, Polikliniken und Arztpraxen, die prophylaktische, diagnostische und therapeutische Betreuung der Bevölkerung wächst beständig in zunehmendem Maße.

Ebenso darf die Reform des Unterrichts, der Basis aller qualitativen Verbesserung ärztlicher Fürsorge und Betreuung nicht in Zickzack-Kurven verlaufen. Das prinzipielle Gerüst des Lehrgebäudes muß sich eindeutig darstellen. Im übrigen plädiere ich für größten Spielraum in der methodischen Gestaltung des Unterrichts; damit sich der Hochschullehrer profilieren, sein Ansehen, seinen Ruf, seine Ausstrahlungskraft entfalten und damit das Hauptziel seines Berufes erreichen kann, nämlich das Wissen und Können seiner Schüler so zu steigern, daß sie am Ende klüger sind als er selbst.

Als ich im Herbst 1975 darum bat, mich von der Leitung der Klasse für Medizin der Akademie der Wissenschaften zu entpflichten, nachdem ich diese Stellung viele Jahre innehaben durfte, trat mir im Rückblick die Bedeutung des Beitrages, den jede Einzelpersönlichkeit für die Wandlung und das Vorwärtsführen auch der Medizin leistet, sehr konkret vor Augen. Teil dieser Veränderungen ist man selber, ob man es wahrhaben will oder nicht.

In der Akademie der Wissenschaften, in der früher ohne bestimmte Vorschrift und besonderes Reglement Erkenntnisse der Wissenschaft debattiert wurden, um sie dem Gremium dann zur Beurteilung vorzulegen — ich denke an Einstein, Planck und andere —, bleibt heute nichts mehr dem Zufall überlassen. Sie steuert mit aller Unterstützung des Staates auf die höchste Effektivität der wissenschaftlichen Erkenntnis und ihrer Anwendung zu, steht also mitten im Leben, ist aktuell und zielgerichtet. Der Gründer der Akademie, Leibniz, hatte schon vor zweihundertfünfzig Jahren im Wahlspruch dieser Institution den Grundsatz ausgedrückt: «theoriam cum praxi conjungere», die Theorie mit der Praxis verbinden. Ein Weg von einem breiten Debattierfeld zu klar gegliederten und geschlossenen Aufgabenkreisen.

Anders ist die Struktur der Akademie der Naturforscher in Halle, genannt «Leopoldina», zu deren Mitglied ich am 23. April 1953 gewählt wurde. Sie besteht seit 1652 und zählte zu den ihr Angehörenden Männer wie Celsius, Darwin, Goethe, Alexander von Humboldt, Liebig, Siemens, Virchow, Weber und viele andere. Alle zwei Jahre finden Versammlungen zu sehr komplexen Themen statt, die unter jeweils einem Leitgedanken stehen: zum Beispiel Struktur und Funktion, Informatik, Evolution, System und Systemgrenzen, Prozeßkinetik. Breiteste internationale Teilnahme und weitgefächerte Fachbezüge kennzeichnen diese weltoffenen Treffen, auf denen der Physiker ebenso vertreten ist wie der Astronom, der Biologe wie der Mathematiker, der Mediziner wie der Ethnologe. Sie äußern sich beispielsweise zur Informatik mit Ergebnissen und Untersuchungen der Informationsbezüge in Mathematik und Physik, der biologischen Regulative, über Kodierung und Dekodierung in Organismen, Algorithmen in der Sprache, über die Dualität in hard-ware und soft-ware, neuronale Informationsprozesse, Weltraum- und Biosphäre, kurzum geradezu enzyklopädisch über ein Stichwort.

Man darf es schon als Vorzug betrachten, dabeisein zu können, und als Ehre, diesen beiden Akademien anzugehören.

Die gleiche Ehre auf ganz anderer Ebene empfand ich, als ich 1963 zum Korrespondierenden Mitglied der Medizinischen Akademie der UdSSR in Moskau gewählt wurde. Neben der fachlichen Anerkennung war es der menschliche Kontakt, den ich zu meinen sowjetischen Kollegen in der gemeinsamen Zielsetzung wissenschaftlicher und gesellschaftlicher Aufgaben finden durfte.

Ganz anders geartet wiederum war meine Arbeit im Forschungsrat der Deutschen Demokratischen Republik. Er wuchs von einer Institution der verschiedensten Sparten aus Industrie, Technik, Landwirtschaft, Naturwissenschaft, Medizin mit ihren differenzierten Belangen durch die immer prinzipiellere Sicht auf das Ganze, durch konkrete Abrechnung und realistische Vorschläge zu einem Gremium der Wissenschaftsführung mit hohem Nutzen zusammen.

In der Akademie für Ärztliche Fortbildung, in der ich auch über meine Altersgrenze hinweg in vielen einzelnen Sparten tätig sein durfte, zeichnete sich darüber hinaus die Fragestellung ab, ob die Medizin in den Universitäten verbleiben soll oder ob sie sich nicht — wegen der Fülle des Stoffes, seiner Breitflächigkeit und der notwendigen Tieflotung — besser verselbständigen sollte, etwa in Gestalt einer Medizinischen Akademie, die von Forschung bis Lehre aus einem Guß geformt ist.

Qualitäten

Die in meiner Amtsführung gewonnenen Erfahrungen rechtfertigen vielleicht den Versuch, aus meiner Sicht noch einige konkrete Gesichtspunkte zu den Aufgaben eines Hochschullehrers und staatlichen Leiters im medizinischen Bereich anzumerken. Auch sie gehören zum Fazit meines Berufslebens.

Ich kann mir keinen Hochschullehrer als Leiter einer medizinischen Institution vorstellen, der sich nicht aus Überzeugung mit den Prinzipien seines Staates identifiziert, den politischen und gesellschaftlichen. In unserer sozialistischen Gesellschaft kann er das mit gutem Gewissen, denn hier sind die sozialen, humanitären Interessen der Staatsführung identisch mit den Maximen seines ärztlichen Berufes. Das beeinträchtigt nicht das Recht zu freimütiger positiver Kritik, im Gegenteil, es verpflichtet ihn dazu, wenn er sieht, wie noch bessere Voraussetzungen für seine Arbeit zu erreichen sind.

Für einen Leiter sehe ich einen ganzen Katalog von Qualitäten, über die er nach meiner Meinung verfügen sollte. Die Befähigung für eine Leitungsfunktion wurzelt zunächst in einer abgeschlossenen, breiten und tiefen fachlichen Ausbildung. Der Leiter muß in der Lage sein, die gesamte Entwicklung seines Faches zu überblicken, jede Sparte befruchtend zu aktivieren, unabhängig davon, ob er sich für ein besonderes Spezialgebiet interessiert oder nicht. In Wissen und Können muß er überragende Fähigkeiten aufweisen und aus seinen Mitarbeitern im guten Sinne eine eigene «Schule» heranbilden, die nach einheitlichen Richtlinien arbeitet, den Vergleich nicht scheut, sondern ihn herausfordert. Ein solches Vorhaben darf sich nicht auf Überheblichkeit oder Rechthaberei gründen. Es bezieht seine Berechtigung einzig und allein aus der fachlichen Leistung. Der Leiter sollte sich selbst getrost mehr abverlangen, als er von seinen Mitarbeitern fordert.

In dieser Form trägt die erzieherische Funktion eines Leiters keine autokratischen Züge. Seine Vollmachten sind zwar durch Titel, Rang oder Amt formal umrissen, aber aus seiner persönlichen Leistung und der darauf basierenden Achtung, die ihm die Mitarbeiter entgegenbringen, fließt das moralische Recht, der Schule den Namen zu geben. Und das will täglich neu errungen sein.

Dabei ist die Kritik ein helfender Faktor. Sie wirkt aktivierend auf die Gemeinschaft, fördert die Arbeit und die Disziplin. Das gilt nicht nur für den Chef, stufenweise auch für den Oberarzt, Stationsarzt, kurzum, für jeden Funktionskreis. Freilich darf Kritik nicht als eine Art Dauerauftrag um jeden Preis gelten, nicht als Aushängeschild falsch verstandener revolutionärer Gesinnung dienen. Sie muß den gleichen, auch dem Leiter auferlegten Prinzipien erwachsen, nämlich dem Verantwortungsbewußtsein und ständigen Bemühen um fachliche und gesellschaftliche Qualifizierung.

Entscheidungen gründen sich selbstverständlich auf die gemeinsamen Beratungen im Leitungsgremium. Sie sind für alle gleichermaßen verbindlich. Vorschläge sollten aus allen Sparten einer Institution gemacht werden. Aber es kommt letzten Endes immer auf den Leiter an, «wohin der Wagen steuert».

Der Hochschullehrer sollte didaktische, besonders auch pädagogische Fähigkeiten besitzen, sie im progressiven Sinn mit allen technisch und inhaltlich neuen Methoden fortzuentwickeln und seinen Dozenten anzuerziehen verstehen. Um den Kontakt mit den Studenten zu erhalten, empfehle ich dem Leiter, in jedem Kurs und Seminar mehrmals aufzutreten und stets darauf zu achten, das Gesamtbild seines Bereiches nicht verlorengehen zu lassen. Die einzelnen Mosaiksteinchen fachlicher Unterweisung können farblich und materialmäßig noch so schön sein, ein Bild ergeben sie erst, wenn sie einheitlich konzipiert und richtig gruppiert werden. Was würden die herrlichen gebrannten, farbig glasierten Ziegel des Ischtartores im Vorderasiatischen Museum aussagen, wenn sie uns nicht — zusammengesetzt — die Größe der babylonischen Baukunst erschlössen.

Der Hochschullehrer darf sich nicht im Glück des Erfolges sonnen, in Routine erschöpfen, er muß mit seiner Wissenschaft wachsen. Falsche Selbsteinschätzung und Überheblichkeit schaden immer. Darum sollten die Mitarbeiter einen Leiter, der den Thron der Selbstherrlichkeit bestiegen hat, schnell herunterreißen, ihn aber im eigenen Interesse und dem der Institution auch stützen, wenn er es verdient. Ruf, Ansehen und Leistung einer Lehrerinstitution gründen sich nicht zuletzt auf das nach außen hin sichtbare Vertrauensverhältnis zwischen dem Ordinarius und seinen Mitarbeitern in allen

Bereichen. Das wiederum hängt mit von der allgemeinen Bildung, ebenso wie von dem Ruf in der Öffentlichkeit und der Lebensführung des Leiters ab.

Diese Gesichtspunkte verdienen besondere Erwähnung, weil logischerweise in unserer Gesellschaftsordnung die jüngeren Mitarbeiter wie die Studenten als Träger zukünftiger Entwicklung in den moralisch-ethischen Fragen unseres Berufes ein feines Gespür dafür zeigen, ob ihre Lehrer diese Prinzipien nur als «Stoff» vermitteln oder nach ihnen leben.

Schließlich ist im Bereich der klinischen Institution von einem Leiter auch ein vorbildlicher Kontakt zu den Patienten zu fordern, zu lehren und immer wieder praktisch zu demonstrieren. Die wissenschaftliche Leistung fördert die literarische Geltung und den internationalen Ruf, das Verhältnis zu den Patienten und der praktische Erfolg der Behandlung sichern das Vertrauen der Bevölkerung in ihre Ärzte und in die von ihnen geleiteten Kliniken.

Ein guter Leiter muß in gleicher Weise die Fähigkeit besitzen, die politisch-gesellschaftlichen Fragen in der Medizin ihrer besonderen Bedeutung wegen tiefgründig zu durchdenken, ihre Prinzipien vor der Öffentlichkeit zu vertreten, vorzuleben und weiterzugeben.

Um das zu erreichen, werden sich die fachlich ausgewiesenen Ärzte auch von politischen Sachkennern gleicher Qualität auf ihrem Gebiet in allen Grundfragen rechtlicher, philosophischer und moralischer Art beraten lassen müssen.

Alle diese Fragen haben eine weitreichende politische Bedeutung und sind nur zu beantworten, wenn der Arzt etwas von der Philosophie, der Philosoph etwas von der Medizin versteht.

Das wäre die Verwirklichung der alten humanistischen, hippokratischen und aristotelischen Prinzipien universeller philosophisch-gesellschaftlich-fachlicher Bildung, allerdings auf der hohen Ebene unserer heutigen entwickelten sozialistischen Gesellschaft.

Die ursprüngliche Art, in den ersten Nachkriegsjahren die fachliche von der gesellschaftlichen Ausbildung völlig getrennt ablaufen zu lassen, hat sich nicht bewährt. Im Gegenteil, sie hat Studenten und Ärzte eher abgestoßen als angezogen. Daß es anders geht, habe ich in einem Fachvortrag zum

20. Jahrestag der Akademie für Ärztliche Fortbildung 1968 «Die Philosophie von Karl Marx und die Medizin» nachzuweisen versucht.

Große Bedeutung besitzen die organisatorischen und ökonomischen Fähigkeiten eines Leiters. Er hat viele verwaltungstechnische Aufgaben zu lösen. Allerdings dürfen diese Fähigkeiten nicht auf Kosten der fachlich-qualitativen Eignung überbewertet werden. Ich trete daher für eine Unterrichtung des ärztlichen Leiters in den organisatorischen, finanziellen, ökonomischen und verwaltungstechnischen Grundfragen, aber mit der gleichen Vehemenz für eine Entlastung von allzu speziellen Aufgaben dieses Bereiches ein. Besonders geschulte Kräfte sollten ohne große Aufblähung ihres Ressorts den Leiter beraten und entlasten. Eine Bürokratisierung der Wissenschaft hat noch niemals ihre Entfaltung gefördert.

Anders verhält es sich mit der Wissenschaftsorganisation, der rationellen und konzentrierten, personell, inventariell und ökonomisch zweckmäßigen Aufgliederung der Forschung, wie auch mit dem Aufbau eines wertvollen und schnellen, eines effektiven Informationsdienstes. Diese Disziplinen und ihre Vertreter haben heute einen den Wissenschaftlern anderer theoretischer und praktischer Gebiete adäquaten Rang.

Ein wirklich guter Leiter versteht es, Lehre und Forschung einander durchdringen zu lassen. Die Lehre treibt die Forschung voran, weil sie ständig Lücken unserer Erkenntnisse aufdeckt. Andererseits stellen neue Forschungsergebnisse weitere und erhöhte Ansprüche an die Lehre. Ich begrüße das Forschungsstudium gerade auch deswegen, weil die Leiter alle schon im Nachwuchs schlummernden Fähigkeiten für die Grundlagen- und die angewandte Forschung frühzeitig wecken und die Jugend für die schöpferische Arbeit begeistern können.

Diese keinesfalls vollständigen Gedanken skizzieren das Spektrum eines sicher noch lange diskussionswürdigen Themas. Andere mögen andere Meinungen vertreten. Letztlich aber gipfeln alle Forderungen doch wohl darin, zum Leiter einer Institution didaktischer, wissenschaftlicher und praktisch-ärztlicher Provenienz in erster Linie einen fachlich, aber ebenso auch politisch-gesellschaftlich qualifizierten Bewerber, also eine breitbasig gebildete Persönlichkeit zu berufen, einen Leiter, der nicht zuletzt durch sein Beispiel wirkt und erzieht.

Wahrscheinlich besitzt der einzelne nicht immer alle genannten Qualitäten in gleicher Weise. Aber jeder gutwillige, fleißige und integre Mensch in verantwortlicher Position wächst mit seinen Aufgaben.

«Le style c'est l'homme»

«Der Stil, das ist der Mensch», sagte der französische Naturwissenschaftler und Philosoph Buffon 1753 bei seiner Antrittsrede vor der Akademie. Seitdem ist viel zum Stil des Redens, Schreibens, des Leitens, des Lebens überhaupt geschrieben worden. Victor Goerttler, der bekannte Jenenser Veterinärmediziner, hat ein ausgezeichnetes Buch über das literarische Handwerk der Wissenschaft verfaßt. Wie erkennbar, kehre auch ich immer wieder zu solchen Fragen, teilweise philosophischer Prägung, zurück.

Mit dem Menschen änderte sich der jeweilige Stil. Bei allen Regeln, die man dafür erfand, prägen er, seine Persönlichkeit, seine Kontaktfähigkeit, die glückliche Mischung zwischen gelöster Individualität und sachlicher Zielstrebigkeit wesentlich den Lebens- und Leitungsstil.

Ich beobachtete den Wandel in der Art und Weise, wie man zu leiten versteht, natürlich in erster Linie an den Formen der sachlichen Zusammenarbeit mit meinen vorgesetzten Dienststellen. Soweit diese das Ministerium für Gesundheitswesen betrifft, bin ich dankbar für das Vertrauen, in den engsten Beratungskreis des Ministers einbezogen worden zu sein. Aber neben der fachlichen Arbeit sind eben das persönliche Vertrauensverhältnis und in nicht geringem Maße der Stil des Umgangs typisch.

Als der Generaldirektor der Weltgesundheitsorganisation zu Besprechungen in Berlin weilte, zeigte sich die glückliche Hand des Ministers bei den nun einmal notwendigen protokollarischen Dingen, also Essen, Empfängen, Ansprachen, Toasts, Überreichung von Erinnerungsgeschenken und ähnlichem. Es fand ein kurzes Stehbankett im Ermeler-Haus statt.

Mein Auto war kaputt, und ich bat den Minister, mich auf dem Heimweg mitzunehmen. Er sagte sofort zu und meinte, er müsse lediglich kurz zum Palais Unter den Linden fahren weil er dort dem Generaldirektor noch ein Abschiedsgeschenk überreichen wolle. Wir fuhren also dorthin.

Eine erzgebirgische Pyramide war aufgebaut, die zu allem Überfluß Schwierigkeiten machte. Dauernd mußten die Flügel verstellt werden, damit sie in Bewegung kam. Aber wir befanden uns in angeregtem Gespräch, niemand nahm Anstoß. Über die offiziellen Verhandlungen hinaus war eine warme kollegiale Atmosphäre entstanden. Als wir gingen, gerieten wir in eine Veranstaltung der Freien Deutschen Jugend. Die jungen Freunde hatten beste Stimmung, sangen Lieder, und im Nu waren wir in die Veranstaltung einbezogen. Einige Jugendfreundinnen saßen draußen auf der Treppe. Der Minister ging zu ihnen, zeigte auf mich und sagte: «Kennt ihr den? Den könnt ihr vielleicht noch gebrauchen» und nannte meinen Beruf.

Sie antworteten: «Wir haben ja schon Kinder.»

Ich darauf: «Dann stellt euch mit dem hier gut, das ist der Gesundheitsminister, dem unterstehen die Krippen.»

Alle fanden das vergnüglich. Man ließ sich Arm in Arm auf der Treppe nieder.

«Jetzt fehlt nur noch die Weltgesundheitsorganisation», meinte der Minister.

«Die können Sie gleich haben», versicherte ich, ging in den Saal und holte den Gast herbei. Der zog seine ganze Delegation nach. Es dürfte in der Geschichte der UNO einmalig gewesen sein, daß die Weltgesundheitsorganisation sich mit der Freien Deutschen Jugend auf der Treppe eines Palais brüderlich vereinte. So intensiv und so lange, daß ich es vorzog, mich heimlich davonzuschleichen. Draußen bekam ich wie zur Strafe keine Taxe. Der Stellvertretende Minister erbarmte sich meiner und fuhr mich heim.

Mit Genugtuung beobachtete ich auch das freundschaftliche Auftreten führender sowjetischer Staatsmänner und Politiker, wie es sich zunehmend in den sechziger und siebziger Jahren zeigte. Unser Verhältnis zueinander hatte sich grundlegend verändert. In Halle hatte ich nach Übernahme meines Amtes 1949 mit einer sowjetischen Administratorin zu tun,

Frau Serkowa. Sie stand in dem Ruf, eine sehr harte und strenge Leiterin zu sein. Böse Zungen behaupteten, sie habe mehr von einem Soldaten als von einer Frau an sich. Als ich sie zum ersten Mal sah, bot sie mir Platz an und versicherte, mich recht gut zu kennen. Mag sein, vielleicht aus den Akten oder aus Berichten über meine berufliche Tätigkeit seit 1945 in Berlin. Zwischen uns erwies sich die Arbeit bald als zuverlässige Brücke des Vertrauens.

Am 1. Oktober 1976 bat Minister Professor Dr. Mecklinger mich zu einem Essen ins Gästehaus der Regierung. Der Anlaß war Frau Serkowa. Sie hatte Berlin besucht und war im Begriff, es wieder zu verlassen. Nach fast dreißig Jahren wurde ich ihr erneut vorgestellt. Welch ein Augenblick des Wiedererkennens und Wiedersehens. Ihr erstes Wort: «Darf ich Ihnen einen Kuß geben?» Trennung auf Zeiten läßt aufrichtige Freundschaft nicht zugrunde gehen. Einmal gesät, gedeiht sie, weil der Boden so fruchtbar ist, auf dem wir uns gemeinsam bewegen.

Obwohl die großen Entscheidungen auf vielen Ebenen reifen, ist längst bewiesen, daß persönliche Begegnungen und die Fähigkeit, sich auf den anderen einzustellen, die Lösung mancher Frage sehr erleichtern. Schließlich kann man es nur begrüßen, wenn wichtige Persönlichkeiten sozialistischer Weltpolitik in einer breiten Öffentlichkeit Sympathien genießen.

Die persönliche Note wirkt über den Beruf hinaus, schafft Beziehungen zu Menschen, wie man sie auf andere Weise kaum gewinnt. Höre ich nach langen Jahren von Kollegen, die ich ausgebildet habe, von ihren Erfolgen, rührt mich das sehr an. Da meldete sich ein früherer Schüler und fragte aus Neuseeland an, ob ich noch lebe. Als ich ihm antwortete, trat mir die ganze Zeit der Zusammenarbeit wieder ins Gedächtnis. Zur Weihnachtszeit erhielt ich von ihm einen Kalender der UNICEF, für die er wirkt.

Auch aus Indien und Ghana bekam ich Nachricht von alten Schülern. Ich erinnere mich nicht an alle Studenten, die durch meine «Schule» gegangen sind, aber es wird mir warm ums Herz, tritt nach irgendwelchen Veranstaltungen jemand auf mich zu und sagt: «Ich bin Ihr Schüler, ich habe bei Ihnen gehört.»

Bei einer Veranstaltung der Leopoldina kam ein Ordinarius einer anderen Universität zu mir und sagte: «Jetzt muß ich es Ihnen gestehen, denn Sie werden es nicht mehr wissen: ich bin Ihr Doktorand.» Ich antwortete: «Das beglückt mich. Leider läßt mich diese Gelegenheit daran denken, daß ich etwas älter bin als Sie.» Wir begossen die Wiederbegegnung mit einem Glas Sekt.

Moral und Ethik

Albert Schweitzer

Ich weiß nicht mehr genau, wann mir Albert Schweitzers Name und sein Werk zum ersten Mal begegneten. Vielleicht bei den Reformationsfeiern im Jahre 1917 zum vierhundertsten Jahrestag des Thesen-Anschlags Martin Luthers an der Schloßkirche meiner Heimatstadt. Damals sang ich im Chor die Bach-Kantaten mit. Nach der mit Felix Mendelssohn Bartholdy verbundenen Bach-Renaissance ließ uns gerade Albert Schweitzer durch seine tiefgründige Deutung der Bachschen Musik eine engere Beziehung zu seinen Orgelmusiken, Passionen und Kantaten finden. Wir musizierten nicht nur. Wir diskutierten auch mit unserem Organisten und Dirigenten Straube, mit den Gebrüdern Kempff, die Bachs Werke zelebrierten, hörten die Ansprachen von dem Albert Schweitzer verbundenen Nathan Söderblom aus Schweden. Wahrscheinlich kam uns der Religionsphilosoph und Orgelinterpret Schweitzer dabei in unseren Gesprächen nahe.

Es könnte aber ebensogut sein, daß ich erst während meines Medizinstudiums in Heidelberg, Halle und Berlin Schweitzer als Arzt, seine sozialkritischen Äußerungen, seine ethischen Erwägungen und ihre praktische Verwirklichung in Lambarene entdeckte und mich dann rückläufig mit ihm als Theologen, Musiker und Philosophen beschäftigte, von seiner universellen Bildung und der Ausstrahlungskraft seiner Persönlichkeit fasziniert wurde und es auch blieb. Aufsätze von ihm, Bücher, Zeitungsartikel über ihn taten ein übriges und rundeten das Bild, das ich mir von ihm als Vorbild eines uneigennützigen, nur seiner Berufung lebenden Mannes machte.

Mich interessierte, wie es ihm gelang, diese unterschiedlichen Quellen seiner Entwicklung in einen Strom zu zwingen, der, ohne je seine Ursprünge zu verleugnen, doch zielstrebig und ungeachtet vieler Hindernisse bis zum Ende unaufhörlich und ohne schroffe Wendungen seinen Lauf nahm.

War Schweitzer, dem man Bescheidenheit und Streitbarkeit, Ernst und Humor nachrühmte, wirklich so, wie ich ihn mir vorstellte, oder würde ich meine Meinung revidieren, wenn ich ihm je begegnete? Der Zufall führte mich auf einer Tagung der Nobelpreisträger in Lindau mit ihm zusammen. Ohne in Pathos zu verfallen, muß ich noch heute beeindruckt registrieren, wie sehr mich die Aura gefangennahm, die ihn umgab, wo immer er auftrat.

Ich maße mir nicht an, über ihn zu urteilen. Das haben andere in Wort und Schrift tiefgründig getan oder versucht. Ich kann nur meine Erlebnisse und Gespräche wiedergeben, die ich mit ihm hatte. Sie haben weder literarischen noch analytischen Wert, beleuchten aber vielleicht doch einige seiner Wesenszüge. Im Lindauer Theater hielten die Nobelpreisträger am Vormittag Vorträge über ihre Fachgebiete. Der Nachmittag blieb den Diskussionen vorbehalten. Nach einer solchen Sitzung umringten Schweitzer im Vorraum viele Kinder, die ihn um ein Autogramm baten. Leutselig fragte er sie: «Was ist euch denn meine Unterschrift wert?» Ein Knirps erwiderte unbekümmert: «Och, dreimal Max Schmeling gleich zehnmal Albert Schweitzer.»

«Na, dann muß ich ja fleißig unterschreiben», lautete sein Kommentar. Er tat es und ging fröhlichen Herzens zum Mittagessen.

Nachmittags traf ich ihn im Schloß des Grafen Bernadotte auf der Insel Mainau. Ich hatte während der Überfahrt auf dem Dampfer eine Fotografie von ihm erworben und bat ihn — völlig gegen meine sonstige Gewohnheit — auch um ein Autogramm. Er sah sich das Foto lange an, meinte, das kenne er gar nicht, und seufzte: «Ach, ihr solltet, statt dafür Geld auszugeben, lieber Hemden und Wäsche für die Frauen kaufen.» Ich war zunächst verblüfft. Schweitzer im Disput um Damenunterwäsche? Ich fand keinen Zusammenhang. Erst später löste sich das Rätsel. Er erzählte, wie er in Lambarene die Frauen mit ihren Hebammen dadurch veranlaßte, in sein Hospital zu kommen, daß er ihnen sozusagen als Prämie ein Hemd und Babywäsche aushändigte.

Unsere Unterhaltung bezog sich im weiteren auf seine medizinische Ausbildung, vor allem auf seine geburtshilfliche Tätigkeit unter Fehling in Straßburg. Dies hatte für mich einen speziellen Reiz, da sein Lehrer Fehling einer meiner Vorgänger auf dem Lehrstuhl in Halle gewesen war. Schmunzelnd berichtete er von dem besonderen psychologischen Kontakt, den er als Dozent der Theologie zu seinen Kollegen und Patienten besaß. In komplizierten Situationen sei manchmal der Ruf durch die Gänge der Klinik geschallt: «Ruft den Mann Gottes, nur der kann hier helfen.»

Das Gespräch zeigte mir Albert Schweitzer von der freundlichsten Seite, gleichsam ein praktisches Beispiel seiner menschlich-kollegialen Kontaktfähigkeit. Aber er konnte auch anders reagieren. Das beobachtete ich kurz danach beim Nachmittagskaffee, als ihn Graf Bernadotte fragte, ob er ihn nicht etwas Besonderes zum Essen anbieten dürfe. Schweitzer saß gerade vor einer Schale Erdbeeren und wollte sich nicht stören lassen. Auf die wiederholte Aufforderung, doch seine Wünsche zu nennen, antwortete er dem Grafen: «Ich habe Ihnen doch gesagt, nein!» Das geschah in einem Tonfall, als wollte er ihm energisch bedeuten: «Laß mich in Ruhe!» Jedenfalls stippte Schweitzer Erdbeere für Erdbeere in die Zuckerdose und ließ sich durch keine Etikette von dem abhalten, was er für richtig hielt.

Als wir die Insel wieder verlassen und uns kurz vor dem Auseinandergehen in einem Gartenlokal versammelt hatten, ging Schweitzer von Tisch zu Tisch zu jedem Teilnehmer und verabschiedete sich mit einem freundlichen Wort des Grußes und guten Wünschen. Bescheidenheit, Güte, Abstand, aber auch praktischer, realistischer Sinn für Werbung und Erfolg im Dienste der guten Sache kennzeichneten sein Auftreten. Ich sah Albert Schweitzer nicht wieder, erhielt nur noch einen Brief, in dem er sich mit Bild und persönlicher Widmung für das Manuskript eines Vortrages bedankte, das ich ihm zugeschickt hatte. Es betraf naturwissenschaftliche Probleme der Medizin.

Wollte ich zusammenfassen, warum seine Persönlichkeit mich nachhaltig beeindruckte, müßte ich den Satz ummünzen, der am Ende des Buches von Albert Schweitzer über Johann Sebastian Bach steht: «Nur wer sich in seine Gefühlswelt versenkt, wer mit ihm lebt und denkt, wer mit ihm schlicht und bescheiden wird, ist in der Lage, ihn richtig zu verstehen.»

Mit dem Herzen denken

Nun kann nicht jeder ein Albert Schweitzer sein, aber jeder Arzt muß über ähnliche Grundeigenschaften verfügen, die ihn für seinen Beruf legitimieren. Es fängt mit dem Verständnis der Medizin als einer der menschlichsten Wissenschaften an. Wer, um mit Fontane zu reden, verlernt, mit dem Verstand zu fühlen und mit dem Herzen zu denken, dem bleibt das Geheimnis ärztlichen Wirkens verschlossen, der entbehrt der Grundlage des Vertrauens der Patienten zum Arzt.

Wir stehen heute vor der Notwendigkeit, das zu stark nach der theoretischen Seite ausschlagende Pendel unseres medizinischen Regulators wieder in den richtigen Takt zur Praxis zu bringen. Der ideale Arzt wird uns nicht geschenkt, nicht im Studium ersessen, sondern reift durch Arbeit, Fleiß und Mühe, durch manche Zweifel und Verzagtheit heran. Der angehende Arzt muß nicht nur gesund machen wollen, er muß auch gesund sein. Viele junge Mediziner sah ich schon unglücklich werden, weil sie irgendein körperliches Gebrechen zwang, den Beruf aufzugeben oder eine andere Fachrichtung zu wählen, die nicht der ursprünglichen Neigung entsprach.

Der Arzt braucht inneren Schwung und Begeisterung. Trockene, verknöcherte, wenig elastische Naturen sind keine guten Ärzte. Dauerhafte Begeisterung für diesen Beruf kann nicht aus romantischen Vorstellungen gespeist werden. Wahre Hilfsbereitschaft und Fürsorglichkeit müssen dem Arzt Bedürfnis sein und ihm innere Genugtuung verschaffen. Enge Naturverbundenheit und Freude an wissenschaftlichen Fragen gehören dazu. «Nur wo Liebe zum Menschen ist, ist auch Liebe zur ärztlichen Kunst», sagt Hippokrates. Oder zeitgemäß ausgedrückt: Das im Sozialismus zur Staatsdoktrin erhobene «im Mittelpunkt steht der Mensch» muß alles Denken, Fühlen und Handeln des Arztes beherrschen, ohne daß er sich jemals dazu zwänge.

Etwas von der Fröhlichkeit des Herzens sollte in jedem

Arzt stecken, der echten, wahren Fröhlichkeit. Zote und Zynismus dagegen sind auch dann nicht gerechtfertigt, wenn jemand glaubt, besonders ernste, immer wieder belastende berufliche Unannehmlichkeiten nur so abreagieren zu können. Eine bewußt zur Schau getragene Forschheit drückt häufig Gefühlsunsicherheiten aus, die zur Flucht ins andere Extrem drängen. Feinfühliger Humor hingegen kann viel helfen. Die Patienten spüren sehr rasch, ob ihr Arzt einen grundgütigen, ehrlichen, anständigen Charakter hat, eben alles das aufweist, was man unter innerer Sauberkeit versteht.

Äußere Sauberkeit sollte selbstverständlich sein. Saloppe Kleidung mag in den Augen ihrer Träger Ausdruck kultivierten Individualismus und einer Portion Künstlertums sein. Imponieren können sie damit dem Patienten nicht. Ungepflegte, nikotinverfärbte oder schmuckverzierte Hände wirken nicht gerade vertrauenerweckend. Vertrauen verlangt Verschwiegenheit. Klatschbasen und Stammtischredner, Neunmalkluge und Allesbesserwisser, denen die Zunge durchgeht, kommen bald mit dem Gesetz über die ärztliche Schweigepflicht in Konflikt.

Viele Eigenschaften braucht der Arzt als Morgengabe für seinen Beruf. Es gehören sichere und zugleich zartfühlende Hände ebenso dazu wie das klare Auge, das aufnahmefähige Ohr, Wohlanständigkeit, ein mitfühlendes Herz und ein klarer Verstand. Viel kann anerzogen werden, aber nicht alles. Beweist man noch Instinkt und Intuition, also jene schwer erklärbaren Eigenschaften, um bestimmte Situationen und Zustände mehr zu spüren als rational zu erfassen, so kann man sich glücklich schätzen.

Die Wissenschaft kennt keinen Stillstand, und nur wer sich ständig fortbildet, bleibt auf der Höhe seines Berufes. Damit ist viel von uns gefordert, und ein ganzer Kerl ist nötig, sich von morgens bis abends abzurackern und dennoch Zeit zum Selbststudium aufzubringen. Tränen und Schlappheit sind dann ebensowenig am Platz wie Gerissenheit und betrügerische Schläue. Unbestechliches Kriterium für die Tauglichkeit bleibt in den Augen der Kollegen, vor allem aber im Bewußtsein der Patientin, die Leistung. Sie muß sich auf gleichmäßige Arbeit, Stetigkeit, Gewissenhaftigkeit und hohes gesellschaftliches Verantwortungsbewußtsein gründen.

Zu jeder Stunde

Die Verpflichtung zur Hilfeleistung besteht für den Arzt un-unterbrochen. Niemand von uns darf in akuten Fällen seine Hilfe verweigern, wenn er als Arzt angesprochen oder als solcher — zum Beispiel durch das Äskulapzeichen am Auto — erkannt wird. Ich vertrete sogar den Standpunkt, er muß sich anbieten, wenn Menschen, etwa bei Unfällen oder Katastrophen, seiner Hilfe bedürfen.

Verletzt ein Arzt seine Bereitschaftspflicht, kann das drei Ursachen haben: mangelhaftes ärztliches Grundwissen, bei eng spezialisierten Ärzten durchaus denkbar, aber nicht entschuldbar; Verkennung der Gefährlichkeit des Zustandes eines Patienten oder einer Situation; Bequemlichkeit, das schändlichste Motiv.

Tatsächlich nahm einmal ein Kollege eine vertraglich gebundene Sprechstunde in einem städtischen Ambulatorium nicht wahr und ließ die Patienten nach Hause schicken, nur weil der Wagen, der ihn sonst abholte, an diesem Tag nicht zur Verfügung stand. Mit öffentlichen Verkehrsmitteln hätte er die Arbeitsstelle in fünfzehn Minuten erreichen können.

Problematisch finde ich es auch, wenn ein Arzt bei einem Hausbesuch eine schwere Lungenentzündung feststellt, den Einweisungsschein für das Krankenhaus ausstellt und seine Fahrt fortsetzt, während die Angehörigen nicht in der Lage sind, die Einweisung zu realisieren. Ich meine, in lebensbedrohlichen Situationen hört die Verantwortung des Arztes erst in dem Moment auf, wo ein anderer sie eindeutig übernimmt.

Leider mißbrauchen manche Mitbürger die Bereitschaftspflicht des Arztes, indem sie ihn ohne Zwang oder aus Bagatellgründen rufen. Um so weniger darf dieser sich dazu verleiten lassen, dem Ruf in dieser Hinsicht «verdächtiger» Patienten nicht zu folgen. Es könnte gerade dann etwas Ernstes sein. Ein mir befreundeter älterer erfahrener Arzt aus meinem Heidelberger Bekanntenkreis wurde von einer aufgeregten Frau dringend zum Hausbesuch gerufen. Diagnose: Hysterie. Das wiederholte sich, häufte sich. Als wieder ein Anruf kam, entledigte er sich aller im süddeutschen Sprachraum angesiedelter Schimpfworte, die nicht druckbar sind, und kündigte an, er werde ihr diesmal gehörig die Meinung sagen. Als er zurückkam, fragte ich: «Na, wie war's?» Er: «Wie soll's gewesen sein? Ich habe ihr eine Viertelstunde den Puls gefühlt, da war ich ruhig.»

Unter kapitalistischen Verhältnissen verbindet sich die ärztliche Bereitschaft vielfach mit der Jagd nach dem Krankenschein. Zur eigenen Existenzsicherung ist der Arzt gezwungen, keinen seiner Patienten zu verlieren und jede Gelegenheit zu nutzen, um seinen Klientenkreis zu erweitern. Dem ist in unserer Republik der Boden entzogen.

Es zeugt von der hohen gesellschaftlichen und moralischen Haltung der großen Mehrheit der Ärzte in unserem Staat, daß trotz zeitweiligen empfindlichen Ärztemangels eine in der Regel auf hohem Niveau stehende medizinische Betreuung der Bevölkerung gesichert blieb. Ärzte und Angehörige der mittleren medizinischen Berufe leisteten und leisten eine zum Teil weit über das normale Maß hinausgehende aufopferungsvolle Arbeit. Das anzuerkennen, sollte man niemals versäumen und jede Maßnahme unseres Staates dankbar begrüßen, die dazu dient, die materiellen Bedingungen für die medizinischen Berufe, das Gesundheitswesen überhaupt, spürbar zu verbessern, soweit das im Rahmen staatlicher Planökonomie nur möglich ist.

Selbstverständlich erheischt die ärztliche Tätigkeit eine angemessene, in richtigen Relationen zu anderen Berufen stehende, der Bedeutung seiner Aufgaben entsprechende, also gesellschaftlich vertretbare Bezahlung. Sonderleistungen, die das gebotene und billigerweise zu erwartende Maß überschreiten, verlangen gleiche Regelungen hinsichtlich des Entgelts, wie sie bei anderen Berufsgruppen in unserer Gesellschaft üblich sind.

Dennoch, der Lohn des Arztes liegt im Erfolg seiner Arbeit. Seine Bereitschaft, hilfebedürftigen Menschen zu helfen, kennt keine Unterschiede, weder der Person noch der Art des Leidens nach. Im Gegenteil, die Hilfsbereitschaft des Arztes gegenüber besonders Leidenden, den Unheilbaren, den Patienten mit ekelerregenden Krankheiten oder den Außenseitern der Gesellschaft kann zum Gradmesser seiner ärztlich-humanistischen Einstellung und seiner beruflichen Qualifikation werden.

Ein von unserem ärztlichen Nachwuchs nicht immer verstandener Teil ärztlicher Bereitschaftspflicht liegt letztlich auch in der Zustimmung zur Berufslenkung. Die sozialistische Gesellschaft garantiert der gesamten Bevölkerung eine allen zugängliche, kostenlose, qualifizierte medizinische Versorgung. Das zu verwirklichen, hängt jedoch nicht nur von der richtigen zahlenmäßigen und qualitativen Planung und Ausbildung der dafür erforderlichen Kader ab. Es setzt zugleich die Bereitschaft der jungen Menschen voraus, dort zu arbeiten, wo es allgemein oder dem Fachgebiet nach speziell erforderlich ist.

Unter diesem Aspekt erlangt die Bereitschaftspflicht der Ärzte eine gesellschaftliche, moralische und ideologische Bedeutung hohen Ausmaßes. Natürlich dürfen bei der Auswahl für den Einsatz nicht nur bürokratisch-organisatorische Gesichtspunkte walten, sondern auch Eignungsprinzipien, ja auch Neigungen.

Ein ausschließlich wissenschaftlich orientierter Arzt eignet sich nicht zum Praktiker, der auf schnelles Zupacken orientierte Traumatologe nicht zum Internisten und so fort. Private, familiär bedingte Wünsche spielen bei den Entscheidungen eine untergeordnete Rolle, denn ich bleibe dabei: Verzicht auf persönliche Wünsche gehört zu den Berufspflichten des Arztes.

Grenzsituationen

Unter allen Pflichten des Arztes, die in der medizinischen, philosophischen und juristischen Literatur mit Blick auf das Berufsethos immer wieder angesprochen werden, nimmt die Bewahrungspflicht einen besonderen Platz ein. Die daraus abgeleiteten Regeln sollten dem Arzt helfen, in Grenzsituationen und Streitfragen einen klaren, vom Humanismus getragenen Standpunkt zum menschlichen Leben zu finden, zum rein animalischen wie zum sinnvoll erfüllten, vernunftgetragenen menschlichen Leben.

In medizinisch-historischer Sicht zählen zu solchen Grenzfragen neben der sogenannten Euthanasie vor allem die Probleme der künstlichen Schwangerschaftsunterbrechung, der heterologen Insemination, der Humanexperimente, der Risiko-Operationen. Hinzugekommen sind ferner: in der Chirurgie im Zusammenhang mit der Organtransplantation, in der Genetik im Zusammenhang mit den chemisch definierten Eingriffen an der DNS. Diese wollen gezielte Veränderungen der genetischen Information erreichen. Das gilt jedoch nur insoweit, als man die Folgen für den Organismus voraussehen kann; sonst sind sie sowieso verboten.

Der Arzt trägt wie jeder Wissenschaftler die Verantwortung dafür, daß Erkenntnisse und neue Errungenschaften nicht ihrer Bestimmung, dem Menschen zu nützen, entzogen und ins Gegenteil verkehrt werden. Ich erinnere an das Beispiel Habers, der im ersten Weltkrieg den Giftgaseinsatz provozierte, was mit den Vergasungen in den Konzentrationslagern seine teuflische Konsequenz fand und in den Phosphorbränden Dresdens ebenso wiederzuerkennen war wie in der Anwendung der Napalmbombe in Vietnam. Ich erinnere an die Gewissenskonflikte Einsteins, Hahns, Lise Meitners, die oft genug in einem schweren Ringen mit sich und der Gesellschaft standen, um auch vor späteren Generationen bestehen zu können.

Wir Ärzte sind mehr als andere dazu aufgerufen, die Folgen fehlgeleiteter wissenschaftlicher Erkenntnisse vom Menschen abzuwenden, sie zu kompensieren, auszurotten, wo immer denkbar. Das zeigt die ganze Tiefe, Tragik und Größe des gesellschaftlichen Auftrags der Bewahrungspflicht des Arztes. Er muß sich ständig damit beschäftigen, da durch fortschreitende Forschung neu eröffnete Möglichkeiten die Bedürfnisse und Forderungen unserer sich weiterentwickelnden Gesellschaft immer neue Fragen an ihn stellen.

Der Traum, hoffnungslos geschädigte oder zerstörte menschliche Organe durch andere zu ersetzen, läßt sich sehr weit zurückverfolgen. Die Organtransplantation bildet seit Jahren ein Zentralthema in den Laboratorien und Kliniken der Welt.

Es besteht ein großer Unterschied, ob es sich um die Verpflanzung paarig angelegter Organe, wie zum Beispiel der Nieren, oder eines Einzelorgans mit zentraler Bedeutung für den Gesamtorganismus wie etwa der Leber oder des Herzens handelt.

Hinsichtlich der Nierentransplantation haben Mebel und andere durch ihn angeregte und geförderte Transplantationszentren in der DDR großartige Erfolge erzielt.

Was die Lebertransplantation anlangt, so gibt es positive Berichte. Wieweit sie Bestand haben, muß allerdings die Zukunft erst erweisen.

Zur Herztransplantation hatte ich als Sekretar der Klasse für Medizin der Akademie der Wissenschaften Stellung zu nehmen und deren Meinung im Plenum zu vertreten. Kein Zweifel, die technisch-operative Leistung der bisher durchgeführten Eingriffe zwingt zu voller Anerkennung. Sie zeugt von dem Fortschritt in der Herzverpflanzung und Transplantationschirurgie überhaupt. Die Würdigung der Leistung darf aber nicht andere damit im Zusammenhang stehende wissenschaftliche, allgemein ärztliche und moralisch-ethische Probleme außer acht lassen. Derartige Eingriffe sind nur durch eine richtige Relation zwischen Größe und Risiko der Operation und dem zu erwartenden Erfolg zu rechtfertigen. Es genügt nicht, den Nachweis der technischen Leistungsfähigkeit zu erbringen. Der Eingriff muß zu besseren Ergebnissen führen als sämtliche bisher angewandten Behandlungsverfahren und darf durch kein anderes ersetzbar sein, das einen gleichwertigen Erfolg zu erzielen vermag. Voraussetzung sind genügend tierexperimentelle Erfahrungen mit langer Überlebensdauer und immunologischer Verträglichkeit.

Ähnliche Überlegungen betreffen den Spender. Auch hier muß gewährleistet sein, daß alle medikamentösen, physikalischen und operativen Therapiemöglichkeiten sowie modernste Wiederbelebungsmaßnahmen ohne Erfolg ausgeschöpft sind, ehe man sich dem Gedanken einer Entnahme des Herzens nach dem klinischen Tod zuwendet. Die ethischen Grundsätze ärztlichen Handelns sind vor einer Transplantation zu durchdenken.

Einstweilen sind die immunologischen Fragen der Gewebeverträglichkeit und der Lebensfähigkeit des zu transplantierenden Herzens nicht gelöst. Darum sollte sich die Forschung besser auf die Konstruktion einpflanzbarer Kunststoffherzen oder -abschnitte, die schon heute eine gute Gewebeverträglichkeit zeigen, konzentrieren. Schließlich dürfte eine Herztransplantation oder eine andere Organtransplantation nicht von der Entscheidung eines einzelnen Wissenschaftlers abhängen. Sie sollte von einem Gremium, dem Chirurgen, Internisten, Immunologen, Gerichtsmediziner angehören, beurteilt werden.

Ich unterstütze alle Bemühungen zur vorrangigen Verwendung künstlicher Ganz- oder Teiltransplantate. Ein Erfolg in dieser Richtung würde das Problem von allen juristischen und ethisch-moralischen Bedenken befreien. Die Herz-Kreislauf-Zentren unserer Republik arbeiten nach aktuellsten Aspekten.

Für mich als Frauenarzt ist natürlich die Schwangerschaftsunterbrechung bedeutsam. Meine Ansichten dazu beanspruchen nicht, als allgemeingültige Richtlinie oder gar sanktionierte und allseitig gebilligte Version zu gelten. Ich spreche Auffassungen aus, mit denen ich vor meinem eigenen Gewissen nach reiflicher Prüfung die richtige Einstellung gefunden zu haben glaube.

Die sogenannte therapeutische Interruptio ist die schlechteste und für die Frau wie den Gynäkologen belastendste und unangenehmste Methode der Familienplanung. Ihrer unkontrollierten Anwendung haften sachliche, moralische und demographische Gefahren an. Die Schwangerschaftsverhütung stellt die bessere Methode dar, um die aus der natürlichen Sexualität geborenen Konflikte zu beseitigen, wie sie durch unerwünschte Schwangerschaften in vielen Fällen zustande kommen.

Die Bedenken betreffen den medizinischen Teil des Fragenkomplexes. In gesellschaftspolitischer Hinsicht hat unsere Gesetzgebung gegenüber anderen Staaten, wo zum Teil noch höchst verworrene Vorstellungen herrschen, unbestreitbar einen Vorlauf erreicht. Die Hürde unfruchtbarer Auseinandersetzungen um die Stellung und Gleichberechtigung der Frau wurde durch gesetzliche, unserer gesellschaftlichen Entwicklung entsprechende Bestimmungen genommen. Damit ist hinsichtlich der Interruptio die Bewahrungspflicht von den Schultern des Arztes auf die Gesellschaft übertragen worden.

Mit der gesetzlichen Regelung der Schwangerschaftsunterbrechung entzog unsere Gesellschaft den Kurpfuschern und «Engelmacherinnen» den Boden. Sie richteten genug Unheil an. Ich erinnere mich an die häufigen durch Einspritzen von Seifenlösungen in die Gebärmutter provozierten, mit Blutzer-

störung einhergehenden schweren Abtreibungsfälle, die als
«Seifenaborte» schon ein fest umrissenes klinisches Symptombild und eine ebensolche Nomenklatur hatten.

Es gab niemals spezielle Abortivmittel. Wenn sie wirkten,
dann nur über eine allgemeine Vergiftung des Organismus,
was ihre Gefährlichkeit nur erhöhte. Oft kam es bei der Anwendung chemischer Substanzen zu Abbaueffekten und damit zur Schädigung des Spermas oder des Eies, ohne daß die
Frucht ausgestoßen wurde. Einer meiner Oberärzte stellte
Versuche mit Haifischembryonen und den üblichen Labortieren an. Die zugeführten Gifte griffen an den äußeren Strombahnen des Gefäßsystems an, breiteten sich nach Art einer serösen Entzündung aus und schädigten den Keimling.

Die Gynäkologen rechneten 1920 auf vier Geburten einen
Abort, 1927 auf drei Geburten einen Abort, 1930 auf zwei Geburten einen Abort. Die wirkliche Zahl weiß bis heute niemand genau zu sagen. Vermutlich gab es vor Einführung der
genannten gesetzlichen Regelung in der Deutschen Demokratischen Republik jährlich etwa hunderttausend illegale Abtreibungen.

1972 beendete das Gesetz dieses schlimmste Kapitel weiblicher Demütigung und Schädigung in körperlicher und seelischer Hinsicht. Die nicht gebärwilligen Schwangeren wanderten schlagartig von den Kurpfuschern ab und wandten sich
an den Arzt. Genügte doch beim kriminellen Abort ein Blick
in die schuldbewußten, verängstigten und schmerzgepeinigten Augen einer solchen Frau, um die ganze Schwere
der menschlichen und klinischen Situation zu erkennen. Am
meisten waren Komplikationen wie Verletzungen, Blutungen, Infektionen, Luftembolien, Intoxikationen zu befürchten. Der Abtreiber verfehlte oft schon äußerlich die richtige Stelle, verletzte Blase oder Darm, weil seine Hand im
Dunkeln und hastig arbeitete. Ein Arzt mit schlechter Ausbildung versäumte die Kontrollen des Uterus vor dem Ausräumen, durchstieß den Gebärmutterhals oder -körper, faßte mit
der Abortzange den Darm, zog ihn heraus.

Für etwa zwanzig Prozent der Abtreibungstodesfälle lag
die Ursache bei der Luftembolie. Sie trat ein, wenn Luft oder
Spülflüssigkeit direkt in die klaffenden Venen des Plazentaraumes eingespritzt wurden.

Der unter dem Schutz des Gesetzes kunstgerecht vorgenommene Eingriff bleibt jedenfalls ein operativer Eingriff, dem wie jedem eine Fehlerquote anhaftet. Es gilt, sie durch höchste Sorgfalt und Beherrschung der Technik gering zu halten. Kommt es dennoch zu einer Perforation, befürworte ich das konservative chirurgische Vorgehen, wenn die Stelle nicht zu groß oder zerfetzt ist und wenn keine Infektionsgefahr besteht. Anderenfalls oder wenn ich im Zweifel darüber bin, vertrete ich die Entfernung des Organs. Lieber eine gesunde Frau ohne Uterus als eine kranke oder tote, der er nichts mehr nützen kann. Ich formuliere absichtlich hart und eindeutig, damit man sich eine solche Konsequenz auch bei einer ursprünglich unkomplizierten Unterbrechung immer bewußt macht. Selbst der simpelste Fall kann kompliziert werden.

Bei schweren Blutungen durch Gefäßschädigungen muß neben der Versorgung der Blutungsquellen der Blutersatz so schnell wie möglich erfolgen. Das ist eine banale Feststellung. Sie wirft aber ein weiteres Licht auf die Gefahren einer heimlich zu Hause vorgenommenen Interruptio. Im Gegensatz dazu bietet der Komfort moderner Operationssäle in guten Kliniken bessere Chancen, solchen Zwischenfällen erfolgreich zu begegnen. Zu intensive Curettagen können zum Verlust der Gebärmutterschleimhaut und zu Verschlüssen der Eileiterzugänge mit allen ihren Folgen führen. Hingegen läßt ein allzu ängstlicher Zögerer bei der Abortbehandlung womöglich Reste zurück. Im ersteren Fall kommt es zu keinen Regelblutungen mehr, im zweiten zur Entzündung der Gebärmutter, die den Weg für aufsteigende Infektionen schafft. Als Endergebnis rufen beide Unfruchtbarkeit hervor.

Die internationale Literatur liefert verschiedene Angaben. So reichen die Zahlen über entzündliche Früh- und Spätfolgen nach Unterbrechungen von fünf bis fünfzehn Prozent. In einigen Quellen liest man von dreißig Prozent Komplikationen und ein bis zwei Prozent Mortalität. Aus Schweden werden fast fünfzig Prozent Komplikationen gemeldet, und in Sterilitätssprechstunden fanden Fachkollegen vierundvierzig Prozent der Sterilität durch Aborte bedingt.

Nicht zu unterschätzen sind ferner die psychischen Folgen und die sich gelegentlich nach Schwangerschaftsunterbrechungen ergebende Frigidität, auf die Autoren hinweisen. Hier bietet sich den Psychotherapeuten und Psychologen ein reiches analytisches Betätigungsfeld.

Auf eine besondere, bis vor zwanzig Jahren weniger beachtete Reaktion möchte ich noch aufmerksam machen, den durch eine Fehlgeburt ausgelösten späteren serologischen Konflikt. Hier kann die ein einziges Mal ungewollte Schwangerschaft zum dauernden Fluch danach gewünschter Kinder werden. Körperliche und geistige Schäden sind nicht ausgeschlossen.

Aus all diesen Gründen bemühte ich mich, die Geburtenregelung mehr und mehr auf die Ebene der empfängnisverhütenden Maßnahmen zu verlagern. Dieser Trend macht erfreuliche Fortschritte.

Vor der Verabschiedung des Gesetzes betrug die Sterblichkeit durch Aborte etwa 1,3 je zehntausend Geburten. Hunderte junger Frauen starben an den Folgen manipulierter Eingriffe. Bereits zehn Monate nach der Legalisierung ging diese Zahl auf 0,6 zurück und bewegte sich drei Jahre danach bei 0,17. So positiv diese Bilanz ist, zeigt sie doch das verbleibende Risiko.

Mit der Schwangerschaftsverhütung erfüllen wir — ohne philosophischen Deutungen vorgreifen zu wollen — in höherem gesellschaftlichen Sinne auch eine Bewahrungspflicht. Es wäre verhängnisvoll, vergäßen die Bürger unseres Staates, insbesondere die Frau selbst, darüber, daß ihnen die Gesellschaft mit der Freigabe der Schwangerschaftsunterbrechung zugleich eine erhöhte Verantwortung auferlegt hat. Die Befreiung von mancher persönlichen Gewissensnot und Unbequemlichkeit darf nicht zur Verkümmerung der naturgewollten Muttergefühle führen.

Deutliches Ansteigen der Geburten nach anfänglicher Zurückhaltung bewies einen wachsenden Wunsch nach dem Kind, der zweifellos durch die großzügigen sozialpolitischen Maßnahmen für junge Eheleute zusätzliche Impulse erhielt.

Im moralischen Grenzbereich sehe ich die künstliche oder natürliche Befruchtung mit dem Samen Dritter. Meine Meinung dazu: Ich bin kein Freund der heterologen Insemination, weil überall, wo — und sei es anonym — ein Dritter in den Ehebereich eindringt, die Gefahr von Konflikten erheblich ist. Das stellt sich erst recht dar bei sogenannten Kindeszeugungen auf Verabredung, mit einem ausgewählten Partner, einem Jugendfreund oder anderen. Meist entspringt das der Eingebung des Augenblicks, in dem alle Beteiligten einig sind. Aber oft wird das im Moment ausgehandelte Abkommen eines Tages vergessen, die Partner halten sich später nicht an die Bedingungen. Vielleicht bricht der Konflikt sogar schon früher auf. Aus der abgesprochenen, sozusagen rein geschäftsmäßig erledigten Kindeszeugung ergibt sich durch den Vergleich mit dem Ehemann eine echte Liebe. Es können auch psychische Veränderungen eintreten, wenn die Frau Überlegungen anstellt, warum ihr Mann nicht fähig ist, Kinder zu zeugen. Und schließlich gehen auch die dicksten Freundschaften manchmal in die Brüche. Dann läuft der Ehemann mit seiner Frau und einem Kind umher, das nun von seinem «Feind» abstammt. Obwohl heute die Frau in einem Maße wie nie zuvor frei über ihren Körper entscheiden kann, würde ich, um Rat gefragt, dennoch von solchen Schritten abraten.

Im Gegensatz dazu sehe ich die genannten Risiko-Operationen in keinem Widerspruch zur Bewahrungspflicht des Arztes. Im Gegenteil, gerade wenn ich die Pflicht habe, menschliches Leben zu bewahren und Leiden zu lindern, dann bin ich — selbstverständlich mit dem Einverständnis der Patienten und ihrer Angehörigen — gehalten, das Äußerste zu wagen, um die schon aussichtslose Situation noch zu wenden. Hier haben die Erfolge, die im ganzen gesehen doch zu verzeichnen waren, mein Gewissen beruhigt. Solche Entscheidungen führen uns hart an die Grenze zwischen Leben und Tod, mit anderen Worten, an den Meinungsstreit um den Begriff der Euthanasie, der heute in westlichen Zeitschriften wiederaufgelebt ist.

Für uns gibt es keine Alternative. Die Bewahrungspflicht verlangt, einem Kranken bis zu seiner letzten Lebensstunde Hilfe zu leisten, das Leiden mit jeglichen Mitteln zu mildern, das Sterben zu erleichtern, aber die Lebenszeit nicht durch Eingriffe zu verkürzen. Ein Arzt, der anders denkt und handelt, steht außerhalb der Berufs- und Gesellschaftsgesetze.

Schließlich darf es in der Erfüllung der Aufklärungspflicht einerseits keine falsche Zurückhaltung und andererseits keine übertriebene Akribie geben. Sie ist ein wichtiges Instrument, um das Vertrauen des Kranken in seinen Arzt zu stärken, darf jedoch den Patienten nicht verunsichern. Setzt der Arzt ihm alle, auch unwichtigen Faktoren und nur selten beobachtete Eventualitäten auseinander, belastet er ihn psychologisch und läßt ihn vor einem dringend notwendigen, vielleicht lebensnotwendigen Eingriff zurückschrecken. Das formale Bestehen auf einer lückenlosen Aufklärung, wie wir es in manchen kapitalistischen Ländern beobachten, zielt nicht auf das Wohl des Patienten ab, sondern auf die Vermögensinteressen der Erben. Die kleinsten Unterlassungssünden auf diesem Gebiet führen zu einer wilden juristischen Spiegelfechterei, um Schadenersatzforderungen durchzusetzen. Unser gesellschaftliches Verständnis degradiert den Menschen nicht zum Handelsobjekt, um das man feilscht. Es verlangt die Erfüllung der Aufklärungspflicht aus ihrer moralischen Substanz heraus.

Ich habe in Notsituationen unvermeidbarer Härte die Leidenden mit Details verschont, den Angehörigen aber stets die volle Wahrheit gesagt. Außergewöhnliche Naturen aktivierten allerdings gerade durch die Kenntnis des Unabwendbaren gewaltige Lebenskräfte, zeigten sich dankbar für jede gewonnene Stunde.

Dafür ein Beispiel: Eine Patientin war von Kollegen bereits als inoperabel bezeichnet worden. Zunächst bat ich den Ehemann zu mir und sagte ihm mit gebotener Sachlichkeit, was auf dem Spiele stand: Er könnte seine Frau sofort verlieren, aber — bei viel Mühe und auch einigem Glück — wäre eine Besserung des Zustandes, wenngleich keine Heilung, erreichbar. Darauf sprach ich mit der Frau. Wie immer in solchen Fällen drückte ich mich psychologisch einfühlsam und vorsichtig aus, ließ aber keinen Zweifel, wie ernst es um sie stand. Sie begriff mich gut und antwortete: «Ich bin einverstanden. Versuchen Sie alles, was geht. Wenn es nicht sein soll, muß ich mit dem Leben abschließen. Bekomme ich eine letzte Frist, weiß ich sie zu nutzen.»

Also wagte ich es. Noch lange Zeit danach bewunderte ich den Lebensmut der Frau. Bereits vierzehn Tage nach der Operation trieb sie auf ihrem Sofa Gymnastik. Dann übernahm sie für zwei Jahre den Ladenverkauf im Geschäft ihres Mannes. Sie durfte ihre Tochter noch heranwachsen sehen, ging mit ihrem Mann auf Urlaubsreisen, hielt sich in verschiedenen Kurorten auf und galt allenthalben als eine höchst lebensvolle und lebenslustige Frau. Später erfuhr ich, daß sie nicht eine Minute die Realität verdrängte, sondern sich immer ihre Lage vor Augen führte.

Die Pflicht zur Aufklärung steht der Schweigepflicht keineswegs entgegen. Sie hat nach wie vor ihre uneingeschränkte Gültigkeit. Auch wenn sich durch die Struktur und Organisation des Versicherungswesens unvermeidbare Lockerungen ergeben, darf sie nur im Sinne höherer gesellschaftlicher Verantwortung durchbrochen werden, nur dann, wenn eine höhere sittliche Pflicht es erfordert.

Jedes Nivellieren ärztlichen Verhaltens und ärztlicher Maßnahmen steht im Widerspruch zu der Achtung vor der Persönlichkeit und der Würde des Patienten. Das ist keine hochtrabende Redensart. In der Verfassung der Deutschen Demokratischen Republik und der Präambel des Statuts der Weltgesundheitsorganisation gibt es nicht zufällig ähnliche Passagen. Darin liegt die Wahrung der Intimität, auf die sich das besondere Vertrauen gründet, eingeschlossen das Recht auf individuelle Betreuung, der Zwang, den Patienten aus seiner Arbeit und seinen Lebensgewohnheiten als Gesamtpersönlichkeit zu verstehen.

Der Bürger unseres Landes verlangt zu Recht, in jeder Geste des Arztes oder seiner Mitarbeiter und in den Bedingungen, unter denen er sich einer Untersuchung oder Befragung stellt, als gesellschaftlich tätiger Mensch geachtet und anerkannt zu werden. Das erfordert viel Takt und Einfühlungsvermögen, die längst nicht bei allen Ärzten gleichermaßen ausgebildet sind. Oft ist gerade bei jungen Ärzten ein völlig unangebrachter Berufsdünkel zu beobachten, doppelt unangebracht, weil der ihm gegenüberstehende Patient vielleicht an Lebenserfahrung viel reicher ist als er.

Der Ruf eines Arztes ist so gut wie sein Vertrauensverhältnis zum Patienten.

Immunitäten

Die prinzipiellen Gesichtspunkte ärztlicher Moral und Ethik kennen keine fachgebundenen Unterschiede. Es gibt keine moralische Immunität. Dennoch hat man sie zu konstruieren versucht, etwa nach dem Motto, die Sorgfaltspflicht des Dermatologen bei der Anwendung indifferenter Salben, die des Internisten bei der Medikation von Schmerztabletten sei nicht so bedeutungsvoll als die Einhaltung der Sorgfaltspflicht beim operativen Eingriff des Chirurgen, oder die Wahrung der Schweigepflicht des Ophtalmologen falle — weil doch jeder sehen könne, wer eine Brille trägt — nicht so ins Gewicht wie die des Gynäkologen, und die Bereitschaftspflicht verlange von einem Balneologen weniger Opfer als von einem Geburtshelfer.

Das ist natürlich barer Unsinn, weil die Fragestellung von falschen Voraussetzungen ausgeht und dadurch in die Irre führt. Ich leugne gar nicht, daß der Zwang zur ärztlichen Pflichterfüllung in den einzelnen Fachgebieten, was Zeit, Häufigkeit und Umfang anlangt, unterschiedlich ist. Aber das darf unseren Nachwuchs nicht dazu verführen, den physisch belastenden chirurgischen Disziplinen, also zum Beispiel der Gynäkologie und Geburtshilfe, aus Bequemlichkeit den Rücken zu kehren. Jeder von uns, ganz gleich, welcher Fachrichtung er angehört, kann zu jeder Zeit gefordert sein, Ruf und Namen der gesamten Medizin und seiner eigenen Person zu verteidigen.

Wenn also kein Arzt eine moralische Immunität für sich in Anspruch nehmen darf, so auch nicht der Gynäkologe. Im Gegenteil! Er muß seine Schweigepflicht sogar noch höher veranschlagen als der Priester im Beichtstuhl der katholischen Kirche. Das ist die subtilste Voraussetzung des in ihn gesetzten Vertrauens. Ich sah manchen Pharisäer unseres Berufes über seine Doppelzüngigkeit stolpern. Kein Frauenarzt darf sich den Leiden und Schmerzen seiner Patientinnen gegenüber anmaßend und überheblich zeigen. Er muß hohes Taktgefühl besitzen und die Fähigkeit, schon bei der Anamnese seiner Patientinnen mehr herauszuhören und zu erahnen, als er fragt, mehr von den Augen abzulesen als von den Lippen Er muß Distanz halten und doch Nähe gewinnen, der männl che Kollege mehr als der weibliche. Der Kontakt gründet sich nur auf das Zutrauen in sein ärztliches Wissen und Können, in seine Erfahrung und Hilfsbereitschaft, auf nichts anderes.

Den Gynäkologen umgibt oft ein besonderer Nimbus. Gerade ihn muß er zerstören. Noch immer bestehen schwer korrigierbare Vorstellungen mancher Laien, unser Fach sei geheimnisvoll wegen seiner Intimitäten, wegen der Erörterung sexueller Fragen. Das reizt die Neugier gewisser Leute. Sie wollen am liebsten durch das Schlüsselloch in das Ordinationszimmer sehen.

Mit allem Nachdruck betone ich deshalb: Die Frauenheilkunde ist ein Fach wie jedes andere, seine Vertreter müssen genau so fleißig und hart arbeiten wie jeder andere, haben dieselben Sorgen und den gleichen Kummer wie jeder andere und werden an ihrer Leistung gemessen wie jeder Arzt auch anderer Fachrichtungen.

Der auf Äußerlichkeiten bedachte, sich stets überlegen gebende, charmante Poseur, der geheimnisumwitterte Frauenarzt, ist das Trugbild kurzsichtiger und falsch informierter Kreise. Das oberste Ziel ärztlicher Arbeit bleibt letzten Endes, was es immer war und überall sein sollte: Selbstverwirklichung des Menschen. Das erfordert die Energie aller, die daran beteiligt sind, sowohl der Ärzte wie der Studenten, der Lehrenden wie der Lernenden, der Patienten wie der Öffentlichkeit. Darum — eben weil auch die Gesellschaft ihren Teil dazu beitragen muß — schreibe ich dies hier und schreibe ich es so.

Das schließt eine gewisse suggestive Kraft im Verhältnis zwischen Arzt und Patientin nicht aus. Der eine gewinnt diesen Einfluß sofort, der andere nie, obwohl er über ein exzellentes Fachwissen verfügt. Solch ein Arzt, der für psychologische Wirkungen kein Gespür hat, findet zu seinen Patientinnen keine rechte Verbindung. So verkennen diese ihren Arzt, schimpfen über ihn, behaupten sogar, er sei ein grober Kerl. Im Grunde genommen stimmt das alles gar nicht, ihm fehlt nur das Entscheidende — jenes Kontaktgefühl und jene Ausstrahlungskraft, die oft genug schon die halbe Heilung bedeuten. Man kann sie nicht im einzelnen beschreiben, sie ist aber sicher von vielen Faktoren abhängig und ergibt sich aus Wissen und Können, aus Bildung und Charakter. Nur ein guter

Mensch kann ein guter Arzt sein, hat einmal ein kluger Kopf gesagt.

Zu alledem muß der Arzt aber auch Intuition besitzen, jenes instinktive Nachfühlenkönnen, das sich im Gegensatz zu mancher philosophischen Definition meiner Auffassung nach auf Erfahrung gründet, womit er, vorsichtig formuliert, schon einen Teil der Diagnose fertig hat, wenn der Patient das Untersuchungszimmer betritt.

Die Unterhaltung läßt dann schnell erkennen, was für ein Mensch einem gegenübersitzt, ob ein besonders empfindlicher, ängstlicher, agiler, aufgeregter oder ein verschlossener, tapferer, mutiger, von einem harten Leben geformter.

Wer diese Eigenschaften besitzt, weiß nach wenigen Minuten, wes Geistes Kind die Patientin ist. Das kann bei vielen Erkrankungen von Wichtigkeit sein, die auf neurotischer Basis entstanden sind, also keine organische Ursache haben.

Ohne damit die Bedeutung, vor allem die Notwendigkeit einer exakten naturwissenschaftlich begründeten Untersuchung zu schmälern, kann der erfahrene Arzt seiner Patientin auf diese Weise umständliche und unnötige Untersuchungsprozeduren ersparen und sie rechtzeitig dem Psychotherapeuten zuführen.

Die Psychoanalyse und -therapie, von geübten auf diesem Fachgebiet geschulten Ärzten mit der nötigen Gewissenhaftigkeit angewandt, kann bedeutende Erfolge erzielen. Indirekt gehört sie zum Rüstzeug jedes Arztes, direkt aber — sozusagen als Methode der Wahl — habe ich sie nie eingesetzt. Sie liegt mir meiner ganzen Einstellung und realistischen ärztlichen Erziehung nach nicht.

Da, wo ich in solchen Fällen meine Grenzen erkannte, habe ich meine auf diesem Gebiet besonders versierten Kollegen gebeten, jene unglücklichen, meist in falsch gesteuerte oder falsch gedeutete sexuelle Komplexe verstrickten Frauen aus ihren Fesseln zu befreien, deren Knoten sie selbst nicht mehr zu lösen vermochten.

Es gibt aber auch andere Gründe und Lebenssituationen, in denen der geschulte Psychotherapeut sich einschalten, manchmal sogar zur Hypnose greifen muß.

Ich entsinne mich eines Strafprozesses in Heidelberg, der seinerzeit sehr viel Aufsehen erregte. Dort hatte ein Verbrecher den Versuch unternommen, eine sicher besonders leicht beeinflußbare Frau suggestiv zu Mord und Diebstahl zu verführen.

Es gelang einem Studienkollegen von mir, den Sachverhalt durch Hypnose der Frau zu entwirren und darüber hinaus einen schon jahrelang zurückliegenden Abtreibungsfall zum Erstaunen der Richter noch nachträglich aufzuklären.

Ärzte mit einer besonderen «Aura» kommen leicht in den Geruch eines «Modearztes». Ich verurteile einen Modearzt solange nicht, wie er das durch die Allgemeinheit dem Patienten suggerierte Zutrauen nutzt, um im Sinne der Gesunderhaltung oder Genesung der Menschen zu wirken. Er darf aber nicht in geschäftliche Niederungen rutschen oder im Exterieur allein den Sinn seiner Arbeit sehen. Er muß schon etwas können. Der Arzt wirkt vielseitig auf den Patienten ein. So sehr ich den Mißbrauch suggestiver Methoden ablehne, so vorsichtig bin ich in der Beurteilung gewisser in diese Richtung weisender Eigentümlichkeiten und Fähigkeiten des Arztes, wenn sie dem Patienten zugute kommen. Hilfsmittel können den psychischen Einfluß des Arztes auf den Patienten verstärken. Weniger zweckmäßig als besonders «schön» hergerichtete Ordinationsräume gehören dazu, manchmal sogar bestimmte Instrumentarien.

Ohne etwas vorwegzunehmen, hier ein Wort zur Musik. Den Einfluß der Musik auf Empfindungen, Stimmungslage, Taktgefühl und selbst motorische Vorgänge macht sich im Alltag jeder auf seine Weise zunutze. Die meist anspruchslose «Rasiermusik» aus dem Radio erleichtert dem einen den Start ins Tagewerk, das festliche Musikerlebnis am Abend richtet in einem anderen zerstörte Welten wieder auf. Ich konnte mich von der Wirkung der Musik auf den Operateur während eines Eingriffs selbst überzeugen. Wer allerdings überhaupt kein Empfinden für Musik hat, der sollte den Apparat auch im Operationssaal besser gar nicht erst einschalten.

Bei einigen Betäubungsverfahren bleibt der Patient bei Bewußtsein. Nur bei ihm hat die «Musikberieselung» einen Zweck. Bei lokaler Betäubung oder Rückenmarksanästhesie kann er sie aufnehmen. Hat sie entsprechenden Charakter, wird sie seine Spannung lösen. Liegt der Patient allerdings im Dämmerzustand, dann wirkt sich die klangliche Berieselung nur indirekt über den Operateur und sein Kollektiv auf den Patienten aus. Aber auch das kann willkommen sein. Chirurgen machen den Eindruck harter Männer. Was solch einen Mann an einem einzigen Tag belastet, was er sieht, wie er sich einsetzen muß, wenn sich unter seinen Händen von einer Minute zur anderen entscheidet, ob ein Leben gerettet wird oder ob es verlischt, das alles treibt dazu, die eigenen körperlichen und seelischen Belastungen abzureagieren. Wer in das Feuer dieser Reaktionen kommt, glaubt sich Blitz und Donner ausgesetzt. Ob Musik in solchen Fällen die Szene in eine Idylle zu verwandeln mag? Zum Beispiel in Beethovens «Pastorale» oder Richard Strauss' «Alpensinfonie»? Ich glaube nicht.

Der Wahrheit die Ehre. Ein barscher Ton wirkt zuweilen Wunder. Manche Patienten vertragen gar keinen anderen. Es sind die ewigen Zweifler: «Herr Doktor, könnten Sie nicht noch einmal untersuchen? Wollen wir nicht lieber noch warten? Soll ich nicht doch zu einem anderen Arzt gehen? Meinen Sie, daß ich meiner Familie erhalten bleibe? Was soll ich noch vorher regeln?» Um den rechten Zeitpunkt für den Eingriff nicht zu versäumen, bedarf es in solchen Fällen des entscheidenden Wortes, und sei es eines groben. Das muß auch der auf Empfindlichkeit eingestellte Gynäkologe wagen.

Anders während der Operation. Hier kommen die emotionalen Seiten des Chirurgen ans Licht, sein Herz für den Patienten, die sanfte und besänftigende Art des guten Freundes. Der berühmte Chirurg von Bergmann hatte für die Operation einer Patientin im Hörsaal alles gerichtet. Er wollte anfangen: «Na, Muttchen, dann wollen wir mal!» Da sagte sie einfach: «Nee.» Er erschrak, denn seine Studenten und die vielen Ärzte warteten auf eine vorher besprochene Operation. «Warum nicht?» erkundigte er sich. «Erst beten», lautete die Bedingung der Frau. Der Geheimrat stellte sich an den Operationstisch und betete mit ihr das «Vaterunser». Nachdem das Amen gesprochen war, konnte von Bergmann das Messer ansetzen.

Während der Operation — wenn es die Patienten nicht hören — ist der Arzt allerdings nicht immer der Höflichste. Ich hatte eine meiner Frau und mir sehr verbundene Freundin zu operieren. Ihr Zustand erwies sich als aussichtslos. Ich wollte versuchen, ihr Leben zu verlängern selbst unter dem Risiko, daß sie mir auf dem Tisch blieb. Die Alternative war abzubrechen, zuzunähen und darauf zu hoffen, daß sie vielleicht auch so noch ein paar Tage zu leben hätte. In solcher Situation ist man nicht sehr geneigt, mit Höflichkeitsfloskeln um sich zu werfen. Aber auch im Normalfall leistet sich im Operationssaal keiner den Luxus zu sagen: Liebe Schwester, hätten Sie die Freundlichkeit, mir eine Sonde zu reichen. Da kommt nur das Kommando: Messer, Sonde, Tupfer. Klappt es nicht sofort, gibt es einen Rüffel. Aber nie ist das böse gemeint. Es hängt von der Erziehung der Gemeinschaft ab, wie sie es auffaßt. Hauptsache, sie versteht sich und alle wissen um die Situation, die Tragweite und notwendige Schnelligkeit der Entschlüsse.

Es gibt — in diesem Falle leider — auch in anderer Hinsicht keine Immunität für den Arzt: Er ist nicht gegen Rufmord gefeit. Ein ehemaliger Schüler, der in Marokko praktizierte, rief an, er habe große Sorgen wegen einer Patientin, die von ihm operiert sei und der es nicht gut gehe. Ob ich helfen könne. Ich erklärte mich bereit, sie zu beurteilen, und flog nach Tanger. Die Patientin befand sich in einem ernsten Zustand. In der Differentialdiagnose baute ich die verschiedensten Überlegungen ein: echte Entzündung, fortschreitender Prozeß nach der septischen Seite hin, Bauchfellentzündung oder Zurücklassen eines Fremdkörpers. Ich wollte mich vergewissern, ob letzteres passiert sei. Der Kollege verneinte. Ich drang darauf, die Kranke nach Europa zu bringen, und erbot mich, sie in meine Klinik aufzunehmen. Das geschah. Die Patientin besserte sich zunächst, dennoch blieb ihr Zustand unbefriedigend. Immer wieder tauchte bei mir der Gedanke an einen Fremdkörper auf. Aber zunächst war nichts nachzuweisen.

Die Schwiegermutter der Patientin verlegte sie nach Hamburg, weil dort der Ehemann lebte. In meinem Arztbericht schilderte ich dem dortigen Kollegen alle meine Überlegungen, auch, daß nach wie vor an einen Fremdkörper zu denken sei, der vielleicht nach seiner Abkapselung noch entfernt werden müßte. Sie taten das später.

Von diesem Augenblick an richtete der Ehemann heftige Attacken gegen mich, obwohl ich gar nicht der Operateur war. Die Massivität der Anklagen, mit Postwurfsendungen verbreitete wüste Beschuldigungen, alles deutete auf eine gezielte Kampagne hin, um mich «abzuschießen». So sahen es auch die zuständigen Behörden der Deutschen Demokratischen Republik. Meine Verteidigung übernahm der Stellvertretende Gesundheitsminister auf einem Kongreß in Weimar.

Wir Ärzte sind zuweilen Angriffen der Unvernunft oder, wie hier, einer sehr bösen politischen Absicht ausgesetzt. Versuche, unsere Ordnung zu unterhöhlen, ihre Repräsentanten auf den verschiedensten Gebieten zu diskreditieren, machen um uns keinen Bogen. Das Ganze trug sich im zeitlichen Vorfeld des 13. August 1961 zu, also in einer zugespitzten Phase des kalten Krieges.

Charakteristisch für die Situation war folgendes: Am Abend, bevor in Westberliner Zeitungen die verleumderischen Artikel erschienen, suchte mich der Bruder eines Journalisten auf und bereitete mich darauf vor. Er und sein Bruder seien völlig machtlos, eine derartige Falschmeldung zu verhüten, von der er wisse, daß sie jeder Grundlage entbehre. Aber es stünden andere Kreise dahinter. Aus Tanger erhielt ich dann noch das Faksimile eines Telegramms, aus dem hervorging, bei dem vorgeschickten «Ankläger» handle es sich um einen Waffenschmuggler, der aus Marokko ausgewiesen worden war. Bei einer eventuellen Festnahme sei Vorsicht geboten, er sei stets bewaffnet.

Tanger blieb mir nicht nur wegen dieser Affäre in unangenehmer Erinnerung. Im Krankenhaus hatte ich haarsträubende Verhältnisse angetroffen.

In Tanger wurde damals alles an Land gespült, was Abenteuer suchte, sich auf einfache Weise bereichern wollte und das Geld auch mit leichter Hand für die zweifelhaftesten Vergnügen ausgab. Das Schnitzel, das ich in einem der Restaurants verspeiste, hatten einen abstoßenden Beigeschmack. Nicht wegen der Küche — sie war sogar sehr gut —, sondern wegen einer französischen Tanzgruppe, die dort auftrat und nur aus homosexuellen und sexualindifferenten Wesen bestand und vor meinem Abendbrottisch herumhüpfte. Als Arzt konnte ich das Leben vieler solcher Menschen durch Beseitigung ihrer körperlichen Fehler in normale Bahnen leiten. Hier nutzten sie ihre Mißgestalt, um sich zu produzieren. Mein Schüler durfte dafür noch bezahlen. Ich war an eine andere, frische und saubere Atmosphäre gewöhnt.

1974 gab es in Berlin zwischen unserem und dem Gesundheitsministerium der Sowjetunion Verhandlungen. Anläßlich der Unterzeichnung einer Vereinbarung lud unser Minister zu einem kurzen Empfang ein. Dabei brachte der Stellvertretende Gesundheitsminister der UdSSR, Benediktow, einen Toast aus. Plötzlich apostrophierte er mich und sagte zu meiner Verwunderung, er kenne mich schon lange. Ich wußte gar nicht, wie mir geschah. Die Erklärung erhielt ich nachher in einem persönlichen Gespräch. Benediktow nahm an der Entwicklung der deutschen Medizin nach dem Kriege regen Anteil. 1957 stand ich vor der Frage, einer Berufung an die Universität Frankfurt/Main zu folgen oder nicht. Darüber unterhielt ich mich sehr persönlich mit Ministerpräsident Grotewohl. Mein Entscheid, hier zu bleiben, hier meine Pflicht zu tun auf dem Boden, auf dem ich gewachsen war, den ich mit bestellt hatte, der — so wenig es manchem schien — so viele Früchte der Mühen im inneren und äußeren Aufbau der Klinik versprach, war auch den Freunden aus der Sowjetunion bekannt geworden. Jedenfalls wußte er Bescheid.

In einem Gegentoast erwiderte ich dann, dieses weit über sachliche Verhandlungen hinausgehende Verhältnis sei etwas sehr Wesentliches für meine Entscheidung gewesen. Es gäbe einem die Sicherheit fester Gemeinsamkeit. Betrachte man die Weltentwicklung, zeige sich, daß sich das, was wir unter ärztlicher Moral und Ethik, unter humanistischer Hilfsbereitschaft, unter wirklichem «Füreinander dasein» verstehen, eigentlich nur auf dem Boden einer Gesellschaftsentwicklung vollziehen kann, die dafür die inneren, die einzigen Voraussetzungen besitzt. Diese Bemerkungen bedeuten keine Herabsetzung jener Kollegen in der BRD und anderen kapitalistischen Ländern, die das Beste wollen. Die Guten unter ihnen, die Qualifizierten, die moralisch wie wir Empfindenden haben es nur unendlich viel schwerer, ihre Ideale durchzusetzen. Darüber sprach ich mit manchem von ihnen vertraulich. Wir waren uns einig. Das schließt nicht aus, solche technischen und wissenschaftlichen Fortschritte anzuerkennen, in denen sie uns voraus sind.

Ich war der Überzeugung, daß Benediktow ebenso dachte. Jedenfalls stießen wir darauf an und versicherten uns eines baldigen Wiedersehens. Eher, als in diesem Augenblick angenommen, ließ sich dieser Wunsch auf der Ausstellung medizinisch-technischer Geräte in Moskau verwirklichen. Hier fand ich bestätigt, was ich erwartet hatte: Der technische Fortschritt in der Entwicklung neuer Geräte war enorm. Er hielt sich innerhalb der einzelnen Länder wie zwischen dem sozialistischen und kapitalistischen Lager die Waage. Er wäre perfekt gewesen, wenn man Parallelentwicklungen vermieden und sich zu einer noch besseren internationalen Kooperation im Interesse der uns anvertrauten Menschen bereit gefunden hätte. Die Verwirklicher solcher Zusammenarbeit verdienten den Friedensnobelpreis.

Medizin
ist keine Kunst

Sechs Takte

Nach langer Zeit hörte und sah ich Wagners «Ring» in geschlossener Folge zum zweiten Mal. Das erste Erlebnis gleicher Art lag ein halbes Jahrhundert zurück. Ich hatte es in jenem Theater in Dessau erlebt, das mir sowohl im Schauspiel als auch in Oper und Operette erste nachhaltige künstlerische Eindrücke vermittelte und durch besondere darstellerische Leistungen meine Einstellung zu dieser Kunst überhaupt formte. In der Berliner Staatsoper begegnete mir nun der «Ring» in völlig gewandeltem Stil der musikalischen Deklamation, der Ausgestaltung und Regie.

Der Gegensatz wirkte um so auffälliger, als mein Vater bis ins hohe Alter den klassischen Bayreuther Stil energisch verteidigte, ihm beim gemeinsamen Musizieren stets aufs neue demonstrierte und anerzog. Nun fesselte mich der «Ring» in anderer Gestalt. Das führte mir vor Augen, künstlerische Substanz von Rang kann wohl unterschiedlichsten Deutungen unterworfen sein, niemals aber ihren inneren Wert einbüßen. Hier finde ich Parallelen zu meinem Beruf und seiner wissenschaftlichen Grundlage. Forschung wie praktische Anwendung ihrer Ergebnisse unterliegen den gesellschaftlichen und technischen Bedingungen ihrer Epoche, hängen von ihnen ab. Die Maximen des Arzttums bleiben ihrem Wesen nach erhalten.

Nicht allein diese Überlegungen veranlaßten mich schon oft, Beruf und Kunst unterschwellig in Beziehung zu setzen, bis ich nach meiner Emeritierung den Vorsitz im Club der Kulturschaffenden übernahm und dann sozusagen von Amts wegen gezielter darüber nachdachte. Hinzu kamen Begegnungen mit bedeutenden Künstlern, mit Felsenstein, Pischner und vielen darstellenden Künstlerinnen, die ich als Patientinnen betreuen und deshalb auch aus der Kenntnis ihrer Verpflichtungen, ihres Engagements, ihrer menschlichen Probleme verstehen und zu beurteilen lernen konnte. Schließlich waren es auch meine Neigungen, die mich zeitlebens nicht losließen, meine Ansichten beeinflußten und somit auf einige Bereiche meiner Entwicklung einwirkten.

Meine oft recht gewagten Ausflüge in das Reich der Kunst bereute ich zu keiner Minute. Es zog mich von Jugend an zu Künstlern hin. Meine Klavierlehrerin und ihr Mann, Organist in Wittenberg, luden viele Künstler ein und belebten so das kulturelle Leben meiner Heimatstadt. Nach den Veranstaltungen baten die Gäste zu einer Tasse Kaffee oder einem Glas Wein zu sich. Die Dame des Hauses legte dann eine bestimmte Tischdecke auf, und jeder Künstler mußte seinen Namen darauf schreiben. Die Schriftzüge stickte sie aus. Ich bewunderte diese Decke oft andachtsvoll. Die nahmhaftesten Solisten der damaligen Zeit hatten sich dort verewigt.

Die Ehrfurcht wich bald einem nüchternen Blick auf die Wesensart mancher Künstler, als ich unmittelbare Berührung mit ihnen bekam, mit ihnen gemeinsam auf den «Brettern, die die Welt bedeuten», stand. Bei einer Probe des erwähnten Schauspiels «Tantris, der Narr» wirkte ich gleich in mehrerlei Gestalt mit. Die Studentenaufführung stand unter der Schirmherrschaft der Juristischen Fakultät und ihres Dekans. Doch reichte die schauspielerische Potenz der Juristen nicht aus. Sie wandten sich an die Mediziner. So kam ich dazu und spielte den Dinas von Lidan und den Narren Ugrin. Regie führte Martha Möller vom Landestheater Karlsruhe. Bewußter Dekan störte die Probe. Er hatte kaum den Mund geöffnet und «Meine Lieben . . .» gesagt, fuhr ihm Martha Möller in die Parade und fragte: «Na, was haste denn, mein Kleiner?» Man bedenke, zu einem Dekan, einem Großen unserer studentischen Welt! Ich weiß nicht, ob diese ungewöhnliche Anrede nur gewöhnlichen Theaterjargon verriet oder ob andere Bindungen diese Freiheit der Rede erlaubten. Er teilte uns jedenfalls rasch mit, die Genehmigung für die Aufführung sei da, und verdrückte sich schleunigst.

Das Stück wurde ein Erfolg, obwohl der Dinas von Lidan erst kurz zuvor bei einer Mensur einen Schmiß abbekommen hatte, den der Maskenbildner kunstvoll überschminken mußte, um die Diskrepanz zwischen englischer Aristokratie und Heidelberger Jugendromantik zu vertuschen.

Mit gemischten Gefühlen denke ich daran, wie ich, noch Gymnasiast, als Dirigent ins Rampenlicht trat. Für eine Aufführung der «Ruinen von Athen» von Beethoven, die ich dirigieren wollte, hatte ich neben den Mitgliedern der Stadtkapelle Musikliebhaber aus Wittenberg gewonnen. Einer von ihnen sagte ab, denn sein Stolz verböte ihm, unter der Stabführung eines Gymnasiasten zu spielen. Er blieb die Ausnahme. Ein anderer, ein Apotheker, spielte während der Ouvertüre auf seiner Geige hartnäckig cis statt c. In meinem Feuereifer merkte ich das nicht, das Publikum zum überwiegenden Teil auch nicht. Ich war aber hinterher untröstlich und beruhigte mich erst wirklich, als mir später namenhafte Dirigenten großer Orchester versicherten, das sei ihnen ebenfalls schon passiert.

Das erste und einzige Mal sang ich mit Orchesterbegleitung in der von Romberg vertonten «Glocke» von Schiller. Noch bei der Generalprobe dieses kühnen Unternehmens war ich sechs Takte eher fertig gewesen als der Dirigent. Bei der Aufführung fingen wir zugleich an und hörten glücklicherweise auch zusammen auf. Das sei die Hauptsache, meinen Spötter und empfehlen dieses Prinzip besonders Streichquartetten, wenn die Partitur unübersichtlich zu werden droht.

Sonst sang ich nur mit Klavierbegleitung, vorwiegend Balladen von Karl Loewe, Lieder von Franz Schubert, Robert Schumann, Hugo Wolf, Richard Strauss und Max Reger sowie die Bariton- und Baßpartien aus den Opern von Richard Wagner — in der Walküre schaffte der «verhinderte Tenor» sogar noch die Partie des Siegmund aus dem ersten Akt, die für einen jugendlichen Heldentenor geschrieben ist —, aus «Hans Heiling» von Heinrich August Marschner, dem «Goldenen Kreuz» von Ignaz Brüll, dem «Nachtlager von Granada» von Konradin Kreutzer, aus den Volksopern von Albert Lortzing, aus der «Afrikanerin» von Giacomo Meyerbeer, aus «Fürst Igor» von Alexander Borodin, weniger aus Mozarts Opern, für die meine Zunge wohl zu schwerfällig war. Immerhin brachte ich die Champagnerarie und, zusammen mit meiner Schwester, das Duett «Reich mir die Hand, mein Leben» aus «Don Juan» auch öffentlich zu Gehör.

Die Vorliebe meines Vaters für Richard Wagner sowie die Rollen und Lieder, die er studiert hatte, beeinflußten mein Repertoire stark. Größere Eigenständigkeit gewann ich, als ich seinerzeit moderne Opern kennenlernte wie Max von Schillings «Mona Lisa», Ernst Křeneks «Jonny spielt auf» — hier bekam ich die erste Berührung mit Jazz auf der Bühne —, Hans Pfitzners «Palestrina», Paul Graeners «Schirin und Gertraude», Alban Bergs «Wozzeck», Paul Hindemiths «Mathis der Maler» und «Cardillac» und noch viele andere. Ich besorgte mir — soweit erreichbar und bezahlbar! — die entsprechenden Klavierauszüge und studierte sie.

Trotz dieser «Pubertätsphase» eigener Betätigung als Klavier- und Orgelspieler, als Sänger, Chor- und Orchesterdirigent, gelegentlich sogar als Schauspieler sprach ich mir nie besondere Qualifikationen zu, die mir einen erfolgreichen Weg auf diesem Gebiet garantiert hätten. Der praktische Sinn meiner Eltern und ihre kritische Einschätzung meiner Fähigkeiten ließen mich die richtige Balance zwischen meinen Liebhabereien und Zukunftsplänen finden. Später in meinem Beruf habe ich die Liebe zur Kunst nie verleugnen müssen. Im Gegenteil. Ich empfand sie als Ausgleich und Stimulans.

Nur einmal noch stieg ich als Pianist aufs Podium, als Marinearzt in Emden. Ein Offizier bat mich, seine Frau, eine Mitschülerin von Maria Cebotari, auf dem Klavier zu begleiten. «Sie würde sich wundern», hielt ich ihm entgegen. «Ich bin auf weiten Strecken Autodidakt, und sie ist eine ausgebildete Sängerin.» Es half nichts, er ließ nicht locker.

Wir gingen in den Riesensaal der Kaserne, der Konzertveranstaltungen, allgemeinen Essen und Zusammenkünften der ganzen Abteilung diente. Dort stand ein Flügel. Ich schlug ihn auf, und wir begannen zu musizieren. Da waren Raum und Zeit vergessen. Erst als ihr Mann — der, völlig in sich gekehrt, zugehört hatte — nach zwei Stunden etwas sagte, brachen wir die Probe ab.

Der Kommandeur erfuhr davon und forderte uns auf, in einer Veranstaltung mit namhaften Künstlern mitzuwirken. Da traten der «Christus-Meyer», der in Oratorien immer die Christusrollen sang, verschiedene Größen vom Hamburger Rundfunk und der berühmte Komponist Wolfgang Fortner auf. Ich hatte seit neunzehn Jahren nicht öffentlich Klavier gespielt. Mit welchem Bammel ich auf die Bühne stieg, kann sich jeder denken. Aber wir absolvierten unser Programm mit Anstand und trafen uns später noch einmal zu einem privaten Konzert beim Kommandeur.

Das war meine letzte künstlerische Kühnheit, mehr, es war eine Frechheit, denn diesmal war ich unwiderruflich zu spät dran, um in solchem Kreis pianistischen Künstlerruhm ernten zu wollen.

Meine Liebe zur Oper blieb wach, wenn nunmehr auch nur perzeptiv. Soweit möglich, besuchte ich die Premieren. So hörte ich im Laufe der Jahre viele neue Opern, frischte die Erinnerung an überlieferte auf. Ein doppeltes Erlebnis bedeutete es mir, wenn ich lebende Komponisten und ihre hervorragenden Interpreten kennenlernen und mich mit ihnen unterhalten konnte. Begegnungen mit Schostakowitsch, Egk, Dessau, Frau Zechlin, den Dirigenten Loewlein, Konwitschny, Suitner, dem Geiger und Dirigenten Oistrach, den Sängern und Sängerinnen Arnhold, Frei, Burmeister, Vulpius, Corelli — ich kann sie nicht alle nennen — prägten sich mir tief ein. Mit einigen von ihnen waren meine Frau und ich freundschaftlich verbunden.

Neben dem musikalischen Gehalt einer Oper oder eines Konzerts interessierten mich stets — man verzeihe diese profane Neigung — das Handwerkliche, Technische und Organisatorische. Das hängt mir wohl von der Zeit eigenen aktiven musikalischen Wirkens an. In der Oper sitze ich am liebsten so, daß ich beides gut aufnehmen kann. In Gedanken singe ich mit, zittere vor jedem hohen C oder dirigiere mit. Ich fühle mich wie in einem elektrischen Spannungsfeld. Jede Panne erregt mich, wie sie gemeistert wird, bewundere ich.

Ein Beispiel dafür und dazu den kürzesten und intelligentesten Kommentar eines Berliner Journalisten: Während einer von Frau Berghaus in Brechtschem Stil inszenierten Aufführung der «Elektra» von Richard Strauss in der Staatsoper platzte an einem nackt auf der Bühne stehenden Beleuchtungsmast mit lautem Knall eine tausendkerzige Birne. Die Funken sprühten umher und verglühten erst in unmittelbarer Nähe der mit Nitrofarben bespritzten Gewänder der Klytämnestra und Elektra während ihres großen Duetts. Sie ließen sich nicht stören, sondern sangen beherzt und meisterhaft weiter. Nach der Oper empfing uns jener Kritiker im Opern-café mit den Worten: «Kinder, das habe ich noch nicht erlebt: Elektrika von Bertolt Strauss!»

Manches Pech auf der Bühne entbehrt nicht der Komik. Selbst wenn es auf Kosten des Künstlers geht — mit etwas Abstand kann man launig darüber plaudern, und wahrscheinlich läßt eher Mitgefühl als Ironie die Szene immer wieder neu erstehen.

Einmal besuchte ich, ziemlich kurz entschlossen, eine Aufführung des «Freischütz» in der Staatsoper. Ich hatte keinen guten Platz mehr bekommen und saß hinten. Die Aufführung begann. Schon bei der Ouvertüre merkte ich einige Patzer. Mein kritischer Sinn schärfte sich. Als der bekannte Franz Völker, der den Max sang, auch noch heiser war, wurde ich noch kritischer. Dann passierte es: Wolfsschlucht-Szene. Max kommt von oben, gleichsam aus der überirdischen Sphäre, muß einen Felsweg in die Schlucht hinuntersteigen, auf dem sich dann aller Spuk vollziehen soll. Ich sehe ihn oben an der Kante und höre dann einen großen Krach. Mit einem einzigen Rutscher landet er auf dem Bühnenboden. Unglücklicherweise waren die ersten Worte, die er zu singen hatte: «Da bin ich nun!»

Eine Rolle gut durchzustehen, ist eine Meisterleistung, sie überhaupt durchzustehen, kann mitunter eine noch größere sein. Es kam vor, daß mich der Intendant der Oper bat, Künstlerinnen zu beurteilen, die in letzter Minute abgesagt hatten oder sich körperlich nicht auf der Höhe fühlten, eine Aufführung durchzuhalten. Das lag oft an ernsthaften Erkrankungen, zum Teil spielten ihnen aber nur Auftrittsangst und psychonervale Barrieren einen Streich. Durch eine einfühlsame Aussprache ließen sich diese meist beseitigen.

Eine versierte Sängerin gestand mir, daß ihre augenblickliche Rolle sie unmenschlich beanspruche. Bei der Art der Inszenierung kam sie während der ganzen Aufführung der Oper nicht von der Bühne. Die Scheinwerfereinstrahlung trocknete ihre Kehle aus. Sie mußte unbedingt etwas trinken. Aber wie? Niemand konnte es ihr zureichen. Es fand sich ein Weg. Auf einem großen Podium saß sie im bauschigen Gewand als Elektra, den Rücken dem Publikum zugewandt. Im Bühnenboden war ein kleines Loch, darunter ein Glas Zitronenwasser. Während der Aufführung beobachtete ich sie genau. Ich muß ihr attestieren, daß es ihr gelang, unmerklich in die Tiefe zu greifen und ihren Durst zu stillen, um dann mit heller und geglätteter Simme weiterzusingen.

Mitunter behindern handfeste Prellungen, Rheuma oder andere Schmerzen Künstler beim Auftritt. Aber meistens lassen sie das Theater nicht im Stich, treten trotzdem auf, und niemand merkt ihnen etwas an. Eine Opernsängerin litt nach einem schweren Sturz, weil ihr Partner sie in einem Duett zu stark zu Boden geschleudert hatte, an einer üblen Prellung. Sie konnte eigentlich nicht einmal normal stehen und laufen, denn sie trug einen Gipsverband. Für die Aufführung bat sie, ihn zu entfernen, und durch alle Fährnisse der «Aida» wand sie sich, überall in den Requisiten eine Stütze suchend, um die Aufführung zu Ende zu bringen. Es gelang ihr.

Zwei Seelen

Worauf könnte wohl die enge Beziehung zwischen Musik und Medizin beruhen? Das frage ich mich, seit ich mit beiden in Berührung kam.

Abgesehen davon, daß es in Berlin Ärzteorchester von hoher, durch anspruchsvollstes Publikum beglaubigter Leistungsfähigkeit gab, die zu leiten sich namhafte Dirigenten wie Felix von Weingartner und andere nicht scheuten, kamen vor allem Sänger aus dem Arztberuf und stellten an der Staatsoper zeitweilig ein bemerkenswertes Kontingent. Einer von ihnen, Kammersänger Walter Ludwig, schrieb darüber eine Doktorarbeit. Er hatte ursprünglich bis zum Physikum Medizin studiert, war dann zur Bühne übergewechselt, nach Absolvierung seiner erfolgreichen Laufbahn als Sänger «reuevoll» zur Medizin zurückgekehrt und praktizierte noch als betagter Arzt in einem Sanatorium. Seine Dissertationsarbeit steckt voller historischer Reminiszenzen über die zwei Seelen in der Brust von Ärzten, die sich sowohl zur Musik als auch zur Medizin hingezogen fühlten.

Ein frühes Beispiel enger Verknüpfung von Medizin und Musik war Georg Forster, der 1510 bis 1568 lebte. Er wurde in Amberg geboren und praktizierte später dort wie andernorts als Arzt. Zugleich wirkte er als Musikverleger, gab Liedersammlungen heraus, komponierte geistliche, aber auch weltliche Musik und genoß in beiden «Berufen» hohes Ansehen. Als Martin Luther seine Thesen an die Wittenberger Schloßkirchentür schlug, war Forster noch Sängerknabe an der kurfürstlichen Kantorei in Heidelberg, meiner geliebten alten Studentenstadt. Offensichtlich fühlte er sich dann durch die im Brennpunkt geistiger Auseinandersetzungen stehende Universität meiner Heimatstadt angezogen, hielt hier medizinische Vorlesungen, hörte die von Philipp Melanchthon und fand Eingang in die Tischgemeinschaft Martin Luthers, in der nicht nur viel über Musik gesprochen, sondern wirklich musiziert wurde. «Musicam hab' ich allzeit liebgehabt», so Luther.

Auch Hector Berlioz, der von 1803 bis 1869 lebte, Sohn eines Arztes, studierte Medizin, entschloß sich dann aber, Musiker zu werden, «um nicht die Zahl schlechter Ärzte um eine düstere Gestalt zu vermehren». Mit einem musikalisch hoch befähigten Mitschüler — er dirigierte später in Wittenberg sogar einmal das symphonische Werk «Pazifik 232» des Schweizer Komponisten Honegger mit dem Berliner Blüthner-Orchester — spielte ich in einer öffentlichen Konzertveranstaltung das Violinkonzert jenes Berlioz'.

Durch Magenoperationen, die heute noch seinen Namen tragen, ging Theodor Billroth in die Geschichte der Medizin ein. Er war zugleich ein exzellenter Instrumentalsolist. Mit Johannes Brahms stand er im Briefwechsel. Er starb fünfundsechzigjährig 1894. Anknüpfungspunkte zu beiden ergeben sich aus meinem Beruf. Was Billroth betrifft, besonders aus dem chirurgischen Bereich, zu Brahms insofern, als dessen Geliebte, Agathe von Siebold, die Enkelin des ersten Direktors der Universitäts-Frauenklinik war, die ich von 1952 bis 1970 leiten durfte. Ein Pastellbild, Siebold darstellend, hängt in der «Ruhmeshalle» der Klinik.

Von allen komponierenden Ärzten der Welt dürfte Alexander Porfirjewitsch Borodin der berühmteste sein. In Moskau studierte er Medizin und Chemie, später in Heidelberg. Er praktizierte zwei Jahre in einem Militärlazarett und schlug dann die Hochschullaufbahn ein. Mit achtundzwanzig Jahren wurde er Professor und gründete — welch ungemein fortschrittliche Tat zu jener Zeit — eine Medizinschule für weibliche Hörer. Musik studierte er bei Balakirew. Seine Oper «Fürst Igor» hörte ich in Dessau und Moskau, sang, noch unter der Kontrolle meines Vaters, oft diese oder jene Arie daraus.

Über Albert Schweitzer brauche ich in diesem Zusammenhang nicht mehr viel Worte zu verlieren. Die Universalität seiner Begabungen ist bereits gewürdigt.

Auch zu Johann Sebastian Bach bestehen eigenartige Bezüge. Sie liegen nicht in dessen Verhältnis zur Medizin, sondern vielmehr in meiner Begegnung mit einem Kollegen, der Bachs Skelett an den für einen Organisten typischen Veränderungen — bestimmten Knochenauswüchsen am Fuß und Sitzbein — identifizieren konnte, zu Professor Wolfgang Rosenthal. Rosenthal war selbst ein großer Künstler, zu seiner Zeit einer der gesuchtesten Oratoriensänger. Er erzählte mir mehrmals, wie er zwischen Kunst und Medizin pendelte, etwa ein halbes Jahr in alle Welt auf Tournee ging, dann wieder praktizierte. So hielt er sich auf beiden Gebieten immer auf der Höhe und gewann außerdem einen guten finanziellen Zuschuß, weil der Künstler besser bezahlt wurde als der Arzt, und das, obwohl auch der Arzt internationales Renommee besaß. Er machte sich einen Namen als Zahnmediziner, Prothetiker und kosmetischer Operateur im Bereich der Lippen- und Gaumenspalten.

Zum ersten Mal begegnete ich Rosenthal 1917 bei der Vierhundertjahrfeier der Reformation in Wittenberg. An einem kalten Wintertag zogen wir mit der eigens beurlaubten Militärkapelle quer durch die Stadt zur Thesen-Tür. Bei der Bachkantate, die dann in der Stadtkirche erklingen sollte, stellte sich etwas Entsetzliches heraus. Durch die Winterluft hatten sich die Blasinstrumente der Kapelle verzogen. Sie standen einen halben Ton höher als die Orgel. Mit dem ersten Takt begann für musikalische Ohren ein furchtbares Gejaule. In diesem Augenblick war nichts zu ändern. Man mußte die Kantate ertragen, bis sich die Instrumente durch Erwärmung wieder anglichen. Bei dieser Aufführung stand vorn an der Empore ein berühmter Sänger, eben jener Rosenthal, und hinten an der Orgel, fast in der letzten Reihe, ein Chorsänger, das war ich. Dann sah ich ihn lange nicht wieder.

Als ich den Ruf nach Berlin bekam und in das Dienstzimmer des Dekans trat, saß hinter dem Schreibtisch Rosenthal, der Oratoriensänger. So standen wir ein zweites Mal beeinander, er wieder vorn, als Dekan der Fakultät, ich nicht mehr hinten, als nach Berlin berufener neuer Ordinarius. Später verbanden uns Beruf und Musik. In meiner Wohnung berieten wir gemeinsam über Fakultätsfragen und musizierten gleichzeitig mit seiner Frau, einer dramatischen Sängerin aus Weimar. Oft lachten wir herzlich über die «atonale» Bachkantate mit der Wittenberger Militärkapelle.

Oft begegnete ich dem Künstler und dem Arzt in einer Person mit reichem persönlichem Gewinn, zum Beispiel meinem Fakultätskollegen in Halle, dem ausgezeichneten Geiger und Stomatologen Reichenbach und dem ebenso exzellenten Chirurgen und Cellospieler Budde, die mich bei der Ausgestaltung von Klinikfeiern niemals im Stich ließen und ihre eigenen Veranstaltungen durch ihre Kunst bereicherten.

Während sie ihre künstlerische Liebhaberei mehr im Verborgenen betrieben und zur öffentlichen Demonstration ihres Könnens erst gebeten werden mußten, ließ sich ein anderer, Pflug, zur gleichen Zeit als Assistenzarzt in der Medizinischen Poliklinik und als Opernsänger auf der Bühne bewundern.

Daß sich ein musisch veranlagter Arzt völlig der Musik zuwendet oder sich musischer Künstler zur Medizin hingezogen fühlt, ist bei allem noch weniger verwunderlich als die vielen Fälle, in denen Menschen sich beiden Disziplinen verpflichtet sehen. Hier dürften verschiedene Neigungen einer Quelle entspringen. Ich halte eine exakte wissenschaftliche Analyse kaum für möglich, aber die Erfahrung gibt vielleicht Aufschluß.

Nicht jeder Arzt kann Hochschullehrer werden, um das Erfolgserlebnis seiner Ausstrahlung auf ein großes Auditorium zu genießen. Liegt hier ein Grund für das Bedürfnis, sich neben der Freude über den Erfolg einer gelungenen Therapie das Glücksgefühl des Applauses für eine künstlerische Leistung zu verschaffen? Aber die Sehnsucht vieler Ärzte nach eigener künstlerischer Betätigung hat bestimmt tiefere Wurzeln als den Wunsch, Applaus zu ernten.

Manche, darunter auch Ärzte, vertreten den Standpunkt, die Medizin sei selber eine Kunst. Das ist sie nicht. Wenn sich hier überhaupt der Begriff Kunst gebrauchen läßt, dann im Methodischen, im Handwerklichen, eher also im Sinne einer Kunstfertigkeit, die sich an einem besonders wertvollen Stoff, dem Menschen, beweisen muß und vielen sachlichen, aber auch moralischen und ethischen Gesetzen zu folgen hat. Medizin ist eine Wissenschaft, die bestrebt ist, möglichst umfassende naturwissenschaftliche Erkenntnisse auf den Menschen und zu seinem Nutzen anzuwenden.

Doch enthüllen sich nicht bei näherem Hinsehen Berührungsstellen? Der Künstler teilt auf eigene Weise seine Empfindungen, Erfahrungen, Entdeckungen mit. Seine Information ist in künstlerische Bilder gekleidet, in Ton geformt, in Tönen verschlüsselt, in Handlungsmotiven erfundener Gestalten verborgen, mit dem Pinsel auf Leinwand oder Karton in Farben gestaltet, aus dem Stein gehauen. Er sagt etwas über die Umwelt, in der er lebt, für die Umwelt, in der er lebt, um sie schöner und klüger sein zu lassen. Er wirbt um besseres Verständnis für sie. Der Wissenschaftler benutzt die rationale Ebene, um zum besseren Verständnis der Vorgänge in der Natur, in der Gesellschaft und im menschlichen Denken vorzudringen, dieses Verständnis zu verbreiten.

Aber wollen nicht beide die Welt besser machen, der Mediziner im körperlichen, der Künstler im geistig-emotionalen Sinne? Liegt in dieser Polarität nicht geradezu eine wechselseitige Bedingtheit, braucht das eine nicht das andere?

Die Schulung des Künstlers im Methodischen, ob Sänger oder Instrumentalist, Dirigent oder Komponist, nähert sich im Prinzip schon stärker medizinischen Auffassungen. Neigung, Anlage und Bildungsfähigkeit müssen in jedem Fall vorhanden sein und zu äußerster Perfektion geführt werden. Erst wenn dies erreicht ist, keine Angst, Hemmung oder Unsicherheit mehr auftreten, gelingt die volle Entfaltung und Nutzung aller Fähigkeiten, eben der angeborenen wie der erworbenen, für die Einwirkung auf den Mitmenschen.

In dieser Hinsicht befinden sie sich in voller Übereinstimmung: Die Medizin sucht die körperlichen Funktionen des Organismus — einschließlich der des Gehirns — gesund zu erhalten oder wiederherzustellen, die Musik spricht nur den emotionalen Bereich an, aber die Harmonisierung und Steigerung des Lebensgefühls haben beide zum Ziel. Von daher ergeben sich nach meiner Ansicht die so oft diskutierten Zusammenhänge. Hier liegt die Verwandtschaft zwischen Arzt und Künstler. Hier können sie sich auch gegenseitig helfen. Die Medizin ist dominant in der Förderung des Lebens an sich mit indirekter Wirkung auf seinen Inhalt, die Musik dominiert im Gefühlsbereich mit indirekter Wirkung auf das körperliche Befinden.

Ich schilderte den Einsatz von Musik im Operationssaal und die interessante Wirkung. Man benutzt die Musiktherapie in der Psychiatrie, um stark aufgeregte, spannungsgeladene Menschen zu beruhigen. Auch die Anästhesiologie verfolgt mit ihr bei der Einleitung einer Narkose oder zur Ablenkung des Patienten bei lokaler Betäubung die gleichen Ziele. Dazu kommen andere Verwandtschaften zwischen Medizin und Musik wie Rhythmus und Takt. Beide bilden ein wesentliches Element der Musik, nicht minder aber bestimmter Entwicklungsstufen und Lebensvorgänge des Menschen, zum Beispiel der Wechsel von Wachen und Schlafen, die Herztätigkeit, Atmung, der weibliche Zyklus.

Andererseits erlaubt eine genaue Analyse musikalischer Werke Rückschlüsse auf den Gemütszustand ihrer Schöpfer. Ich denke an Robert Schumann und Hugo Wolf, die in geistiger Umnachtung endeten.

Das sind Gedankensplitter aus Überlegungen zum Verhältnis von Musik und Medizin. Musik war stets ein Teil meines Daseins. Anfeuerung und Entspannung, die ich der Musik verdanke, verspürte ich besonders stark, solange ich sie selber ausübte und nicht nur anhörte. Es zählt deshalb zu den großen Glücksfällen meines Lebens, daß ich zusammen mit meiner Frau in den gastfreien Familien der künstlerisch so schöpferischen Intendanten Felsenstein und Pischner nicht nur Freundschaft und Verständnis, sondern ständig Anregungen empfing.

Die Macht des Schicksals

Auch den Begegnungen mit anderen Künstlern verdanke ich viel und käme in größte Bedrängnis, sollte ich sie alle nennen. Manche Episode hat sich allerdings auf liebenswürdig-denkwürdige Art einen besonderen Platz in der Erinnerung reserviert. Während der «Macht des Schicksals» von Verdi kam es zu solchen «Zwischenfällen». Ich saß im Parkett in der ersten Reihe unmittelbar hinter dem Dirigenten Löwlein. Schon nach wenigen Takten der Ouvertüre begann in meiner Westentasche der Wecker einer Schweizer Taschenuhr zu schnurren. Ich konnte ihn so schnell nicht abstellen, Löwlein mußte weiter dirigieren – «Macht des Schicksals».

In der Pause erschien der Mann von Maria Corelli, die die Leonore sang, aufgeregt bei mir. Seine Frau saß verzweifelt in ihrer Garderobe und hatte einen fürchterlichen Schluckauf. Da sie im letzten Akt die bekannte Arie «Frieden, Frieden» – dazu im Piano-Ansatz – zu singen hatte, wußte sie verständlicherweise weder ein noch aus. Ich ging zu ihr und fand, schon im härenen Gewand der Büßerin, eine aufgelöste, verhärmte Frau, die mich mit dauernden Hicks mühsam begrüßte. Ich versuchte, mit einem Würgegriff am Hals den für den Zwerchfellkrampf verantwortlichen Nervus phrenicus mechanisch zu irritieren. Zum Glück gelang es mir. Ich empfahl ihr, schnell ein Glas Sekt zu trinken, kräftig aufzustoßen und dann mit Selbstvertrauen die Arie zu beginnen. Danach eilte ich in den Zuschauerraum, warf dem Mann und dem eingeweihten Zuhörerkreis einen beruhigenden Blick zu, verharrte aber selber in großer Spannung. Nie hörte ich die Friedensarie so rein, schön und glaubhaft innerlich gelöst wie an diesem Abend. Selbst das Schicksal ist eben nicht allmächtig.

Rudolf Bockelmann, der bekannte Bariton, besuchte seine Frau, die in der Klinik lag. Wir unterhielten uns über Befund, Behandlung und Prognose. Plötzlich schrie er auf: «Um Himmels willen, ich muß ja heute sterben!» Meinen Schreck über diese unheilvolle Botschaft dämpfte er mit der Eröffnung, daß er Vorstellung habe. In «Tiefland» von d'Albert singe er den Sebastiano und werde rollengemäß umgebracht. Sprach's und stürzte davon, die wenigen Meter zur Staatsoper im Eilschritt durchmessend. Er war ein gewissenhafter und kritischer Sänger, der seine Aufgabe immer ernst nahm. Die Rolle des Hans Sachs in den «Meistersingern» hatte er zum damaligen Zeitpunkt wohl an zweihundertmal gesungen, meinte aber, sie erst vom einundneunzigstenmal an wirklich richtig gestaltet zu haben. Für ihn bedeutete «Tiefland» nach seinen Worten «Tiefstand», den man eben auch in Kauf nehmen müsse. Darum hatte er die Vorstellung in seinem Terminplan fast übersehen. Ein etwas zu hartes Urteil über diese veristische und überaus publikumswirksame Oper des Klaviervirtuosen Eugen d'Albert, von dem ich in seiner Blütezeit noch die inzwischen fast vergessenen «Toten Augen» sah. Sie haben eine Blindenheilung durch Christus und die sich daraus ergebenden dramatischen Konflikte einer wieder sehend gewordenen Frau zum Inhalt.

Umgekehrt schockierte ich einmal den in der Oper wie im Film gleichermaßen wegen seiner realistischen Darstellungskunst geschätzten Bariton Michael Bohnen. Wir hatten beide den Goethe-Preis der Stadt Berlin entgegengenommen und saßen anschließend im Roten Rathaus an einem Tisch. Ich frozzelte ihn: «Nach einer Spitzenvorstellung von Max von Schillings' ‹Mona Lisa›, die der Komponist selber leitete, während dessen Frau, Barbara Kemp, die Titelrolle und Sie den Francesco sangen, ist mir ein geradezu vernichtendes Urteil über sie zu Ohren gekommen.»

Er wurde blaß. «Wie denn?», fragte er.

«Ich ging nach der Vorstellung an einer Gruppe von Besuchern vorüber und schnappte die Bemerkung einer Dame auf, sie würde das ‹Aas Bohnen› am liebsten umbringen.» Er hatte in der Opernhandlung die Mona Lisa mit zynischer Brutalität wegen ihrer amourösen Affäre zu quälen und einen Liebhaber in einem Panzerschrank zu ermorden. Das war unheimlich echt gespielt worden. So stellte sich die Beschimpfung als Lob für den Darsteller heraus. Bohnen bekam wieder Farbe.

Einmal wurde ich das Opfer einer magischen Bühnenwirkung. Ich hörte Benjamino Gigli in der Rolle des Rudolf in «La Bohème». Allerdings faszinierte mich in dieser Vorstellung nicht der große Künstler, sondern — sein Kostüm. Es entsprach genau der Kleidung meines internistischen Lehrers Ludolf von Krehl. Ich sah immer meinen Professor auf der Bühne und nichts mehr von Bohème.

Ebensowenig konnte ich mich auf den Inhalt eines Vaude-villes im Rostocker Kammertheater konzentrieren. Die Frau eines Amtskollegen spielte darin die Hauptrolle. Der Abend gehörte zu einem Kongreßprogramm, und eine Menge neu-gieriger Teilnehmer war anwesend. Schon beim Betreten des Zuschauerraums spürte ich eine gewisse Erregung. Die älte-sten Haudegen des Fachgebietes saßen in der ersten und zweiten Reihe. Obwohl die ganze Bestuhlung nur aus einem Dutzend Reihen bestand, sah man Ferngläser aufblitzen. Als der Vorhang hochging, wußte ich, warum. Es erschien die Frau des Kollegen mit einem tiefen Rückendekolleté in einer verführerischen Rolle zum Thema Ehebruch. Das Stück ging glatt über die Bühne, sie spielte sehr gut. Wir trafen uns dann zu einem kleinen Imbiß in der Wohnung. Was ich befürchtet hatte, trat ein. Sie fragte mich, wie ich sie gefunden hätte. Ich mag nicht lügen, überlegte schnell und sagte: «Sie waren aus-gezeichnet. Aber fühlten Sie sich auch ausgezeichnet, wenn Sie vor alten Knackern so etwas spielten?»

«Jeder Beruf hat sein Risiko», sagte sie, mit einem Seufzer meine Vermutung bestätigend, und biß herzhaft in ihre Stulle.

Nicht ohne Blut ging es in einer «Carmen»-Aufführung ab, die Felsenstein mit einer sowjetischen Künstlergruppe insze-niert hatte. In der Schlußszene stach José zwar Carmen nie-der, ohne ihr weh zu tun, schnitt sich aber selber dabei in den Finger. Bei dem überwältigenden Schlußapplaus verneigte sich der Künstler, die verbundene Hand auf dem Rücken, wie ein Ober, der Sekt serviert. Doch er tat es würdevoll und mit viel Charme. Am nächsten Tag trafen wir die Künstlerschar bei Felsensteins zum Kaffee. Plötzlich ein Schrei. Ein mexika-nischer Nasenbär — ein Liebling der tierliebenden Frau Fel-senstein — war der Carmen in den Finger gefahren, als sie ihn streicheln wollte. Ausgleichende Gerechtigkeit gegenüber José? Die unbedeutende Wunde ließ sich schnell versorgen. Das Ensemble trat pünktlich zur nächsten Vorstellung an, als wäre nichts geschehen.

Allenthalben lassen sich verwobene Bindungen zwischen Ärzten und Künstlern entdecken. Karl von Eicken, Ordina-rius für Hals-, Nasen-, Ohrenkrankheiten, behandelte viele große Künstler. Er besaß auch eine innere Beziehung zur Kunst, die aber nicht für jeden sichtbar zutage trat. Bei einem seiner runden Geburtstage, der in der Klinik begangen wurde, sang Frieda Leider ihm ein paar Lieder. Da zeigte sich der große, stämmige, martialisch aussehende Mann, der äußerlich so hart wirkte, von dieser Gabe der Leider vor allen Leuten gerührt. Beide standen vor der Emeritierung. Die Leider wollte ihre Laufbahn als Opernsängerin beenden, und Eicken mußte aus dem Amt scheiden. Als er sich bedankte, konnte er, der alles mögliche im Leben durchgestanden hatte, nicht weitersprechen, weil ihm die Tränen in den Augen standen. «Sie sehen meine Rührung», sagte er, «aber welch ein Glück ist es für die Menschheit, daß ihr das Schicksal solche begnadeten Künstler geschenkt hat.» Ebenso hätte ihm Frieda Leider antworten können: Ein Glück, daß die Menschheit solche begnadeten Ärzte wie diesen ihr eigen nennen kann.

Dichtung als Erkenntnishilfe

Die Verwandtschaft zwischen Medizin und Musik wie auch allen übrigen Kunstgattungen sehe ich in Übereinstimmung mit anderen Autoren introvertiert in der eigenen Reproduktion, in der Selbstverwirklichung des schöpferischen Menschen, extrovertiert in der konstruktiven Einwirkung auf andere Menschen im Sinne ihrer Ausstattung mit größerer Lebenstüchtigkeit. Es kann kein Zufall sein, daß, völlig voneinander unabhängig, sowohl Mediziner als auch Künstler für ihre Gebiete zu gleichen Auffassungen kommen.

Gerade diesen Brückenschlag von Mensch zu Mensch — also die subjektive Seite ärztlicher Persönlichkeitsentwicklung auf den Kranken — immer wieder zu betonen, bin ich in den letzten Jahren nicht müde geworden. Sie ist ein erheblicher Faktor bewußter sozialer Haltung innerhalb unserer Gesellschaft, ja ihrer Weiterentwicklung zu noch höheren Stufen, deren Umrisse sich schon ahnen lassen. Musik wie Medizin verlören ihren eigentlichen Gehalt, betriebe man sie nur mechanisch-wissenschaftlich. Erst darin, wie der Mensch auf sie reagiert, offenbaren sie die in ihnen liegende Kraft. In diesem Punkt sollten sich beide nichts vergeben.

Obwohl ich, wie aus allem Gesagten hervorgeht, besondere Beziehungen zur Musik habe, schloß das die Liebe zu anderen Formen der Kunst nicht aus. Auch dort stellten sich immer wieder Bezüge zu meinem Beruf her. Das Jahr 1973, als ich dieses Buch zu schreiben begann, brachte gleich zwei dezennale Gedenktage, die mich auf den Dichter Friedrich Hebbel hinwiesen, den ich in Reden, zum Beispiel im Club der Kulturschaffenden «Johannes R. Becher» in Berlin, zuweilen zitierte. Es jährten sich sein Geburtstag zum einhundertsechzigsten- und sein Todestag zum einhundertzehntenmal. Er diente als Katalysator einiger Überlegungen, welche Rolle überliefertes und zeitgenössisches Kulturgut im Leben eines Arztes spielen können.

Ich machte mit dem Dichter Hebbel in der Schule Bekanntschaft. Unser Deutschlehrer verfiel nicht in den Fehler, die Schönheit und Tiefe der klassischen Dichtung im Stile bekannter Aufsatzthemen zu zerpflücken, etwa nach dem Motto: Warum läßt Hebbel in seiner Tragödie «Gyges und sein Ring» im ersten Aufzug, in der ersten Szene Kandaules sagen: «Ich weiß, ihr Griechen, wenn auch unterwürfig, weil ihr nicht anders könnt, tragt zähneknirschend nur das alte Joch und spottet Eurer Herrn»?

Selbst wenn einem solchen Thema in jenen Zeitläufen revolutionärer Bewegungen einiges abzugewinnen gewesen wäre — Empfindungen und Stil des Dichters, Sprache und Gesamtzusammenhang des Kunstwerkes gingen dabei häufig verloren.

Uns zog die Synthese zwischen vorwiegend antikem Stoff und einem für Hebbels Zeit problemgeladenen Denken in seinen Dramen an. Das in einigen Werken sich abzeichnende Spiegelbild von Hebbels eigenem Leben machte die Lektüre besonders fesselnd. Vielleicht lehrte mich auch — hier will ich in der Deutung vorsichtig sein — der Weg Hebbels aus der Armut seiner Kinderjahre über die Härte und die Demütigungen der Jugend bis zur Höhe seiner Bildung und poetischen Reife, was Fleiß, Begabung und unveräußerliche Zielsetzung aus einem Menschen werden lassen können, dem dieser Weg nach Herkunft und des eigenen Vaters Ansicht unter den Bedingungen seiner Gesellschaft eigentlich verschlossen war.

Immerhin kreuzte auch seinen Lebensweg «meine» Heidelberger Universität und Hamburg, wo ich als junger Arzt tätig war. Dort bereitete er — begünstigt durch eine Gönnerin —

sein Studium vor, um sich dann dank der hingebungsvollen
Hilfe seiner Geliebten, einer Hamburger Näherin, in Heidelberg und München unter vielen Entbehrungen der Philosophie, Geschichte und Literatur zuzuwenden. So entfloh das
ehrgeizige Talent dem Dasein als Sohn eines Tagelöhners, als
Maurerlehrling und Schreiber eines Kirchspielvogtes.

Wir Schüler eines königlich-preußischen Gymnasiums
wurden durch den revolutionären Aufbruch nach dem ersten
Weltkrieg in den überlieferten konservativen Anschauungen
irritiert und zum erstenmal mit den sozialen Problemen der
Zeit konfrontiert. Wir begannen nachzudenken und uns neue
Vorbilder zu suchen. Eine ganze Reihe äußerer und innerer
Umstände brachten mir Hebbel und seine Dichtung nahe. Die
Bibliothek meiner Eltern ermöglichte mir über die Schule hin-
aus die Weiterbeschäftigung mit dem Dichter, nachdem er
erst einmal mein Interesse gefesselt hatte. Schließlich trugen
auch die Aufführungen Hebbelscher Dramen am Dessauer
Theater dazu bei. Vielleicht sähe die heutige Generation sol-
che Aufführungen gern realistischer in der Sprache und einfa-
cher in der Inszenierung. Uns gefielen der Meininger Stil der
Inszenierung und die betont deklamatorische Sprache der
Schauspieler. Sie hinterließen nachhaltige Impressionen.

Dann wurde es — sieht man von Nachkriegs-Inszenierun-
gen der «Maria Magdalena» ab — ziemlich still um Hebbel-
sche Dramen. Die Stoffe, ihre Anlage und die grübelnde Analytik des Dichters paßten wohl nicht in die Zeit, als weite
Teile des Volkes statt nach sinnierender, idealisierender Dichtung vielmehr nach Literatur dürsteten, die Auswege zeigte,
um jüngste Vergangenheit und Gegenwart zu bewältigen und
zu neuen Lebensinhalten vorzudringen. Wer aus geschichtli-
chem Tal zur soliden Höhe einer neuen gesellschaftlichen
Epoche vordringt, kann indes vieles — nicht nur in der Literatur — mit gelassenem Abstand von neuer Warte aus betrachten.

Gelegentlich wies ich in meinen Vorlesungen die Studenten
darauf hin, wie wichtig es ist, schöne Literatur zu lesen. Es
hebt die Allgemeinbildung und schult den eigenen Schrift-
und Redestil. Ich empfahl ihnen, sich mit der Geschichte der
deutschen wie ausländischen Literatur, von der Klassik bis in
die Gegenwart, zu beschäftigen und bei jeder Gelegenheit ein

lebendiges Verhältnis zum geschriebenen Wort, zur Poesie, zum Drama und, wo angängig, zu den Dichtern selber zu suchen. Mir schwebte dabei zugleich vor, welchen Wert die Auseinandersetzung mit der geistigen Struktur und dem Verhalten großer Roman- und Dramengestalten als psychologische Schulung gewinnen, die den Medizinstudenten später in der Arbeit zugute kommt.

Wenn ich mein eigenes Beginnen in dieser Richtung überblicke, entbehrte es jeder Systematik, und ich bin weit davon entfernt zu behaupten, in der Literatur so zu Hause zu sein, wie es wünschenswert wäre. In der elterlichen Bibliothek fand ich praktisch alle literarischen Größen vor, nicht nur Goethe und Schiller, sondern auch Lessing, Klopstock, Kleist, Herder, Grillparzer, Heine, Tieck, Lenau, Rückert, Uhland, Hebbel und viele andere. Ohne jede literarische Vorbildung oder schulische Anleitung, die wegen des Lehrermangels im ersten Weltkrieg äußerst dürftig ausfiel, las ich abends und sonntags einfach drauflos, egal, ob ich alles begriff oder nicht. Die alten, reichlich bebilderten Ausgaben regten die Phantasie an, und wenn ich diese schon vergilbten Bücher einmal in die Hand nehme, schließe ich noch heute vom Bild auf den Text wie umgekehrt und habe präsent, was ich suche.

Als ich etwas älter wurde, erlebte ich auf der Bühne, was ich textlich kannte, las wieder, was ich nicht verstanden oder was mir besonders gefallen hatte, deklamierte, versetzte mich in die Rolle der Schauspieler und machte damit für mich die Lektüre lebendig. Das war sicher nützlich und reizvoll, aber es geschah sporadisch. Ich vollzog äußere Handlungsabläufe nach, tieferes Verständnis fehlte. Das erwachte erst, als mein mehrfach erwähnter Deutschlehrer den geistigen Gehalt des Gelesenen oder Gesehenen, die literaturgeschichtlichen Zusammenhänge, die Stilepochen, den gesellschaftlichen Hintergrund aus seiner allgemein progressiven, freilich sozial nicht eindeutigen Sicht aufhellte und uns weiter mit Gerhart Hauptmann, Ibsen, Sudermann, Björnstjerne Björnson bekannt machte.

Dem heranwachsenden Jüngling öffneten sich in der zerrissenen Welt der ersten Nachkriegsjahre, die ihm kaum Wertmaßstäbe zu setzen vermochte, dann in den sogenannten goldenen zwanziger Jahren in literarischer Hinsicht alle

Schleusen. Aber wie sollte er bei der Fülle positiver und negativer Erscheinungen die Spreu vom Weizen trennen? Nach bewegten Zeiten gerade erst angetreten, sich selber ein Urteil zu bilden, lasen wir, was uns jemand empfahl oder was gerade Mode war. Wir lasen, was uns interessierte, auch wenn es unter Verbote fiel, gute wie schlechte Bücher, neben sentimentalen Romanen von Jakob Christoph Heer, Ludwig Ganghofer, Hermann Stehr auch Bücher mit naturverbundenen Zügen wie die von Waldemar Bonsels, Bruno H. Bürgel, Wilhelm Bölsche. Wir erlebten auf der Bühne geschmacklose Vaudevilles, kriminalistische Reißer, aber auch exzellente Klassikeraufführungen. Wir sahen Ibsens «Peer Gynt», «Gespenster» und «Die Wildente», von Sudermann «Die Ehre», von Max Halbe «Die Jugend», sämtliche Schauspiele und Dramen von Gerhart Hauptmann, von Karl Schönherr den «Weibsteufel», von Arthur Schnitzler «Liebelei», von Bernhard Shaw, was gerade auf dem Spielplan stand. Wir beschäftigten uns mit Arno Holz, Stefan George, und im Kontrast zu ihrer strengen, formalen Sprache rezitierten wir die sensibel-emotionalen, schwermütig-weltfernen Dichtungen Rainer Maria Rilkes, erheiterten uns durch Morgenstern und Ringelnatz, machten Ausflüge in die Kabaretts oder lasen Wedekind.

Zum Teil machte sich Nachholebedarf, zum Teil thematischer Gegenwartshunger bemerkbar. Jünglinge brauchten Stoff zum Debattieren. Im ganzen doch eine Menge, was ich las, sah und hörte, was — ohne daß es mir immer bewußt geworden wäre — mein Denken und Fühlen beeinflußte.

Bildung durch Bilder

Sprach ich bisher nur von Musik und Literatur, messe ich doch auch der Malerei und Graphik große Bedeutung bei. Ich versuchte, nicht nur kunsthistorisches Interesse, Freude an Farbe und Formgestaltung zu wecken, sondern auch das Bedürfnis, sich zeichnerisch zu schulen. Während meiner Schulzeit bemühte ich mich selber schon darum, fertigte eine Zeichenstudie meiner Hand an, versuchte mich an anderen Motiven und war froh, es später im Hörsaal verwerten zu können. Ernst Bumm illustrierte sein berühmtes Lehrbuch der Geburtshilfe selber. Im Unterricht zeichnete er vollendete Darstellungen anatomischer Befunde mit Licht- und Schattenwirkung an die Tafel. Einmal — er hatte sich der aseptischen Vorbereitung für eine Operation im Hörsaal schon unterzogen — stand er «gestiefelt und gespornt» bereit für den Eingriff. Da ließ er sich sterilisierte Kreide reichen, skizzierte den zu erwartenden Operationssitus an der Tafel, setzte so auch den entfernt plazierten Hörer «ins Bild», wechselte die Handschuhe, machte den Bauchschnitt und konnte die Diagnose sofort durch Vorweisen des Präparates — es handelte sich um eine große zystische Eierstockgeschwulst — bestätigen.

Kein Film hätte es besser und lebensnäher demonstrieren können. Ich versuchte, ihn dann zu meiner Zeit bei solchen Anlässen mit einfachen Skizzen zu imitieren, ging aber allmählich zu Film und Farbbild über, als es ihre technische Vervollkommnung zuließ.

Den Unterschied zwischen männlichem und weiblichem Körperbau demonstrierte ich am liebsten an Bildern von Botticelli, Dürer oder Cranach, keineswegs nur, um den Unterricht farbiger zu gestalten, sondern weil ein Künstler bestimmte Merkmale und Eigentümlichkeiten gerne überzeichnet. Das Ergebnis sagt dann mehr über das Typische aus als reale anatomische Darstellungen oder gar Fotografien. Gibt es eigentlich schönere X-Beine als bei den Frauenfiguren Botticellis? Oder denken wir an die Körperstudien von Leonardo da Vinci.

Der französische Arzt Jean Nicolas Corvisat pflegte seine Studenten auf originelle Weise zum richtigen Gebrauch ihrer diagnostischen Kenntnisse hinzulenken, nämlich durch einen Besuch der Pariser Museen. Als sie sich bei einem Porträt über Farbe, Form und Gestaltung ausließen, unterbrach er sie und sagte: «Alles schön und gut, aber wenn der Maler es richtig gesehen hat, dann muß sein Modell an einem Herzklappenfehler gestorben sein. Prüfen Sie es nach!» Es traf zu. Er hatte die Symptome des Herzleidens an der Farbe der Gesichtshaut und Lippen, am gesamten Ausdruck des Porträts erkannt.

Schon bei flüchtiger Überschau ist in der bildenden Kunst der gleichzeitige Gewinn an kulturellem und praktischem Wissen nicht zu verkennen. Von Masereel zeigte ich gern die Holzschnittserie «Die Stadt» in populärwissenschaftlichen

Vorträgen, um die Umweltgefahren einer Großstadt zu illustrieren. Wie in der Musik gibt es auch in der Malerei Ärzte, die ausgesprochene Künstler sind. Professor Brugsch malte als Autodidakt viel und gern. Manche andere, so besonders der Krebsforscher Graffi, tun es heute noch. Ich hielt meine Mitarbeiter nicht zuletzt deswegen zum Selbstzeichnen an, weil zum Beispiel in den Krankenblättern kurze Situationsskizzen, vor allem von Veränderungen im Krankheitsverlauf, aussagekräftiger sein können als langatmige Beschreibungen.

Die Bilder von Arno Mohr sind ein Musterbeispiel für die Kunst, das Wesentliche durch Weglassen des Unwesentlichen darzustellen. Selbst ohne große eigene künstlerische Fertigkeit kann man daraus lernen.

Unter den Bildhauern kam ich Heinrich Drake näher, als er meine Büste formte. Übrigens ein schwieriges Unterfangen, weil ich zu dieser Zeit eine Stoffwechselkur durchmachte und täglich ein bis zwei Pfund abnahm. Er verzweifelte fast, als er von der Tonmasse am folgenden Tag wieder wegnehmen mußte, was er am Vortag «angepappt» hatte. Hier wurde mir ebenfalls bewußt, wie schon der bloße Versuch zu modellieren dem künstlerischen Laien Form- und Raumgefühl vermitteln kann, das er als Arzt in der plastischen Chirurgie wie in der Geburtshilfe dringend braucht.

Freunde, Gäste, Häuslichkeit

Das alles mag manchem wie eine etwas zu vordergründige Darstellung der kulturellen Wechselbeziehungen im Bereich meines Berufes erscheinen. Aber ich bin kein Kunsthistoriker und schon ganz und gar kein Künstler. Mir lag am Herzen zu zeigen, wie ich den Anruf zu einer möglichst vielseitigen kulturellen Bildung verstand und praktisch in den Beruf einzubeziehen suchte.

Trockene, allein auf das Handwerkliche ausgerichtete Naturen sind bestenfalls gute Techniker, meist jedoch verknöcherte, kontaktarme Nurfachleute, fast nie gute Ärzte. Ich wollte immer Ärzte heranbilden, die Verbindung zu allen Schichten der Bevölkerung finden, zu den Arbeitern, Bauern, Handwerkern, Intellektuellen und Künstlern. Nur der Arzt versteht richtig zu raten und zu führen, der den Wert der Arbeit anderer schätzt und soweit als möglich aus eigener Anschauung und eigenem Erleben kennt. Auch das gehört im weitesten Sinne zur kulturellen Bildung.

In keinem Beruf ist es erstrebenswert, sich einzukapseln oder mit Scheuklappen nur auf den Straßen fachbezogener Landschaft umherzufuhrwerken. Das trifft voll auf den Arzt zu, der Ruf und Ansehen seiner Aufgeschlossenheit gegenüber jeglichen menschlichen und gesellschaftlichen Fragen verdankt.

Als man mir nach meiner Emeritierung und Befreiung von organisatorischen wie verwaltungstechnischen und anderen bürogebundenen Verpflichtungen antrug, den Vorsitz im Club der Kulturschaffenden zu übernehmen, entschloß ich mich nach gewissenhafter Überlegung, diesem Ruf zu folgen.

Mehrere Gründe bestimmten mich dazu. Einmal wollte ich mit der Entpflichtung vom Amt nicht aufhören, mich sinnvoll zu beschäftigen und meine Erfahrungen zur Verfügung zu stellen. Heimkult, Zurückgezogenheit, bequemer Sessel vor dem Fernseher, Pantoffel, Zigarre und ein gutes Glas Wein sind nicht die richtigen Mittel dazu. Sie machen auf die Dauer stumpf und müde, wenn sich darin das Leben des älteren Mannes erschöpft. Sodann wollte ich mich, da ich die Entwicklung und den Wert meines Faches übersah, nicht entbunden fühlen, ihm auch in der Öffentlichkeit Geltung zu verschaffen und meine fachlichen Vorstellungen weiter in die Praxis zu übertragen. Drittens wollte ich künftig ebenfalls aus der Auseinandersetzung mit der Gegenwart in ihrer weltweiten Dynamik lernen, mich geistig lebendig erhalten, um nicht nur Teilhaber, sondern, soweit noch irgendwie möglich, auch mitbestimmender Faktor dieses Prozesses zu sein.

Der Kulturbund als Gesamtinstitution und der Club der Kulturschaffenden als spezielles Forum schienen mir geeignet, meine Wünsche zu verwirklichen. Die breite berufliche Fächerung und das Erfahrungsspektrum seiner Mitglieder ermöglichen einen regen interdisziplinären Gedankenaustausch. Das festigt zwischenmenschliche Bindungen, fördert gegenseitiges Verständnis, steigert die Achtung vor der Leistung des anderen. Der Kontakt mit der Jugend und ihren Fragestellungen ist außerdem ein sicheres Mittel gegen senile

Verkümmerung. Hauptsächlich aber erscheint mir die Begegnung zwischen Intelligenz und Arbeiterschaft als eine Grundlage, auf der die gesellschaftliche Vorwärtsbewegung unter Ausschöpfung der geistigen Fähigkeiten aller gesichert ist. Machtpolitische Kraft der Arbeiterklasse und Wissenschaftlichkeit bilden die zweieinige Voraussetzung für den Erfolg.

Ich bin glücklich, in meiner Tätigkeit im Club der Kulturschaffenden das gefunden zu haben, was mir vorschwebte. Natürlich wäre in einer solchen Institution die Vermittlung des persönlichen Gedankengutes unvollkommen, wenn es nicht durch fortwährende Neubegegnungen mit fachlichen und sonstigen Fragen lebendig bliebe und sich weiter bereicherte.

Als ich zum Vorsitzenden des Clubs der Kulturschaffenden gewählt wurde, stellte sich bei mir zwangsläufig der Gedanke ein, ob ich meine ärztliche Erfahrung und alle erkennbaren Fäden zu den Künsten im weitesten Sinne in diesem Rahmen nutzen könne. Das Ergebnis legte ich in einem Referat nieder, das ich auf dem Bundeskongreß 1972 halten wollte. Der Tod meiner Frau verhinderte es. Es bleibt für mich ein schmerzliches Erlebnis, daß mir die Johannes-R.-Becher-Medaille am Tage ihres Todes verliehen wurde. Heute habe ich den Abstand, diese Gedanken zu Papier zu bringen.

Meine Frau und ich hatten — jeder für sich — in den letzten Kriegsjahren alles verloren, was wir einmal an Dingen der intimen Milieugestaltung, also an Einrichtungsgegenständen und Liebhaberstücken als unser «eigen» bezeichnen konnten. Wir sahen uns nach unserer Heirat gezwungen, gemeinsam von vorn anzufangen. Mein erstes Ordinariengehalt betrug 1949 noch nicht einmal fünfhundert Mark. Unter erschwerten Bedingungen schafften wir uns Stück für Stück neu an und richteten uns so ein, wie es unserem Geschmack und Lebensstil entsprach.

Glücklicherweise gab es damals kaum fertige Stilmöbel-Einrichtungen oder modernes, dem normierten Haus- und Zimmerbau angepaßtes Mobiliar. In Halle wie in Berlin standen wir vor den Trümmern der alten Direktor-Wohngebäude. Wir begannen damit, uns auf Klinikfluren, in alten Assistentenwohnungen, Warte- oder Patientenzimmern häuslich einzurichten. Was meine Frau trotzdem an persönlicher

Wohnkultur und -atmosphäre zauberte, danke ich ihr über ihren Tod hinaus.

Wir machten uns nie vom Diktat vorgegebener Möbelmuster abhängig, beachteten vielmehr den Geschmackswert des Einzelstückes, und sei es eines antiquarischen. So entwickelte sich ein eigener Stil. Die Geschicklichkeit besteht ja darin, das nach und nach Erworbene der besonderen Note der Einrichtung anzupassen. Bei meiner Frau war es das Porzellan, vor allem das der Meißener Manufaktur, bei mir die seit meiner Assistentenzeit angelegte Sammlung originaler Zeichnungen, Radierungen und Gemälde bedeutender Künstler.

Wenn ich an meinem damals in Halle erworbenen Schreibtisch sitze, fühle ich mich so an ihn gebunden, daß ich mir keinen anderen, noch so vollkommenen wünsche, obwohl er für mein heutiges Arbeitszimmer zu groß ist. An ihm entstanden meine Vorlesungen, meine wissenschaftlichen Arbeiten, meine Referate und Vorträge, erledigte ich — häufig zu sporadisch — die persönliche Korrespondenz und brachte jene Gedanken zu Papier, die über mein Fach hinaus gesellschaftliche, philosophische und kulturelle Fragen betrafen.

Kann man sich von einem solchen «Stück» trennen? Ich kann es nicht. Ebensowenig verzichte ich auf das Mobiliar, das Zeuge mancher frohen Stunde im Freundeskreis, mit meinen Mitarbeitern, mit Künstlern, mit Teilnehmern internationaler Kongresse war. Es berührt mich sehr, wenn mich auf internationalen Veranstaltungen jemand anspricht, ob noch alles vorhanden sei, was so wohltuend und anheimelnd wirkte, als er zu Gast war.

Manche Dedikationen erinnern an Patienten. Für den zufälligen Besucher vielleicht museale Gegenstände, für mich viel mehr. Jeder einzelne läßt mich an das Glück derer denken, die ihn mir verehrten, an ihre Familien, an gefahrvolle Situationen, die gebannt wurden, an dankbare Mitarbeiter, an Auslandsreisen und wertvolle Kontakte, die geknüpft werden konnten. Alles ist mit Ereignissen gekoppelt, die meine Frau und mich den Wert menschlicher Bindungen, zutiefst und ehrlich empfundener Freundschaft lehrten. Auf diese Weise statteten wir unsere Wohnung mit dem aus, was uns gefiel und was wir erwerben konnten. Dazu kamen Zeugnisse von Augenblicken, nach deren Wiederkehr man sich sehnt. Mit einem Wort, was uns umgab, spiegelte den Inhalt unseres persönlichen Lebens wider. So ist es geblieben. Fühlt der Gast, ganz gleich, aus welchem Beruf, aus welchem Land er kommt, sich wohl und kann er — selbst wenn er anderen Prinzipien huldigt — das nachempfinden, bin ich glücklich, denn er hat mich verstanden. Ich fand Berichte und Abbildungen von unserer Häuslichkeit in japanischen Zeitschriften als Ausdruck gern genossener Gastfreundschaft.

Als wir in Rauchfangswerder, dem südöstlichsten äußersten Zipfel der Hauptstadt Berlin, ein kleines Häuschen am Zeuthener See für Ferien und Wochenende bezogen, wollten wir Entspannung, Freude und Erholung in einer individuell gestalteten Umwelt, allein und mit guten Freunden. Natürlich suchten meine Frau und ich dort in erster Linie unsere eigene Erholung, aber ich glaube, jeder, der dort zu uns kam, wird sich in diese Art der Entspannung einbezogen, mehr noch, als ein wesentliches Element ihrer Vervollkommnung gefühlt haben.

Wir erlebten schöne Feste, feierten Geburtstage mit grillgerösteten Bratwürsten und Broilern, machten Bootsfahrten auf dem See, waren fröhlich bei Tanz und Musik.

In meinem Elternhaus lernte ich schon alle Vorzüge der Geselligkeit erkennen und genießen. Doch konnte ich letzten Endes zu jener Zeit nur «Teilnehmer», nicht «Veranstalter» sein. Später waren meine Frau und ich uns in der Auffassung über die Bedeutung dieser menschlichen Begegnungen und ihre Förderung einig. Sie galt als eine Meisterin in der Gestaltung von Hausabenden und wußte ihnen immer spezielle Akzente zu geben. Wie sie es fertigbrachte, in einer Notwohnung in Halle die ganze Fakultät einzuladen und — bei meinem Gehalt! — zu bewirten, ist mir noch heute ein Rätsel. Zwischen Aufwand und Aufgabe wußte sie stets abzuwägen und zugunsten des Gewinns an Freundschaft und Kollegialität zu entscheiden.

Der Kreis der Einzuladenden wuchs mit meinen beruflichen Verpflichtungen. In Berlin zählten wir bei größeren Kongressen bis zu achtzig Personen, die wir in unserer Wohnung zu Gast hatten. Die Internationalität der Gäste machte solche Veranstaltungen besonders reizvoll. Der Erfolg lag aber letzten Endes immer in der individuellen Originalität und unverwechselbaren Atmosphäre, um die sich meine Frau als «alte» Berlinerin bemühte.

Kontroversen gab es nicht, der zwanglose Charakter der Zusammenkünfte hobelte Ecken und Kanten ab. Anfang der fünfziger Jahre hatte ein Teil der Gäste, unter den Nachwirkungen des Krieges leidend, kaum die richtige Kleidung für den Besuch hochangesiedelter internationaler Kongresse beisammen. Sie begegneten Teilnehmern, die elegant und gepflegt im Fulldress der alten bürgerlichen Gesellschaftsetikette erschienen. Unsere Absicht, sie nicht unnötig an einem Tisch zu konfrontieren, durchkreuzten sie geflissentlich.

Wenn wir, am Ende unbegründet, einmal fürchteten, es könnte nicht so glimpflich verlaufen, nivellierte meine Frau das unterschiedliche gesellschaftliche Gefüge, indem sie Berliner Eisbein und Sauerkraut aus einem großen Kessel, der inmitten des festlich gedeckten Tisches stand, servieren und dazu den ältesten Berliner Leierkastenmann die Begleitmusik orgeln ließ.

Der wissenschaftliche Gewinn mancher Tagung dürfte die richtige Würze erst durch solche Abende erhalten haben. Jedenfalls ersehe ich aus Briefen, daß sich alle noch heute gern daran erinnern und so das Ereignis insgesamt wachhielten. Für eine wirklich effektive Ausbeute eines Kongresses sollte man neben der verdichteten wissenschaftlichen Information auch die kulturelle Seite, die menschlichen Begegnungen, nicht aus dem Auge verlieren. Es liegt eine tiefe Weisheit in der Antwort des sowjetischen Fliegerkommandeurs, der mich Ende der vierziger Jahre als Dank für die Behandlung seiner Frau zu einem Konzert eines sowjetischen Staatschores in die Staatsoper einlud und mein Kompliment für seine Aufmerksamkeit mit dem Satz quittierte: «Jeder soll das Beste von seinem Tisch geben.»

Als wir in Halle den ersten geselligen Abend in unserem Notquartier — einem Flügel des Klinikbaus, in dem sonst immer Assistenten wohnten — veranstalteten, hatte meine Frau mit unserer Zugehfrau verabredet, deren Kinder, fünf- und sechsjährige Jungen, als Märchenmohren zu verkleiden. Alte rotweiße Bettinletts verwandelten sich in Turbane, Satinreste in Pluderhosen. Entsprechende Schminke bewirkte ein übriges. Die Knaben waren sofort die Lieblinge der Damen, die sie herzten und umarmten. Am Ende des Abends hatten die beiden ihre natürliche Hautfarbe wieder, dagegen die Professoren- und Dozentenfrauen schwarze Kleider.

Das tat der Freundschaft keinen Abbruch. Meine Frau machte den Schaden wieder wett, indem sie auf dem nächsten Fakultätsball, den ich als Dekan gab, bei der Sitzordnung den ältesten Kollegen die jüngsten Tischdamen und den würdevollsten Professorenfrauen die ausgelassensten jungen Dozenten als Tischherren zugesellte. Aller Konservatismus verflog mit einem Schlag, und man blieb bei Tanz und guter Laune bis in die Morgenstunden. Mauerblümchen gab es nicht.

Zwangloses Beisammensein konnte kollegiales Verständnis sogar da fördern, wo Disput und Beratung in den Sitzungen nicht zu einhelliger Meinung führten. Dauerten mir in Halle die Fakultätssitzungen zu lange, verlegte ich den Schluß in eine beliebte Weinstube, wohin ich vorsorglich die Damen bestellt hatte. Diese Sitzungen versandeten nie in nebensächlichen Disputationen, erlahmten nicht in aufkommender Müdigkeit, sie verliefen lebendig von Anfang bis Ende.

In Berlin scheiterten derartige Unternehmungen leider an der Größe der Fakultät und der Weite der Verbindungswege. Ich bedauerte das, weil allzu tierischer Ernst jene persönliche Verbindlichkeit zu töten droht, die für den Zusammenhalt und das Gesicht einer Fakultät so wichtig sind.

Was sich «im großen Betrieb» in Berlin nicht machen ließ, versuchte meine Frau im häuslichen Kreis aufrechtzuerhalten. Wir vermieden Einseitigkeit, feierten die Feste, wie sie fielen, improvisierten ohne spezielle Einladungen, freuten uns und waren vergnügt. Ausländische Arztpersönlichkeiten aus Indien, Japan, der Sowjetunion, Polen, der ČSSR, Ungarn, England, Amerika trafen bei uns mit Künstlern der Staatsoper und der Komischen Oper zusammen, junge Mitarbeiter aus der eigenen Klinik mit erfahrenen, wegen ihrer Erfolge in medizinischen Kreisen hoch geachteten Kollegen, bei Richtfesten und anderen Anlässen auch Bauarbeiter, Maler, Tischler, Fischer mit Ärzten und Gesellschaftspolitikern – so, wie es sich gerade aus dem Klinikbetrieb, dem kulturellen, geistigen, wirtschaftlichen Leben und persönlichen Umgang ergab.

Meine Arbeit sah ich dadurch nicht gestört. Sie blieb stets

Visuelle Eindrücke haften. Darum spielten Anschauungsmaterialien stets eine besondere Rolle in meinen Vorlesungen, seien es ein präpariertes weibliches Becken oder Operationsfilme. Es existieren fünfundzwanzig verschiedene Ausgaben, in denen ich bestimmte Verfahren demonstriere

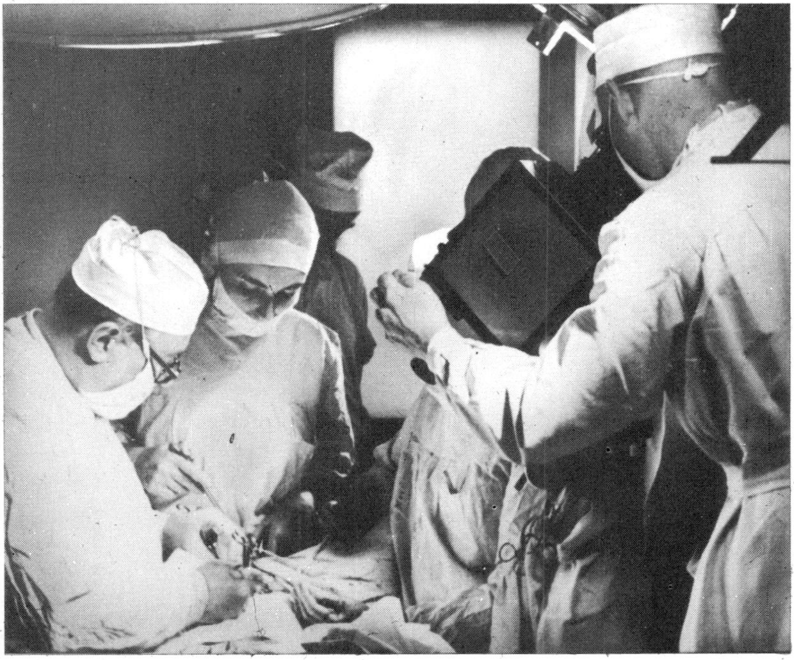

Aus der Hand des dama-
ligen Staatsratsvorsit-
zenden, Walter Ulbricht,
erhielt ich 1960 den
Nationalpreis II. Klasse

In Japan 1957 mit Professor Schröder und unseren Frauen. In der Privatklinik des ältesten japanischen Schülers von Walter Stoeckel, Dr. Kawasoye (Mitte links). Am Bildrand die Nestoren der japanischen Gynäkologie: Professor Ohno (rechts), der sich bei einem späteren Gegenbesuch mit einer sehr freundlichen Eintragung im Gästebuch bedankte und 1976 das neunzigste Lebensjahr erreichte, sowie Professor Ando (links) mit Frau

Tempelbesuch
in Japan

Auch in Bangkok zogen
uns kunstvolle Baudenk-
mäler an

Aus einer ägyptischen illustrierten Zeitung. Sie berichtete anläßlich unseres Besuches über unsere ärztliche Tätigkeit, das Operationskollektiv und uns persönlich

Kairo 1970

Ein Häuschen in Rauch-
fangswerder diente mei-
ner Frau und mir als
Stätte der Erholung und
Entspannung

Rauchfangswerder bot auch Raum für gesellige Festlichkeiten, zum Beispiel anläßlich meines sechzigsten Geburtstages. Von den Gratulanten zeigt das Foto u. a. links Kammersängerin Irmgard Arnold, in der Mitte Kammersängerin Elisabeth Rose mit Professor Kraußhold, rechts Dr. Sarkar, Indien, einen Assistenten von mir

Wie alt ist man mit Sechzig?

Der offiziellen Ehrung
zu meinem sechzigsten
Geburtstag 1962 wohnte
Professor Maxim Zetkin,
der Revolutionär und
Arzt, bei. Der Sohn Clara
Zetkins neben meinem
Vater (Mitte)

Mit der Klasse Medizin der Akademie der Wissenschaften, deren Sekretär ich war, weilten wir zu einem Besuch in Jena bei Professor Knöll vom Zentralinstitut für Mikrobiologie und experimentelle Therapie der Akademie. Das Bild zeigt von links nach rechts die Professoren Kunzen, Lohmann, Kraatz und Brugsch

Herzliche, freundschaft-
liche und kollegiale
Bande knüpften sich
zwischen mir und Frau
Professor Nowikowa-
Stern, Moskau, der füh-
renden Ärztin auf dem
Gebiet der gynäkologi-
schen Onkologie,
einer Mitarbeiterin von
Professor Blochin

Auf originelle Weise
drückte «Neues Deutsch-
land» mit einer Zeichnung
von Klaus Arndt seine
Aufmerksamkeit aus

1963 erhielt ich die Ur-
kunde über meine Mit-
gliedschaft in der Medizinischen Akademie der
UdSSR und die sowjeti-
sche Pirogow-Medaille

Professor Timakow, Prä-
sident der Medizinischen
Akademie Moskau, und
ihre Mitglieder Professor
Sarkissow (links) und
Professor Anitschkow
(rechts)

Oben: Angeregte Unter-
haltung mit Professor
Shdanow, UdSSR, mei-
nem Amtsbruder als Prä-
sident des Rates für Ko-
ordinierung und Planung
in Moskau, der mit mir
viele gemeinsame Be-
kannte in einem Album
betrachtet

Leierkastenmusik im
Ratskeller des Roten
Rathauses beim Eisbein-
essen — ein typischer Berliner Akzent während
einer zwanglosen abend-
lichen Begegnung nach
den fachlichen Diskussio-
nen auf einer Tagung

Brüderliche Umarmung
bei der Begrüßung des
vietnamesischen Kultur-
ministers im Club der
Kulturschaffenden

Eine Fahrt während eines
Kongresses der UICC,
der Internationalen
Union gegen den Krebs,
führte die Teilnehmer
auch nach Wittenberg,
wo ich, vertraut mit den
Sehenswürdigkeiten
meiner Heimatstadt,
vor dem Schloßkirchen-
turm historische
Erläuterungen gab

Während einer Arbeits-
tagung der Akademie zur
Förderung der Frau
Pausengespräche mit
Inge Lange, Mitglied
des ZK der SED (links),
und Lotte Ulbricht

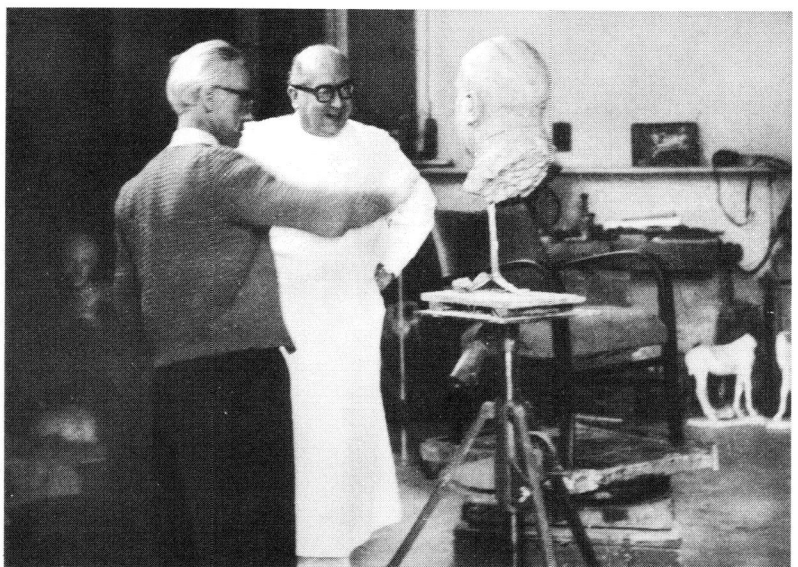

Mehrzweckbenutzung des kleinen Hörsaals war — ebenso wie die des großen — schon bei der Projektierung ins Auge gefaßt. So bot er bei gegebenem Anlaß auch Gelegenheit zu einem gemeinsamen Kaffeeklatsch der Klinikangehörigen

Oben: Im Atelier von Professor Drake, der meine Büste modellierte

Begrüßung unseres alten
Pförtners Hoffmann an
seinem neunzigsten Ge-
burtstag. Er stellte bei
Anruf auswärtiger Heb-
ammen schon geburts-
hilfliche Vordiagnosen
und wußte genau, ob
eine Geburt schnell ver-
laufen würde oder nicht

Vor der Gedenktafel für
den «Retter der Mütter»
in der Semmelweis-
Klinik in Budapest

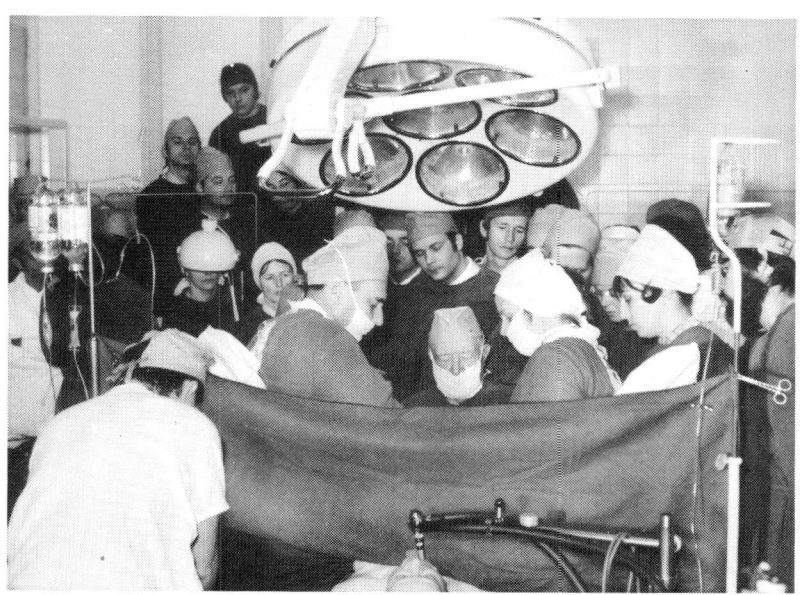

Auf Bitten des neuen Klinikchefs demonstrierte ich vor Kollegen noch mit zweiundsiebzig Jahren eine Radikaloperation bei Gebärmutterkrebs. Sie galt als eine der speziellen Operationsmethoden, deren Ausbau ich mich widmete

Prof. Kraatz

Die satirische Wochenzeitschrift «Eulenspiegel» machte in einer Silvesternummer in humoriger Weise auf meine Vorliebe für das operative Fach aufmerksam

Eine Plastik im Garten
meines Hauses, die von
Kühn geschaffen wurde,
Symbol enger Verbun-
denheit, widmete ich der
Erinnerung an meine
Frau

Emeritus

An meinem Lieblingsschreibtisch nahm ich dann auch noch die Hürde dieses Buches. Ich danke allen, die mich auf die verschiedenste Weise dazu ermunterten. (Karikatur: Eugen Prehm)

Signierstunde nach einer
Lesung in der Deutschen
Bücherstube des Verlags
der Nation

Glückwünsche
zum 80. Geburtstag
am 6. August 1982
durch den Minister
für Gesundheitswesen,
Professor Dr. Ludwig
Mecklinger (oben),
und den Nachfolger
als Klinikchef,
Professor Dr. Hans
Bayer (unten)

NAMHAFTE LEHRER
DER GYNÄKOLOGIE UND GEBURTSHILFE
AN DER
BERLINER UNIVERSITÄTSFRAUENKLINIK

ADAM ELIAS v. SIEBOLD
HEINRICH W. BUSCH
EDUARD MARTIN d. Ä.

CARL SCHROEDER
ADOLF GUSSEROW
ROBERT v. OLSHAUSEN
ERNST BUMM
KARL FRANZ
GEORG A. WAGNER
WALTER STOECKEL
HELMUT KRAATZ

oberstes Gebot, ihren Anforderungen ordnete sich alles unter. Sie wurde durch diese Geselligkeit um manche Nuance bereichert und bewahrte mich davor, in der täglichen Plackerei zu veröden. Diesen Lebensstil durchzuhalten, erleichterte uns der Umstand, daß wir sowohl in Halle als auch in Berlin in der Klinik wohnten. Natürlich standen wir dort unter ständiger Beobachtung. Ganz Neugierige hätten am liebsten herausbekommen, was es zum Essen gab, wer die Gäste waren, wie das persönliche Leben ablief. Meine Frau schlug deshalb vor, zur allgemeinen Orientierung einen Wochenplan am Schwarzen Brett anzubringen. Sie begegnete menschlichen Schwächen gern mit Humor.

Die Wachposten, die kontrollierten, ob meine Garage leer, der Chef also unterwegs war oder ob in meinem Arbeitszimmer Licht brannte, störten mich nie. Schließlich hielt ich es als Assistent meinem gestrengen Chef Walter Stoeckel gegenüber nicht anders. Die Termine für Pferderennen, die er als «Hippologe» regelmäßig besuchte, die Furtwängler-Konzerte, auswärtige Konsultationen, sein Jahresurlaub erschienen in unseren privaten Kalendern rot angekreuzt, nicht als Bummeltage, aber für einen «Trab an etwas lockereren Zügeln».

Allerdings kann man in einer Dienstwohnung mitten unter seinen Kranken nicht völlig ungehemmt seinen Neigungen nachgehen. So gern ich musizierte, brachte ich es nicht fertig, mit der linken Hand die Tür zum Zimmer einer Schwerkranken zu schließen und mit der Rechten den Deckel meines Flügels zu öffnen, um zu spielen. Um so schöner ist es, wenn man sich nach einer schwierigen Entbindung oder Operation zurückziehen und sich dennoch in der Nähe seiner Patienten über den Erfolg freuen kann. Desto nachhaltiger löst sich die Spannung. Stoeckel pfiff in solchen Fällen Motive aus einer der Beethovenschen Symphonien. Ich erholte mich zusammen mit meiner Frau in der Geselligkeit.

Oft genug befanden sich unter unseren Gästen auch ehemalige Patientinnen, denen ich hatte helfen können. Tiefe gemeinsame Freude kann zu Bindungen fürs Leben führen. Künstler denken ebenso. Als mich die Dirigenten Hans Löwlein und Otmar Suitner fragten, wie ich es durchhielte, mich inmitten so vieler Leiden, Sorgen und Kümmernisse stets wieder freizuspielen, fragte ich im Gegenzug, wie sie es denn fertigbrächten, aus einer nüchternen Umwelt kommend, sicher auch bedrückt von diesem oder jenem persönlichen Kummer, gelöst vor ihr Orchester zu treten und niemanden merken zu lassen, «wie's da drinnen aussieht»?

Ich glaube, darin verbirgt sich ein Stück des Geheimnisses für den Erfolg jeder starken Persönlichkeit: Sie vergißt über dem Beifall der anderen ebensowenig wie über den eigenen wechselvollen Erlebnissen sich selber und ist bemüht, immer erst die innere Harmonie herzustellen.

Ein wirklicher Nachteil der an ein Institut gebundenen Direktorwohnung erwächst bei der Emeritierung ihres Inhabers. Er muß sie selbstverständlich räumen und für seinen Nachfolger frei machen. Bei einer solchen Zäsur spielen allerhand gefühlsbedingte Momente eine Rolle. Wer trennt sich schon gern von einem liebgewordenen Arbeits- und Wohnbereich, an den ihn tausend Fäden binden? Aber auch handfeste Tatsachen erschweren den Übergang. In erster Linie die Wohnungsknappheit. Wir suchten lange nach etwas Passendem. Das neue Heim sollte den verbliebenen Aufgaben des Emeritus, seinem persönlichen Geschmack und Wohlbefinden genügen. Schließlich ist und bleibt das häusliche Milieu gerade für den aus seinem bisherigen Wirkungskreis Scheidenden ein wichtiger Faktor in seiner weiteren Arbeit. Aber endlich fanden wir geeignete Räume, in denen wir die alten Möbel, die wertvollen Einzelstücke, die nach und nach dazugekommen waren, aufstellen konnten und last not least auch das Meißener Porzellan. Wegen der Anschaffungen hatten wir in früheren Jahren lieber auf ein Auto verzichtet. Erst als ich Ordinarius in Berlin wurde, kauften wir uns einen BMW aus Eisenach.

An ihn knüpft sich eine makabre Erinnerung, denn wir verdanken ihm die Bekanntschaft mit einem völlig fremden, abartigen Milieu. Meine Frau und ich besaßen jeder eine Fahrerlaubnis aus früherer Zeit. Sie entsprach nicht mehr den gesetzlichen Vorschriften unseres Staates. Also belegten wir einen neuen Kursus, versuchten uns aber trotzdem inzwischen auf unserem neuen Wagen einzufahren — in Westberlin, wo solche alten Papiere galten. Unter den herrschenden Verhältnissen war das nicht außergewöhnlich. In der Hoffnung auf eine progressive Entwicklung auch im Westen gab es über Jahre in Berlin eine offene Grenze. Damals gehörte es zu den Gegebenheiten des Alltags, die so verschiedenen Welten äußerlich nur durch ein Schild auf der Straße getrennt zu sehen, an dem die Leute zu Zehntausenden herüber- und hinübergingen, ohne davon Notiz zu nehmen. 1950 gondelten noch offiziell gekennzeichnete Regierungswagen von uns unkontrolliert durch Westberlin, oft aus keinem anderen Grund, als einen Weg abzukürzen. Aber die Dinge spitzten sich allmählich zu.

Als wir eines Spätnachmittags nach einer «Trainingsfahrt» nach Hause wollen, stoppen uns in der Siegesallee drei Westberliner Polizeiwagen, einer setzt sich vor, der andere hinter, der dritte neben uns. Uniformierte reißen die Tür meines Wagens auf und schreien mich an: «Sie sind festgenommen, vermeiden Sie jeden Schußwaffengebrauch!» Ich fragte, was das zu bedeuten habe. «Das werden Sie schon sehen!» Sie fordern mich auf, auszusteigen und mit meiner Frau in den Polizeiwagen zu klettern. Mein Fahrer soll im Konvoi den BMW steuern. Aus dem Polizeifunk entnehme ich, daß sie uns auf ein bestimmtes Polizeirevier im Tiergarten bringen. Geld und Ausweise werden mir abgenommen. Meine Erklärung, ich müsse zum Dienst in die Klinik, mein Verlangen, den Westberliner Gesundheitssenator, der mich identifizieren könne, zu sprechen, weisen die Polizisten zurück. Eine «grüne Minna» schafft uns zusammen mit Banditen und Prostituierten in ein Untersuchungsgefängnis im Bereich des Tempelhofer Flughafens. Ich sehe ein Schild, das mich belehrt, ich könne mir einen Rechtsanwalt als Verteidiger nehmen, hätte aber zunächst für vierundzwanzig Stunden allen Anordnungen der Polizei Folge zu leisten. Mein Einspruch und der Hinweis auf das festgelegte Operationsprogramm für den folgenden Tag halfen mir ebensowenig wie die Feststellung, ich mache die Westberliner Behörden für alle beruflichen und politischen Folgen verantwortlich.

Da sitze ich nun in einer Gesellschaft, wie ich sie noch nie um mich hatte, höre ihr intimes Geflüster, ihre Spekulationen über Fluchtmöglichkeiten, die gegenseitigen Beschuldigungen wegen «Verpfeifens» und Dutzende von Redensarten, die selbst meine abgehärteten Ohren schmerzen und die Feder sich sträuben lassen, sie zu Papier zu bringen. Eine einmalige Studie. Aber ohne Kenntnis der Ursachen für meine Festnahme und ohne Möglichkeiten einer juristischen Klärung auf Gedeih und Verderb dieser Polizei ausgeliefert zu sein, ist doch eine harte Nuß.

Wir kommen über zwei Stationen in getrennte Zellen, meine Frau zu den Dirnen, ich mit meinem Fahrer zu den schweren Jungs.

Am nächsten Morgen werden wir im Büro der Polizeidirektion vernommen. Endlich klärt sich der Sachverhalt. Ein Angestellter der italienischen Botschaft hat unsere Fahrversuche, Wenden, Rückwärtsfahren, einen Schutthügel hinauf und wieder herunter — alles, was wir ahnungslos ausgerechnet vor seinem Botschaftsgebäude absolvierten — als Übungsmanöver für eine Entführungsaktion gedeutet und die Polizei benachrichtigt. Die Angelegenheit ist erledigt, man entschuldigt sich sogar. Ich sage den Polizisten, daß ich kein Verständnis dafür aufbringen könne, warum sie sich kurzsichtig politischen und juristischen Verwicklungen aussetzten, wenn sie die Sache sofort am Abend unkompliziert hätten bereinigen können. Worte in den Wind.

Auf diese Weise lernten wir auch Ausstattung und «Kultur» jener Räumlichkeiten kennen, die für manche zur Dauerwohnung werden. Wir fanden uns, so gut es ging, damit ab. Unser Hund — der Boxer — bewies die größte Charakterstärke. Während wir «Verhafteten» dem Modell Falladas in «Wer einmal aus dem Blechnapf frißt» folgten und Muckefuck mit Marmeladenbrot als Frühstück genossen, verweigerte er nach Aussage des ihn «Bewachenden» jede Nahrungsaufnahme.

Die Episode läßt entfernt ahnen, vor welchem politischen Hintergrund wir unser Leben gestalten mußten, welches Gewicht einer unbeirrbaren, klaren Zielsetzung im beruflichen und privaten Bereich zukam. In der Rückschau auf jene brodelnden Zeiten sieht alles einfach aus, im Augenblick des Erlebens der oft von Schläue und Heuchelei durchsetzten Versuche, uns vom eingeschlagenen Weg abzubringen, bedurfte es einer festen und konsequenten Haltung, um im Wirrwarr der Gefühle und Anfechtungen nicht schwankend zu werden und in der einmal für richtig erkannten Marschrichtung auch bis zum Ende zu gehen. Das ist keine Kunst oder Kunstfertigkeit, das ist auch nicht einfach nur Wissenschaft oder Politik oder Ideologie, das ist in nicht geringem Maße eine Charakterfrage. Einige meiner Mitarbeiter, denen ich beruflich geholfen, deren Karriere ich mit aufgebaut hatte, scheiterten an Äußerlichkeiten, an Schwierigkeiten einerseits, Verlockungen andererseits, und ließen mich damals im Stich. Ich bedauerte ihren Entschluß. Die wenigsten erreichten den ihnen vorschwebenden Status, eine ihren fachlichen Fähigkeiten entsprechende Position, im Westen.

Gesunder Geist
in gesundem Körper

Barrieren

Unter den Voraussetzungen, über die ein guter Arzt verfügen sollte, habe ich unter anderem Gesundheit gefordert. Das klassische Ideal, wonach ein gesunder Geist in einem gesunden Körper wohnen möge, läßt sich naturgemäß nicht uneingeschränkt verwirklichen. Viele Ärzte können die Erfüllung dieser Forderung für sich nicht in Anspruch nehmen. Erkrankung oder Verletzung — oft noch kriegsbedingte Verwundungen —, aber auch chronische Leiden belasten sie, und trotzdem sind sie ausgezeichnete Ärzte. Manchmal bestimmten solche Leiden die Wahl ihres speziellen Berufszweiges. Der Gehbehinderte wich in das Labor, der Handbehinderte in organisatorische oder soziologische Bereiche der Medizin aus. Die eigene Erkrankung kann sogar eine — mitunter allerdings recht teuer erkaufte — Schule für das Einfühlungsvermögen des Arztes in die Empfindungen seiner Patienten, ihre Vorstellungen und Hoffnungen sein. Ich bin also weit davon entfernt, diesen Ärzten die Eignung abzusprechen. Im Gegenteil, ich kenne eine ganze Reihe von ihnen, die Vortreffliches leisten und ihren Patienten durch ihr Beispiel eine große Stütze sind. Der Blick des Arztes auf eigene Erkrankungen ist nicht unbestechlich.

Ende November 1974 erkrankte ich an einem Herzinfarkt und reihte mich damit in die große Schar derer ein, die dieser bei weitem häufigsten Zivilisationskrankheit ihren Tribut zollten. Meine Konstitution und Vitalität — so das Urteil meiner Umgebung — hätten das nicht erwarten lassen. Aber an der Tatsache ist nun einmal nicht zu zweifeln. Zum Glück konnte ich den Anfall überwinden. Seine Symptome empfand ich nicht anders, als das schon Tausende beschrieben haben. Über Folgen und Prognose war ich mir im klaren, dennoch glaubten die behandelnden Ärzte, meine Ungeduld zügeln und mich zu einer ruhigeren, beschaulicheren Lebens- und Arbeitsweise zwingen zu müssen. Natürlich hatten sie recht, obwohl dieser Rat für die Lebenserwartung eines vierzig- oder fünfzigjährigen Menschen ein überzeugenderes Argument darstellt als für einen über siebzigjährigen. Wir trafen uns auf der Ebene der modernen Infarkttherapie, die an Stelle der alten Form der Bettruhe und konservativen Beobachtung und Behandlung eine frühzeitige aktive Bewegung, Mobilisation der Funktion und adaptive Übungen vorzieht.

Eigentlich war ich bis in meine Studienjahre hinein relativ wenig krank, abgesehen von den üblichen Kinderkrankheiten Masern, Scharlach, Windpocken, Diphtherie. Überstand man sie, blieb man bis ins hohe Alter immun dagegen. Die moderne Impfprophylaxe führte inzwischen zu einer deutlichen Senkung der Morbiditäts- und Mortalitätsziffer der infektiösen Kinderkrankheiten, teilweise — wie bei der Kinderlähmung — fast zur Ausrottung. Wo der Impfstoff noch nicht die angestrebten Ergebnisse erreicht — wie der gegen die Grippe der Erwachsenen —, ist das kein Grund zur Resignation, sondern eine ständige Aufforderung zu konsequenter Forschung. Die Variabilität der verschiedenen Grippeviren und ihre unterschiedlichen Eigenschaften erklären die Schwierigkeiten einer zielgerechten Immunisierung. Sie zeigen zugleich, wie notwendig es ist, den Hebel immunologischer Forschung an ganz neuen Punkten anzusetzen.

Weil ich alle erforderlichen Schutzmaßnahmen in meiner Studienzeit und meiner späteren ärztlichen Tätigkeit beachtete, hatte ich nie Angst, mich zu infizieren, und behielt recht. Mit der bewußten Ausnahme. Während der Auskultationskurse in den Tbc-Baracken der Charité oder bei Obduktionen im Pathologischen Institut des Krankenhauses am Friedrichshain zog ich mir eine cavernöse Phthise zu, eine Anfang und Mitte der zwanziger Jahre unter dem medizinischen Personal recht häufige Infektion.

Während eines für meine Eltern nicht leicht zu erschwingenden Sanatoriumsaufenthaltes betrachtete ich meine Umwelt bereits aus der Sicht des angehenden Arztes. Ich studierte die verschiedenen Charaktere der Patienten, ihre unterschiedliche Einstellung zur Krankheit, ihr trotz der Krankheit nicht erloschenes Geltungsbedürfnis, stärkere oder herabgesetzte Kontaktfreudigkeit und Hilfsbereitschaft, schwankende Disziplin in der Einhaltung der Kurvorschriften. Wer den «Zauberberg» von Thomas Mann kennt, weiß, was ich meine.

Überdenke ich heute, welche materiellen und finanziellen Sorgen die meisten neben den psychologischen und körperlichen Beschwerden belasteten, von deren Bewältigung der Augenblickserfolg und die Zukunft abhingen, und vergleiche es mit unserer sozialistischen Krankenfür- und -vorsorge, die wie vielen anderen auch mir im Sanatorium Liebenstein unmittelbar zuteil wurde, dann bejahe ich mit besonderer Dankbarkeit den tiefgründigen Wandel der Gesellschaft. Wer solche Strecken durchmessen hat wie ich, dem drängen sich die Gegenüberstellungen geradezu auf. Es kommt nur darauf an, nicht immer alles selbstverständlich hinzunehmen, sondern auch einmal über Zusammenhänge und Entwicklungen nachzudenken.

Als ich damals erkrankte, schien — abgesehen von der ursprünglich nicht zu überblickenden Prognose — meine berufliche Entwicklung eine ganz andere Richtung zu nehmen, als mir vorschwebte. Zusätzlich fiel ins Gewicht, daß die mich behandelnden Ärzte unbedingt einen Tbc-Facharzt aus mir machen wollten und nicht nur mich, sondern auch meine Eltern zu dieser Auffassung zu bekehren suchten. Das störte meine beruflichen Lebenspläne empfindlich und bereitete mir viel Kummer.

Später, nachdem ich im Spezialberuf schon längst Fuß gefaßt hatte, eine Umkehr und Umschulung aus Altersgründen sowie wegen der erreichten Positionen gar nicht mehr in Frage kamen, stellte mich eine Stoffwechselstörung — ein Diabetes — noch einmal vor gewichtige Entscheidungen. Würde ich die vielseitigen Verpflichtungen, den unregelmäßigen Tagesablauf, die Nachtarbeit, langes Stehen beim Operieren und Laufen bei den Visiten durchhalten können? Beide Erkrankungen und auch eine Fraktur im Bereich des rechten Kniegelenkes, die ich mir bei der Verfolgung von Dieben in der Klinik zugezogen hatte, hinderten mich aber schließlich nicht an meinem vollen beruflichen Einsatz.

Es wäre vermessen, wollte ich meiner Art, an dem einmal gesetzten Ziel festzuhalten und es auf Biegen und Brechen zu verfolgen, das Hauptverdienst an meinem Vorwärtskommen zuschreiben. Dennoch richtete ich mich, wenn ich selber Menschen zu beurteilen hatte, in starkem Maße nach der Zielstrebigkeit, die sie im Leben an den Tag legten. Wankelmütigen, die Beruf und Stellung ohne Zwang allzu häufig wechselten, es einmal da und einmal dort versuchten, vor jeder vermeintlichen Barriere kapitulierten, ohne hartnäckig zu versuchen, sie zu überwinden, die aus Trotz oder Starrsinn nicht aus Schwierigkeiten lernten und nicht an ihrer Lösung mitarbeiteten, konnte ich kein gutes Zeugnis ausstellen.

Heute, da ich mein Leben überdenke, möchte ich alles, was mir schwerfiel, nicht versäumt haben. Es nahm mich in die Schule, erzog und bildete mich, erweiterte meine Erfahrung, ließ mich reifen. —

Manchmal hat man das Gefühl, als forderten Patienten selbst ihr Schicksal heraus. Die niemals zu leugnende Möglichkeit von Komplikationen beherrscht sie gedanklich so sehr, daß sie gar keine Zuversicht mehr zu gewinnen vermögen. Ein mir besonders verbundener Freund fand den Tod infolge einer sekundären Komplikation nach einer Operation, die ausschließlich die Unbedenklichkeit eines vorhandenen Befundes sichern sollte. Er wollte es um jeden Preis wissen. So erfuhr er es nie.

Ich rede nicht von den angehenden Jüngern der medizinischen Wissenschaft, die in den klinischen Vorlesungen zum ersten Mal mit Symptomen von Krankheiten vertraut werden, die sie dann alle an sich zu entdecken glauben. Davon sind nur wenige frei.

Gelegentlich wecken Zufälle Gedanken an das unvermeidliche Ende. Anfang der fünfziger Jahre besuchte ich die Stadt Meiningen. Nach der Besichtigung des Theaters ging ich in das Max-Reger-Museum, in das Haus, wo er 1913 bis 1914 als Leiter der Hofkapelle gewirkt und musiziert hatte. Wie immer bei solchen Gelegenheiten fühlte ich mich durch die Realität seiner Umwelt, durch das Betrachten des Flügels und der Arbeitsmaterialien, die in seiner Hand gewesen waren, außerordentlich angeregt. Ich nahm mir vor, mich wieder einmal mit ihm und seinen Kompositionen näher zu beschäftigen. Mein Blick fiel auf ein Plakat. Da sah ich mich in das Jahr 1916 zurückversetzt.

Damals stand ich als Vierzehnjähriger auch vor einem solchen Plakat. In meiner Heimatstadt sollte Reger ein Konzert geben. Seine Musik zog mich schon damals sehr an. Ich hatte einige Sachen von ihm gehört, mir seine Lieder und kleinere Klavierstücke besorgt und wartete nun gespannt auf die persönliche Begegnung mit ihm. Dann sah ich in einer Vorverkaufsstelle den Anschlag. Lapidar wurde mitgeteilt, das Konzert müsse ausfallen, da Max Reger bei seiner Anreise verstorben sei. Leicht beklommen verspürte ich die Macht des Todes. Was dem Vierzehnjährigen dunkel und geheimnisvoll erschien, sah der Fünfzigjährige vor dem Max-Reger-Plakat realistischer.

Wieweit kann man Objektivität zur eigenen Krankheit und zum eigenen Tod gewinnen? Ich glaube, das ist eine Frage der Persönlichkeitsstruktur, der Lebensauffassung und jener Fähigkeit, Gefühl und Verstand in ein ausgewogenes Verhältnis zueinander zu bringen, das jedem von beiden zu seinem Recht verhilft und letzten Endes zu einer Haltung führt, die sich auf innere Harmonie und Festigkeit in allen Lebenslagen, also auch angesichts des Todes, gründet. In diesem Punkt unterscheidet sich der Arzt nicht von seinen Mitmenschen anderer Berufskategorien. Mit einer Einschränkung vielleicht: seine Kenntnis biologischer, physiologischer und pathologischer Fakten, seine beruflichen und persönlichen, somatischen und psychologischen Erfahrungen bewegen sich ständig um diese Probleme. Da sie mit Vorrang den Inhalt seines Lebens bilden, wäre von ihm wohl eine besondere Haltung und Einsicht gegenüber der eigenen Krankheit und dem Tod zu verlangen. Ist ein solcher Anspruch überhaupt zumutbar?

Manche zeigen sich ihm gewachsen. Ein mir bekannter namhafter Gynäkologe ließ sich ungeachtet seines nahen Todes von seiner Frau noch an das Rednerpult eines Kongresses geleiten, um die übernommene Verpflichtung, einen Erfahrungsbericht zu geben, zu erfüllen. Es gab einen anderen, der zunächst die deletäre Diagnose seines Leidens anzweifelte, sich dann von der Stichhaltigkeit überzeugte und den kurzen Rest seines Lebens zum Ordnen des wissenschaftlichen Nachlasses benutzte.

Die moderne Medizintechnik gestattet heute dem Arzt, auch seine inneren Organe selber zu untersuchen, um ein untrügliches Bild seines Zustandes zu erhalten. Ich habe es an mir erprobt. Röntgenologische Herz-Lungen-Untersuchungen verfolgte ich auf dem Bildschirm eines Monitors. Als Sachkundiger wertet man sofort die Befunde, niemand kann einem etwas vormachen. Auf gleiche Weise stellte ich Speiseröhre, Magen und Darm der Selbstdiagnose.

Ich kannte Ärzte, die sich täglich untersuchten und die Stunde des Todes aus diesen Befunden errechneten. Sie verstanden glückhaft zu leben und bewußt Abschied zu nehmen und zu sterben. Mein eigener Lehrer, Walter Stoeckel, ließ so, wie er sein ganzes berufliches Leben hindurch objektiv analysierte und entschied, auch nicht davon ab, als es in der Stunde des Todes um ihn selber ging.

Ich beobachtete Ärzte, die um ihr nahes Ende wußten und alles taten, um ihre Umgebung — die engere der Familie wie die weitere des Kollegenkreises — von ihrem Kummer fernzuhalten, und sich so gaben wie immer. Ein bekannter Forscher tat die Sorgen der Mitarbeiter um seine Gesundheit und deren dringliche Bitte um Untersuchung mit der Bemerkung ab: «Was nützt es, wenn ihr wißt, wann ich sterbe.» Ein anderer brachte es fertig, mich auf meine Erkundigung nach seinem Befinden — sarkastisch, wie er auch im Vollbesitz seiner Kräfte reagierte — mit der Antwort zu schockieren: «Sie wollten wohl fragen, ob ich immer noch lebe?»

Jede dieser Persönlichkeiten beeinflußte mich. Am stärksten wirkte auf mich, wenn sie nach dem Gesetz, wonach sie angetreten waren zu arbeiten und zu leben, auch zu sterben wußten.

Auf jeden Fall darf sich der Arzt in der Arbeit nicht mit Grübeleien über diese Fragen belasten. Er muß alle seine Kräfte dem Leben, dessen positiven Seiten zuwenden. Das kann er nur, wenn er zugleich selber als Beispiel für Gesundheit und Lebenswillen wirkt. Diese Binsenwahrheit wird niemand bestreiten, der sich bemüht hat, zum Leben zu verhelfen, es zu erhalten und vor Krankheit, vor zu frühem Tode zu bewahren. Ausschließlich so soll man es verstehen, wenn ich zu den Eigenschaften des guten Arztes die körperliche und geistige Gesundheit, Schwung und Begeisterung zähle.

Mich traf der Herzinfarkt zu einer Zeit, da viele meinten, ich hätte mich längst von allen Verpflichtungen zurückziehen sollen. Ich dagegen hielt gerade das Engagement in beruflichen und kulturellen Fragen für das einzige, was mich körperlich und geistig erhält. Solange meine Frau lebte, schafften wir es nie, an einem Opernball teilzunehmen. Nach ihrem Tode zog es mich verständlicherweise nicht mehr besonders dorthin. Doch 1976 — durch den Besuch alter Freunde und stimmungsvolle Gespräche in Laune gebracht — gingen wir gemeinsam in die geschmackvoll als Ballhaus hergerichtete Oper. Ich hatte mir vorgenommen, die Darbietungen anzusehen, dann aufzubrechen und mir zu Hause noch eine besinnliche Stunde zu gönnen, um das Erlebte nachschwingen zu lassen. Es kam anders. Ich gehörte zu den letzten Gästen. Einmal zum Bleiben entschlossen, konnte ich mich dem Tanzparkett nicht entziehen und überstand das ebensogut wie das anschließende Warten auf ein Taxi in der Winterkälte. Seit meinem Herzinfarkt die erste physische Belastung dieser extremen Art. So registrierte ich den Ball nicht nur als einen kulturellen Höhepunkt, sondern zugleich als einen medizinischen Test der Leistungsfähigkeit meines Herzens. Eine Bestätigung meiner Ansicht über den Nutzen der Aktivität.

Da ich allein bin, fallen mir manche Entscheidungen schwerer. Ich beginge ein großes Unrecht, verschwiege ich die selbstlose Hilfe vieler Freunde, Schüler und Bekannten oder die Unterstützung meiner vorgesetzten Behörden gerade jetzt, da ich ihnen besonders zu danken habe. Aber es gibt manche Bereiche allerpersönlichsten Gedankenaustausches und gegenseitiger Ergänzung, die keiner Worte bedürfen, die einfach da sind und uns wie Brücken über jede Schwierigkeit hinwegführen, ohne uns bewußt zu werden. Seit meine Frau nicht mehr lebt, stoße ich an Hindernisse, die ich früher überhaupt nicht wahrgenommen hätte. Als meine Schwiegermutter im hohen Alter von zweiundneunzig Jahren starb, berührte mich das emotional genauso wie die Tatsache, daß ich in dem Sanatorium, in dem ich mich aufhielt, überwiegend Ehepaare sah. In Unkenntnis meiner familiären Verhältnisse fragte man immer wieder, warum ich meine Frau nicht mitgebracht hätte. Meiner Antwort folgte entweder aus Mitgefühl geborenes Schweigen oder — was auch vorkommen soll — Neugier über das Wie des gemeinsamen Lebens und das Warum ihres frühen Todes.

Soll ein Autobiograph auf solche Fragen eingehen? Hat er ein Recht, das Lebensbuch eines anderen vor der Öffentlichkeit aufzublättern, in dem es doch nicht um seine eigene Geschichte geht? Ich meine, nein. Selbst wo sich sein Leben mit ihm verbindet, sollte er nur insoweit davon sprechen, als es für das eigene Handeln erklärt, was sonst nicht zu erklären ist. Niemals aber darf ein Fremder in die Gedanken und Gefühlswelt eines Menschen einbrechen, der sich als Beweis der Liebe und des Vertrauens in seinen letzten Regungen aufgeschlossen hat, um alles wohl bewahrt zu wissen. Passagen, die das mißachten, verstehe ich nicht, ich billige sie insbesondere schon gar nicht in Ärztebiographien. Sie kommen einer Verletzung der Schweigepflicht, wenn auch nicht immer im juristischen Sinne, so doch zumindest im moralischen, gleich. Mein Lehrer, Walter Stoeckel, wehrte sich zu seinen Lebzeiten energisch gegen die Veröffentlichung ursprünglich nur für den engsten Kreis der Vertrauten niedergeschriebener Mitteilungen. Sie kamen dennoch vor die Augen der Öffentlichkeit und erregten größtes Mißfallen. Aber da war er tot und konnte sich nicht mehr wehren.

Was soll man also auf die Frage antworten, warum man selber ohne Kinder geblieben sei, obwohl man sie im öffentlichen Leben gefordert, als Glück und Freude gepriesen und einen großen Teil der beruflichen wie wissenschaftlichen Arbeit ausgerechnet der Bekämpfung der Sterilität gewidmet hat?

Man möchte mit einem «Befreiungsschlag» die Frager ausspielen, wie jener Tischnachbar zweier Damen, der sich lieber den Freuden der Tafel als der Belastung einer essenstörenden Konversation hingeben wollte. Da ihm das Gerede zu lästig wurde, fragte er die Dame zur Rechten: «Haben Sie Kinder?»

Antwort: «Ja.»

Dann die zweite Frage: «Sind Sie verheiratet?»

Sie verstummte. Er wandte sich der Dame zur Linken zu und stellte die gleiche Frage: «Haben Sie Kinder?»

«Nein.»

«Sind Sie verheiratet?»

«Ja.»

Darauf er: «Ach, interessant! Wie machen Sie das?»

Seitdem hatte er auch vom linken Flügel her Ruhe.

Aber auf wen sollte ich so reagieren? Genügt es zu wissen, daß ich, der ich — außer in ganz akuten Fällen — stets ablehnte, in den Reihen der eigenen Familie zu behandeln, bei einer Notoperation der eigenen Frau feststellen mußte, uns würde das Glück, Kinder zu haben, versagt bleiben? Gelingt es, sich klarzumachen, um wieviel belastender ein solches Wissen ist, wenn man sieht, wie sich der Partner in Liebe zu fremden Kindern geradezu verströmt, immer für sie da ist und von ihnen in besonderem Maße wiedergeliebt wird? Kann man denn überhaupt nachempfinden, was es für einen Arzt bedeutet, in der eigenen Familie dort nicht helfen zu können, wo er sich durch Erfolge bei Fremden auf diesem Gebiet vielfach bestätigt sehen konnte? Mir geht die Frage einer Schwester nicht aus dem Ohr, die zeitlebens auf der Krebsstation selbstlos ihren Dienst versehen hatte und schließlich selber an diesem Leiden zugrunde gehen mußte: «Das kann doch nicht sein, das kann doch nicht der Dank für alles sein, was ich im Leben tat, damit viele Menschen mit dieser Krankheit fertig wurden.»

Beim Niederschreiben dieser Zeilen spüre ich, wie diese oder jene Frage, die man zunächst nicht beantworten will, weil einem die Neugier des Fragestellers größer als die Berechtigung allgemeinen Interesses zu sein scheint, doch zu einem tieferen Verständnis der eigenen Lebensführung beitragen kann. Wie konnte sich denn unser privates Leben gestalten, wenn ich als Geburtshelfer Tag und Nacht in Anspruch genommen war? Nur indem sich meine Frau auf meine Arbeit einstellte und ich sie über der Fülle meiner Verpflichtungen nicht vergaß. Wir wußten uns in Gedanken stets beieinander. Schon vor der Ehe war uns klar, daß wir manchen Genuß gemeinsamen Erlebens — wir haben sehr selten Urlaub machen können — entbehren mußten. Damit fanden wir uns ab und lebten nach dem Spruch des Horaz: «Carpe diem», nutze den Tag. Auf dem Kalenderblatt unserer täglichen Verpflichtungen waren die dienstlichen immer dick, die privaten dünn unterstrichen. Das geht, wenn man will. Ich habe es meinen Assistenten vorzuleben versucht.

Stoeckel verzichtete, soviel ich weiß, seit seiner Berufung nach Berlin bewußt auf jedes gesellschaftliche Leben. Er meinte, seine beruflichen Aufgaben ließen mehr nicht zu. Ich verstand seine Ansicht aus der Zeit heraus. Aber die Entwicklung ist fortgeschritten. Sie verlangt vom Arzt mehr.

Wir bemühten uns, nicht auf den überlieferten Bahnen alter Familientradition weiterzufahren, sondern neue Gleise zu legen, das Tempo zu steigern, ohne dabei das überkommene Erbe zu mißachten, zu arbeiten ohne Rücksicht auf die eigene Person, aber aufgeschlossen jedem Glück, jeder Freude und jeder Stunde, die uns vergönnt waren. Wir wollten wir sein. Unverwechselbar und doch allem und allen nahe.

Man fragte mich auch, warum meine Frau nach russisch-orthodoxem Ritus beerdigt wurde. Die Antwort, wenn ich sie schon geben soll, ist einfach. Sie war in ihrer ersten Ehe zum griechisch-orthodoxen Glauben übergetreten und wollte ihren aus Menschenliebe und Dienen geborenen Glauben nicht formalen Rücksichten unterwerfen, ganz und gar nicht einem rückläufigen Wechsel bei unserer Eheschließung. Als sie starb, ließen die politischen Verhältnisse eine Bestattung durch die griechisch-orthodoxe Kirche nicht zu. Die Aufgabe wurde dann von der russisch-orthodoxen Kirche übernommen.

Meine Frau und ich waren in allen Fragen, die an die persönlichsten Dinge rührten, nie unterschiedlicher Meinung. Wir erleichterten uns die Entscheidungen durch Einsicht und Rücksichtnahme und damit auch anderen. So herrschte zwischen dem ersten Mann meiner Frau samt seiner Familie und uns bis zum Tode offenherzige Freundschaft. Niemand errichtete Schranken der Feindschaft. Wem solches in ähnlichen Lebenslagen nicht widerfuhr, wird besonderes Verständnis für meine Auffassung haben, daß dies zu den großen Vorzügen im Leben gehört, weil eine auf die Verbitterung anderer gebaute Ehe sich nicht völlig von Schatten befreien kann.

Homo politicus

Ein Homo politicus in engerem Sinne bin ich nie gewesen, aber je mehr man sich als Arzt auch seinen gesellschaftlichen Auftrag bewußt macht, um so stärker entwickelt man sich zum handelnden Subjekt im Gemeinwesen, in der Öffentlichkeit, in den staatlichen Angelegenheiten. Als Emeritus sehe ich das in keiner Weise abgeschwächt. Vielleicht fand ich sogar noch mehr Möglichkeiten, in diesem Geiste zu wirken.

Der 25. Jahrestag unserer Republik 1974 bot mir willkommenen Anlaß zu einer gesellschaftspolitischen Bilanz in unserer Wissenschaft, wo sich — wie überhaupt in der Welt — vieles von Grund auf verändert hat. Wer mit offenen Augen durch unsere Tage geht, erlebt die Dynamik dieser in ständigem Fluß befindlichen Entwicklung täglich, ja, man kann sagen, bei ihrem Tempo und ihrer Intensität stündlich. Er sieht es an den Dingen, die ihn umgeben, er verspürt es an sich selber. Wer alt genug ist, Vergleiche zu ziehen zwischen dem geistigen und substantiellen Zusammenbruch 1945, den Ruinen unserer Städte, dem Hunger, Elend, der Mut- und Hoffnungslosigkeit jener Tage und dem Aufbau, der geistigen und kulturellen Erneuerung, dem wissenschaftlichen, gesellschaftlichen und technischen Fortschritt heute, der Zuversicht und der Überzeugung, auf dem richtigen Wege in eine bessere Zukunft zu sein, der wird mit berechtigtem Stolz feststellen, daß und wie wir bei uns die historische Chance nutzten.

Neulich klingelte es an meiner Tür. Zwei Schüler standen davor und sammelten Spenden für die internationale Solidarität. Die vorgelegte Liste wies viele prominente Namen auf. Ich zeichnete ab. Der eine Schüler guckte auf den Zettel und fragte: «Sind Sie Herr Kraatz?»

«Ja.»

«Dann sind Sie es, der mich auf die Welt geholt hat. Am dreißigsten Juni neunzehnhundertundsechzig. Meine Mutter hat oft von Ihnen gesprochen . . .»

Ich sah in das offene Gesicht dieses Jungen, eines Menschen, der in die Zukunft, die schon begonnen hat, hineinlebt, der sie ausgestalten und weiterführen wird, es im Grunde in diesem Augenblick tut, und sagte: «Na, da werde ich mal meine Spende noch erhöhen.»

Erst später wurde mir so recht klar, daß die Selbstverständlichkeit der Handlung des Jungen und auch meiner eigenen mehr über die letzten Jahrzehnte und ihre Entwicklung aussagte, als es im Augenblick den Anschein hatte.

Wie gesagt: Ein Homo politicus im engeren Sinne bin ich nie gewesen, ein gesellschaftlich aufgeschlossener, aus der Erfahrung lernender und dadurch allmählich in der Gesellschaft herangereifter Mann, das hoffe ich im Urteil meiner Leser zu sein, gleich, welchen Alters sie sind.

Wer in seinem Beruf die Hand am Puls der Zeit hat — und das muß ja wohl ein Arzt, gerade wenn er ein Hochschullehrer ist, in besonderem Maße —, der spürt sehr deutlich die «Extrasystolen» der generativen Entwicklung da, wo die heutige Jugend ihre eigenen Wege gehen will und sich gegen die ständige Wiederholung politischer Warnungen stemmt, die ihr langweilig werden, die sie aber in der geeigneten Form dennoch immer wieder hören muß, um vor dem Rückfall in falsche Ideologien oder vor Illusionen geschützt zu sein.

Mit der einfachen Feststellung, daß sie — die zur Hitlerzeit noch ungeborene Jugend — ja nicht Schuld an den «Sünden der Väter» sei, ist es nicht getan, sind die Probleme nicht gelöst. So einfach kann man es sich angesichts der Lage in der Welt nicht machen, denn — wie sagt doch Brecht — «der Schoß ist fruchtbar noch, aus dem das kroch».

Wer dürfte sich andererseits als Engel hinstellen, der ohne Fehler sei. Unsere Entwicklung seit 1945 ist auch nicht nur auf glattem Asphalt, ganz reibungslos und fehlerfrei verlaufen. Die Fragen danach kann man ruhig und offen beantworten, ja, es zeugt von der Zuverlässigkeit des inneren Regulativs unseres Gesellschaftsprinzips, daß man es — freilich nicht selbstzerfleischerisch — auch und gerade in den Spitzengremien tut. Nur so läßt sich Vertrauen gewinnen, nur so lassen sich die Quellen einer Entwicklung freilegen, zu der sich die heutige Jugend und die ihr folgende Generation mit Begeisterung, Aufrichtigkeit und Überzeugungstreue bekennt.

Ich kann diese Auffassung, wie ich es auch in diesem Buch zu tun bemüht war, hinlänglich aus meinem Beruf begründen. Die fortschrittlichste Gegenwart sollte niemals vergessen lassen, daß auch die ungestüm vorwärtsdrängenden Zeitgenossen auf den Schultern ihrer Vorfahren stehen, selbst wenn diese Fehler gemacht haben. Bilderstürmer hat es zu allen Zeiten gegeben, aber ihre Kurzsichtigkeit wird nur ein ebenso Kurzsichtiger leugnen.

Jene Jahre, die im wesentlichen das dritte Vierteljahrhundert meines Lebens umfaßten, waren Jahre, die meinen Blick für die gesellschaftliche Wirklichkeit schärften, die mich das vorangegangene halbe Jahrhundert und meinen eigenen Platz darin mit anderen Augen betrachten lassen. Heute klüger, sollte man indes mit der Ausdeutung der Vergangenheit sehr vorsichtig sein.

Wir waren monarchistisch erzogen. Also waren wir von der Notwendigkeit des ersten Weltkrieges und dem Sieg «unserer» Waffen überzeugt. Zusammenhänge imperialistischer Machtpolitik, die rücksichtslosen merkantilen Prinzipien, die dahintersteckten, blieben uns verschlossen. Die Novemberrevolution 1918 spielte sich vor unseren Augen wie ein Ereignis ab, dessen tieferen Sinn wir nicht begriffen. Dann Versailles. Ich empfand diesen Vertrag als schreiende Ungerechtigkeit. (Daß Lenin ihn aus entgegengesetzter Position als ungeheuerliches Raubdiktat, das Millionen Menschen versklavt, klassifizierte, las ich erst ein Menschenalter später.) Clemenceau, dieser nationalistische Franzose ohne jede Einsicht, ohne Gespür für eine Politik, die — so bildete ich mir ein — doch zum Frieden führen sollte, war mir ein besonderer Dorn im Auge. Allerdings erinnerte ich mich betreten daran, wie «wir» uns bei den Verhandlungen in Brest fünfzehn Monate zuvor gegenüber Rußland verhalten hatten. Hundertfünfzigtausend Quadratkilometer Land und sechs Milliarden Rubel Kontributionen sollte die noch ganz junge Sowjetregierung hergeben. Trotz meiner Jugend fragte ich mich: Warum hatten auch die Deutschen so etwas mit einem unterlegenen Gegner gemacht, warum nicht mehr Großzügigkeit und Einsicht gezeigt? Ich lebte in der Illusion, es gäbe höhere, allen übergeordnete Gebote der Gerechtigkeit. Mindestens fand ich es sehr unklug, so zu verfahren. Unausgegorene Denkansätze. Vielleicht spukte irgend etwas von Bismarcks Gedanken im Kopf herum, es sich mit einem so großen Nachbarn wie Rußland nicht zu verderben.

Die Weimarer Verfassung stellte sich mir als ein Kodex falsch verstandener Demokratie dar. Gute, aber nicht realisierbare Grundsätze. Die Vielzahl der Parteien verwirrte. Man konnte überhaupt keine klare Linie mehr erkennen. Nirgendwo zeigte sich mir eine Grundsatzpolitik, die dem Wohle der folgenden Jahre und der Demokratie in Deutschland gedient hätte. Immer sah ich nur das Selbstbehauptungsstreben einzelner Parteien. Überall wurde geredet, alles wurde zerredet.

Einer der damals gängigen Politiker besuchte den «Speyerer Hof», als ich gerade da arbeitete. Fränkel wollte dem bekannten Politiker die Einrichtung zeigen, um dessen Wohlwollen für die eigenen Bemühungen zu gewinnen. Leutselig erzählte uns der bedeutende Mann, er sei erst kürzlich in einer ausländischen Klinik gewesen. Auf einer Reise habe er sich bei einem Unfall den Mund aufgerissen und sei dort in einer chirurgischen Abteilung genäht worden. Da rutschte Fränkel die Bemerkung heraus: «Ja, ja, jeder wird halt dort gestraft, wo er am meisten gesündigt hat.» Si tacuisses . . ., hättest du geschwiegen!

Die unüberschaubare politische Szenerie jener Jahre verwirrte mich, und mir ging es nicht alleine so. Wenn aber Truppen aufmarschierten mit Kapellen, in exaktem Marschtritt, dann mutete mich das vertraut an, fast — welch Widersinn! — beruhigend. Da herrschte Ordnung und eine bestimmte Zielsetzung. Das imponierte, ganz gleich, ob es wichtig und richtig war.

Im März 1920 putschten die Kappisten. Eine kümmerliche Demokratie hing am seidenen Faden. Und sie kümmerte mich auch nicht viel. Im Gegenteil. Ich fühlte mich ausgezeichnet, als man mir ein Gewehr in die Hand drückte. Allerdings konnte ich nicht schießen. Ältere Mitschüler waren während des Krieges gerade noch eingezogen worden, wir an der Grenze des Jahrgangs 1902 blieben auf der Schule zurück und erhielten nur etwas vormilitärische Ausbildung. Die anderen, soweit noch am Leben, kehrten entwurzelt aus dem Krieg heim. Als Leutnante oder Oberleutnante hatten sie befehlen gelernt und jetzt plötzlich nichts mehr zu sagen. Der Kapp-Putsch verhieß ihnen die Rückkehr ins alte Paradies. Also trommelten sie alle Leute zusammen, die sie kriegen konnten, um eine neue, ihnen treu ergebene Truppe aufzubauen. Sie rekrutierten natürlich zunächst unter ihresgleichen, den alten Mitschülern, meist Söhnen von Mittelständlern wie sie selbst, und im persönlichen Bekanntenkreis.

Das Abenteuer ging zu Ende, bevor es richtig begonnen hatte. Zwar stellten sich in jenen Tagen auch Leute aus dem Mittelstand und progressive Bürgerliche gegen die Kapp-Regierung, aber niemand aus meinem Bekanntenkreis. So war ich bereit, dem gefährlichen Imperativ der Äußerlichkeiten zu folgen. Was wäre aus mir geworden, hätten die Millionenmassen der Arbeiter dieser Verschwörung der Kriegsindustriellen, der Militärs und ihrer politischen Wortführer nicht die Chance genommen? Ausgerechnet die Klasse, gegen die ich antrat, bewahrte mich davor, auf verhängnisvolle Geleise zu geraten oder völlig aus der Bahn geworfen zu werden. Das Ränkespiel mit dem Schicksal eines ganzen Volkes konnte ich damals und für lange Zeit noch gar nicht durchschauen. Schon überhaupt nicht konnte ich ahnen, mich einmal mit der Arbeiterklasse zu verbünden, und das endgültig für mein Leben. Denke ich über den Kapp-Putsch nach, sehe ich heute sehr wohl, daß es die historischen Flammenzeichen noch schrofferer Wendungen gegen alles Revolutionäre waren, die Vorboten des Faschismus. Unwillkürlich drängen sich die Ereignisse in Chile von 1973 in die Gedanken. So präzisiert sich beim Niederschreiben meiner Erlebnisse und Empfindungen von früher mit jeder Zeile auch meine Einstellung zu den Dingen und Geschehnissen der Gegenwart.

Als 1923 die Franzosen die Ruhr unter dem Vorwand besetzten, Deutschland komme seinen Reparationsverpflichtungen nicht nach, studierte ich in Heidelberg. Wir machten unsere Ausflüge nach Mannheim oder Ludwigshafen. An der Rheinbrücke standen die Franzosen. Hinter den Posten fühlten wir uns irgendwie eingesperrt. Alles lehnte sich in uns auf. Gegen wen? Gegen «die Franzosen», die uns mit ihrem Trippelschritt noch zusätzlich aufreizten. Die Bevölkerung sah sich das wie ein makabres Schauspiel an, manche Faust ballte sich — vorsichtshalber in der Tasche. Von den Aktionen der Arbeiter wußten wir nichts. Wir würgten an der Vorstellung, das würde ewig so sein. Dann kam die Schlageter-Affäre. Dieser deutsche Offizier war wegen einiger draufgängerischer Gewaltakte gegen die französischen Truppen festgenommen und von den Besatzern erschossen worden. Die nationalistische Stimmung wurde bis zum Kochen angeheizt. Eine politische Persönlichkeit, die mein Interesse weckte — soweit man von Interesse an Politik und Politikern bei uns damals reden konnte —, hieß Gustav Stresemann. Natürlich bestimmten hier ebenfalls Äußerlichkeiten mein Urteil. Die Wortgewandtheit, Beweglichkeit und Phantasie dieses Mannes schienen mir außergewöhnlich. Er imponierte mir aber insbesondere, weil er sich als Sohn eines Berliner Gastwirts und Weißbierverlegers mit ungeheurer Energie «nach oben» gearbeitet hatte. Während die Politiker sonst fast immer zu Adelskreisen und anderen privilegierten Schichten gehört hatten, kamen manche — wie er — aus der Schicht der Gewerbetreibenden, der auch ich entstammte. Ich wußte, wie schwer sich Handwerker und Gewerbetreibende taten, um ihre Kinder etwas werden zu lassen, vielleicht sogar «etwas Besseres». Irgendwie bewunderte ich deswegen doppelt, wie gerade er Deutschland wieder «salonfähig» machte, der Zusammenarbeit der Staaten neue Bahnen öffnete. Der Vertrag von Locarno 1925 galt mir dafür als Beweis. Daß darin ein Akt der Konfrontation gegenüber Moskau lag, sahen wir nicht. Das merkte nur der, der eine entsprechende politische Vorbildung besaß. Tatsächlich enthielt der Vertrag Absprachen und Garantien zwischen Deutschland und den Westmächten, wohingegen er die Grenzen nach Osten nicht festschrieb und damit die allgemeine Richtung für den Fall wies, daß es der deutschen Politik auf eigenem Boden zu eng wurde.

Jeder kann heute im Geschichtsbuch eines Schülers nachlesen, welche Stimmen der Vernunft sich gegen diese Politik erhoben. Aber vor solchen Tönen verschlossen wir die Ohren, genauso wie vor der Schalmeienmusik, die ich nicht ausstehen konnte.

Selbst das Vokabular der Kommunisten reizte uns seit je. Prolet bedeutete eben ein ungehobelter Kerl. Erst durch unsere Arbeit im Stickstoffwerk, in den Auseinandersetzungen mit ebenso charakterstarken wie beschlagenen Arbeitern änderte sich einiges. Ich gewann gute Kameraden und Freunde, die sich Proletarier nannten, sah in ihren Umzügen nun nicht nur Herausforderung, steckte mir bei Schalmeienmusik nicht mehr die Finger in die Ohren, wenn ich sie auch — man möge mir verzeihen — bis heute nicht so recht lieben lernte.

Von einem jungen Mann, geformt wie ich, ließ sich nicht einfach die Farbe abkratzen. Was darunter steckte umzuformen, erforderte einen langen Bildungsprozeß, das ging nicht von einem Tag zum anderen. Ich mag auch heute noch keine Leute, die schon immer alles vorher gewußt haben. Ich schleppte nach wie vor eine Menge hergebrachter Begriffe mit mir herum, behielt eine Aversion gegen Termini aus dem Marxismus. Bis sie nach und nach abfiel, vergingen Jahre und Jahrzehnte. Wörter wie Kapitalismus und Imperialismus hörten für mich erst nach 1945 auf, Propagandaschlagwörter zu sein und begannen, sich als exakt zu definierende gesellschaftliche Kategorien zu entpuppen, stufenweise. Der Komperativ dieser Entwicklung lag in meiner Hallenser Zeit, als ich in eigener Regie für den Aufbau, die Strukturierung und Programmierung unserer Arbeit zu verantworten hatte, der Superlativ dann in Berlin mit dem weiteren Wachstum des gesellschaftlichen Bewußtseins und mit den Erfordernissen, die sich über meinen Beruf hinaus in den verschiedenen Institutionen und Organisationen einstellten.

Im Juli 1930 bildete die Kommunistische Partei Deutschlands einen Kampfbund der Kleingewerbetreibenden. Ich las das auf Plakaten. Daß sich diese Leute um so etwas kümmerten, fiel mir auf, weil ich oft genug die wirtschaftlichen Sorgen meines Vaters erlebt hatte. Aber es schien mir auf Stimmenfang hinauszulaufen. Gesprächsstoff im Kasino oder anderswo war nicht Ernst Thälmann, sondern Hindenburg als vertauens- und verehrungswürdige politische Gestalt. Mir scheint, ich hatte die meiste Zeit meines Lebens entschieden zuviel Zutrauen zu wichtigen Männern mit seriösem Gehabe, ohne in jedem Fall den letzten Zweck ihres Tuns zu prüfen.

Da waren die wohlbestallten, mitunter auch sehr wohlhabenden Freunde des Vaters, zum Teil renommierte Logenbrüder, zu denen ich von Kindheit an aufschaute, die dann aber in der Stunde existenzbedrohender Not nicht im entferntesten daran dachten, uns zu helfen. Die Bank — ihr Leiter war ein Logenbruder — kündigte die lebensnotwendigen Kredite, obwohl mein Vater allen Zinsverpflichtungen nachgekommen war. Ich eilte — damals junger Assistent — an die Seite meines Vaters und fuhr mit ihm nach Leipzig zur Zentrale des Geldinstituts. Der Direktor — oder wer es war —

schien beeindruckt von dem leidenschaftlichen Vortrag eines jungen Mannes, der den Bruch von Treu und Glauben, den Verrat anklagte, wie ihn die ältere Generation an meinem Vater übte. Der einflußreiche Mann gab sich gebildet, verständnisvoll, über den Dingen stehend und regulierte die Bagatelle. Das personifizierte Kapital hinterließ einen nachhaltigen Eindruck auf mich. Er hielt sehr lange an. Der Witz an der Geschichte ist, daß in unserem konkreten Fall ausnahmsweise nicht wirtschaftlicher Konkurrenzkampf das väterliche Geschäft zu einem der zahllosen Opfer seines blinden Wütens machen wollte, sondern, soweit ich es erkannte, eine persönliche Intrige. Ein künstlerisch ambitionierter Rivale mißgönnte dem singenden Bäckermeister die stimmlichen Erfolge, und eben jener saß an der entscheidenden Schaltstelle der örtlichen Bankfiliale.

1930 stand Hindenburg im dreiundachtzigsten Lebensjahr. Stresemann, dem ich — von den ökonomischen Gesetzmäßigkeiten nichts ahnend — zugetraut hätte, den Staatskarren aus dem Sumpf der Weltwirtschaftskrise zu zerren, war ein Jahr zuvor einundfünfzigjährig gestorben. Brüning regierte und verband seinen Namen mit den Notverordnungen, denen ich die ständige Schrumpfung meines Monatseinkommens verdankte. Im September fanden Reichstagswahlen statt. Hitlers Wählergefolgschaft schwoll von rund achthunderttausend im Jahre 1928 auf fast sechseinhalb Millionen an. Er schien der kommende Mann. Die Regisseure des sich anbahnenden Dramas, die hinter den Kulissen die Fäden führten, übersah ich, Warnungen überzeugter Sozialisten und Kommunisten drangen nicht an unser Ohr oder wurden überhört. Wirtschaftlich bedroht, jederzeit kündbar, bemühte ich mich geflissentlich, erst einmal meine eigene berufliche Existenz zu verankern, selber etwas zu verdienen, ohne im entferntesten an Heirat und Aufbau eines Familienlebens denken, geschweige denn nachhaltig meinen Eltern helfen zu können.

Als die Weimarer Republik in den letzten Zuckungen lag, sich mir keine Lösungswege zeigten, prominente Politiker einer nach dem anderen stürzten — und das in immer schnellerer Folge —, wirkte der Amtsantritt Hitlers auf mich zunächst wie die Lösung des gordischen Knotens. Den Brand des Reichstages nahm ich zur Kenntnis, wie die Zeitung es befahl. Die wirtschaftlichen Versprechungen, der Bau der Autobahnen, die feste Hand, das, was man in dieser Zeit unter Ordnung verstand, verfehlten ihre Wirkungen auf mich nicht. Tausende Politiker haben inzwischen erklärt, wie es zum Faschismus kommen konnte. Tausende Psychologen haben analysiert, warum massenhaft Antennen ausgefahren waren, die Hitlers Parolen empfingen. Sie erreichten auch mich.

Die vermeintliche Ordnung schien zu funktionieren. Es geschah etwas, was mir imponierte. Auf der parteilichen Strecke war das anders. Da machten wir sehr bald unsere Erfahrungen mit den verkappten alten Parteigenossen, die nach dem 30. Januar 1933 offen in der Klinik auftraten, sich benahmen wie die Rüpel und uns — um ihren Jargon wiederzugeben — erst einmal nach Strich und Faden «zusammenschissen». Geheimrat Stoeckel schrieben sie vor, wen er einzustellen, wen er zu entlassen hatte. Als uns dann klargemacht war, wie es mit der Welt, mit Deutschland, mit jedem «Volksgenossen» in den nächsten tausend Jahren weitergehen sollte, hatten sie uns soweit, in der SA gedrillt und dann über diese Truppe Mitglieder der NSDAP, «PG», zu werden.

Die Jahre danach verliefen für mich ähnlich wie für Hunderttausende andere, die damals lebten. Wer überlebte, sah sich tief getäuscht. Die folgende Entnazifizierung empfand ich als Spießrutenlaufen. Ich zog keineswegs sofort die richtigen Schlußfolgerungen aus der eigenen Vergangenheit und für die politische Zukunft. Zuerst verhielt ich mich wie das «gebrannte Kind». Die Demokratie, die mir vorschwebte, besaß sehr verschwommene Konturen. Erst nach und nach legte ich den Mantel falscher Ideologie ab, der mir in der Jugend angeschneidert worden war. Ich begann, die sozialen Inhalte der nationalen Probleme zu entdecken, Klassenbezüge im Lande und zwischen den Ländern.

Man zeigte viel Geduld und Verständnis, wenn ich meine Erfahrungen und Gedanken politischer Art diskutierte, und das geschah auch mit sehr prominenten Leuten. Ich orientierte mich, war bemüht mitzudenken und — wo es angebracht war — meine Meinung zu sagen, wenn notwendig, kritisch. Niemand nahm mir das übel, im Gegenteil, ich wurde gelegentlich aufgefordert, mich vor leitenden politischen Gremien mitzuteilen. In keinem Fall verband sich das etwa mit der Forderung nach irgeneiner Parteizugehörigkeit. Mitunter mußte ich mich sogar sehr hart auseinandersetzen, danke aber für jede dieser persönlichen, freundschaftlichen Hilfen, die ich dabei erfuhr. Die vielen Freunde, die ich auf diesem Wege gewann, antworteten mir, es sei eine Selbstverständlichkeit für sie, die konsequente Geduld der Revolutionäre zu üben, wenn diese Tugend auch zu den schwersten gehöre.

Am Ende bestärkte ich selber Mitarbeiter in ihrer Absicht, sich einer politischen Partei anzuschließen, falls sie dafür die Voraussetzungen mitbrachten und es nicht aus Karrierismus, sondern aus ehrlicher Überzeugung taten. Ich erkannte die Bedeutung gesellsch̄ftlicher Vereinigungen, und mir ist auch nicht entgangen, welche Rolle politische Organisationen für die Reifeprozesse eines Menschen spielen können, wie sie progressive Einstellungen und Wandlungen begünstigen. Aber nun war ich so lange parteilos, nun blieb ich es. Außerhalb einer Partei stand ich dennoch nicht außerhalb des Geschehens. Gewandelt haben wir uns schließlich alle. Wer sollte sich dem großen Sog eines aufbrechenden Zeitalters entziehen können? Niemand ist allein. Gerade meine Arbeit im Kulturbund kam einem ständigen Dialog gleich.

Ich kenne Persönlichkeiten, die sich in der NSDAP oder Wehrmacht erheblich engagiert hatten und teilweise nach dramatischen inneren Konflikten nicht nur zu einer totalen inneren und äußeren Absage an das Falsche gelangten, sondern schließlich zu den Triebkräften der neuen, der sozialistischen Entwicklung gehörten. Einige von ihnen taten die ersten Schritte in die neue Richtung während der Gefangenschaft, vor allem der sowjetischen, im Nationalkomitee «Freies Deutschland», in den Schulungen und Diskussionen der Lager. Darüber unterhielt ich mich mit manchen. Die Vorgänge in ihnen erschienen mir so bedeutungsvoll, daß sie sogar meine medizinische Neugier weckten. Wie schafften sie es, aus der zunehmenden geistigen Einengung und der Vergewaltigung des Denkens herauszufinden, dann, äußerlich gefangengenommen, sich innerlich zu befreien — das nicht unter den einfachsten Bedingungen —, zu lernen, die Dinge aus einer ganz anderen Sicht zu sehen, völlig umzudenken, sich zu festigen und zurückzukehren, um als aufbauwillige, vorwärtsdrängende Kräfte ans Werk zu gehen? Ich habe mich immer wieder mit diesen Schicksalen, mit solchen Wandlungen der Persönlichkeit beschäftigt, Vergleiche angestellt, mich an ihnen gemessen.

Andere Naturen resignierten nach dem Krieg oder reagierten primitiv, suchten an oberflächlichen Genüssen zu erwischen, was die Gelegenheit bot. Ich bemühte mich, das ebenfalls zu verstehen. Wer derart enttäuscht vor den Trümmern seiner bisherigen Ideale stand, mochte sich schon sagen: Weg mit aller Politik, lebe nur der Stunde! So etwas hatte ich auch nach dem ersten Weltkrieg erlebt. Es waren zeitweilige Randerscheinungen.

Keine Entwicklung ist jemals abgeschlossen, und so dauert auch die innere Auseinandersetzung ständig fort. Jedes Ereignis stellt einen vor die Frage, ob der eigene Standpunkt präzise genug ist. Diese stetige Überprüfung verlangt einem viel ab, ganz gleich, in welcher Position man sich befindet. Wir müssen sozusagen aus den Erkenntnissen einer Epoche jeden einzelnen Tag neu gestalten. Deswegen wäre es töricht, wollte uns jemand vorhalten, wir hätten früher dieses oder jenes anders gesagt oder anders gesehen. Warum sollten ausgerechnet wir auf einem Erkenntnispunkt stehenbleiben, der womöglich längst überholt ist? Das hieße, ewig mit dem geistigen Holzpflug ackern. Mitdenken heißt den Mut aufbringen, notfalls einmal zu sagen, ich habe mich geirrt, heute denke ich anders über die Dinge und bewege mich auf neuen, besseren, richtigen Bahnen weiter. Was im Beruf, in der Wissenschaft und Forschung als Selbstverständlichkeit gilt, muß ebenso in der Gesellschaft zu akzeptieren sein. Erst recht in der Reife meiner Jahre möchte ich nicht erstarren, sondern mitleben und mitdenken, helfen und das Glück genießen, dabeizusein, zuzuhören — aber da, wo ich glaube, noch etwas sagen zu können, auch angehört zu werden.

So werte ich die ersten fünfundzwanzig Jahre unseres Staates als die wertvollsten für meine gesellschaftspolitische Lebensentfaltung. Ich, der «nationalistische Patriot», wurde ein sozialistischer Patriot und immerhin so viel Internationalist, daß mich das Gemeinschaftsgefühl humanistischer Wissenschaftler mit Kollegen in allen möglichen Ländern verbindet und ich mich sehr gewollt und durchdacht mit den kämpfenden Völkern verbunden fühle, die den beschwerlichen, doch beflügelnden Weg zum Sozialismus noch vor sich haben. Deshalb bedeutet mir heute ein Solidaritätsbeitrag, den ich einem Jungen an meiner Tür mit auf den Weg gebe, mehr als irgendeine Spende für irgendeinen guten Zweck.

Kurzum, ich sehe meinen Platz in dieser Gesellschaft, ich wählte ihn, zutiefst überzeugt vom Nutzen einer solchen Gemeinsamkeit.

Wenn es dafür eines Beweises bedürfte, so würde ich den Kulturbund, insbesondere den Club der Kulturschaffenden nennen. Arbeiterklasse, Bauern, Angehörige der Intelligenz und andere Werktätige sind aufgerufen, sich immer wieder gemeinsam über Macht und Bündnis, über Ziel und Weg in unserem Staat zu unterhalten.

Angesichts des besonderen Stellenwertes, den der Wissenschaftler in unserem Staat erhält, war es mir ein Bedürfnis, als Präsident des Rates für Planung und Koordinierung der medizinischen Wissenschaft beim Ministerium für Gesundheitswesen anläßlich einer Übersicht über fünfundzwanzig Jahre erfolgreicher Wissenschaftspolitik in der Medizin zum Wohle unserer Bürger zu erklären:

«Es geziemt sich, die hohe Wertschätzung unserer wissenschaftlichen Arbeit durch die Führung der Sozialistischen Einheitspartei Deutschlands, unseres Staates und unserer ganzen Gesellschaft, das große Verständnis für unsere Probleme und das Vertrauen, das uns stets entgegengebracht wurde, dankbar anzuerkennen.

Die Partei der Arbeiterklasse wahrte immer das Prinzip, die Wissenschaftler nicht zu bevormunden und ihre Arbeit hochzuschätzen. Die Repräsentanten und Funktionäre der führenden Kraft stützten sich auch in schweren Zeiten und komplizierten Situationen auf den Rat der Wissenschaftler, griffen deren Vorschläge auf. So festigte sich das Bündnis zwischen Arbeiterklasse und Intelligenz, bestand seine Bewährungsprobe und wurde zur heute selbstverständlich erscheinenden Grundlage eines stabilen wissenschaftlichen Fortschritts.

Man kann nicht über die Entwicklung des Gesundheitswesens und der medizinischen Wissenschaft in der Deutschen Demokratischen Republik sprechen, ohne noch einmal die außerordentliche Förderung hervorzuheben, die unsere Bemühungen durch die Sowjetunion und die befreundeten sozialistischen Länder erfahren haben. Die sowjetischen Freunde schufen die äußeren Bedingungen, die es unserem Volk ermöglichten, den Weg zur sozialistischen Gesellschaft zu beschreiten, sie leisteten in allen Phasen der Entwicklung uneigennützige Hilfe und Unterstützung, vermittelten ihre großen Erfahrungen beim Aufbau der neuen Gesellschaftsordnung, aber ebenso auf dem Gebiet der Medizin.»

Da ich diese Passagen zitiere, fällt mir mein erster Besuch bei der Medizinischen Akademie in Moskau ein. Der Stellvertretende Präsident der Akademie fragte mich, welche Eindrücke ich gewonnen habe und woran ich Kritik üben wolle. Das erschien mir damals — und mancher empfindet es wohl noch heute so — eine ungewohnte Art, dem anderen mit einer solchen Aufforderung seine freundschaftliche Verbundenheit zu bekunden. Ich antwortete ihm, er möge mir Zeit lassen, die Einzelheiten in objektiver Weise zu überdenken. Einfache Sachvergleiche auf der Gegenwartsebene sagten ohnehin zuwenig aus. Eines könne ich ihm im Augenblick jedoch versichern. Der mitreißende Schwung neuer Ideen sei überall spürbar. Wenn ein so großes Land, das in vielem vor dem Anfang stand, in fünfzig Jahren Anschluß an den wissenschaftlichen Weltstand erreicht und auf vielen Gebieten die Spitze übernimmt, dann könne man daran nicht achtlos vorübergehen, sondern müsse diese Gedanken in den Vordergrund aller Vergleiche und Urteile rücken.

Ich fühlte mich ohnehin von der äußeren Entwicklung Moskaus tief beeindruckt, von den steinernen Hochhäusern neben noch sichtbaren hölzernen Bauernhäusern, deren Schönheit bestechend, deren Zweck aber überholt war. Für mich wuchs das neue Moskau als Sinnbild der Entwicklung des Landes insgesamt, auch der sowjetischen Wissenschaft, auf. Die russischen Gelehrten zeichneten sich von jeher durch tiefgründiges Nachdenken aus. Ich verglich das ständige Grübeln oft mit der immer wiederkehrenden Coda, den Endpassagen, in Tschaikowskis Sinfonien. Man denkt, das Orchester ende, aber es fängt wieder an, wandelt das Gespielte ab, wiederholt es. Diese forscherische Mentalität, solch ein Stil wissenschaftlicher Arbeit, gepaart mit Kollektivität, dem Schlüsselwort der neuen Zeit, ließen die sowjetische Wissenschaft in unvorstellbarem Maß bedeutungsvoll werden.

Es erwies sich als Vorteil, unsere wissenschaftlichen Potenzen mit denen der Sowjetunion mehr und mehr zu vereinen, thematisch, personell und materiell die medizinische Forschung zu konzentrieren, also zweckmäßig auf entscheidene Aufgaben auszurichten, die im Interesse des Gesundheitsschutzes aller Bürger liegen. Diese Feststellungen entpflichten uns nicht, unablässig an der weiteren Verbesserung und Vervollkommnung unserer eigenen Pläne und ihrer Durchführung zu arbeiten.

August Bier sagte einmal: «Jedes Ding läßt sich von drei Seiten betrachten, von einer wissenschaftlichen, einer juristischen und einer vernünftigen.»

Vernünftig in diesem Zusammenhang heißt: Ohne Spitzfindigkeit die Schwierigkeiten beim Namen zu nennen, das entspricht der Glaubwürdigkeit unserer Politik; Kritik anhören können, ohne darin gleich subjektive Nörgelei zu sehen, das entspricht dem Gefühl souveräner Stärke, wie wir es aus unseren Erfolgen gewinnen; daraus Lehren für die künftige Planung zu ziehen, das entspricht der Führungskunst, mit der unsere Gesellschaft an allen Klippen vorbei und wohl achtend aller mörderischen Minen, die man uns in den Weg warf, auf sicherem Kurs von Ziel zu neuem Ziel geführt wird.

In den vergangenen Jahren konnte die internationale Forschungskooperation mit unseren sozialistischen Bruderländern auf ein höheres Niveau gehoben werden.

Es besteht kein Zweifel: In den vor uns liegenden Jahren kommt dieser Integrationspolitik auf dem Gebiet der medizinischen Wissenschaft eine lebenswichtige Bedeutung zu, sowohl für eine höhere Effektivität der Forschung als auch für das raschere Fortschreiten und die Vertiefung des sozialistischen Bewußtseins unter unserer medizinischen Intelligenz. Die Potenzen der Kooperation mit den sozialistischen Ländern sind, gemessen an den Erfordernissen, bei weitem noch nicht ausgeschöpft.

Wir werden in Dimensionen vordringen, die heute erst zu erahnen sind. In dieser Zukunft verfeinern sich insbesondere die technischen Möglichkeiten. Mit der starken Differenzierung, der arbeitsteiligen Verkettung auf allen Gebieten wächst unter Umständen die Anfälligkeit. Darum dürfen wir um keinen Preis verlernen, mit unseren Händen einzugreifen,

Überbrückungen zu improvisieren, wenn es not tut. Denn wenn die Technik versagt, wollen wir trotzdem weiterleben. Jeder Kosmonaut ist darauf eingestellt, auch der Arzt der Zukunft sollte nie das Handwerkliche seines Fachs geringschätzen, es kann Rettung bedeuten.

Mit wachsender Technik drängen Fragen der Umwelteinflüsse und anderer Art in den Vordergrund. Sowohl die Pflanzen- als auch die Tierwelt, mithin der Mensch, besitzen die Gabe, sich veränderten Verhältnissen anzupassen. Global gelangt die Entwicklung von Wissenschaft und Technik bis zu noch nicht übersehbaren Höhen, was — verbunden mit der Adaptionsbereitschaft des Menschen — uns im nächsten Jahrtausend äußere Lebensumstände beschert, die sich von den heutigen sehr unterscheiden. Wieweit sich die innere Haltung des Menschen, seine Lebenseinstellung, ändert, ist schwer vorauszusagen. Wir verlören viel, sollte mit der Perfektionierung der Technik der emotionale Bereich unseres Lebens schrumpfen. Wie verhält sich die empfindsame Seele des Menschen im Steinmeer der Städte? Erfreut sie sich noch an dem, was ein Caspar David Friedrich malte, was die großen Musiker komponierten, was unsere Dichter dichteten? Ich glaube, ihr wird nichts von dem fehlen. Man kann die blaue Blume der Romantik auch in der Steinwüste einer Großstadt finden, man muß sie nur zu suchen verstehen. Unsere sozialistische Gesellschaft schafft die vielseitigsten Voraussetzungen für alle ihre Mitglieder, sich an den Schönheiten des Lebens zu erfreuen, sie sich ganz zu erschließen.

Ich habe vielfach dazu Stellung genommen und stets, wenn man mir vorhielt, die Technik werde der Tod der menschlichen Freude und Genußfähigkeit sein, widersprochen. Auch der perfekteste Computer, die feinsten elektronischen Gebilde sind Erfindungen des menschlichen Geistes. Er bleibt über den Dingen. Perfektionismus der Technik darf nicht zur Beherrschung des Menschen führen. Im Gegenteil, der Mensch muß die Technik beherrschen und sie nutzen, ohne selber Schaden zu nehmen. Hierzu ist notwendig, daß sich jede Entwicklung dieser Art auf den Menschen und seine Bedürfnisse ausrichtet. Ihm hat sie zu dienen. Darin besteht die Grundlage von Wissenschaft und Technik, das ist die Frage nach dem Charakter der ganzen Gesellschaftsordnung.

Der Sozialismus schrieb auf sein Panier das Glück des Menschen, seine Gesundheit, seine Entfaltung. In einer so programmierten Ordnung, in der das Wohl des Menschen Maß aller Dinge ist, braucht uns um die Zukunft nicht bange zu sein. Schon sind große Strecken dieser Straße gebaut, auf der wir uns zu ihr hinbewegen.

Noch speichert die Welt mit zunehmendem Wissenspotential auch potentere Waffensysteme in den Arsenalen.

So zeigt sich, daß der ewige Friede — ohne den sich alle hochfliegenden Pläne der Menschheit nicht verwirklichen lassen — zwar kein Traum mehr ist, aber noch durch Kräfte gefährdet wird, die Hekatomben von Menschen ihrem Geld und Machtwahn zu opfern bereit sind. Wer sie gewähren läßt, ihnen nicht entgegentritt, wird schuldig.

Ich fühle mich nicht zuletzt jenem Selbstgelöbnis verbunden, das ich mir angesichts des nutzlosen Todes ungezählter junger Menschen in der Schlacht um Berlin abverlangte, nämlich — sollte ich davonkommen — mit allem, was mir möglich ist, dafür zu sorgen, daß sich so etwas nicht wiederholt.

Ich betone deshalb: Ich kenne die Meinung Andersdenkender meiner Generation. Trotzdem bleibe ich von der meinigen überzeugt. Wer in gleiche Bedrängnisse gekommen, gleiche Not erlebt, aber auch gleicher Sternstunden teilhaftig geworden wäre, sich frischen Wind um die Nase hätte wehen lassen wie viele meiner Jugendfreunde und ich, dürfte unsere Entscheidungen besser verstehen. Die Schreibtischstrategen, die vermeintlich forschen Naturen, die sich in der sicheren Befehlsstelle eines betonierten Unterstandes dünken und ihre Prognosen für die Zukunft entwickeln, sie sind nicht die Motoren der Geschichte. Sie haben sich zu oft «geirrt». Vor ihnen habe ich nicht Rechenschaft zu geben. Ich denke an alle Opfer, an die Leichenberge, die sich bis zur letzten Stunde des Krieges türmten. An die zerfetzten Leiber, die zerstörten Hirne, die umherliegenden Gliedmaßen, an die Schwerverwundeten, die keinen anderen Wunsch auf den Lippen hatten als: «Bitte, helfen Sie mir!» Als deren Anwalt fühle ich mich als Arzt.

Wir müssen auch heute noch helfen, damit unsere Jugend gar nicht erst den tödlichen Gefahren des Krieges ausgesetzt wird. So fließen meine Ansichten aus dem ehrlichen und aufrichtigen Wunsch in die Feder, mit Erfahrungen zu dienen.

In Suchumi saß mir in fröhlicher Tischrunde — wer solche erlebt hat, weiß wie herzlich es dabei zugeht — eine georgische Frau gegenüber, die mir im Gegensatz zu allen anderen Tischgästen durch ihren Ernst und ihre Verhaltenheit auffiel. Ich erkundigte mich und erfuhr, sie — eine ehemalige Ministerin für Handel und Versorgung — hatte im Krieg mehrere Angehörige verloren und konnte diesen Kummer nicht überwinden. Statt die Belastung durch Schweigen zu übergehen, sprach ich sie an und sagte ihr sinngemäß folgendes: «Liebe, sehr verehrte Freundin unserer Tischrunde! Sie fallen mir durch ihren Ernst auf. Ich habe inzwischen den Grund erfahren. Worte des Trostes kann ich nicht finden. Nur einen Gedanken will ich äußern. In zu viele Herzen hat der Krieg Kummer gesenkt, in die Herzen von Millionen Frauen und Müttern, in Ihrem Lande, in anderen Ländern und besonders auch in meinem eigenen. Wie sollten sie alle ihren Schmerz vergessen? Sie wie ich können Ihnen das Verlorene nicht zurückgeben, aber eines können wir, die Quellen der Kriege verschütten, dafür kämpfen, daß der zukünftigen Generation solche Leiden erspart bleiben.»

Sie verstand mich.

Ich werde immer daran denken, wie sich ihr Blick aufhellte und sie mir zutrank, nicht aus der Begeisterung überwundenen Kummers, eher in der zuversichtlichen Hoffnung, daß sich mein Wort bewahrheiten möge.

Das ist der Weg, den ich beschritten habe, den wir gemeinsam gehen.

Kann ein vernunftbegabter Mensch, der sich «Homo sapiens» zu nennen beliebt, diesen Rang fürderhin moralisch beanspruchen, wenn er sich nicht zugleich als Homo politicus, als einen mit öffentlichen, staatlichen, internationalen Angelegenheiten betrauten Zeitgenossen versteht? So, wie ich als Arzt bei einem Patienten die Überwindung einer Krise mit Freude und Genugtuung begrüße, registriere ich in der Politik alle Symptome der Entspannung mit Erleichterung. So, wie mich die Überwindung der Krise bei einem Patienten nicht von der Pflicht zur Wachsamkeit gegenüber trotzdem möglichen Komplikationen entbindet, gehe ich in der Welt der Politik davon aus, was meine Augen wirklich sehen und meine Ohren wirklich hören. Ich sehe die immer noch neu aufbrechenden Kämpfe in verschiedenen Teilen der Welt. Ich registriere die Mittel der Gewalt, ich fürchte sie — nicht aus Feigheit, sondern aus Sorge vor einer Wiederholung des Erlebten.

Der Sinn der Völker für ihre Rechte wird wach und wacher. An uns liegt es, in der Unterstützung aller Kräfte, die sich um konkrete Zielsetzungen für die Befriedung der Welt bemühen, nicht zu erlahmen. Jeder tue dazu das Seine.

Dank

Mein Amtsantritt in Halle ging nicht ohne Hindernisse vor sich. Zunächst paßte mir das Ornat nicht, und meine Frau mußte alle Geschicklichkeit aufwenden, damit mich das Gewand, das eine zierliche Vorgängerin getragen hatte, einigermaßen würdig umhüllte. Als ich schließlich drinsteckte und mich vor dem Spiegel überprüfen wollte, erspähte mich Moritz, unsere Boxerhündin. Sie fuhr sofort auf mich los, weil sie mich in der Verkleidung für einen fremden Eindringling hielt. Ihr Mißtrauen wich erst langsam, als ich beschwichtigend auf sie einredete. Es ist jedoch ein Gerücht, daß daraufhin mit Rücksicht auf schreckhafte Haustiere die Ornate abgeschafft wurden. Ich finde, sie wirkten manchmal auch positiv, besonders in feierlichen und weihevollen Augenblicken.

Die Arbeit als Ordinarius und Klinikleiter lief in Halle gut an. Meine Berufung ließ mich die großen Erwartungen spüren, die Staat und Fakultät in mich setzten. Zugleich verzeichnete ich dankbar, wie nützlich sich dieser Auftrag für meine künftigen verantwortungsvollen Ämter auswirkte. Unabhängig von meiner Person war der Wechsel sicher dem Lehrbetrieb von Nutzen. In gewissen Abständen muß ein neuer Chef — am besten aus einer ganz fremden Schule — das Zepter in die Hand nehmen, damit der klinische Alltag nicht zur Schablone erstarrt. Aus dem gleichen Grunde halte ich es für unvorteilhaft, wenn in «Erbfolge» der Oberarzt den Platz seines Lehrers im Amt einnimmt, es sei denn, er hat sich bereits auf einem anderen Lehrstuhl erproben können.

Ich bin jedenfalls sehr froh, mir in Halle meine Sporen als Ordinarius verdient zu haben, bevor ich nach Berlin zurückberufen wurde. Diese Zeit erwies sich als eine Periode fachlicher Bewährung und sachlich-organisatorischer Schulung. Ich konnte mich als Leiter der Institution frei, ohne Hindernisse oder Bremsen entfalten. Dabei stimulierte mich die ausgezeichnete Kameradschaft und Kollegialität innerhalb der Fakultät, dann die Freude darüber, daß es — auf welchem Gebiet auch immer — ständig und sichtbar vorwärtsging. Eine Kraftquelle für weiteres Engagement. Die gute Zusammenarbeit mit den politischen, gesellschaftlichen Instanzen half mir sehr. Sie basierte auf dem gegenseitigen Vertrauen. Als ich im Juni 1977 die Ehrenspange zum Vaterländischen Verdienstorden in Gold aus der Hand des Volkskammerpräsidenten, Sindermann, erhielt, sprach er mich auf diese gemeinsame in Halle verlebte Zeit an und bestätigte mir, was ich instinktiv immer gefühlt hatte, daß ich — obwohl selbst parteilos — stets der vollen Unterstützung durch die Sozialistische Einheitspartei Deutschlands sicher sein konnte. Zu alledem kam das Bewußtsein, ein Zuhause zu haben, das mir meine Frau zu einer Stätte der Geborgenheit und Entspannung ausbaute. Hier fand ich wieder neue Energie für meine Arbeit.

Als sei es gestern geschehen, steht mir mein Wirken in der Saalestadt vor Augen, wenn mich der Weg zu einem Kongreß nach Halle führt oder wenn ich alte Fakultätskollegen treffe, die mit mir durch dick und dünn gegangen sind, wenn Studenten, heute wohlbestallte Fach- und Amtskollegen, in ihren Erinnerungen kramen oder wenn ich zu den Jahresveranstaltungen der halleschen «Leopoldina» fahre, der anzugehören mir eine große Freude und Ehre ist.

Aber die Erfolge liefen einem nicht nach. Ich verglich gern — fragte man mich, wie ich in Berlin vorankäme — den Wechsel mit unterschiedlichen Anforderungen im Ring: Halle, das wäre Mittelgewichtsboxen gewesen, Berlin aber Schwergewicht; trotz anderer Gewichtsklassen blieben die Faustregeln der Schläge, der Finten und Treffer doch dieselben, auch wenn man etwas härter zuschlagen oder einmal etwas mehr einstecken mußte.

Anders als die «Leopoldina» belegte mich die Akademie der Wissenschaften dann in Berlin mit Beschlag.

Diese Tätigkeit gab Anregungen und lieferte jenen Boden für wissenschaftliche Gespräche, den man sich nur wünschen kann.

In der Folgezeit gesellte sich das Amt des Präsidenten des Rates für Planung und Koordinierung der medizinischen Wissenschaft beim Ministerium für Gesundheitswesen der Deutschen Demokratischen Republik hinzu, das mit besonderer Sorgfalt wahrzunehmen mir deshalb am Herzen lag, weil ich durch meine Bindung an die Akademie der Wissenschaften tatsächlich zur Koordination einiger Fragen beizutragen vermochte, über die in der ganzen Welt einzelne Ressorts im Alleingang zu stolpern drohen.

Die Zugehörigkeit zu verschiedenen Gremien — ich wurde auch zum Vorsitzenden der Gruppe Medizin im Forschungsrat ernannt — vermehrte die Arbeitslast und erleichterte sie zugleich. Kein Referent vermag so ausführlich Sitzungsberichte zu vermitteln, vor allen Dingen die Zwischentöne in den Verhandlungsbeiträgen wiederzugeben, die Atmosphäre wirken zu lassen, wie man es bei persönlicher Anwesenheit erlebt.

Schließlich wurde ich Mitglied der Akademie für Ärztliche Fortbildung, erhielt dort den Lehrstuhl für Frauenheilkunde, kam in den Senat dieser Institution und ihren wissenschaftlichen Rat und fungierte später noch als Leiter der Promotionskommission B, die gleichzeitig die Vergabe der fakultas docendi zu beraten hatte.

Die lebendige Verbindung zum Nachwuchs, speziell die Aufgabe, sich um seine ständige Weiter- und Fortbildung zu bekümmern, ist ein Elixier, das man einem Hochschullehrer, der nicht rosten will, verordnen sollte. Ich bin deshalb für das Vetrauen, das man mir in der Erfüllung gerade dieser Ämter bis in mein hohes Alter hinein entgegenbrachte, besonders dankbar.

Es ist selbstverständlich, daß diese Weiter- und Fortbildung nach der Grundausbildung in der modernen Medizin wegen ihrer schnellen Entwicklung und der Zunahme an neuen Erkenntnissen eine grundlegende Forderung ist, die nicht vernachlässigt werden darf. Das gilt für den Adepten wie für den Lehrer. Dem einen bringt es neue zusätzliche Kenntnisse, dem anderen ständige Überprüfung alter Erfahrungen.

Ähnlichen Auftrieb verschaffte mit stets meine Arbeit als Chefredakteur des «Zentralblattes für Gynäkologie», weil ich hier stets Neuigkeiten über mein Fach und seine Fortschritte erfahre. Diese fast hundertjährige vom Schwiegervater Stoekkels gegründete und über Jahrzehnte geführte Zeitschrift wurde dann von Döderlein und mir weiter redigiert, bis im Jahre 1972 eine völlige Reorganisation des Redaktionskollegiums erfolgte. Das entsprach nicht nur der allgemeinen Demokratisierung des Fachzeitschriftenwesens, sondern erfüllte die Forderungen unserer Wissenschaft selbst. Ihre Breiten- und Tiefenausdehnung, ihre zunehmende Spezialisierung und Subspezialisierung, die Schnelligkeit, mit der Erkenntnisse gewonnen, mitgeteilt und zur Anwendung kommen sollten, verlangten kategorisch die Verlagerung der Verantwortung auf mehrere Schultern.

Da ich den Eindruck gewann, daß die Literatur der sozialistischen Länder nicht überall das gebührende Echo findet, bat ich die Chefredakteure unserer Fachzeitschriften aus den Bruderländern zu einer Besprechung. Wir berieten darüber, wie man diesem Manko abhelfen und die Ergebnisse unserer Forschung und Praxis einheitlich einer breiteren internationalen Öffentlichkeit zugänglich machen könnte — so, wie sie es ihrer Bedeutung und der humanistischen Zielstellung nach, möglichst vielen Menschen Hilfe zu bringen, verdienen.

Ich war glücklich über das Echo, das unsere Bemühungen fanden.

Noch ein Wort zu den medizinisch-wissenschaftlichen Gesellschaften, deren örtliche Gruppen in Halle und Berlin und deren Dachgesellschaften in der DDR ich leiten durfte.

Sie waren ursprünglich reine Standesgesellschaften. Die Berliner Gynäkologische Gesellschaft gehört mit zu den ältesten. Sie wurde als Gesellschaft für Geburtshilfe im Jahre 1844 gegründet und 1876 mit der drei Jahre zuvor entstandenen Gesellschaft für Gynäkologie vereinigt. Ihr erster Vorsitzender war C. Mayer, der Schwiegervater Virchows. Sie entwickelten sich dann zu wissenschaftlich und praktisch ausgewiesenen Fachgesellschaften von hohem Rang und schicken sich heute an, eine bedeutsame Rolle in der fachlichen und gesellschaftlichen Erziehung unseres Nachwuchses, seiner Fort- und Weiterbildung zu spielen.

So reizvoll es für den Fachmann ist, die Geschichte wissenschaftlicher Gesellschaften bis in ihre Gründerzeit über einhundertdreißig Jahre zu verfolgen, die hervorragenden und für die Entwicklung der Frauenheilkunde so maßgeblichen Persönlichkeiten wieder lebendig werden zu lassen und in ihrer Bedeutung zu würdigen, so wenig Sinn hat es, sich in solchen Memoiren vor einem breiten Leserforum darüber auszulassen.

Immerhin dürfte es auch für den nicht so sehr fachlich Orientierten interessant sein, daß die Entdeckung der Ursachen des Kindbettfiebers 1847 durch Semmelweis wenige Jahre nach Gründung der Berliner Gesellschaft für Geburtshilfe erfolgte und nicht nur bei den Ordinarien, sondern auch in den wissenschaftlichen Gesellschaften einen Wirbel heftiger Diskussionen auslöste.

Ist das nicht ein Beweis dafür, wie lebhaft und aktuell die Programme der Gesellschaften von Anbeginn an waren und wie manche Themen der damaligen Zeit ihre Wirkung bis in die Gegenwart ausüben und an Bedeutung nicht verloren haben?

Es gäbe noch andere Gremien und Kommissionen, in denen ich Pflichten zu erfüllen hatte und die nennenswert wären. Ich habe mich auf die wichtigsten beschränkt.

Dieses Kapitel ist mit dem Wort Dank überschrieben. Ich weiß, daß ich ohne die Hilfe meiner Mitarbeiter die Fülle der Aufgaben nicht hätte wahrnehmen können. Die Auszeichnungen, die ich erhielt, gelten deshalb in gleicher Weise auch ihnen.

Das gilt auch für die außerberuflichen Bindungen an meine Schüler und Freunde der verschiedensten Provenienz. Es gibt darunter einfache, unkomplizierte Menschen und sehr differenziert engagierte, täglich, ja stündlich geforderte Persönlichkeiten. Ich danke ihnen allen für manche Stunde der Besinnung, für das Glück eines fröhlichen Tages und für ihr Angebot, mich jederzeit bei ihnen wie zu Hause fühlen zu können.

Je weiter ich mit dem inneren und äußeren Aufbau der Berliner Klinik vorankam, um so mehr Fachkollegen aus aller Welt besuchten uns, um sie zu besichtigen und Gedankenaustausch zu pflegen. Daraus bezog ich manche Anregung, und neben den wissenschaftlichen Kontakten trug nicht zuletzt die Diskussion über gesellschaftliche und politische Fragen ihre Früchte. Das zeigen die Korrespondenzen aus vielen Ländern der Erde und das bemerkenswerte Bemühen einsichtiger Wissenschaftler aus kapitalistischen Staaten, die unterschiedlichen Gesellschaftssystemen in ihrem Kern zu verstehen und — auch das haben mir gegenüber einige meiner westlichen Amtskollegen eingeräumt — bestimmte Lehren aus unserem Medizinal- und Hochschulwesen für sich zu ziehen.

Daß es konträre Meinungen gibt, will ich natürlich nicht unterschlagen. Sich von falschen Vorstellungen zu trennen, fällt manchem eben besonders schwer. Hier hilft allenfalls ständige Konfrontation mit dem Besseren. Wie kann man wirkungsvoller überzeugen als durch den Nachweis offensichtlichen Fortschritts? Die Medizin hütet keine strategischen Geheimnisse. Wer trotzdem Kenntnisse oder Mittel, die der Gesundheit der Menschheit dienen könnten, zurückhält und gar damit Geld verdienen will, versündigt sich an den humanistischen Zielen unseres Berufes.

Nehme ich heute das Gästebuch in die Hand und lese die Eintragungen der Besucher, die sich damals in der Universitäts-Frauenklinik Berlin aufhielten, streiche ich zunächst die Superlative, die Lobeshymnen über die Klinik und ihre Mitarbeiter. Übrig bleibt immer noch die Anerkennung, die alle unserer damaligen Klinikgemeinschaft zollten und die uns selbst bestätigte. Das gab und gibt Auftrieb. Der Ruf der Klinik zog viele Assistenten aus den benachbarten sozialistischen Staaten an, aber auch aus Italien, Griechenland, Afrika und Indien. Alle wollten ihre Ausbildung bei uns erfahren. Wir stehen mit ihnen heute noch in freundschaftlicher Verbindung.

Die richtige Einschätzung der Wertigkeiten meiner peripheren Verpflichtungen bereitete mir oft Kummer. Im ganzen gesehen, ist es mir aber wohl geglückt, ihnen allen nachzukommen, leider nicht selten auf Kosten meiner Ferien und «freien» Wochenenden.

Genügend Freizeit hätte ich mit meinem fünfundsechzigsten Lebensjahr — nach den gesetzlichen Bestimmungen also zum Zeitpunkt meiner Emeritierung — haben können. Da die Verhandlungen über meinen Nachfolger nicht so schnell zum Ziele führten, wie es um der Klinik willen wünschenswert gewesen wäre, verlängerte sich meine Dienstzeit vom einen zum anderen halben Jahr, im ganzen um drei Jahre, bis 1970.

Es ist hinreichend über die Emeritierung, ihre Be- und Entlastung, über die Wahl des Zeitpunktes, über vermeintliche und wirkliche Unzuträglichkeiten gesprochen und geschrieben worden. Ich tat es andeutungsweise in diesem Buch auch. Nicht alle Probleme in diesem Zusammenhang lassen sich lösen.

Schauen wir uns um: Es gibt junge alte und alte junge Ordinarien. Für den einen kommt die Entpflichtung zu früh, der andere empfindet sie als reichlich spät. Außerdem ergeben sich unterschiedliche innere Einstellungen zum Status des Emeritus aus dem Charakter der Arbeit in den einzelnen Disziplinen der Medizin. Einem Theoretiker geht es dabei anders als einem Kliniker, noch dazu aus einem operativen Fach. Die Emeritus-Bestimmungen, die alle Fragen der Weiterarbeit und Unterstützung regeln, garantieren dem Theoretiker praktisch die gleichen Arbeitsmöglichkeiten wie bisher, befreien ihn nur von der sowieso unbeliebten Verwaltungsarbeit. Der Kliniker sieht womöglich seinen Lebensfaden abgeschnitten, weil seine Arbeit an ein größeres Kollektiv, an Operationssäle, an ganze Systeme von Medizintechnik gebunden ist. Genügt dort vielleicht schon ein Federhalter, ist hier das Skalpell allein nichts. Zum sinnvollen Weiterleben gehört Weiterarbeiten, gehört die innere Harmonie. Die muß garantiert sein. Aber wie?

Ich durfte dem Rektor der Universität und dem Staatssekretär im Ministerium für Hoch- und Fachschulwesen in Unterredungen Gedanken dazu vortragen, nicht nur in meinem, sondern ebenfalls im Interesse anderer Ordinarien, die kurz vor der Emeritierung standen. Die Regelung, die schließlich herauskam, halte ich für ausgezeichnet. Danach kann der Emeritus Mitglied der Fakultät beziehungsweise des medizinischen Bereiches mit allen Rechten, aber auch Pflichten bleiben. So braucht sich niemand «verjagt» zu fühlen. Die Vernunft sollte ihm allerdings gebieten, sich zurückzuziehen, auf keinen Fall seinem Nachfolger ins Handwerk zu pfuschen oder — außer wenn er gerufen wird — durch die eigene alte Klinik zu gehen. Er bestelle seinen Acker lieber woanders.

Deshalb war ich so glücklich, daß ich mich in den letzten

Jahren meiner Amtsführung als Klinikchef zugleich auf anderen Gebieten und in anderen Institutionen, Gesellschaften, auf Veranstaltungen, Kongressen und Symposien betätigen konnte. Das Schwergewicht meiner Arbeit verlagerte sich auf diese Weise fast unmerklich, aber immer mehr, ohne mich den Einschnitt der Emeritierung schmerzhaft verspüren zu lassen, was unter Umständen sonst der Fall gewesen wäre. Hinzu kommen die bereits beschriebenen Aktivitäten und andere Aufgaben, wie etwa jene, die ich als Leiter des Clubs der Kulturschaffenden «Johannes R. Becher» im Kulturbund und in seinem Präsidium zu erfüllen habe.

Natürlich gibt es eine Grenze. Sie wird von der Physis gesetzt und ist nur so lange offen, wie — um mit Richard Wagner aus der «Walküre» zu reden — «sich des Leibes Glieder noch fest fügen» und — so könnte man fortfahren — der Kopf dem Willen gehorcht.

«Vergangenem nachtrauern, heißt Gegenwärtiges versäumen», lautet ein altes griechisches Sprichwort. Derweil aber ist wohl jedem offenkundig, daß ich nicht auf das Vergangene zurückblicke und traurig bin. Ich bin vielmehr glücklich, das Gegenwärtige mit dem durch zurückliegende Erfahrungen geschärften Blick um so aufmerksamer mitzuerleben, aus ihm Zukünftiges hervorbringen zu helfen.

Oft ist das schwer und risikovoll. Aber als Geburtshelfer muß man alles wagen, um die Geburt des neuen Lebens, des Neuen überhaupt, zum Erfolg zu führen.

Ich durchblätterte einige hundert Bilder aus meinen Familien-, Reise- und Klinikalben. Dazu Kästen mit locker abgelegten Fotos, die nicht unmittelbaren Bezug zu mir besitzen — oder besser, zu besitzen schienen. Als ich das Bild eines kleinen Jungen schon forttun wollte, verhielt ich, denn plötzlich wußte ich wieder, was damals geschehen war . . .

Ich vertrat Stoeckel. Von der Ostseeküste erhielt ich Nachricht von einem schwerwiegenden Fall. Der dortige Arzt telefonierte: «Eine Frau, im vierten Monat schwanger, ist beim Baden in der See zusammengebrochen. Ich sehe hier keine Möglichkeit, die Komplikationen zu beherrschen.» Es blieb nichts weiter übrig, als sie mit einem Flugzeug nach Berlin zu transportieren. Ich wartete ungeduldig auf ihre Aufnahme. Die Angaben des Arztes bestätigten sich. Schwerer Darmverschluß mit Erbrechen und allen anderen Symptomen. Aber die Schwangerschaft bestand noch. Ich operierte sofort. Da stellte sich heraus, daß es sich um eine Muskelgeschwulst, ein Myom, in der schwangeren Gebärmutter handelte. An dieses Myom war der Darm fixiert und damit abgeknickt. Ein mechanischer Ileus. Ich löste vorsichtig den Darm. Es gelang ohne Verletzung. Nun galt es, das Myom zu exstirpieren. Ganz vorsichtig begann ich, die Geschwulst abzutragen. Aber ich mußte zuviel von der Gebärmutterwand wegnehmen. Schon sah ich die Frucht in ihrer Eihülle durchschimmern. Nur noch Haaresbreite, und ich stieß in die Gebärmutterhöhle. Es schwand die Hoffnung, die Schwangerschaft zu erhalten. Sollte ich die Gebärmutter herausnehmen oder es doch versuchen? Hatte der konservative Weg bei diesem so stark lädierten Uterus überhaupt noch einen Sinn? Ich dachte daran, wie sehr sich die Eltern das Kind wünschten, was sie alles aufgewendet hatten, um es einmal in ihren Armen halten zu können. Wer wollte hier Richter über die Zukunft einer Familie sein? Ich entschloß mich, den Ausgang den Naturkräften zu überlassen, und zog die Gebärmutter zusammen, bis sie Runzeln bekam . . .

In jedem anderen Fall hätten jetzt Wehen einsetzen müssen. Die Frucht wäre ausgestoßen worden. Aber nichts geschah. Die Schwangerschaft dauerte fort. Nach Überwindung einer weiteren Komplikation im siebenten Monat, die aber mit dem Eingriff nichts zu tun hatte — es handelte sich um eine Entzündung des Nierenbeckens —, konnte die Frau die Frucht fast bis zum Ende austragen und ein lebensfähiges Kind gebären. Vier Jahre später schickten mir die glücklichen Eltern das Foto von dem Jungen.

Nun, viele Jahre danach, beschäftigte mich dieses Bild möglicherweise stärker als damals, da ich es erhielt. Der Dank, der darin zum Ausdruck kommt, wiegt, aus der Entfernung betrachtet, schwerer. Vielleicht ist aus diesem kleinen Jungen ein stattlicher Mann geworden, der wieder eine Familie hat. Ob er wohl je erfuhr, an welchem seidenen Faden sein noch ungeborenes Leben einmal hing? Hoffentlich ist aus ihm ein guter und wertvoller Mensch geworden. Schade, ich weiß es nicht.

Die Nachrichten über die weitere Entwicklung der von uns

Geburtshelfern zur Welt gebrachten Kinder fließen leider spärlich. Um so glücklicher und dankbarer sind wir, wenn wir später doch noch etwas über sie hören, wenn man uns die Kinder sogar zeigt oder die Frauen nach ausgeheilten gynäkologischen Leiden sich einmal wieder vorstellen.

Der stille Dank, der in einer solchen Geste zum Ausdruck kommt, geht näher als der laute.

Ich erlebte es in der Oper, auf dem Opernball, sogar im Sanatorium, daß Mütter von ihren Geburten und meiner Hilfe dabei berichteten. Bei der Fülle der von mir geleiteten Entbindungen mußte ich mir die Ereignisse oft erst wieder in die Erinnerung zurückrufen.

Es gäbe viele Erlebnisse, die man aufzählen könnte, um nachzuweisen, wie verhaltene Dankbarkeit sich einfach durch das Vertrauen äußert, das solche Patienten ihrem Arzt entgegenbringen.

Von dem Arbeitslosen, in dessen Haushalt ich als junger Geburtshelfer mehrfach entbunden habe, berichtete ich eingangs. Wenn man dann in der zweiten und noch in der dritten Generation zur Entbindung und auch sonst zu Konsultationen gerufen wird, darf man ohne Überheblichkeit Vertrauen gleich Dankbarkeit setzen.

Die Zeit ist fortgeschritten, man selbst merkt es an solchen Erlebnissen, daß man auch älter geworden ist. Wenn man aber zu einer Hilfeleistung noch nicht zu alt ist, dann sollte man ebenfalls dankbar sein.

Erhalten bleibt in jedem Fall die Erinnerung, die Verbindung des Arztes zu einer Familie, die er dank des gewonnenen Vertrauens um so verständnisvoller und vielleicht auch manchmal wirkungsvoller betreuen konnte.

Übrigens ein Gedanke, der uns darin bestärkt, gewisse Züge des alten Hausarztes auf höherer Ebene neu zu beleben. Ich halte es für einen wesentlichen Faktor der modernen Medizin. Einmal, weil das individuelle Vertrauensverhältnis den Willen der ganzen Familie im Genesungsprozeß aktiviert und außerdem, weil der Hausarzt besser als jeder andere durch vorsorgliche Beratung in der Familie Prophylaxe treiben kann. Er ist zudem in der Lage, wenn erforderlich, dem vertrauten Patienten den Weg zu einem spezialisierten Facharzt zu ebnen.

Zu den kaum zu zählenden erfolgreichen Geburten, die der schönste Lohn des Arztes für seine Mühen sind, gesellten sich im Verlaufe meines beruflichen Lebens eine Anzahl von «Wiedergeburten». Gerade diese zählen zu den besonderen therapeutischen Erfolgen, die dem Frauenarzt Freude machen und ihn nach diesem oder jenem Fehlschlag, der ihm nicht erspart bleibt, immer wieder aufrichtet.

Ein Beispiel dafür: Es gibt ein Krankheitsbild, das wir Hypertrichosis nennen, eine abnorme Behaarung der Frau, die sie außerordentlich hemmt. Oder nehmen wir den Virilismus, wo die Veränderungen in Richtung einer Allgemeinen Vermännlichung noch weiter gehen: starke Ausbildung des Adamsapfels, herbe männliche Züge, Verschwinden des Fettpolsters, kantige Muskulatur, Behaarung am ganzen Körper. Solche Mädchen und Frauen werden umgebungsscheu. Ihr Aussehen rückt sie in den Mittelpunkt eines sehr lästigen Interesses. Wer hält so etwas ein Leben lang ohne seelischen Schaden aus? Sie bewegen sich nicht mehr in der Öffentlichkeit, gehen nicht tanzen, wagen nicht zu schwimmen, fühlen sich ausgeschlossen. Derartige Erscheinungen gehen auf vielgestaltige Ursachen zurück. Sie können angeborene Störungen, biochemischer Natur, Folge von Veränderungen der Nebennierenrinde oder von Geschwülsten des Eierstocks — gutartigen wie bösartigen — sein. Manche sind größer, andere sehr klein, mitunter nur wenige Millimeter groß.

Es wirkt wie ein Wunder, wenn ein so verhärmtes Menschenkind, das sich einbildet, außerhalb der normalen Gesellschaft stehen zu müssen — nach der, zugegeben, nicht immer leichten Aufdeckung der Ursache —, durch einen nicht allzu großen Eingriff, nämlich durch die Entfernung der Geschwulst oder des Eierstockes, plötzlich lebensfroh und kontaktfreudig wird. Die überflüssigen Haare fallen aus, der Adamsapfel tritt zurück, das Fettpolster kommt wieder, die kantige Muskulatur, die herben Züge verschwinden, das Gesicht nimmt weiblich weichen Ausdruck an. Mit fortschreitender Besserung richtet sich auch der innere Mensch auf, verliert die Scheu vor der Umgebung. Ein kleiner Eingriff, richtig gewußt, wo er sitzen muß, und richtig durchgeführt — er kann das Glück eines Menschen bedeuten, ihm zu einer zweiten Menschwerdung verhelfen.

Mit den ersten Zeilen dieses Buches zitierte ich einen Brief. Er endet mit dem Wunsche nach einer Gelegenheit, mir die Familie eines Mannes vorstellen zu können, der erst eine Frau gewesen war. Im März 1976 fand sich diese Möglichkeit. Der Mann ist Dreher in einer großen Industriestadt geworden, seine Frau qualifizierte sich als Sekretärin. Die Tochter bereitet sich auf den Beruf einer Kindergärtnerin vor, der Sohn ist vorerst noch Schüler. Medizinisch gesehen eine gesunde Familie. Aber sie ist mehr. Sie ist eine zutiefst glückliche Familie. Sie ließ mich teilhaben an ihrer Freude, und sie erlaubte mir auch, das hier zu berichten. So wird sie zum Symbol: Ich weiß mich des Dankes vieler Menschen sicher, denen ich in doppeltem Sinne half, ihr Leben zu beginnen. Das macht mich glücklich. Aber der Dank, den ich anderen schulde, ist noch größer.

Und wem habe ich noch zu danken? Allen, allen die mir begegneten und mir in dieser oder jener Form Freude und Hilfe, Wissen und Erfahrung vermittelten. Sie alle verliehen mir etwas von ihrem Eigenen, ein Teilchen von ihrem Ich, von ihrer Kraft. Das stärkt das Selbstgefühl, man wächst über sich hinaus und fühlt sich stark genug, aus «dem Reich der Notwendigkeit in das Reich der Freiheit» einzutreten. Jeder ist das Produkt der gesellschaftlichen Verhältnisse, in die er hineingeboren ist, wie er umgekehrt aber auch angetreten ist, diese mehr und mehr zu ihrem Wohl und immer weniger zu ihrem Wehe einzurichten. Mit anderen Worten: Wir dürfen nicht nur Partizipierende des Fortschritts sein, sondern müssen ihn mitzubestimmen suchen. Nur so läßt sich der Kernspruch von Karl Marx in der Treppenhalle der Berliner Humboldt-Universität sinngemäß verstehen und verwirklichen, die Welt wolle nicht nur interpretiert, sondern verändert sein.

Das, was ich aufgeschrieben habe, sind meine persönlichen Ansichten, ist mein Credo. Es gipfelt in der subsummierenden Feststellung, daß das Feuer der Begeisterung eines Hochschullehrers auch nach seiner Entpflichtung nicht erlöschen darf. Nur der Aufgabenkreis verlagert sich. Der Emeritus darf sich nicht im Labyrinth kleinlicher Tagessorgen verlieren. Er muß sich bemühen, über sein Fach hinaus zu wachsen und den Blick offenzuhalten für umfassendere Konzeptionen seiner Wissenschaft. Er muß aus seinen Erfahrungen schöpfen und sie weiterzugeben suchen. Je besser es ihm gelingt, auch in komplizierten Situationen rationell und einfach zu denken, um so größer wird sein Einfluß sein. Je größer wiederum dieser Einfluß ist, um so stärker wird ihn das Gefühl der Nützlichkeit und damit der inneren Zufriedenheit beglücken.

Was dabei den Arzt in ihm anlangt, so möchte er gern ebenfalls die Maximen des hippokratischen Eides, die Schulung ärztlichen und gesellschaftlichen Gewissens, der Sorgfaltspflicht, mit anderen Worten, seinen ärztlichen Auftrag darunter verstanden wissen. Denn ohne dieses Fundament menschlichen Kontaktes bliebe sein Wirken Stückwerk, der Inhalt seines beruflichen Lebens unerfüllt.

Der Dank, den ich allen schulde, die in den vielen Jahren meines Berufslebens an meiner Seite waren, sei mit den Worten ausgedrückt, die ich zu meinem siebzigsten Geburtstag im Auditorium Maximum der Humboldt-Universität sagte. Sie war über Jahrzehnte in der Höhe und Reife meines Lebens meine Wirkungsstätte, eben die Berliner Alma mater.

«Das Wirken des Arztes und Hochschullehrers für die Gegenwart und vor allem in die Zukunft hinein hängt nicht allein von seinem Willen, sondern auch vom Echo und der Kritik der Angesprochenen ab. Daß ich dieses Echo finden und es durch die Verleihung der Ehrendoktorwürde bestätigt sehen darf, macht mich glücklich und bewegt mich tief.

Kein Mensch, auch nicht der größte Realist, kann sich in einer solchen Stunde von Emotionen frei machen. Wer das leugnet, lügt oder gehört zu den eiskalten Naturen, die einen frieren machen.

Thomas Mann sagte einmal: ‹Gemüt, das ist sozusagen Sinnlichkeit mit blauen Augen, die zum Feuchtwerden neigen.› Ehe ich in eine solche Gefahr falsch zu verstehender Rührseligkeit komme, will ich sagen:

Ich liebe meinen Beruf, ich liebe mein Fach.

Ich liebte mein Amt und die Institutionen, die ich leiten durfte.

Ich liebe diese Universität, der ich so viel verdanke.

Solange Geist und Körper meinem Willen gehorchen, werde ich den Dank, den ich ihnen allen schulde, durch solche Liebe und Mitarbeit beweisen.»

Nachbemerkung

«Das Wesentliche ist gesagt. Die Tatsachen der Vergangenheit ändern sich nicht, die Schlußfolgerungen aus ihnen bedürfen keiner Korrektur. Natürlich könnte ich mich bemühen, hier noch etwas tiefergehend zu verdeutlichen oder dort etwas zu verteidigen. Doch wo sollte man damit anfangen und wo aufhören?» Diese Gedanken von Professor Dr. Helmut Kraatz, in einem Gespräch geäußert, sind der Hauptgrund, weshalb der Text dieser Auflage im wesentlichen unverändert und nur leicht gekürzt erscheint, allerdings wurde der Bildteil ergänzt. Gerechtfertigt wird das auch durch die Resonanz, die seine Lebenserinnerungen von der ersten Auflage an — sie erschien 1977 — fanden.

Eine Lebensbetrachtung aus verschiedenen Blickwinkeln spricht auch unterschiedlich Interessierte an. So äußerten ihre Meinung Staatsfunktionäre zu den gesellschaftlichen Aussagen, Ärzte zu fachlichen Problemen, Frauen unterschiedlicher Berufe zu persönlichen Dingen, die sie bewegten oder bewegen, Künstler zu Gedanken über Musik und Malerei, wie sie in dem Buch zu finden sind. Eine sechzehnjährige Schülerin begann eine Korrespondenz, weil sie sich unter dem Eindruck der Lektüre zum Arztberuf hingezogen fühlte. Ein Nobelpreisträger, selbst als Arzt international bekannt geworden, ließ wissen: «Tief beeindruckt hat mich Ihre Haltung und Meinung zu allen ärztlichen Problemen, vor allem die Menschlichkeit, die darin zum Ausdruck kommt.» Damit dürfte ein Grundgedanke formuliert sein, den die meisten Zuschriften gemeinsam haben. Es gibt auch eine Reihe aus dem Ausland eintreffender Zeugnisse der gedanklichen Auseinandersetzung mit dem Buch.

Seine Freude äußerte der Autor ebenfalls über Fotos, Hinweise und Informationen. So erhielt er die Bestätigung für seine Bemerkung über die Siebenlinge von Hameln durch die

Übersendung der Abbildung von einem Gedenkstein, auf dem zu lesen ist:

> «Allhier ein Bürger Thiele Römer genannt
> Seine Hausfrau Anna Breyers wohl bekannt
> Als man zaehlt 1600 Jahr
> Den 9ten Januarius des Morgens 3 Uhr war
> Von ihr zwey Knäbelein und fünf Maedelein
> Auf eine Zeit geboren seyn.
> Haben auch die Heiligen Tauf erworben
> Folgends den 20ten 12 Uhr seelig gestorben
> Gott wolle ihn geben die Saeligkeit
> Die allen Glaeubigen ist bereit.»

In den Stellungnahmen finden sich verschiedene Denkansätze, die weiterzuführen oder über die weiter zu forschen lohnend wäre. In einem Brief heißt es: «Vielleicht fehlt in Ihrem Buch noch ein Kapitel über die Tragödie der unverheirateten Frau, die Ihnen in Ihrer Praxis gewiß mehr als einmal begegnet ist. Aus eigener Erfahrung kann ich versichern: Nichts ist grausamer, leerer und sinnloser, als aus den Gesetzen der Natur quasi herausgefallen zu sein. Nichts ist widersinniger als die Existenz einer unverheirateten Frau. Niemand soll glauben, der Beruf könne ihr nur annähernd alles das ersetzen, was Mann, Kinder und Familie für sie bedeuten.»

Eine kritische Bemerkung eines medizinisch gebildeten Lesers bemängelte, daß im Interesse der Patienten im Buch die Risiken des Rauchens eindrucksvoller dargestellt sein könnten. Einige Patientinnen erinnern an lebenswichtige, lebenswandelnde Augenblicke, die bei der Lektüre gegenwärtig wurden. Eine Leserin schilderte ihre Geschichte so:

«Ende 19 . . kam ich ziemlich verzweifelt zu Ihnen, da ich erfahren hatte, daß ich eine vollständige Doppelanlage des Uterus und der Vagina hatte und wohl auf Kinder verzichten müßte. Bereits damals machten Sie mir große Hoffnung. Im Januar des folgenden Jahres operierten Sie mich (Abtragung des Septums) und versprachen, wenn in den folgenden zwei Jahren kein Kind erwartet würde, mich nochmals zu operieren, da wir uns sehr ein Kind wünschten. Jedoch schon im November wurde in der Frauenklinik der Charité unser Sohn geboren. Er machte in seinen ersten Lebenstagen (eigentlich sogar schon vor der Geburt) mit Klinik und Hörsaal Bekanntschaft. In einer der Vorlesungen stellten Sie ihn den Studenten als Kavalier vor, der es seiner Mutti bei der Geburt nicht schwer gemacht habe, indem er nur zweitausendachthundert Gramm wog und achtundvierzig Zentimeter lang war. Der Kavalier ist er geblieben. Er macht uns sehr viel Freude. Nun geht er schon einige Jahre zur Schule und hat eine kleine Schwester bekommen, die er von Herzen liebt.

Das ist auch der Anlaß, weshalb ich Ihnen schreiben wollte. Während der Sohn damals in der rechten Gebärmutter herangewachsen ist, war das Mädchen in der linken, obwohl diese kleiner sein soll. Jetzt wiegt die Tochter fünfzehn Pfund und ist ein lebhafter, aufgeweckter Kerl. Die Schwangerschaft verlief trotz meiner achtunddreißig Jahre recht gut.»

Dazu kommentierte Professor Kraatz: «Sie sehen also, daß die Natur manchmal den Arzt überholt, denn sie machte hier nicht nur eine zweite Operation überflüssig, sondern rechtfertigte gleichsam auch ihre Eigenwilligkeit bei der Organbildung, indem sie schließlich alles Vorhandene funktionieren ließ. Ein Beispiel, das illustriert, wie gut jeder Arzt beraten ist, wenn er Instrumente und Medikamente nicht als seine einzigen Mittel betrachtet, sondern stets in den natürlichen Kräften seinen wichtigsten Verbündeten sieht, um dem Patienten zu helfen.»

Zeilen wie die aus dem Brief eines Ehepaares, das sich auf Schilderungen seines politischen Entwicklungsweges bezog, bezeichnete der Autor als besonders wertvoll und verpflichtend: «Auch das ist etwas Bemerkenswertes an Ihrem Buch. Mein Mann und ich sind Kommunisten. Wir haben unsere Auffassungen und Pflichten, die daraus erwuchsen, auch nicht mit der Muttermilch aufgesogen. Unser Leben war schwer, aber weil wir es bewußt und unseren Erkenntnissen entsprechend lebten, war es inhaltsreich, kostbar und lebenswert.» Sie drückten in sehr persönlichen Worten ihre Genugtuung darüber aus, daß sie sich heute mit dem Autor Seite an Seite stehen sehen.

Professor Dr. Helmut Kraatz legte mit dem Abschluß seiner Memoiren die Feder nicht aus der Hand. Publikationen verschiedener Art erschienen weiterhin, so Vorworte zu Arbeiten über Grenzsituationen ärztlichen Handelns, Betreuung Sterbender, Urogynäkologie für Klinik und Praxis und anderes, er hielt Vorträge, wie den Festvortrag anläßlich der zehnten Rostocker Fortbildungstage über Probleme der Ehe- und Sexualberatung, brachte Betrachtungen zu Musik und Medizin, Überlegungen zur sinnvollen, differenzierten Einbeziehung von Emeriti des ärztlichen Berufszweiges in das wissenschaftliche und gesellschaftliche Leben zu Papier. In einem Manuskript zum dreißigsten Jahrestag unseres Staates wertete er drei Jahrzehnte Erlebnis Deutsche Demokratische Republik in sehr individueller Weise als bedeutendsten Abschnitt seines Lebens.

Nach Kräften hielt er bis zuletzt unmittelbaren Kontakt zu seinen Mitmenschen, sei es in Ausübung seiner wissenschaftlichen und gesellschaftlichen Funktionen, sei es bei Lesungen oder anderen Veranstaltungen.

Professor em. Dr. sc. med. Dr. h. c. Dr. h. c. Helmut Kraatz starb am 13. Juni 1983. In einem Nachruf würdigte der Minister für Gesundheitswesen, Professor Dr. sc. med. Ludwig Mecklinger, das ereignisreiche und sinnerfüllte Leben des Arztes und Wissenschaftlers, des Hochschullehrers und gesellschaftlich vielfältig engagierten Zeitgenossen, der in seiner Autobiographie das von ihm miterlebte und auch mitgeprägte Stück Geschichte umrissen habe. Weiter heißt es:

«Was an der Persönlichkeit von Helmut Kraatz über sein verdienstvolles Wirken als angesehener Frauenarzt, Wissenschaftler und akademischer Lehrer hinaus imponierte, ist neben umfassender Bildung und weitgespannten Interessen vor allem sein unermüdliches gesellschaftliches Engagement mit einem Aktionsfeld weit über sein Fachgebiet, ja über die Grenzen der Medizin hinaus. Dieser Wesenszug, der die Haltung und das Handeln von Helmut Kraatz nach der Zerschlagung des Faschismus und später als ‹Arzt im Sozialismus› zunehmend prägte, ist Ergebnis und Konsequenz bedeutsamer Einsichten in die Zusammenhänge zwischen ärztlicher Tätigkeit und sozialistischer Gesellschaft. Die persönliche historische Erfahrung hat ihn gelehrt, daß der Arzt seiner humanistischen Aufgabe nur dann ganz genügt, wenn er auch seiner politischen Verantwortung für den gesellschaftlichen Fortschritt nachkommt.»

Die Akademie der Wissenschaften der DDR hob in ihrer Trauermitteilung die Fortführung der Stoeckelschen operativen Berliner Schule durch Helmut Kraatz hervor, der eigene neue operative Methoden — darunter solche, die seinen Namen tragen — einführte. Neben der Nennung vieler seiner weiteren Verdienste in fachlichen und gesellschaftlichen Wirkungsbereichen wurde unterstrichen, daß er «maßgeblich an der Heranbildung einer neuen Ärztegeneration in der Deutschen Demokratischen Republik beteiligt» war. Das Gedenken der Akademie kulminiert in den Worten: «Mit ihm ist die Aera der ‹Großen Kliniker› im Zuge der fortschreitenden Spezialisierung der Frauenheilkunde zu Ende gegangen.»

Eugen Prehm

Biographische Daten

1902	6. August in Lutherstadt Wittenberg geboren
1909—1922	Besuch der Mittelschule und des Melanchthon-Gymnasiums in Wittenberg
1922	Abitur
1922—1928	Medizinstudium an den Universitäten Berlin, Halle-Wittenberg und Heidelberg
1928	Staatsexamen und Promotion zum Dr. med. an der Universität Heidelberg
	Medizinalpraktikant am Tuberkulose-Krankenhaus Heidelberg-Rohrbach
1928—1929	Medizinalpraktikant, später Assistenzarzt am Krankenhaus St. Georg in Hamburg
1929	Approbation in Karlsruhe
	Schiffsarzt auf der Niederländisch-Indien-Linie der HAPAG-Hamburg
1930—1949	Assistenzarzt, später Oberarzt an der Universitäts-Frauenklinik Berlin
1939	Facharzt für Frauenheilkunde
1940	Habilitation an der Universität Berlin
1941	Dozent für Frauenheilkunde
1941—1944	Marinearzt
1948	Professor mit Lehrauftrag
1949	Heirat mit Anna-Maria Schiller
1949—1951	Professor mit Lehrstuhl an der Martin-Luther-Universität Halle-Wittenberg und Direktor der Universitäts-Frauenheilkunde Halle
1950	Verdienter Arzt des Volkes
1950—1951	Dekan der Medizinischen Fakultät
1951—1970	Professor mit Lehrstuhl an der Humboldt-Universität zu Berlin und Direktor der Universitäts-Frauenklinik Berlin
1952	Mitglied des Redaktionskollegiums der als Or-

gan der Deutschen Gesellschaft für Klinische Medizin, der jetzigen Gesellschaft für Klinische Medizin der DDR, herausgegebenen Wochenschrift «Das deutsche Gesundheitswesen» (Berlin, Volk und Gesundheit)

1953	Mitglied der Deutschen Akademie der Naturforscher Leopoldina
1954—1956	Dekan der Medizinischen Fakultät
1955—1956	Korrespondierendes Mitglied der Deutschen Akademie der Wissenschaften zu Berlin
1956	Ordentliches Mitglied der Deutschen Akademie der Wissenschaften zu Berlin, der jetzigen Akademie der Wissenschaften der DDR
	Goethepreis des Magistrats von Groß-Berlin
1957	Ehrenmitglied der Türkischen Gesellschaft für Gynäkologie und Geburtshilfe
	Vortragsreisen in die UdSSR und nach Ostasien (Türkei, Indien, Thailand, Japan)
1959—1961	Stellvertretender Sekretar der Klasse für Medizin der Deutschen Akademie der Wissenschaften zu Berlin
1959—1971	Mit G. Döderlein Herausgeber des «Zentralblattes für Gynäkologie» (Leipzig, Verlag J. A. Barth)
1960	Deutscher Nationalpreis II. Klasse für Wissenschaft und Technik
	Ehrenmitglied der Italienischen Gesellschaft für Gynäkologie und Geburtshilfe
	Ehrenplakette der Charité der Humboldt-Universität zu Berlin
1961	Inhaber des Lehrstuhls für Frauenkrankheiten und Geburtshilfe an der Deutschen Akademie für Ärztliche Fortbildung in Berlin, der jetzigen Akademie für Ärztliche Fortbildung der DDR
	Ehrenplakette der Ruprecht-Karl-Universität Heidelberg
1961—1973	Sekretar der Klasse für Medizin der Deutschen Akademie der Wissenschaften zu Berlin, der jetzigen Akademie der Wissenschaften der DDR
1962	Vaterländischer Verdienstorden in Silber

Präsident des Rates für Planung und Koordinierung der medizinischen Wissenschaft beim Ministerium für Gesundheitswesen

Ehrenmitglied der Sektion Gynäkologie der
Tschechoslowakischen Medizinischen Purkyně-
Gesellschaft und Purkyně-Medaille der Gesell-
schaft

1963   Ausländisches Mitglied der Akademie der Medizinischen Wissenschaften der UdSSR und Pirogow-Medaille der Akademie

1964   Ehrensenator der Medizinischen Akademie
Magdeburg und Ehrenplakette der Akademie

1966   Leiter der Gruppe Medizin beim Forschungsrat
der DDR und Mitglied des Vorstandes des For-
schungsrates

1967   Hervorragender Wissenschaftler des Volkes

Ehrenmitglied der Deutschen Gesellschaft für
die gesamte Hygiene, der jetzigen Gesellschaft
für die gesamte Hygiene der DDR

Ehrenmitglied der Medizinisch-Wissenschaftlichen Gesellschaft für Geburtshilfe und Gynäkologie in Sachsen-Anhalt

Ehrenmitglied der Medizinisch-Wissenschaftlichen Gesellschaft für Geburtshilfe und Gynäkologie in Thüringen

Ehrenplakette der Humboldt-Universität zu
Berlin

1968   Ehrenmitglied der Japanischen Gesellschaft für
Geburtshilfe und Gynäkologie

Ehrenmitglied der Ungarischen Gynäkologischen Gesellschaft

Ehrenplakette der Polnischen Hygiene-Gesell-
schaft

Semmelweis-Medaille des Semmelweis-Kran-
kenhauses in Budapest

1970   Verleihung des akademischen Grades Dr. sc.
med. durch den Wissenschaftlichen Rat der
Humboldt-Universität zu Berlin

Emeritierung

Ehrenmitglied der Österreichischen Gesellschaft

für Gynäkologie und Geburtshilfe
Ehrenmitglied der Polnischen Medizinischen Gesellschaft

1971   Mitglied des Redaktionsausschusses der im Auftrage der Akademie der Wissenschaften der DDR herausgegebenen «Deutschen Literaturzeitung für Kritik der internationalen Wissenschaft» (Berlin, Akademie-Verlag)
Mitglied der Gesellschaft für Geschwulstbekämpfung der DDR und Mitglied ihres erweiterten Vorstandes

1972   Vaterländischer Verdienstorden in Gold
Ehrenpromotion zum Dr. med. durch den Wissenschaftlichen Rat der Humboldt-Universität zu Berlin
Ehrenmitglied der Gesellschaft für Gynäkologie und Geburtshilfe der DDR
Mitglied des Präsidiums des Deutschen Kulturbundes
Johannes-R.-Becher-Medaille des Deutschen Kulturbundes in Gold
Pettenkofer-Medaille der Gesellschaft für die gesamte Hygiene der DDR in Gold
Erinnerungsmedaille der Martin-Luther-Universität Halle-Wittenberg in Silber
Chefredakteur des als Organ der Gesellschaft für Gynäkologie und Geburtshilfe der DDR herausgegebenen «Zentralblattes für Gynäkologie» (Leipzig, Verlag J. A. Barth)
Vorsitzender des Clubs der Kulturschaffenden «Johannes R. Becher» in Berlin

1973   Medaille für treue Dienste im Gesundheits- und Sozialwesen
Mitglied des Kollegiums beim Ministerium für Gesundheitswesen
Vorsitzender der Promotionskommission B (doctor scientiae) beim Wissenschaftlichen Rat der Akademie für Ärztliche Fortbildung der DDR

1973—1975 Vorsitzender der Klasse Medizin der Akademie

der Wissenschaften der DDR

1974   Ehrenmitglied der Polnischen Gynäkologischen
Gesellschaft .

1977   Ehrenplakette der Akademie der Wissenschaften
der UdSSR für Verdienste um die Gesundheit
des Menschen

Ehrenspange zum Vaterländischen Verdienstorden in Gold

Promotion zum Dr. h. c. durch den Rektor der
Medizinischen Akademie Poznań (VR Polen)

Ehrenmitglied der Gesellschaft für Geschwulstbekämpfung der DDR

Ehrenplakette des Ministers für Hoch- und
Fachschulwesen der DDR «Für Verdienste um
die Hoch- und Fachschulbildung» und Eintragung in das Ehrenbuch des Ministeriums für
Hoch- und Fachschulwesen unter der Nummer 47

Fritz-Gietzelt-Medaille des Koordinierungsrates
der Medizinisch-Wissenschaftlichen Gesellschaften der DDR

Ehrenplakette der Akademie der Medizinischen
Wissenschaften der UdSSR «Die medizinische
Wissenschaft im Dienste für die Gesundheit des
Menschen»

Nikolai-Nilowitsch-Burdenko-Plakette   der
Akademie der Medizinischen Wissenschaften
der UdSSR

Erinnerungsmedaille des Instituts für Experimentelle Pathologie und Therapie der Akademie
der Medizinischen Wissenschaften der UdSSR
in Suchumi

Mitglied des Friedensrates der DDR

Eingliederung des Namens Helmut Kraatz in die
Reihe namhafter Lehrer der Gynäkologie und
Geburtshilfe an der Berliner Universitäts-
Frauenklinik durch Enthüllung einer Ehrentafel
auf einer Festsitzung der Berliner Gynäkologischen Gesellschaft anläßlich seines 75. Geburtstages

	Erneuerung des vor 50 Jahren erworbenen Grades und der Rechte eines Doktors der Medizin durch die Medizinische Gesamtfakultät der Ruprecht-Karl-Universität Heidelberg
	Ehrenmitgliedschaft der Gesellschaft für Geburtshilfe und Gynäkologie der Hauptstadt der DDR, Berlin, und der Bezirke Potsdam und Frankfurt/O.
1978	Ehrenmitgliedschaft der Deutschen Gesellschaft für Gynäkologie und Geburtshilfe
1980	Ehrenmitglied des Forschungsrates der Deutschen Demokratischen Republik
	Ehrenpräsident und Vorsitzender des Ältestenrates des Rates für medizinische Wissenschaft beim Minister für Gesundheitswesen
	Walter-Stoeckel-Preis der Gesellschaft für Gynäkologie und Geburtshilfe der DDR
1981	Mitglied des Kuratoriums DDR–Japan
1982	Deutsche Friedensmedaille des Friedensrates der Deutschen Demokratischen Republik
	Stern der Völkerfreundschaft in Gold
1983	am 13. Juni in Berlin verstorben

Nach den Urkunden und weiteren Originalen sowie nach mündlichen Angaben (für den Zeitraum 1902 bis 1949) zusammengestellt von Dr. sc. paed. W. Hübner

Inhalt